왜 정답인지
모두 풀이 해 주는
HSK6급
모의고사
문제집

저자의 말

많은 학생들이 중국어를 배울 때 생경한 발음과 복잡한 한자로 괴로워하며 HSK도 어려울 것이라 주저하는 경우가 많습니다. 하지만 HSK는 문제 유형이 정해져 있고, 어휘와 어법 지식에 대한 요구도 명확하기 때문에 노력하면 반드시 좋은 결과를 얻을 수 있는 시험입니다.

이에 『왜 정답인지 모두 풀이해 주는 HSK 6급 모의고사』는 최근 HSK에서 출제된 문제 유형과 어휘, 어법을 철저하게 분석하고 최신 출제 경향을 연구한 결과를 모아 HSK를 준비하는 수험생들에게 도움을 되고자 합니다. 본 교재는 HSK를 앞둔 수험생들에게 자신의 실력을 가늠하게끔 하는 동시에 실전 감각을 높일 수 있게 하는 최고의 선택이 될 것입니다.

본 교재와 함께하는 수험생 여러분의 노력에 행운까지 더해져 원하는 바를 이루길 기원합니다.

이준복

HSK의 출제 경향과 내용은 계속해서 변화하고 있지만 핵심적인 출제 의도는 변함없이 유지되고 있습니다. 그렇기 때문에 HSK를 준비하는 수험생들은 원하는 점수를 얻기 위해서는 핵심 어휘와 어법을 익히는 동시에 최신 출제 경향에 적응하는 훈련을 해야 합니다.

『왜 정답인지 모두 풀이해 주는 HSK 6급 모의고사』는 저와 이준복 선생님이 최근 HSK에 출제된 문제를 분석하고 꼭 필요한 문제만을 추려 총 3회 분량의 모의고사로 정리한 것입니다. 최신 출제 경향이 완벽하게 반영된 문제와 함께 수험생들이 틀리기 쉬운 내용을 중심으로 자세한 해설을 담았습니다.

수험생 여러분들이 이 교재를 통해 지금까지 공부한 지식을 자신의 것으로 만들고 원하는 목표를 이루길 바랍니다.

성룡(成龙)

차례

汉语水平考试

HSK（六级）

第一套

注　意

一、HSK（六级）分三部分：

1. 听力（50题，约35分钟）

2. 阅读（50题，50分钟）

3. 书写（1题，45分钟）

二、听力结束后，有5分钟填写答题卡。

三、全部考试约140分钟（含考生填写个人信息时间5分钟）。

一、听 力

第一部分

第1-15题：请选出与所听内容一致的一项。

1. A 教育孩子不要怕失败
   B 应该让孩子自己做主
   C 艺术发展比智力发展重要
   D 协调发展孩子的能力至关重要

2. A 滑雪容易上瘾
   B 滑雪前应做好充分热身
   C 平衡是滑雪的重要因素
   D 过度担心会影响比赛发挥

3. A 土豆有提鲜的作用
   B 淀粉可有效吸附盐分
   C 煲汤时水温不宜过高
   D 土豆含有丰富营养物质

4. A 工匠能吃苦耐劳
   B 富人的房子没有盖成
   C "空中楼阁"占地面积大
   D "空中楼阁"意为建在高处的房屋

5. A 睡眠时长可长可短
   B 世界睡眠日历史悠久
   C 春季更需要补充睡眠
   D 世界睡眠日中国主题已定

6. A 踩刹车会直接耗油
   B 猛踩油门会损耗车辆
   C 松油门降低车速很明智
   D 急刹车会增加行车风险

7. A 马蹄铁十分轻便
   B 马蹄铁有助于保护腿部
   C 塑料"跑鞋"具有减震效果
   D 塑料"跑鞋"比马铁蹄物美价廉

8. A 北极狐繁殖能力强
   B 北极狐有冬眠的习性
   C 北极狐喜欢在夜间捕食
   D 北极狐的巢穴用于储存食物

9. A 3D打印技术还未成熟
   B 人造珊瑚礁的经济效益高
   C 天然珊瑚礁的纹理很难模仿
   D 人造珊瑚礁有利于保护环境

10. A 网络软文的趣味性强
    B 网络软文属于长篇小说
    C 网络软文很受当代读者欢迎
    D 网络软文更注重故事背后的广告性

6

11. A 大学生要成熟对待金钱
　　B 大学生要学会知足常乐
　　C 钱与刀一样具有两面性
　　D 投资不应一味追求高回报

12. A 穿山甲常啃噬树木
　　B 穿山甲生活在密林中
　　C 天然白蚁的药用价值高
　　D 白蚁被称为"森林卫士"

13. A 喝水能增进食欲
　　B 水促进体内的新陈代谢
　　C 矿泉水中富含多种矿物质
　　D 轻度脱水时不应立即补水

14. A 停车机器人可自主停车
　　B 停车机器人有驾驶特长
　　C 停车机器人还未投入使用
　　D 停车机器人会指引司机停车

15. A 白菜的运输成本低
　　B 南方是主要白菜产地
　　C "白菜价"指低廉的价格
　　D "白菜价"有讨价还价之意

第二部分

第16-30题：请选出正确答案。

16. A 背包客
    B 个人家庭
    C 商务人士
    D 高端客户

17. A 家庭地址
    B 旅游时间
    C 酒店类型
    D 旅行目的地

18. A 过于保守
    B 耗费时间
    C 缺少仪式感
    D 没有多重选择

19. A 考虑周到
    B 可上门服务
    C 综合能力与价格
    D 提供高端奢华的享受

20. A 旅游本身很奢侈
    B 定制不一定高端
    C 传统旅行社更具优势
    D 定制服务只适用于国内

21. A 有多年经验
    B 迎合市场需求
    C 纪念逝去的时光
    D 受到身边环境的影响

22. A 需付费使用
    B 还在设计阶段
    C 可以查询读本
    D 能在里面唱歌

23. A 磨练意志
    B 抒发内在情感
    C 改善人际关系
    D 节约公共资源

24. A 产生共鸣
    B 加强娱乐化
    C 做好宣传工作
    D 降低制作成本

25. A 节奏感把握得好
    B 让很多人受到感动
    C 情感不够真挚丰富
    D 内容深奥不易理解

26. A 从小学习
    B 技术要求不高
    C 可当场冲洗照片
    D 对职业发展有利

27. A 已经失传
    B 操作复杂
    C 影像具有稳定性
    D 容易加入创新因素

28. A 加入拼接技术
    B 强化线上宣传工作
    C 加强相关教育培养
    D 吸引年轻人加入其中

29. A 对拍摄保持激情
    B 利用好修图技术
    C 提前做好充分准备
    D 擅长恶劣气候中拍摄

30. A 尽量追求完美
    B 迎合市场需要
    C 挑战没尝试过的题材
    D 团队利益大于个人利益

第三部分

第31-50题：请选出正确答案。

31. A 机翼
    B 轮胎
    C 引擎
    D 起落架

32. A 综合生活水平
    B 科学技术水平
    C 材料及冶金水平
    D 经济与文化水平

33. A 适用范围窄
    B 研发历史不长
    C 需要长时间冶炼
    D 抗拉强度小于1800兆帕

34. A 耗费电力
    B 会伤害植物
    C 难以清除干净
    D 受到条件限制

35. A 使植物枯萎
    B 抑制植物生长
    C 破坏周边环境
    D 促进害虫繁殖

36. A 丘陵中可使用机械除草
    B 人工是最理想的除草方式
    C 植物激素除草浓度是关键
    D 植物激素不会对植物产生影响

37. A 二手家具
    B 电子垃圾
    C 废弃的塑料
    D 人工合成材料

38. A 安装后不可拆卸
    B 不需使用粘合剂
    C 要有一定的建筑知识
    D 应聘请专业人士组装

39. A 基础设施齐全
    B 可供游客观赏
    C 和麻雀形态相似
    D 在上网可申请入住

40. A 吃惊
    B 赞同
    C 自责
    D 忧虑

41. A 滴水可以穿石
    B 磨刀不误砍柴工
    C 铁杵终将磨成针
    D 木料打磨后才可成器具

42. A 勤勤恳恳
    B 任劳任怨
    C 粗心大意
    D 担心犯错

43. A 做人要讲诚信
    B 要勇于讲出缺点
    C 人不能嫉妒别人
    D 做事不能半途而废

44. A 各地风土人情
    B 历史人物传记
    C 精彩的童话故事
    D 绚丽多彩的照片

45. A 公司骨干辞职
    B 网络杂志冲击
    C 资金周转不良
    D 青年读者流失严重

46. A 调整受众群体
    B 转战娱乐市场
    C 制作电视纪录片
    D 利用社交媒体宣传

47. A 19世纪开始发行
    B 转型仍存在许多障碍
    C 客户参与度在不断提高
    D 有实力强的赞助商加盟

48. A 预防病害
    B 保持色彩鲜艳
    C 防止水分蒸发
    D 提高人体免疫力

49. A 做包装前准备
    B 促使果蜡分泌
    C 使水果显得干净
    D 清洗表皮上的农药

50. A 食用前不应清洗水果
    B 水果腐烂时可涂抹果蜡
    C 人造果蜡有美观的目的
    D 人造果蜡可取代天然果蜡

二、阅 读

第一部分

第51-60题：请选出有语病的一项。

51. A 笑声如阳光，能驱走人们脸上的冬天。
    B 本网站正在维护中，如有不便，敬请谅解。
    C 世上没有令人绝望的处境，只有对处境绝望的人。
    D 这几款越野车都是公认的精致好车，尤其特别适合年轻人。

52. A 彝族的传统节日以火把节最为隆重。
    B 耳边老是回响着她那动人的歌声和优美的姿态。
    C 恒顺香醋始创于1840年，为中国四大名醋之一。
    D 地球是迄今为止所发现的唯一适合人类生存的行星。

53. A 高原地区空气稀薄，紫外线十分强烈。
    B 真诚待人是人际关系得以维持和发展的保证。
    C 要工作还是要孩子，已经困扰许多职业女性的两难问题。
    D 茯苓是一种无色无味的中草药材，具有养颜和滋补的功效。

54. A 针对这一突发事件，公司及时采取了应对措施。
    B 空气、水、能源和土地，是人类赖以生存的基本要素。
    C 每年大约70多万人死于蚊子的"手里"，鳄鱼、狮子都不如它。
    D 他对昆虫进行了长达30年的观察，揭开了昆虫世界的许多奥秘。

55. A 他们离开大城市后，在一个宁静的乡村定居了下来。
    B 随着数码相机的日益普及，传统的胶卷相机正逐渐退出市场。
    C 我是奔着冠军去的，决赛都准备好了，却结果在第一轮被淘汰。
    D 接受了4年正规的声乐训练后，他对声音的驾驭更得心应手了。

56. A 那一刻，观众席上鸦雀无声，所有人都被他的精彩表演吸引住了。

   B 想要从这么多人之中，争夺那最后的一个名额，自然是困难得无比。

   C 工作间隙做些转颈、后仰的简单运动，可以有效缓解颈部肌肉的疲劳。

   D 由于空气对光的散射作用，日出和日落前后，天边常会出现绚丽的彩霞。

57. A 俗话说聚沙成塔，看似不起眼的小工作可能正是大事业的开始。

   B 对艺术的理解虽因人而异，但真正的艺术品总能得到一致的赞许。

   C 她戴着一顶别致的帽子，穿着一件蓝色的连衣裙，看上去漂亮极了。

   D 牡丹是我国的十大名花，品种众多，花色艳丽，是新手养花的必选花卉。

58. A 依托于电子商务平台，家具行业有了新的营销模式，满足了大批年轻人的购买需求。

   B 时间像倒在掌心里的水，无论你摊开还是握紧，它总会从指缝间一点一滴地流淌干净。

   C 天舟一号载人飞船，每次飞行可为空间站送去2吨多物资，媒体被称为"太空的快递员"。

   D 天然的玛瑙冬暖夏凉，人工合成的则会随外界温度的变化而变化，天热它也热，天凉它也凉。

59. A 电子书不需要用纸，比较环保，且携带方便，容量大，因此深受人们的喜爱。

   B 这部影片生动地展现了帝企鹅这一可爱而又坚强的物种与严酷的自然环境做斗争的过程。

   C 幸运之神的降临往往是因为你多坚持了一会儿，多迈出了几步，多找了一条路，多拐了一个弯。

   D 网站是企业自我展示的一个平台，企业可以经过官方网站发布信息，客户也可以经过官网联系企业。

60. A 如果要给记忆找一个可靠的储存方式，因此摄影大概是个不错的选择。

   B 人类从河流、湖泊、含水土层和湿地取来的水，74%用于农业，18%用于工业，8%用于生活。

   C 蜘蛛结网可能逮不到昆虫，但蜘蛛不结网就永远逮不到昆虫。努力可能没有回报，但不努力一定没有回报。

   D 香菜富含香精油，香气浓郁，但香精油极易挥发，且经不起长时间加热，所以香菜最好在食用前加入，以保留其香气。

第二部分

第61-70题：选词填空。

61. 中国互联网上常年＿＿＿着一份"中国十大最难懂方言排行榜"，在这份榜单中，温州话位列第一，荣获"中国最难懂方言"＿＿＿，而四川话，陕西话等方言也入选了榜单，不过也有许多网友表示这些方言都没有自己的家乡话难懂，这份榜单排行不＿＿＿实际。

    A 遗传   称呼   配合

    B 传开   认可   适合

    C 流传   称号   符合

    D 传播   认定   合适

62. 宋朝司马光从小机智过人，勤奋好学。为了＿＿＿时间读书，他＿＿＿制作一个圆木枕头，枕头的妙用是睡觉时身子只要一翻动，它就会滚动，人也就惊醒了，可以＿＿＿研究学问，因此称「警枕」。每当司马光需休息时，便枕着「警枕」，如此学习的结果，终于成为一位学问渊博的人。

    A 掌握   故意   持续

    B 确保   特别   陆续

    C 担保   成心   连续

    D 把握   特意   继续

63. 地球内部是什么样子？人们早就对此＿＿＿为好奇，大量带有强烈科幻色彩的解释＿＿＿。比如说，1818年有一位美国人说，地球里面是空的，在南极和北极附近开着两扇大门，人们可以从那儿走到地球的里面。后来，科学家们终于找到了一个可以知道地球里面有些什么的办法，那就是利用地震波来揭开地球深处的＿＿＿。

    A 颇   层出不穷   奥秘

    B 皆   众所周知   机密

    C 愈   络绎不绝   窍门

    D 亦   无穷无尽   神秘

64. 北京地铁全网实行刷二维码乘车。乘客只需下载注册"易通行"_____，乘车时将二维码对准地铁闸机上的"小黄框"即可通过。由于采用"先乘车后付费"的信用消费_____，没网络时也可通过。乘客出站时，系统会自动从_____的支付渠道中扣费。不需要预先充值，也不需要_____押金。

　A 运用　　　　　方式　　　　　绑架　　　　　归纳
　B 软件　　　　　办法　　　　　捆绑　　　　　容纳
　C 程序　　　　　方法　　　　　决定　　　　　采纳
　D 应用　　　　　模式　　　　　绑定　　　　　缴纳

65. 庄子在《山木》中记载："君子之交淡如水，小人之交甘若醴。"意思是：君子之间的_____像水一样平淡，小人之间的交往像酒一样甘甜。说明有道德的人之间，虽然不经常往来，但_____的情谊会地久天长；而贪图利惠的人之间，虽然关系_____，但很容易因为没有利益可图而_____来往。

　A 交易　　　　　真正　　　　　亲切　　　　　淘汰
　B 交情　　　　　真挚　　　　　密切　　　　　断绝
　C 友谊　　　　　真相　　　　　深切　　　　　杜绝
　D 交待　　　　　天真　　　　　融洽　　　　　赋予

66. 据有关史料考证，唐宋时期，_____中原地区建造桥梁的技术和南方建造干栏式建筑的经验，侗族先民_____当地丰富的林木资源，开始用简梁式结构修造起木桥。为适应南方多雨的气候，桥上还修建了长廊以_____风雨。后来，桥的_____越来越大，由单孔发展为多孔，造型更精彩，桥面亭阁的构思设计更加精巧。

　A 借鉴　　　　　利用　　　　　躲避　　　　　规模
　B 参与　　　　　运用　　　　　避免　　　　　规划
　C 参考　　　　　通用　　　　　回避　　　　　规格
　D 借助　　　　　耐用　　　　　逃避　　　　　规矩

67. 有句话说：先处理心情，再处理事情。人_____会有负面情绪，及时_____心态，才更有利于你各方面的发展。有了明确_____积极的目标，不良心态就慢慢抵消了。清晰的目标，必然产生_____的信念，整个人生是这样，具体工作也是如此。

　A 不免　　　　　调查　　　　　和　　　　　坚决
　B 未免　　　　　调和　　　　　与　　　　　坚强
　C 难免　　　　　调整　　　　　而　　　　　坚定
　D 以免　　　　　调动　　　　　及　　　　　坚固

68. 学习外语，首先要＿＿＿＿听力，听不懂没关系，多听就会有语感。＿＿＿＿是要大声读，最好能大声而快速地读，这样读能培养语感，同时还可以打破你说英语的＿＿＿＿感。听和读的时候很多句式、语法、发音都能慢慢记住，＿＿＿＿，学习效果非常显著。

A 培养	其次	羞涩	持之以恒
B 保养	另外	恐惧	锲而不舍
C 养成	此外	征服	再接再厉
D 练习	同时	苦涩	聚精会神

69. 清明＿＿＿＿，风和日暖，草发清香，茶抽嫩芽。每年这个时候，苗岭山旁的姑娘都会背上口袋，＿＿＿＿，一边唱着山歌，一边把＿＿＿＿下尖嫩细小的茶叶放入袋内；有时兴起，还会＿＿＿＿摘取一片树叶放入口中，吹奏民歌曲调。那婉转的曲调，给人一种浪漫、抒情的感受。

A 左右	丢三落四	扒	随即
B 前后	三五成群	采	随手
C 上下	成群结队	揉	随时
D 里外	东张西望	砍	随身

70. 世上有一样东西，比任何别的东西都更＿＿＿＿于你，那就是你的经历。你生命中的＿＿＿＿、你在其中遭遇的人和事、你因这些遭遇产生的悲欢、感受和思考，这一切仅仅属于你，不可能＿＿＿＿给任何别人，＿＿＿＿是你最亲近的人。这是你最＿＿＿＿的财富。

A 规划	时光	转变	恐怕	宝贵
B 取决	时机	周转	除非	珍稀
C 报答	日常	转达	哪怕	昂贵
D 忠诚	日子	转让	即便	珍贵

第三部分

第71-80题：选句填空。

71-75.

冯友兰先生的读书方法，归纳起来是四字：精、解、知、明。

精，即"精其选"。读书须有选择，否则在茫茫书海中会迷失方向。可以把书分为要精读的书、可以泛读的书、只供翻阅的书三大类。究竟哪些书值得精读？这要根据自己的专业来选定。一旦选定的书，(71)_____。

解，即"解其言"。读书，尤其是读古书，首先必须弄懂它的文字，(72)_____，不同时代的古文又各有差别。如果不攻破这道文字关，就看不见关里边是些什么东西，光站在关外指手划脚，那怎么行呢？

知，即"知其意"。读书不能只注意字面上的意思，死读书，而必须注意字里行间，要在文字以外体会它的精神实质。(73)_____，那就成为死读书了。

明，即"明其理"。读书仅至得其意还不行，还要明其理，才不至为前人的意所误。只有做到这个程度，(74)_____。能够用书而不为书所用，读书就算读到家了。因为意只是写书人主观的认识，而不一定完全符合客观真理，(75)_____。

A 因为中国的古书是用古文写的

B 才算是把书读活了

C 所以读书时要注意用客观的标准来检验

D 如果仅只局限于文字

E 就要认真地、扎扎实实地读

76–80.

随着网络直播平台的火爆，不少父母乐此不疲地开始在网上直播养育孩子、与孩子互动的视频。这种"网红式"育儿的方式，(76)_____。不过专家提示，父母育儿不要盲目模仿，养育孩子要用科学方式。一些网络消息难以分辨真假，有的还存在危害。如果这些方式不正确、不科学，很有可能给孩子带来伤害。前不久，就有一名父亲为模仿网上一段视频，跟孩子玩翻跟头的游戏，结果孩子颈椎严重受损，(77)_____。

面对海量的网络信息，父母首先要有自己的分辨意识和能力，(78)_____。在育儿道路上，一些权威的育儿书或是育儿专家的说法可以作为参考，但更重要的是要根据自己孩子的特点养育孩子。此外，有的家长在网上看到有人宣称教育孩子要散养、要给孩子自由、让孩子感觉到真正的快乐，(79)_____。实际上，给孩子自由、让孩子快乐，并不是放任孩子不管，在孩子的成长过程中，一定要让孩子懂规矩、会自控，(80)_____，孩子就真的可能变成一个散漫、任性、没有自控能力的人。网络上的育儿事例很多，但家长不要盲目听信和跟风。科学看待、辩证思维，找到适合自己孩子的养育知识，才能真的对孩子负责。

A 就真的不去管教孩子

B 引来了一大波跟风模仿的家长

C 更不要拿自己的孩子"尝鲜"和冒险

D 导致上半身无法活动

E 否则打着"散养"的旗号

第四部分

第81-100题：请选出正确答案。

81-84.

　　众所周知，只要是比赛就会有输赢，高手之间的竞争尤为激烈。就用高水平的游泳竞技比赛来说，百分之一秒的落差就会造成天壤之别的结果。有数据统计显示，2016年里约奥运会女子50米自由泳比赛中，冠军就是抓住了手指缝中的0.02秒时间取胜的。那么用什么办法抓住手指缝中的0.02秒，让自己变成赢家呢？

　　一直以来，大家都认为游泳时，只要手脚协调配合，手臂划动够快，成绩就自然会好。然而，研究人员发现手指并拢以产生一种类似桨的效果并不是最好的技术，而五指微微张开成叉子状的游泳者反而游得更快，这又是为什么呢？

　　为了解开这个谜团，流体动力学家进行了模拟实验，利用3D打印技术制作出人体手臂用于风洞实验。研究人员将这些模型实验中的手指分开程度分为5级：第一级手指不分开，所有的手指都挤在一起类似桨，而其余的手指开度逐渐增加。最后发现，手指之间大约分开10度时运动员的速度最快。

　　原因是，当一个固体在液体中移动时，接触固体表面的液体层会"粘"在上面，并连同物体一起被向后拉，相当于产生了一道"看不见的网"，游泳者要承受了更大的阻力。也就是说，当张开的手指间距达到理想状态时，由于阻力降低，游泳者所能释放的力比手指并拢时高出53%，游泳者能更轻松地浮出水面，速度也就增加了。

81. 第一段中画线词语"天壤之别"是什么意思？

　　A 差距很大

　　B 气候很特别

　　C 土壤的作用很大

　　D 比赛结果都不一样

82. 人们认为怎么做才能提高游泳成绩？

　　A 五指微微展开

　　B 比赛前做好预热

　　C 比赛后进行模拟实验

　　D 四肢协调且快速划动

83. 关于那项实验，下列哪项正确？

    A 是种心理学实验

    B 利用了仿真手臂

    C 要查明风速对比赛的影响

    D 运用了海洋生物的遗传特征

84. 根据最后一段，可以知道：

    A 液体比固体阻力大

    B "甩"掉液体更需力气

    C 游泳者力气越大速度越快

    D 合适的指间距离能降低阻力

出于对昆虫的热爱，北京小伙张辰亮大学和研究所都读了有关专业。毕业后，张辰亮选择到从小就喜欢的《博物》杂志社工作，他的第一项任务就是运营杂志的官方微博。起初，他喜欢发一些自然爱好者圈子里谈论的小众知识，但普通网友对这种知识不感兴趣。当粉丝拍照片发来问"这是什么"时，他会一本正经地介绍照片中动物或植物的学名、科属。但是，粉丝看得一头雾水，互动没有达到预想的效果。

张辰亮决定尝试更加通俗的形式。有一次一组照片在网上很火：印尼树蛙撑起"叶子伞"，踢出一字腿的功夫……照片看上去很有趣。但张辰亮一眼就看出，树蛙是被摆拍的，摄影师用线捆住树蛙强行让树蛙摆姿势，拍完之后再把这些线处理掉。这种虐待动物的行为，让张辰亮很愤慨。他把这些照片收集起来，并逐一分析，发布了一条微博，揭示了动物萌照背后的真相。网友们看到这条微博都很震撼，微博内容被迅速转发了七万次，粉丝翻了一倍。

为了让科普接地气，张辰亮增加了答题的趣味性，语言俏皮轻松。比如，有网友上传了一张被电拍打死的"蚊子"，张辰亮随即编了一首打油诗："我对你并不咬，还为你把小蚊蝇叼，可是你以为我是个大吸血妖，用金属将我焚烧。你身上有我的烧烤味，是你拍子犯的罪——《食虫虻》。""食虫虻"这个冷门物种就这样被科普了。

张辰亮幽默的科普形式让粉丝既学到了知识，又觉得好玩有趣，于是他的外号"博物君"在网上意料之中地火了。他管理的微博粉丝疯涨，突破500万。谈到自己的工作时，张辰亮认为不少科普工作者都只重视了"科"，却忽视了"普"，趣科普让网友接触到知识的同时也能哈哈一笑，何乐而不为呢？

85. 起初，张辰亮的做法为什么没有达到好效果？

    A 虚假信息过多

    B 缺乏专业知识

    C 对那份工作没兴趣

    D 发布的内容生硬无趣

86. 那些拍印尼树蛙的照片为什么让他气愤？

    A 被网民们转发过多

    B 树蛙受摄影师的虐待

    C 盗用了自己照的照片

    D 摄影师的摄影技术太差

87. 为了让科普接地气，他做出了什么努力？

A 自己取名为"博物君"

B 集中发布了有关蚊子的内容

C 内容和表达上重视趣味性

D 每次都发布了打油诗等诗歌

88. 他认为科普应该怎么样？

A 内容要正确

B 尽努力奋斗

C 也要重视幽默

D 从容面对人生苦乐

89-92.

　　智能手机又增加了一个新功能——哄孩子。一项针对1000名0～5岁婴幼儿父母的调查显示，幼儿智能手机使用率为80.4%，3岁开始玩手机的占32.5%，甚至有些2岁孩子就能熟练操作手机，52.9%的父母让孩子玩手机的理由是"可以让他们老实一会儿"。

　　出现这种现象与父母的行为有很大关系。年轻父母对智能手机依赖性强，陪伴孩子缺乏耐心，而有趣的游戏和动画片对孩子又很"奏效"，因此只要他们一哭闹，家长就会拿出手机安抚，并将"玩手机"作为鼓励孩子完成任务的奖励。不得不承认，用手机换取"熊孩子"的一时安静，既简单又有效。殊不知，一旦养成习惯，手机这个"哄娃神器"就会变成

"伤娃利器"。孩子过多使用手机，不但容易造成语言发育迟缓，还有可能影响其视力及大脑神经发育。

　　智能手机对现代生活影响越来越大，要完全禁止也不现实，因此需要科学使用。让孩子远离手机的最好方法是：父母尽量减少在孩子面前使用手机的频率。父母也可以在家里设立一个"手机禁区"，里面放一些书和益智玩具，增加亲子交流时间；不要把手机当做"交易筹码"，比如"好好吃饭就给你玩""不哭就给你玩"等，这种做法相当于"精神鸦片"，应该让孩子了解其危害性；多带孩子参与集体活动和户外运动，拓展视野和兴趣；根据年龄控制孩子使用手机的时间，有关学会建议：18个月以下的孩子应尽可能远离电子产品，18～24个月的孩子少量接触，但需要父母的陪伴和解说，2～5岁的孩子看手机的时间应限制在1小时内。另外，要避免孩子在吃饭或睡前使用电子产品，还要避免孩子连续观看视频和频繁玩游戏。

89. 很多父母用智能手机哄孩子是因为：

　　A 父母都忙于工作

　　B 父母不够关心孩子

　　C 孩子会变得很听话

　　D 孩子能学到很多东西

90. 为什么说手机是"伤娃利器"？

　　A 让孩子养成坏习惯

　　B 操作起来过于复杂

　　C 会增强孩子的依赖性

　　D 不利于孩子成长发育

91. 为了让孩子跟手机保持距离，父母应该：

    A 全面禁止使用手机

    B 亲身示范给孩子看

    C 用手机与孩子进行"交易"

    D 多给他们买书和益智玩具

92. 根据上文，下列哪项正确？

    A 孩子一般都耐心不足

    B 听话的孩子可以玩手机

    C 52.9%的父母让孩子玩手机

    D 用智能手机哄孩子弊大于利

93-96.

一部分研制机器人的专家认为：下一步的研究方向主要是机器人的大小，未来机器人的大小应该和昆虫相仿。

大型机器人需要沉重昂贵的发动机和大量的动力消耗，需要接合的手臂和数千米的连线。而如果机器人的这些部件组装起来只有昆虫那样大小，那么它的造价不但会便宜得多，它所能从事的工作也会给人类生存带来很大影响。

一般说来，目前机器人所能做的工作都可由相应的机器来取代，许多工作由机器人来做不如留给相应的机器去做。但是小机器人所能做的工作却不是机器所能完成的，这正如微型飞机比大型飞机更适合用来观测农场作物的生长情况以及控制自动灌溉和施肥系统一样。比如只有微型机器人，才能沿着患者的血管，进入变窄了的冠状动脉去排除血管壁上沉淀的胆固醇，从而解除病人的危险。

当然，就目前的情况来看，这种说法未免言过其实。不过研究人员确已成功设计出一种能进入煤气或自来水管道去修补裂缝或漏洞的微型机器人。这种机器人进入管道之后，可用自己的身体测量经过地方的电导，一旦测不到这种电导，就表明那里存在着裂缝或漏洞。于是该机器人便作出"自我牺牲"，用自己的身体来把裂缝或漏洞堵上。

当然要它们在现实生活中出现，还需克服一系列技术上的障碍。其中主要是如何把现在机器人所用的齿轮、杠杆、曲柄、弹簧和其它机械部件缩小到比头发丝还细的程度，同时把传感器、电动机、控制计算机及其他系统装配到一块微晶片上。

微型机器人的大量生产恐怕还不是近年之内能办到的事情。然而，一旦这种机器人能批量生产出来，它们在科研和生产中所起的作用将是无法估量的。

93. 下面哪项**不是**微型机器人的优势？

A 制造成本低

B 动力消耗低

C 不能由机器取代

D 适合观测作物的情况

94. 研制微型机器人，最大的障碍是：

A 应用领域有限

B 领导的惯性思维

C 微型化技术不成熟

D 不适合进行批量生产

95. 根据上文，下列哪项正确？

    A 正在设计一种能进入管道的机器人

    B 微型机器人的作用将是超乎想象的

    C 机器人进入体内治疗并不是夸张之词

    D 近年内能办到微型机器人的大量生产

96. 最适合做上文标题的是：

    A 机器和机器人的区别

    B 昆虫般大小的机器人

    C 微型机器人所起的作用

    D 机器人对未来医学的影响

97-100.

字库塔，是古人专门用来焚烧字纸的建筑。据史料记载，字库塔始建于宋代，到元明清时已经相当普及了。

从外观看，字库塔具有不同风格与造型，大多采用六角柱体或八角柱体，也有的建成简朴的四角柱体。塔身通常有一小孔，或方、或圆或倒U形，字纸便从这里投入。塔顶及塔身装饰也风格各异，大都雕梁画栋，特色突出；有的则非常古朴，青砖碧瓦，未加更多修饰。

古人为什么要将废弃的字纸放到专门修建的塔中焚烧呢？这是受中国传统文化中"惜字如金"观念的影响所形成的一种习俗。旧时，读书人废弃的字纸是不能随意丢弃，更不能有擦屁股之类的举动，民间有种说法，糟蹋字纸会瞎眼睛，受到惩罚并祸及子孙等。所有用过的字纸或废书，都要统一收集起来，放到一个地方集中焚化。焚烧字纸时非常郑重，不但有专人，还有专门的礼仪。过去有些地方的老百姓还组织有"惜字会"，除了自愿外，人们义务上街收集字纸，也有的由地方政府、大富人家或祠庙宫观出资雇专人收集。书籍在其老祖宗的心目中是非常神圣的。所有用过的经史子集，磨损残破之后，是不得随意丢弃的，要先将其供奉在字库塔内十年八载，然后择良辰吉日行礼祭奠之后，再点火焚化。

另一方面，对字库塔的尊崇也有思想观念固化的一面，还掺杂着古人求取功名的功利主义思想。随着科举考试的盛行，字库塔也就逐渐演变为一种祈福的载体。人们将它设在衙门、书院，有的设在寺庙、街口、乡间地头，还有些大户人家设在自家花园中，供上仓颉、文昌帝君、孔圣人等文神之位，希望得到庇佑而金榜题名。但是在中国以儒家文化为先导的主流意识中，这样固化的思想也是很正常的。也可以这样的理解，是从道德的角度来约束和引导了人们的思维，发展为应该对字纸的尊重，其实也就是对文化的一种尊崇。从而也推动了字库文化的发展，捍卫了字库的千年存在。

97. 根据第二段，可以知道字库塔：

A 都有彩绘装饰

B 没有华丽的修饰

C 有的塔身有U型小孔

D 风格和造型不尽相同

98. 古人为什么修建字库塔收集用过的字纸和废书?

    A 要回收再利用废纸
    B 乱烧会造成空气污染
    C 受到"惜字如金"观念的影响
    D 随便丢弃会受到神灵的惩罚

99. 根据最后一段,"思想观念固化的一面"指的是:

    A 浪费大量的人力物力资源
    B 字库塔变成了一种祈福的载体
    C 字库塔标志着对文化的一种尊崇
    D 很多人因为读书而无力养活自己

100.根据上文,下列哪项正确?

    A 字库塔都是有棱角的柱体
    B 废书收集后可以立刻焚烧
    C 字库文化在宋代已经相当成熟
    D 老百姓上街收集字纸都是自愿的

三、书写

第101题：缩写。

(1) 仔细阅读下面这篇文章，时间为10分钟，阅读时不能抄写、记录。

(2) 10分钟后，监考收回阅读材料，请你将这篇文章缩写成一篇短文，时间为35分钟。

(3) 标题自拟。只需复述文章内容，不需加入自己的观点。

(4) 字数为400左右。

(5) 请把作文直接写在答题卡上。

安德森大学实习时创办了一家广告公司，公司规模虽小，但经过几年的诚信经营，客户逐渐变多了。

最初，公司为一个大客户设计了一个禁烟宣传广告。可是，一天他收到合作方发来的通知书，上面写着："贵公司设计制作的禁烟广告牌，没有任何作用。一个月内如不能提出可行性整改方案，将终止与贵公司的所有合作。"安德森收到通知书后，陷入了沉思。如何才能做出既有效果又能让客户满意的广告呢？

一天，一夜没合眼的安德森早早地离开了公司，来到市中心的广场，驻足在广告牌下。"禁止吸烟"的警示语醒目地写在上面，但经过的人们丝毫不在意，照旧吸着烟。更过分的是，有人经过广告牌时，还用烟头在广告牌上烫了好几个洞。看到这些广告牌形同虚设，安德森心里装满了挫败感。

安德森漫无目的地走着，无意中看到在广场的角落集聚着一群人，正在聚精会神地观看着银幕上的动漫，夸张的表情引得人们开怀一笑，来来往往的人也不禁去看一看究竟是什么。这时，安德森灵光一现，突然有了主意。为何不把广告牌也做成动漫的样子，这样更能让人们容易接受忠告，起到两全其美的效果。于是，安德森连夜开始设计方案。

第二天，他兴高采烈地把方案给了相关人员。可是，工作人员一脸地不信任，无论安德森怎么说丝毫也不相信他能做成功。安德森决定放手一搏，他和相关部门约定，一旦不成功，所有损失由自己的公司承担，这样对方才勉强答应了下来。凭借这股不认输的精神，安德森争取到了项目。他的团队经过几个月时间的精心策划，几经修改后，终于完成了这个项目。

改进后的广告牌，表面看起来没有任何特殊的地方，只是里面安装了烟雾探测器。但这个广告牌能在规定的距离内，检测到烟雾，探测器就会发出报警。警报发出的讯号，经由线路转换成数据传导到屏幕上，广告牌上的模特就会捂嘴咳嗽起来，还会浮现出"吸烟有害健康"的警示语。另外，他们还在广告牌外面覆盖了一层3D镜片，让来往的行人看到的画面更形象逼真，更有身临其境的感觉。

刚开始，路人们都是一副莫名其妙的样子，明白用意后，人们纷纷在禁烟区熄灭了香烟。"吸烟有害身体健康"的观念在人们心中潜移默化地产生影响。会咳嗽的广告牌，最终引起了媒体的关注。人们在互联网上转载发布，赢得了政府和民众的一致好评。

凭借这支广告，安德森的广告公司接到很多前来咨询业务的电话，业务量比之前增加将近3倍。

MEMO

모의고사 정답과 모범 답안

해설서 10쪽

一、听力 듣기

1 D	2 C	3 B	4 B	5 D	6 C	7 C	8 D	9 D	10 D
11 A	12 B	13 B	14 A	15 C	16 B	17 A	18 B	19 C	20 B
21 A	22 C	23 B	24 A	25 B	26 A	27 B	28 A	29 C	30 A
31 D	32 C	33 B	34 D	35 B	36 C	37 C	38 B	39 A	40 A
41 D	42 D	43 B	44 D	45 D	46 C	47 A	48 A	49 D	50 C

二、阅读 독해

51 D	52 B	53 C	54 C	55 C	56 B	57 D	58 C	59 D	60 A
61 C	62 D	63 A	64 D	65 B	66 A	67 C	68 A	69 B	70 D
71 E	72 A	73 D	74 B	75 C	76 B	77 D	78 C	79 A	80 E
81 A	82 D	83 B	84 C	85 D	86 B	87 D	88 C	89 C	90 D
91 B	92 D	93 D	94 C	95 B	96 B	97 D	98 C	99 B	100 A

三、书写 쓰기

会咳嗽的广告牌

安德森在大学实习时开了一家广告公司，经过多年的诚信经营，公司的客户越来越多了。

最初，公司设计了一个禁烟宣传广告，但没过多久就收到了合作方的通知书，上面说，禁烟广告没有收到很好的效果，如果没有更好的方案，将会终止合作。安德森收到通知书后一直在想有没有更好的方案。

一天，安德森离开公司，来到了市中心的广告牌附近，观察人们的反应，他发现吸烟者对禁烟广告毫不在意，有的人甚至用烟头在广告牌上烫了洞，这使安德森感到了挫败感。他漫无目的地走在大街上，看到了一些人聚精会神地看着动漫，人们都很开心，他突然想到了一个好主意。

第二天，安德森将方案给了合作方，但对方不太相信，他深信不疑地说："若该方案失败，自己将承担一切损失。"他凭着不服输的精神获得了这个项目。经过几个月的努力，新方案最终完成了。

修改后的广告牌，里面安装了烟雾检测器，一旦检测到烟雾，屏幕上的模特就会捂嘴咳嗽，幕上还会浮出"吸烟有害健康"的警示语，而且屏幕上面有3D镜片，这给人们一种身临其境的感觉。

刚开始，路人们都不在意，当他们知道广告的含义后，纷纷熄灭了香烟，吸烟有害健康的理念深入人心，起到了潜移默化的作用。会咳嗽的广告牌引起了很大关注，并且获得了政府和民众们的一致好评。

凭借这个广告，安德森接到了很多咨询电话，公司业务也比以往增加了三倍。

汉语水平考试

HSK（六级）

第二套

注　意

一、HSK（六级）分三部分：

1. 听力（50题，约35分钟）

2. 阅读（50题，50分钟）

3. 书写（1题，45分钟）

二、听力结束后，有5分钟填写答题卡。

三、全部考试约140分钟（含考生填写个人信息时间5分钟）。

一、听 力

第一部分

第1-15题：请选出与所听内容一致的一项。

1. A 孵化禽蛋耗时长
   B 孵化器在当代很罕见
   C 孵化器可推动企业发展
   D 孵化器的生产需要大量资金

2. A 五羊仙舞是宫廷舞蹈
   B 五羊仙舞已后继无人
   C 古代五羊仙舞有多种用途
   D 亚运会中曾表演过五羊仙舞

3. A 购买野生动物时需申报
   B 保护野生动物任重道远
   C 有些野生动物已濒临灭绝
   D 保护野生动物的法律已出台

4. A 方言生动且具感染力
   B 应大力推行使用普通话
   C 描绘事物时应使用方言
   D 使用方言的现象普遍存在

5. A 骑行时速度不宜过快
   B 骑行可治疗心脏疾病
   C 慢跑有利于缓解疲劳
   D 平衡感是骑行运动的关键

6. A 不应过度地计较小事
   B 做任何事都要竭尽全力
   C 直面选择不要犹豫不决
   D 遇到困难时需要鼓励自己

7. A 砂锅的造型别致
   B 砂锅的导热性较好
   C 粘土是砂锅的制作材料
   D 用砂锅烹调食物味道香醇

8. A 手机订餐容易点错
   B 送餐员送错了地址
   C "我"对点的菜很满意
   D "我"觉得这个菜不值

9. A 微生物的生命力顽强
   B 咸水湖最终会流向大海
   C 咸水湖的形成与地壳运动有关
   D 内陆咸水湖中有大量海洋生物

10. A 游戏市场与运营商有关
    B 游戏测评员善于收集数据
    C 电子游戏使人们的心态更健康
    D 游戏测评员受到年轻人的推崇

11. A 引导孩子要适度
    B 父母要树立榜样
    C 现代人容易产生焦虑心理
    D 超限效应只在孩子中产生

12. A 唱歌跑调与基因有关
    B 发声位置不对会导致跑调
    C 唱歌跑调的人推理能力强
    D 后天训练比先天因素更重要

13. A 植物也需要呼吸
    B 墙体植物可预防风化
    C 墙面上的植物对墙体有害
    D 潮湿的环境有助于植物生长

14. A 骑马时需掌握技巧
    B 赏花可使心情愉快
    C "走马观花"指做事细心
    D "走马观花"出自唐朝诗句中

15. A 太阳能发电是趋势
    B 核反应堆需及时冷却
    C 核电厂会造成水源污染
    D 核电厂选址时需远离居民区

第二部分

第16-30题：请选出正确答案。

16. A 销售渠道窄
    B 模式比较局限
    C 是线下教育的补充
    D 是主流的教育产品

17. A 学习流程复杂
    B 优质的教师不足
    C 不能与线下结合
    D 颠覆性的产品不多

18. A 实现师生互动
    B 采用录播模式
    C 可选择个性化服务
    D 未通过可全额退款

19. A 优秀的教师
    B 批改学生作业
    C 提醒学生上课
    D 提供丰富课余安排

20. A 应该全面推广
    B 有系统瘫痪风险
    C 可以灵活应对变化
    D 需要更多团队支撑

21. A 摇曳的大树
    B 飞翔的鸟儿
    C 空中的绳子
    D 海中的水滴

22. A 受到批评
    B 调离部门
    C 在任务中淘汰
    D 需参加调整训练

23. A 孤独
    B 刺激
    C 震撼
    D 丰富多彩

24. A 有坚韧的意志
    B 能耐得住寂寞
    C 克制自己的欲望
    D 培养严密的逻辑能力

25. A 航天员是灿烂的职业
    B 成为航天员需要运气
    C 体能是航天员的基本要求
    D 运动员的训练与航天员相似

26. A 非常荣幸
    B 意料之中
    C 过程艰辛
    D 有些遗憾

27. A 爱情无国界
    B 珍惜身边的人
    C 保持原本的美好
    D 每个人的理解不同

28. A 是交流的方式
    B 可以挖掘潜能
    C 吸引更多年轻人加入
    D 反思世界音乐的问题

29. A 起步较晚
    B 视野不够开阔
    C 文化差异较大
    D 民族音乐从事者较少

30. A 邀请过马先生
    B 致力于教育事业
    C 已与乐团合作20余年
    D 希望人们关注世界音乐

第三部分

第31-50题：请选出正确答案。

31. A 得到政府支持
    B 针对电动车开发
    C 无需借助昂贵材料
    D 节约能源且平衡需求

32. A 上班前
    B 下班后
    C 随时随地
    D 自动分配时间

33. A 处于概念阶段
    B 商业运作成熟
    C 用户规模庞大
    D 各领域机构争相发展

34. A 通水利民
    B 打击贪污腐败
    C 设立地方法律法规
    D 建造港口发展船业

35. A 风浪太大
    B 行李太少
    C 便于掌握平衡
    D 石头具有纪念意义

36. A 当官要清正廉洁
    B 做人需稳如泰山
    C 陆绩的丰功伟业
    D 伸张正义必不可少

37. A 行动缓慢
    B 麻木无感
    C 常常感到自卑
    D 无法控制冲动

38. A 在海边做日光浴
    B 利用海浪冲刷身体
    C 闭眼倾听海浪的声音
    D 尝试富有刺激性的运动

39. A 专注使人感到平静
    B 需与药物并行治疗
    C 安逸状态可延缓衰老
    D 创伤后应激障碍无法根治

40. A 呈针形
    B 像铃铛
    C 整体为黑色
    D 类似于叉子

41. A 还没有正式推出
    B 附赠植物百科全书
    C 可提高植物吸收效果
    D 能检测植物生长情况

42. A 提醒未达标项目
    B 有2000种植物存档
    C 通过蓝牙连接服务器
    D 需通过应用商城购买

43. A 不够精确
    B 价格过高
    C 外形不够时尚
    D 没有更新功能

44. A 温度波动较大
    B 内部潮湿阴暗
    C 常受太阳辐射影响
    D 适合野生动物居住

45. A 低于洞外温度
    B 高于体感温度
    C 日内波动较大
    D 与当地平均气温相似

46. A 周边受到污染
    B 空气周期性流动
    C 洞穴内微生物繁殖
    D 洞穴外部风向影响

47. A 昼夜温差大
    B 人为进行干扰
    C 臭氧层发生变化
    D 二氧化碳含量增加

48. A 生物学角度
    B 地磁学观点
    C 进化论法则
    D 优胜劣汰原则

49. A 功能逐渐退化
    B 增生新的细胞
    C 遗传因子演变
    D 南北极磁场变化

50. A 关节很灵活
    B 可以直线前进
    C 胸部的横向比纵向窄
    D 横着走并没有唯一答案

二、阅 读

第一部分

第51-60题：请选出有语病的一项。

51. A 请严格按照使用说明来操作机器。
    B 您放心，我们会尽快给您一个答复的。
    C 第17届中国国际软件博览会将在本周四举办。
    D 昨天听了杨志勋老师的高论以后，对我的启发很大。

52. A 火龙果热量低、纤维高，深受减肥人士的喜爱。
    B 请大家尽量不要和流感患者接触，免得不被传染。
    C 竹楼是傣族传统的建筑形式，有利于防酷热和湿气。
    D 时间如同一位慈母，可以帮助我们抚平心灵的创伤。

53. A 四川省计划今年新增三条国际直飞航线。
    B 您好，您拨打的电话正在通话中，请稍后再拨。
    C 专家建议，两岁以下的儿童尽量不要接触电子产品。
    D 即便在哪个时代，青年群体的力量始终同国家的命运紧密相连。

54. A 生长在野外的长尾鸡，尾羽每年能增长一米左右。
    B 行书是介于楷书和草书之间的一种字体，工整清晰，实用性高。
    C 我们如果把国内的事情不努力搞好，那么在国际上就很难有发言权了。
    D 据统计，人类常见的疾病有135种，其中106种与维生素摄取不足有关。

55. A 全球超过8亿人没有充足的食物，饥饿人口陆续三年出现增长。
    B 室内色彩除了会对视觉产生影响，还会影响人们的情绪和心理。
    C 吴起变法虽然失败了，但它却在楚国贵族政治中激起了巨大的波澜。
    D 中暑时应到阴凉通风处休息，或用冷水、酒精降温，必要时应尽快就医。

56. A 严宏昌的名字写着最上面，下面依次是其他17户户主的名字。

    B 好的摄影师能够把日常生活中稍纵即逝的平凡事物转化为不朽的视觉图像。

    C 现实是此岸，理想是彼岸，中间隔着湍急的河流，行动则是架在河上的桥梁。

    D 卧室里浓烈的色彩会刺激人的神经，让人过度兴奋，不利于人较快地进入深度
      睡眠状态。

57. A 一个人最难得的是平常心，得而不喜，失而不忧，内心宁静，则幸福常在。

    B 研究表明，当沙漠地表植物覆盖率达到40%的时候，就不会出现扬沙天气了。

    C 中国自古就有"以茶治病"的历史，古代民间用茶治疗糖尿病、伤风等疾病的记
      载甚多。

    D 当你真正爱上一个人，你会觉得一种很亲切的感觉，他让你觉得很舒服，你可
      以信任他。

58. A 据记载，世界上第一盏红黄绿三色、四方向的交通信号灯是在1920年投入使用的。

    B 小提琴音色优美，音域宽广，表现力强，为人们所钟爱，被称为西洋乐器中的
      "王后"。

    C 成语是人们长期以来习用的、简洁精辟的固定短语，它承载着博大精深的中华
      传统文化。

    D 乌桕滩，位于漓江西岸，每逢秋冬时节，树叶红透，倒影在碧水中，素有"桂林
      小九寨沟"。

59. A 南京林业大学的一名学生设计了一种自动穿衣架，可帮那些手脚不便的人轻松
      穿上衣服。

    B 有时，很多散户投资者实际上比很多大型机构投资者拥有特别深刻、非常准确
      的见解。

    C 南锣鼓巷全长786米。以南锣鼓巷为主干，向东西各伸出对称的八条胡同，俗
      称蜈蚣街。

    D 凡是妨碍到人们正常休息、学习和工作的声音，以及对人们要听的声音产生干
      扰的声音，都属于噪声。

60. A 粮农组织总干事呼吁改革现有粮食系统，他也说，未来的粮食系统必须所有人
      提供健康、优质的食物。

    B 孩子们喜欢探寻这个世界，而且总能提出千奇百怪的问题，这些问题看似天
      真，却闪烁着智慧的光芒。

    C 千岛湖景区总面积达982平方公里，其中湖区面积573平方公里，因湖内拥有星
      罗棋布的1078个岛屿而得名。

    D "穿越小说"是网络文学的一种，其主人公由于某种原因从自己所在的时空转换
      到另外的时空，故事情节也由此展开。

第二部分

第61-70题：选词填空。

61. "匠"的偏旁"匚"象征的是木工的工具箱，"斤"在＿＿＿指的是斧头，所以，"匠"的本意是木工。后来，"匠"逐渐成为＿＿＿专门手工技艺的人的代称，＿＿＿是巧手的手工艺人都被称为"匠"。中国的历史长河中从不缺少匠人精神。

    A 最初   拥有   不管

    B 以往   排练   即使

    C 当初   练就   只有

    D 古代   具有   只要

62. 囤积强迫症的核心＿＿＿其实不是收集和节省，而是害怕把东西丢掉。对于爱囤积东西的人们来说，对丢弃物品的＿＿＿会触发焦虑心理，所以为了防止焦虑，他们可能会一直＿＿＿该物品不丢弃。

    A 特征   事件   保养

    B 疾病   遏制   保存

    C 症状   顾虑   保留

    D 病毒   鉴别   保护

63. 福字现在的解释是"幸福"，而在过去＿＿＿指"福气"。春节贴"福"字，无论是现在还是过去，都寄托了人们对幸福生活的＿＿＿，也是对美好未来的祝愿。每逢新春佳节，＿＿＿都要在屋门上、墙壁上、门楣上贴上大大小小的"福"字。

    A 则   向往   家家户户

    B 皆   心态   门当户对

    C 亦   心愿   家喻户晓

    D 方   倾向   日新月异

64. 行走被_____为21世纪最好的锻炼方法之一，它之所以重新受到了世界的_____，
不但是因为它不受时间、空间的限制，而且也是因为行走速度可快可慢，从而
_____不同的健身效果。速度可分为缓慢、中度、快走和疾走，不同的速度_____
不同的代谢速率和脂肪燃烧的量。

A 列　　　　　关心　　　　　达成　　　　　应付

B 举　　　　　关注　　　　　抵达　　　　　应酬

C 成　　　　　注目　　　　　到达　　　　　相应

D 誉　　　　　瞩目　　　　　达到　　　　　对应

65. 中国是书籍的王国，历代典籍_____，一册一册的书_____在一起，翻找起来非常
不方便。这时候书签就派上了大用场，成为书籍的重要组成_____。据传，唐代集
贤院藏书以红、绿、碧、白四色书签_____经、史、子、集，学子找书之前先读
"签"，大大减少了查检的麻烦。

A 任重道远　　　　摆放　　　　元素　　　　分辨

B 汗牛充栋　　　　堆叠　　　　部分　　　　区分

C 驷马难追　　　　排放　　　　素质　　　　处分

D 举足轻重　　　　配备　　　　因素　　　　分析

66. 舞蹈是一种以人体的动态形象反映人类社会生活的最_____的艺术形式之一。舞蹈
有许多艺术_____：律动性、动态性、抒情性、造型性等等。_____人的肢体来进
行各种姿态和造型形象的活动，挖掘其身体美的千姿百态，发挥身体无穷的表现
_____。

A 悠久　　　　　特色　　　　　经过　　　　　品德

B 古老　　　　　特性　　　　　通过　　　　　魅力

C 长久　　　　　色彩　　　　　利用　　　　　杂技

D 古怪　　　　　特点　　　　　应用　　　　　策略

67. 琵琶是中国传统的拨弹式乐器，所以它_____弦乐器。经历代演奏者的改进，至今
形制已经趋于统一，成为四弦琵琶。琵琶_____手指对琴弦进行拨弹，引起琴弦振
动，在音箱_____作用下发出声音。早在古代就有文人墨客对琵琶的音色称赞不
已，唐代诗人白居易的著名诗句"大珠小珠落玉盘"，_____地说明了琵琶的音质特
点。

A 属于　　　　　由　　　　　配合　　　　　形象

B 等于　　　　　凭　　　　　强化　　　　　生动

C 位于　　　　　以　　　　　调整　　　　　激动

D 处于　　　　　将　　　　　调节　　　　　精确

68. 无论有多困难，都要_____地抬头挺胸。有人活了一辈子都不明白什么才算是有意义的事情，在很多人看来，自己实在太_____了，干不了什么_____的大事。其实一件事有没有意义并不在于这件事的大小。任何一件事情，_____再小，只要是你该做的，你用心把它做好了，这就是有意义的。

A 坚强   渺小   惊天动地   哪怕

B 坚定   稍微   莫名其妙   无论

C 勉强   微观   博大精深   即便

D 强制   美妙   兢兢业业   倘若

69. 不知道从什么时候开始，女司机与"马路杀手"_____上了等号。在这种情况之下，很多女司机都觉得自己驾驶技术不够_____，于是想了很多办法来提醒后面的车辆，在自己的车窗后面贴上标语等。但有关部门_____的数据显示，这可能是对女性驾驶员的一种_____。

A 扎   熟悉   发言   成见

B 刻   熟练   发表   意见

C 划   娴熟   发布   偏见

D 签   成熟   发誓   短见

70. _____时代是好或是坏，仅就内容行业本身而言，从未像今天这般繁荣：创作者热情高涨，媒体平台成熟，变现渠道便捷等等。然而，令人_____的生态格局背后，似乎又总是_____出些许焦虑与不和谐。比如，个人创作者在_____媒体平台合作过程中，由于后者主导着合作规则、算法逻辑及分账模式，前者往往处于弱势_____。

A 不论   眼花缭乱   流露   连同   地位

B 非但   有条不紊   暴露   连续   地步

C 除非   热泪盈眶   泄露   连锁   岗位

D 无论   绚丽多彩   透露   接连   位置

第三部分

第71-80题：选句填空。

71-75.

有一年，宋太宗想在京城建造一座大型的宝塔，命令一个建筑大师主持建造这座塔。跟现在建造楼房一样，(71)_____，然后进行非常严格的测量后，才开始施工。

短短一年的时间，这座十三层宝塔就建成了。这座塔非但是当地最高的一座塔，(72)_____，不由得引来很多人参观。可是人们却惊讶地发现，这座塔似乎有一点瑕疵，(73)_____，整个塔是倾斜的，大家疑惑不解。

有人禁不住好奇当面问大师，他听了就哈哈大笑，解释道："这座塔这样倾斜是故意设计的，(74)_____，河水长年累月冲刷着河床，肯定会造成河岸的地质的变化，到时候靠近河边的地面会下陷，肯定会导致塔的地基的不稳定。并且这里经常刮西北风，也是会对塔造成影响的，在这两方面自然环境的影响下，日积月累，会使得塔慢慢地矫正变直。"

大家听了了之后，没有一个不佩服大师，他的名气也越来越大。(75)_____，可惜现在这本书已经失传了。而他建造的这座斜塔，在南宋仁宗期间，被一场大火烧毁了。

A 南端比北端十分明显地矮一些

B 他还写过一本专门传授木工经验的书籍

C 因为我发现离塔不远的地方有一条河

D 他也事先建造了一个小的模型

E 并且装饰华丽宏大

76-80.

　　"剧透"，指的是在他人看完某个艺术作品之前告诉其核心内容及线索。

　　很多人痛恨剧透，但还是有很多人喜欢做这种行为。这是因为剧透者能得到某种心理满足。首先，从心理根源上来说，几乎每个人都愿望被人关注。剧透能吸引他人留意，(76)_____。其次，剧透能让你获得信息上的优越感。尤其是看到对方的反应，(77)_____，都会激发你的成就感。

　　这些心理满足让一些人不能自休，甚至是以把剧透当成了一种习惯。但相对的，(78)_____。在无"剧透"的观影过程中，观众能轻松按照情节成长对主人公产生"移情"，将自己带入到剧情中。此时，成功猜对了剧情走向，就能获得仿佛战胜了命运的快感，即使猜错了剧情走向，也会由此发出对生活和命运的感慨，这些都能让观众获得观影的乐趣。恰是这样的乐趣，让观众在如此方便"被剧透"的时代，选择尽量避开剧透。

　　一旦"被剧透"，(79)_____，还会有优越感被剥夺、享受的过程被阻断、美满感遭到破坏等等不悦的心理体验。有人开玩笑说："(80)_____，就是你不会再怕被剧透。"

　　A 被剧透并不是一无是处

　　B 不仅这种乐趣便荡然无存

　　C 一部分被剧透者却饱受煎熬

　　D 显然可以从中得到足够的关注

　　E 无论对方是兴致大发或者哑口无言

第四部分

第81-100题：请选出正确答案。

81-84.

欧阳修，号醉翁，晚年又号六一居士。他是宋代闻名遐迩的文学大师，是当时文坛盟主，诗、词、文均有很高的成就。

欧阳修的创作态度十分严谨，每一篇文章，他都要反复锤炼推敲，精益求精，一丝不苟。这也正是他创作上取得巨大成就的一个主要原因。

在宋代，一些达官贵人在亭台楼阁建成时，总喜欢请文坛大家作文或题字。欧阳修有一位老朋友韩琦，当时在相州任职，曾建造了一座别墅。他便请欧阳修帮忙写一篇文章，以纪念建造别墅之事。并请欧阳修在文章写成后立即交给来人带回，以便在重阳节前镌刻堂上。

欧阳修计算了一下日程，立即闭门谢客，拟好了文章内容后，马上写出来了一篇文章，然后交给来人，来人则立即带文章走了。

可到了晚上，欧阳修重读白天写的文章，读到"仕宦至将相，锦衣归故乡"时停住了。他觉得这两句意思过直，与上下文衔接也不够和谐，读起来气短而促。原来是白天成文时，因来人再三催促，没有来得及仔细斟酌所致。他经过仔细推敲，决定各加一个"而"字，从而使文句上下连贯顺畅，意思也较深刻。

欧阳修马上出门，唤醒书童，又牵出一匹快马，交代一番后，书童便快马加鞭，向相州路上飞奔而去。到第二天日落西山时，才赶上了韩琦派来的人，把"而"字补上。从此，欧阳修"快马追字"的故事便不胫而走，为许多人传诵。

81. 欧阳修在文学方面成就很高是因为：

A 善于饮酒作诗

B 文章写前深思熟虑

C 有一个很严格的老师

D 对自己作品要求很高

82. 韩琦请欧阳修做什么？

A 帮他设计别墅

B 资助他搭建别墅

C 写文章纪念此事

D 参加重阳节的宴会

83. 听了韩琦的邀请，欧阳修是怎么做的?

    A 拒绝接见来客

    B 以日程满为借口拒绝

    C 催促家人准备办宴会

    D 关闭家门深思了好几天

84. 原来的文章有什么问题?

    A 内容没意思

    B 字数不够多

    C 上下文互相矛盾

    D 两句话不够顺畅

85-88.

要在太空杜绝使用所有的可燃性材料几乎是不可能的，例如写飞行计划和程序要用到纸张，几乎每样东西都要用到塑料。同时，航天器到处布满了电子设备，这些电子设备有可能短路，产生火花，引起火灾。因此，在火灾发生前，通过热量增加时释放出的各种各样信号，提前预告航天员，将可以防止灾难的发生。但是，人感受这些物质的敏感度是很低的，只有在它浓度很高时才能感觉到。

如果航天员有一个灵敏的"鼻子"，可以很早就"闻"到座舱中气体异常的变化多好！为此，美国宇航局正在进行电子鼻的研制和改进工作。电子鼻是一种能够学会辨别几乎所有的化合物的小装置。它比人的鼻子灵敏得多，我们甚至可以训练它区别百事可乐和可口可乐。美国宇航局对电子鼻的要求更高，要求它能够探测出更低浓度的物质，目前正在继续研制第二代电子鼻。这种电子鼻将所有的功能都组合到一个装置内，它包括：高分子膜、一台抽取空气样本的泵、分析数据的计算机和能源。它的体积会很小，只有760立方厘米，约是原有电子鼻的35%，使用起来更方便，只要将电子鼻像传统的烟雾探测器一样固定到乘员舱的四周就可以了。

可以想象这样一个情景：空间站里一个隐蔽地方发生短路了，打出火花，附近的电子鼻闻到它散发的"异味"，立即传到电脑，电脑经过分析，便知道它的性质、位置和危险程度，立即发出警报。航天员按照电子鼻的报告，很快到达出事地点，排除隐患并按照计算机的提示，打开通风机，改变空气流动的方向或打开过滤器，或者将隐患区域封闭起来。

85. 根据上文，下列哪项是太空火灾的隐患？

　　A 电子设备可能短路

　　B 灭火系统不够完善

　　C 火灾没有任何信号

　　D 在航天器上不使用纸张

86. 第二代电子鼻有什么特点？

　　A 不需要能源供给

　　B 体积比第一代更小

　　C 只闻到低浓度物质

　　D 可以分辨可口和百事

87. 最后一段主要讲的是：

    A 电子鼻面对的课题

    B 未来航天技术的想象图

    C 空间站火灾的危险程度

    D 电子鼻排除火险的过程

88. 根据上文，下列哪项正确？

    A 已研发出第二代电子鼻

    B 电子鼻会自动消灭火灾

    C 电子鼻比人的鼻子灵敏

    D 电子鼻装在航天服里面

89-92.

生物学家称壁虎是"最能爬墙的动物"。它能够自如攀墙，几乎能攀附在各式各样的材料上面，甚至在水里、真空环境及太空中都能行走自如，所经之处不留任何痕迹，脚下干净利落。壁虎脚上的"功夫"真可称得上是"自然的杰作"。

最近几年，科学家在显微镜下发现，壁虎脚趾上约有650万根细毛，每根细毛直径约为人类毛发直径的十分之一。壁虎脚上的细毛全部附着在物体表面上时，可吸附住133千克的物体，相当于两个成人的重量。既然壁虎的脚上有如此强大的吸附力，那么它如何能抬起脚来移动呢？科学家发现，壁虎脚上的细毛可以调节，当壁虎将细毛与物体表面的角度增加到30度时，两者的作用力大大降低，壁虎就可以顺利抬脚。壁虎的任何一只脚都可以随时移动。当然，一次只能移动一只脚，其他脚得作为支撑点。

以现在的科技，人类还没有办法研制出如壁虎脚一模一样的东西。不过，科学家正在模仿壁虎脚的结构研制新的黏性材料。2003年年底，科学家推出一项可令许多孩子兴奋得睡不着觉、同时令父母们担心不已的新发明。这就是利用仿生学原理研制出来的"壁虎胶带"。它是可以让你在墙上如履平地的法宝。这种胶带所具有的黏性足以支撑一个成人的体重。由于壁虎胶带是利用细毛的黏性，它比其他胶带有一个突出的优点，就是可以重复利用，而不像其他胶带那样用一次就失效了。科学家指出，这个研究还可以应用在航天、航海、水下探测、医学等重要领域。

壁虎胶带——这一来自幻想中的新技术，已经被专家们评为"最具市场冲击力的十大新技术"之一。然而，要利用壁虎胶带真正实现飞檐走壁的梦想，可能还需要科学家在未来对这个产品做进一步的改进了。

89. 根据第一段，可以知道壁虎：

A 天生爱干净

B 爬墙速度很慢

C 爬墙毫无痕迹

D 主要栖息在水中

90. 壁虎如何能墙上抬起脚？

A 用尾巴支撑体重

B 脚趾上长着很多细毛

C 脚上有很强大的吸附力

D 可以调节脚上细毛的角度

91. 关于"壁虎胶带"，下列正确的是：

A 可以重复利用

B 让人能自如攀墙

C 将来会被当做玩具

D 吸附力比壁虎的脚更大

92. 根据上文，下列哪项正确？

A 壁虎胶带还只是个幻想

B 壁虎每次只能抬一只脚

C 人们实现了飞檐走壁的梦想

D 壁虎能爬墙是因为脚上有吸盘

93-96.

天一阁是中国现存历史最悠久的私家藏书楼，也是世界上最古老的三大家族图书馆之一，位于浙江省宁波市的月湖畔，现藏各类古籍近30万卷。如今，天一阁已由一座私家藏书楼发展成为一座以藏书文化为核心，集研究、保护、管理、陈列、社教、旅游于一体的专题性博物馆。在天一阁北书库旁，有一个安静的别院。在这里，那些出现虫蛀、发霉、破损的古籍，经过古籍修复师的手再次"重获新生"。

王金玉是天一阁的藏品修复部主任，四十年来，她参与修复的古籍已经记不清到底有多少册了。她说，书籍最大的敌人是时间。数百年过去，如今馆藏古籍中约有40%因为种种原因而损毁。以王金玉为代表的修书人，工作就是与时间赛跑，把古籍抢救回来。修复破损的古籍，首先要对文物存档，之后是无损检测，就是在对古籍不造成损害的情况下，检测纸张的酸碱度、白度、纤维成分等，然后根据破损情况制定修复方案。最后才是正式修复。修复阶段有拆书、洗书、补书等10余道工序，每道工序的细节关乎修复质量的优劣，修复一页纸有时要耗费几个小时，而修复一册古籍，需耗时一两个月甚至更久。

修书有一个原则，叫"修旧如旧"，即不允许在原物上创新，如果你达不到让它保持原样的要求，就不要动它。这也是古籍修复者的基本职业操守。王金玉的古籍修复成功率高达100%，她对自己的要求极为严苛，也以高标准要求团队。自2012年至今，王金玉和她的团队共完成书页修复5万页、古籍基础维护3054册、书画装裱374幅、碑帖传拓与修复11889张。"择一事，终一生"，一群在日复一日中默默坚守的修书人，让古老技艺得以传承和发扬，演绎着令人赞叹的"工匠精神"。

93. 关于天一阁，下面哪项正确？

　　A 建于宁波市的海边

　　B 现在藏品有30多万卷

　　C 是历史最悠久的藏书楼

　　D 是一所功能众多的博物馆

94. 下面哪个**不属于**修书的程序？

　　A 将古籍进行存档

　　B 对古籍进行拆开分解

　　C 根据情况制定修复方案

　　D 调查对古籍造成损害的原因

95. 王金玉从事修复工作，有什么原则？

A 没有把握就不动手

B 尽量减少修复步骤

C 选择最为耐久的材料

D 保持传统的基础上创新

96. 最适合做上文标题的是：

A 让古籍重获新生

B 天一阁的历史价值

C 王金玉的伟大成就

D "工匠精神"总让人赞叹

97–100.

　　放眼机场航站楼外，一架架飞机忙碌地起飞降落，蓝天与白色的飞机交相呼应。可为什么在讲究个性的今天，大部分客机都是白色的呢？

　　白色比其他颜色更能保证飞机的安全。飞机在飞行时需要保持较低的机身温度，白色能反射所有波段的光线，使得光能无法转化成热能。飞机的机身上可能存在锈蚀、裂纹、机油泄漏等高危问题，白色则是显示这些危险信号的最佳底色。而且白色飞机的辨识度很高，如果发生坠机事故，不管是在地面或海上，白色飞机都更容易被发现。而在夜晚，白色飞机相较于深色飞机，更容易避免相撞事故。

　　从经济上考虑，白色飞机更省钱。对飞机进行彩色喷涂，意味着要增加重量，以波音747型飞机为例，整机喷涂需要耗费250～300公斤的涂料，会增加额外的燃油费用支出。此外，喷涂时间大约是一周。喷涂期间，飞机停飞的场地租金和机票损失也十分可观。彩色涂料在强光照射及复杂的气候条件下，比白色更容易褪色，而飞机在高空受到的紫外线辐射强度更大、时间更长，颜料褪色也会更快。但白色即使历经长年累月的风吹日晒后，仍然可以保持良好的外观。因此，给飞机喷涂白色油漆，可以延长喷漆的时间间隔，节省成本。此外，航空公司运营的飞机中有很多是租借的，相比于给整架飞机重绘图案，还不如将白色飞机上的标识修改一下，这样更经济实惠。公司也能将自己的飞机转卖，买家无需对白色飞机进行重新喷涂，也就不会影响飞机的售价和性价比。

　　最后，从文化上考虑，白色飞机更有利于跨国界、跨地区之间的航空交流。同一种颜色在不同国家和民族的文化中含义差别巨大。比如红色，在东方文化中代表吉祥、喜庆，但在西方文化中表示暴力、危险；绿色，在中国文化中意味着生命和希望，在欧美文化中代表幼稚、妒忌。而白色不易惹人产生误会，在各种文化中不会受到排斥。

97. 下面哪项**不是**用白色涂料喷涂机身的原因？

　　A 会预防坠机事故

　　B 能反射各种光线

　　C 容易避免相撞事故

　　D 让人发现危险因素

98. 为什么说白色飞机更省钱？

　　A 喷涂白漆更耗时间

　　B 白色颜料不会褪色

　　C 彩漆会增加机体重量

　　D 彩色飞机更容易转卖

99. 根据上文，下列哪项正确？

A 彩色飞机的辨识度更高

B 白色会引起文化上的误会

C 彩漆更容易保持良好的外观

D 文化不同，颜色的寓意也不同

100.最适合做上文标题的是：

A 航空业的烦恼是什么

B 客机为什么是白色的

C 飞机颜色对安全的影响

D 颜色在不同文化中的寓意

三、书写

第101题：缩写。

(1) 仔细阅读下面这篇文章，时间为10分钟，阅读时不能抄写、记录。

(2) 10分钟后，监考收回阅读材料，请你将这篇文章缩写成一篇短文，时间为35分钟。

(3) 标题自拟。只需复述文章内容，不需加入自己的观点。

(4) 字数为400左右。

(5) 请把作文直接写在答题卡上。

　　保罗是著名石油大王，曾经的世界首富。然而，谁也不知道，他创业之初却在一家小公司里工作，也正是这个小公司对他以后的商业生涯产生了重要影响。

　　他工作的这家小公司刚刚注册成立，没有过多的资金招聘高管，因此，招来的员工基本上都是应届毕业生，从零开始起步。大家都是新人，来这工作以后都很拼，都希望自己能博得领导的赏识。可半年后，因为竞争导致公司气氛越来越差，一开始员工私下里互相议论，最后变成了互相攻击，严重影响了工作。

　　这时，公司新换了一位经理。一个月后的一天，经理就团结一致的问题给大家上了一课，强调只有保持公司的团结，这个新公司才能经受风雨才有发展。课后，他送给每名员工两面镜子，一个望远镜和一个放大镜，并让大家思考，这两面镜子蕴含的意义，并用简短的一句话概括。大家纷纷猜想经理的用意，并根据自己的理解，用一句话做了概括总结。有的说工作应该仔细，有的说眼光应放长远，有的则说公司应该放大自己加强宣传……

　　经理翻着员工们的回答，表情很凝重，看似都不是很满意，看到保罗的一句话时，不禁眼前一亮，不久后他便宣布：保罗任人事部主管。大家十分诧异，为什么突然间决定让保罗当主管，他可是公司来得最晚的一个新人，而且在公司里常常默默无闻，同事们甚至没有把他当作自己的竞争对手！经理看到了大家的疑惑，对大家说："我的决定，只是看了保罗的那句话。虽然很突然，但我相信我的选择没有错，他肯定进行了深邃的思考，我为他而感到惊喜。"

　　所有员工都在想看保罗那句话是什么，并发出了强烈的质疑。这时，经理亮出了保罗的答案：拿望远镜看别人，拿放大镜看自己。他对员工说："我们是新成立的公司，开始大家都很努力，公司的发展也增增日上，可也正是这种心态，造成了竞争上的失衡，相互排斥，相互挤对，这将严重影响公司发展。其实每个人都有优点和缺点，看到别人的优点，看清自己的缺点，这是我们公司发展的关键，这也是我最关注的问题……"

经理没有看错保罗，上任的他迅速打开了工作局面，公司内部也变得欣欣向荣。后来，他又辗转多家公司，但每到一处，都坚持践行"拿望远镜看别人，拿放大镜看自己"这句职场生存哲理，最终取得了巨大的成功。

MEMO

제2회
모의고사 정답과 모범 답안

해설서 70쪽

一、听力 듣기

1 C	2 C	3 D	4 A	5 A	6 C	7 D	8 D	9 C	10 B
11 A	12 B	13 C	14 D	15 B	16 C	17 D	18 A	19 D	20 C
21 B	22 C	23 A	24 A	25 C	26 A	27 D	28 A	29 C	30 C
31 D	32 D	33 D	34 A	35 B	36 A	37 B	38 B	39 A	40 D
41 D	42 A	43 B	44 B	45 D	46 B	47 A	48 A	49 D	50 D

二、阅读 독해

51 D	52 B	53 D	54 C	55 A	56 A	57 D	58 D	59 B	60 A
61 D	62 C	63 A	64 D	65 B	66 B	67 A	68 A	69 C	70 A
71 D	72 E	73 A	74 C	75 B	76 D	77 E	78 C	79 B	80 A
81 D	82 B	83 A	84 D	85 A	86 A	87 D	88 C	89 C	90 D
91 A	92 B	93 D	94 D	95 A	96 A	97 A	98 C	99 D	100 B

三、书写 쓰기

拿放大镜看自己

保罗是石油大王，也是曾经的世界首富。这样的人物却在一家小小的公司起步，那段经历对保罗产生了重要影响。

那家公司刚成立不久，没资金聘请高管，因此招来的都是应届毕业生，他们都拼命工作。但是半年后，过于激烈的内部竞争导致了一系列问题，员工之间开始明争暗斗，严重影响了工作。

公司换了一名经理，一个月后的一天，他给大家上了一堂关于团结的课。只有所有人齐心协力，才能勇往直前，克服困难。课后，他把两面镜子发给了每位员工，即一个望远镜、一个放大镜，还让每位员工思考其含义。有人认为要仔细工作，还有人认为要加强宣传。

经理看到了保罗写的内容，便决定让保罗担任人事部主管。其他员工对此疑惑不解，愤愤不平，因为保罗是资历最浅的员工。但是经理觉得保罗的话足以让他胜任这一职位。

他公布了保罗的那句话：拿望远镜看别人，拿放大镜看自己。他说："我们是一家新公司，开始每个人都认真工作，但是竞争上的失衡，严重影响了工作。而我们应该看清别人的优点，明白自己的不足，这才是我们要考虑的关键。"

保罗不负厚望，他担任主管后扭转了局面。后来他辗转于多家公司，每次都信奉"拿望远镜看别人，拿放大镜看自己"的人生哲理，最终实现了丰功伟业。

汉语水平考试

HSK（六级）

第三套

注　意

一、HSK（六级）分三部分：

    1．听力（50题，约35分钟）

    2．阅读（50题，50分钟）

    3．书写（1题，45分钟）

二、听力结束后，有5分钟填写答题卡。

三、全部考试约140分钟（含考生填写个人信息时间5分钟）。

一、听 力

第一部分

第1-15题：请选出与所听内容一致的一项。

1. A 补脑需要合理饮食
   B 启发想象力需要培训
   C 大脑消耗人体大部分能量
   D "脑洞大开"是网络流行语

6. A 中山站占地面积大
   B 南极冰层厚度在下降
   C 南极的气候在不断变暖
   D 中山站主要进行极地科学研究

2. A 要改革语言教育体制
   B 学习外语可以开拓眼界
   C 使用不同语言有助于沟通
   D 一部分语言有消失的风险

7. A 薪水现指工资
   B 陶潜的性格孤僻
   C 陶潜对儿子很严厉
   D 仆人教会了儿子打理家务

3. A 学生很崇拜老师
   B 老师对溶剂爱不释手
   C 瓶子里溶液色彩艳丽
   D 学生没发现万能溶剂

8. A 创新源于日常生活
   B 创新是学术进步的关键
   C 学术研究要有前车之鉴
   D 处理国际事物要鼓励创新

4. A "打赏"时不要盲目跟风
   B 打赏是古代交易方式
   C "打赏"是为了调节气氛
   D 信任是粉丝经济的基础

9. A 不要频繁进行促销活动
   B 消费者辨别能力在提高
   C 生活中冲动消费不可避免
   D 价格低的产品容易冲动下单

5. A 观看全本戏很费时
   B 折子戏不能单独演出
   C 折子戏是完整的故事
   D 全本戏是世界无形文化遗产

10. A 雪天尽量不要出行
    B 视线不好时应开远光灯
    C 熟悉的路况可加速行驶
    D 雪天应避免紧急打方向盘

11. A 花雕酒的器皿很精美
    B 花雕酒是由花瓣酿制
    C 花雕酒有补血的功效
    D 花雕酒产自闽南地区

12. A 白噪音会影响入眠
    B 白噪音听上去很刺耳
    C 白噪音可使精神安定
    D 白噪音容易引发忧郁症

13. A 内涵比外表重要
    B 要尊重他人的隐私
    C 做事不能以己度人
    D 修剪树木以美观为主

14. A 雷暴有弊也有利
    B 雷暴可净化空气
    C 冬季常出现雷暴现象
    D 雷暴出现时气温会升高

15. A 领跑者更易获胜
    B 坚持到底比战术重要
    C 跟跑者更有利于夺冠
    D 马拉松比赛可以激发斗志

3회

63

第二部分

第16-30题：请选出正确答案。

16. A 修缮技师
    B 培训讲师
    C 故宫院长
    D 瓷器鉴定师

17. A 尽量反应宫廷文化
    B 尽量减少使用经费
    C 符合现代审美标准
    D 保留古建筑的历史信息

18. A 返聘技师少
    B 技师年龄较大
    C 传授体系不全面
    D 年轻人急于求成

19. A 口传与手教相结合
    B 参考古代书籍为主
    C 有专门的培训团队
    D 利用虚拟现实技术

20. A 完善步骤备案
    B 需层层上报审批
    C 以前人经验为主
    D 利用人工智能修复

21. A 形式单一
    B 发展迅速
    C 题材很特别
    D 影响力变大

22. A 针对人群变窄
    B 进军海外市场
    C 观众年龄升高
    D 竞争变得激烈

23. A 想象力丰富
    B 充分展现细节
    C 了解古代神话
    D 按剧情设置音乐

24. A 质量需提高
    B 题材受到限制
    C 产业链没有形成
    D 制作人不能充分发挥

25. A 注重差异化
    B 向国外作品学习
    C 加深自主品牌形象
    D 需要更多原创作品

26. A 人生
    B 建筑
    C 企业
    D 电视剧

27. A 简明的序言
    B 缜密的结构
    C 细节的处理
    D 精彩的结尾

28. A 语言华丽
    B 情感真实
    C 内容新颖
    D 设置悬念

29. A 每一段都蕴藏寓意
    B 线索贯穿情节之中
    C 反复使用同样的词语
    D 悬念解除时继续设伏笔

30. A 是一个演员
    B 懂得建筑工艺
    C 眷恋自己的故乡
    D 想摆脱现在的生活

第三部分

第31-50题：请选出正确答案。

31. A 缺乏新意
    B 精心准备
    C 敷衍了事
    D 表现出色

32. A 严厉地批评和教育
    B 给儿子辩解的机会
    C 立即纠正儿子的缺点
    D 让儿子来看自己的表演

33. A 要学会让步
    B 细节决定成败
    C 做事要取长补短
    D 角色没有轻重之分

34. A 是消极的拖延
    B 可以治疗疾病
    C 不适用于所有人
    D 先做简单易做的事情

35. A 焦急的人
    B 跳绳的人
    C 彻夜未眠的人
    D 看着电视玩手机的人

36. A 佩里擅长哲学研究
    B 锻炼意志极其重要
    C 不能因难度大而放弃
    D 做事不应超出个人负荷

37. A 古代的农耕器具
    B 失踪的原始部落
    C 酿制啤酒的用具
    D 古人的遗骨残骸

38. A 古代啤酒更苦涩
    B 啤酒对人体有益
    C 古人会酿制啤酒
    D 5000年前已有过滤技术

39. A 香甜浓郁
    B 酒精含量高
    C 发酵时间短
    D 富含丰富矿物质

40. A 是圆形构造
    B 由菱形组成
    C 平坦有弹力
    D 是正六角形的

41. A 蜡制物质无法制造
    B 蜂房大小各不相同
    C 蜂窝与航天器的结构相似
    D 所有蜂窝的建造模式相同

42. A 可自由收缩
    B 具有便携性
    C 隔热效果好
    D 节省空间和资源

43. A 卫星外壳
    B 航天飞机
    C 家用汽车
    D 火箭内部

44. A 成本提高
    B 技术不达标
    C 顾客不易接受
    D 影响咖啡口感

45. A 环境污染严重
    B 员工流失率高
    C 同业竞争激烈
    D 社会舆论压力大

46. A 精美礼品
    B 打折优惠
    C 种子与土
    D 特制花盆

47. A 扫二维码很流行
    B 活动的成效显著
    C 给予比得到更重要
    D 咖啡厅不再使用塑料杯

48. A 遗传因素决定
    B 动脉血液热量转移
    C 脚部血管分布稀疏
    D 体内血压不够稳定

49. A 增加活动量
    B 提高血脂浓度
    C 改变血管宽度
    D 摄入高热量食物

50. A 企鹅有也会冻脚
    B 暖和时血液温度会降低
    C 人类也可调节血液流量
    D 动物的动脉与静脉血管相邻

二、阅 读

第一部分

第51-60题：请选出有语病的一项。

51. A 蓝鲸是地球上现存体积最大的动物。
    B 牛奶加热时间越长，钙成分流失得越快。
    C 他从事地质勘探行业将近30年了，经验很丰富。
    D 经过这几年的努力，让我明白了十个道理，我想分享给大家！

52. A 她说这是她入行以来拍得最辛苦的一部电影。
    B 我们常常会对不了解的国家，感到和觉得遥远而神秘。
    C 今年春节期间国内机票价格有所下降，同比降幅达6.1%。
    D 做事要善始善终，有个好开头并不难，关键还要坚持到最后。

53. A 害怕危险的心理比危险本身还要可怕一万倍。
    B 凡在本店购物满500元者，均可获赠一份精美礼品。
    C 最近经营体验类节目火爆起来，导致观众们对创业的关注。
    D 湖中的鱼儿不时来个"跳龙门"，跃出水面画个弧线又落回水中。

54. A 与人交往时感到的孤独，可能会一个人独处时的10倍。
    B 北京自然博物馆的古生物大厅里，陈列着一具大象的骨架。
    C 如不定时吃饭，不仅会营养不良，还可能引起多种胃肠道疾病。
    D 臭氧层像一道屏障，保护着地球上的生物免受太阳紫外线的袭击。

55. A 这种设计，既能减弱流水对桥身的冲击力，又能减轻桥自身的重量。
    B 紫甘蓝生产基地的产量约1万吨，除供应本地外，还销往河北等地。
    C 月亮反射的太阳光只有7%能到达地球，但已足够照亮地球上的黑夜。
    D 他迷恋昆虫研究，曾用自己的积蓄买了一块儿荒地，专门用来放养昆虫。

56.　A　梨羹是老北京常见的冬日小食，具有润肺化痰、生津止咳之功效。

　　B　影响一个人快乐的，有时并不是困境或磨难，而是一个人的心态。

　　C　碱性电池与普通干电池相比，具有耐用、储存寿命长、不易腐蚀等优点。

　　D　人的步行速度是每小时四公里到七公里左右，一直保持快走的话也可能走八公里。

57.　A　过去再精彩，我们也无法走回去；未来再艰险，我们也要向前走。

　　B　水是生物体最重要的组成部分，在生命演化过程中起到了重要的作用。

　　C　天空中的霞光渐渐淡了下去，深红的颜色变成了绯红，绯红又变为浅红。

　　D　她笑着笑着就有了泪花，从来我没有见过这么悲伤的眼神，至今还记得她的眼神。

58.　A　在各门功课中，语文是对我最感兴趣的。数学、历史等学得就差劲了。

　　B　成语"东山再起"常用来形容一个人退隐后再度出任要职，也比喻失势后重新得势。

　　C　黄鹤楼始建于公元223年，最初是用做军事瞭望楼，后来才成为人们登高揽胜的地方。

　　D　制作一把精美的小提琴，木料的选择很关键。匠人们在选择木料时，非常在意树木的年轮。

59.　A　含羞草的叶子在受到外物触碰后会立即闭合，这个动作被人们形象地理解为"害羞"，故得名。

　　B　有的人在饮酒的初期感到心情愉快，能够缓解紧张、疲劳等不良症状，这样渐渐养成每天不断饮酒。

　　C　受冷空气影响，7日夜间到8日白天，我省大部分地区会出现降雪天气，其中张家口、保定有中到大雪。

　　D　我在故乡只生活了14个年头，对于故乡的记忆好像只有那条平直的沙黄色土路和在那土路上蹒跚着的母亲的身影。

60.　A　腊梅并非梅类，因其形似梅花，且与梅花花期相近，所以很多人将腊梅当做梅花。

　　B　现场工作人员介绍说，此次焰火晚会的每一个章节都有各自的特色，充分展现了长春独特的冰雪文化。

　　C　很多会议没结果，之所以问题的聚焦没做好，只有参与者把他们要解决什么问题搞明白，才能取得有效的成果。

　　D　有社会心理学家认为，说谎的动机大致可归为三类：第一类，讨人欢心；第二类，夸耀自己；第三类，自我保护。

第二部分

第61-70题：选词填空。

61. 自行车尾灯_____安装在自行车尾部的发光的灯具，传统的尾灯是用反射器充当，它是由互成直角的一些小平面镜_____的，最近的LED尾灯由LED作为光源，发出更为_____的光线，以达到骑行的安全的目的。

   A 便　　　　构成　　　　明显

   B 非　　　　组织　　　　清醒

   C 必　　　　组合　　　　显著

   D 即　　　　组成　　　　醒目

62. 教养是文明规范，有教养的人们才可以获得社会_____和幸福的生活。得体的教养有助于人们建立积极_____的社会关系。而教养是离不开习惯的。自觉的行动积累起来，自然会养成良好的习惯，_____，这些习惯就会内化为教养。

   A 承认　　　　和平　　　　总而言之

   B 认可　　　　和谐　　　　久而久之

   C 认识　　　　和睦　　　　恰到好处

   D 同意　　　　和气　　　　全力以赴

63. 乌鸦口渴得要命，飞到一只大水罐旁，水罐里没有很多水，它想尽了办法，仍喝不到。_____，它就使出全身力气去推，想把罐推倒，倒出水来，而大水罐却推也推不动。这时，乌鸦想起了它曾经使用的办法，用口_____着石子投到水罐里，随着石子的增多，罐里的水也就_____地升高了。最后，乌鸦高兴地喝到了水，解了口渴。

   A 因此　　　　吞　　　　日益

   B 于是　　　　叼　　　　逐渐

   C 总之　　　　喂　　　　逐年

   D 反之　　　　吐　　　　日渐

64. 现在航空公司可以自行决定是否在_____上提供餐食服务了。但专家建议，将国内航空机票分为含餐和不含餐两种，并明码标价，让乘客_____消费需求，自主选择与决定_____消费飞机餐，此举能更好地迎合乘客的真实需求，降低不必要的成本_____。

A 航班	根据	是否	负担
B 航行	按照	要否	抱负
C 值班	依据	未必	包袱
D 飞机	参照	是非	承包

65. 六安瓜片是国家级历史名茶，中国十大_____名茶之一。它是在所有绿茶当中营养价值最高的茶叶，这是因为叶片生长_____长，茶叶的光合作用时间长，茶叶积蓄的_____多。六安瓜片还有消暑解渴，消食解毒等_____。

A 古典	日程	能量	功能
B 经典	周期	养分	功效
C 正经	阶级	元素	效益
D 传统	期限	成分	效果

66. 自媒体是指，普通大众通过网络等_____传播消息。在自媒体时代，各种不同的声音来自_____，"主流媒体"的声音逐渐变弱，人们不再接受被一个"统一的声音"_____对或错，每一个人都在从_____获得的资讯中，对事物或事件做出判断。

A 渠道	大街小巷	发表	单独
B 旅途	众说纷纭	通知	唯独
C 途径	四面八方	告知	独立
D 频道	齐心协力	标志	孤独

67. 写小说如_____美酒，从一个小小的闪念开始，经历一段_____且复杂的发酵过程。写长篇首先要有提笔的_____，其次要具备进入孤独旅程和自我_____的决心，最后才能写出一部真正表达内心想法的作品。

A 制造	悠久	决心	唾弃
B 酝酿	漫长	勇气	封闭
C 烂熟	长久	意图	力争
D 蕴藏	深沉	计划	探索

68. 一般的紫砂壶并不名贵，但明清时期，宜兴地区出现了_____的制壶高手，他们以其高超的技巧、独特的风格将紫砂壶制作得_____至极，这些精巧的紫砂壶是_____为名贵的作品。通常，紫砂壶的命名方法很多，但不管以何种方法题名，都应以_____为原则，能为各种人所接受。

A 众多　　　　巧妙　　　　颇　　　　雅俗共赏
B 广大　　　　妙趣　　　　愈　　　　喜闻乐见
C 广阔　　　　奇妙　　　　亦　　　　实事求是
D 高明　　　　美妙　　　　非　　　　精益求精

69. 明初，明成祖朱棣在南京_____上皇位后，十分欣赏江南的许多民间工艺品。他发现折扇舒展自如，灵巧美观，携带方便，于是下诏令宫内工匠_____外来工艺进行制作。从此，_____宫廷还是民间，使用折扇形成习俗，一直影响到清代，前后达三个世纪之久。现今南京秦淮河的南岸仍_____着"扇骨营"这一古老地名。

A 顶　　　　借鉴　　　　不管　　　　保存
B 爬　　　　借助　　　　非但　　　　保养
C 登　　　　汲取　　　　无论　　　　保留
D 攀　　　　索取　　　　不但　　　　保护

70. 五味一般是指酸、甜、苦、辣、咸。可是，"辣"本身并不属于味觉的_____，只是一种_____的刺激，或者说是一种痛觉。"辣味"刺激舌头，大脑感受到痛苦，这种痛苦引起全身反应：心跳会加速、唾液分泌增加，同时也_____出一种化学物质，使人感到轻松_____，产生吃到"辣"味后的一种_____"快感"。

A 元素　　　　激烈　　　　解放　　　　激动　　　　特意
B 范畴　　　　强烈　　　　释放　　　　兴奋　　　　特殊
C 含义　　　　剧烈　　　　排放　　　　刺激　　　　特别
D 范围　　　　壮烈　　　　分泌　　　　振奋　　　　独特

第三部分

第71-80题：选句填空。

71-75.

    许多乌龟能把头缩进自己坚硬的壳里进行防御，也正因如此，(71)_____。但很多生物的远古祖先和它们现在模样很不一样，就像圆滚滚、胖乎乎、热爱竹子的熊猫曾经是一个人见人怕的远古凶兽一样，那个年代的乌龟，也绝不是胆怯的代名词。

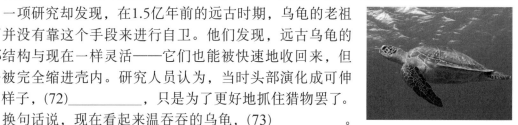

    一项研究却发现，在1.5亿年前的远古时期，乌龟的老祖先可并没有靠这个手段来进行自卫。他们发现，远古乌龟的头部结构与现在一样灵活——它们也能被快速地收回来，但无法被完全缩进壳内。研究人员认为，当时头部演化成可伸缩的样子，(72)_____，只是为了更好地抓住猎物罢了。

    换句话说，现在看起来温吞吞的乌龟，(73)_____。而肌肉发达能够快速弹射的头部，是它们能够进行伏击的重要资本。而随着时间的推移，(74)_____。很快它们又发现这样的方式对自卫有着额外的好处，久而久之，乌龟就成了今天这个样子。

    这又一次告诉我们，(75)_____，人们恐怕要处处小心。在很久很久以前，你可能连一只乌龟都惹不起。

A 曾经是大自然中最危险的掠食者之一

B 如果不幸穿越回远古时期

C 人们用"缩头乌龟"来讽刺胆小怕事的人

D 并不是为了自卫

E 乌龟中演化出了那些能够将头完全缩回壳内的个体

76–80.

镇远古镇位于贵州东部的苗族侗族自治区，是一座有着2000多年文化底蕴的历史名城，也是一个远离喧嚣的美丽城市。在古镇之中，(76)_____，组成一幅天然的太极图。站在古城墙上，俯视整个古镇，可看见依山而建的青龙洞、横跨舞阳河的祝圣桥、古街道、古纤道和勤劳可爱的人们。

自古以来，独特的地理位置造就了镇远在西南历史上的重要地位。(77)_____，而渐渐进入商业经济的鼎盛时期，成为一个商业贸易中心。从云南到镇远的货物大多依靠人挑马驮的方式，到了镇远后顺着水路到达湖南常德。便利的水陆交通为镇远带来商业的繁荣，(78)_____，这个古镇手工业、餐饮业等各行各业相继发展起来。

另外，外地客商聚集，随之而来的就是会馆。会馆是商品经济的产物，也是一个城镇兴起、物资交流及商帮形成的见证。同样，会馆文化也是一种商业文化和一种移民文化，或者说是两者的有机结合。(79)_____，在外乡做生意自然有一种不安全感，需要和自己同乡的人联合起来，拉结成帮派，建立属于本帮人的"根据地"。为了把客居在镇远的同乡团结起来，形成一条"乡土之链"，镇远自清代以来涌现了许多会馆，他们以商帮为基础，以同乡共同崇拜的偶像为精神核心，形成了当时的"八大会馆"。不仅按照地域，(80)_____，可以说三教九流，五花八门，包罗万象。

A 人们还按照行业成立行会

B 古代的镇远是战云密布的地方

C 一条蜿蜒的舞阳河从中把镇远古镇一分为二

D 由于各地的客商从沿海长江流域闻风而至

E 以一个外地人的心理考虑

第四部分

第81-100题：请选出正确答案。

81-84.

　　我们今天普遍使用的键盘，在业内被称为QWERTY键盘，最初由美国"打字机之父"肖尔斯于19世纪发明。

　　早在17世纪，欧洲人就发明了打字机，最早的键盘就是应用在打字机上的。当时配备的键盘上面的字母，就是按照人们熟知的26个英文字母顺序排列的。但在实际应用中，肖尔斯发现，由于人们过于熟悉各个字母的顺序和位置，而且常用的字母挨得很近，所以打起字来手指活动非常迅速。而当时的键盘和打字机都是机械结构的机器，极快速度地敲打，不但会使键盘按键的连杆卡在一起，而且会造成打字机经常死机。

　　肖尔斯苦苦地思索着如何解决这个问题。既然键盘和打字机的故障是由于人的手指敲击过快造成的，那么能不能设计出一种键盘，让人手指敲击键盘的速度慢下来呢？

　　考虑到绝大多数人都是右撇子，用右手更熟练，而左手则相对笨拙，肖尔斯首先把字母区设计在键盘的左区，让左手来完成敲击工作；其次，肖尔斯对26个字母进行了重新分组、排列。多年的编辑工作让肖尔斯知道哪些英文字母出现的频率最高，所以在字母编排上，他有意识地把英文中常用字母的间距拉开，并且放在离手指最远的区域，交给较弱的小拇指和无名指。而中间的黄金区域都是一些不常用的字母，迫使人们在敲击键盘时要频繁上下移动手指，以延长敲击间隔。基于以上原则，肖尔斯设计出了新的QWERTY键盘。

　　这完全是一个反人类思维的设计，却也是一个非常成功的发明。QWERTY键盘一经面世，便有效解决了当时打字机死机的问题，很快便流行起来。1868年，美国专利局为肖尔斯注册了发明专利。

　　81. 过去的打字机为什么会经常死机？

　　　　A 打字速度过快

　　　　B 常用字母的按键太多

　　　　C 人们不熟悉字母的顺序

　　　　D 键盘按键的连杆不够结实

82. 关于肖尔斯改造键盘的方法，可以知道：

   A 专为左撇子设计键盘

   B 故意打乱了字母的顺序

   C 将使用频率高的字母排在一起

   D 让无名指和小拇指敲打不常用的字母

83. 肖尔斯为何知道字母的使用频率？

   A 对医学很精通

   B 当了多年编辑

   C 研究了英文语音

   D 收集分析了相关统计

84. 根据上文，下列哪项正确？

   A 肖尔斯是17世纪的发明家

   B 肖尔斯思索了提高打字速度的方法

   C 肖尔斯成功解决了打字机死机问题

   D 肖尔斯的发明1868年才被大众认可

紫檀是一种名贵的木料。假如你去故宫参观，会发现宫殿里的紫檀家具<u>比比皆是</u>。在雍正、乾隆年间，皇家对紫檀的使用十分频繁，清宫用了100年的时间把家具都替换成了紫檀木的。那么紫檀有哪些特性呢？

紫檀颜色沉静，有光泽，闪着一种如同金属、绸缎一样的光泽。这种光泽可不是一种单纯的木头的光泽，这种光泽只有当你见到最优良的紫檀时才能感受到。

紫檀无大料。我们没有证据证明过去有非常大的紫檀料，绝大部分的料都比较小，偶尔才有大一些的。紫檀长大了以后，90%以上内心都是空的，所以常常不出材料。紫檀因出料少，而显得更加名贵。据说，乾隆时期，工匠们造了一个两层楼高的紫檀大钟，乾隆知道后大发雷霆。可见，皇上在用紫檀的时候也是非常心疼的。

紫檀应力小，不怎么变形。普通的木材有一个致命的弱点，就是遇冷收、遇潮胀，非常容易变形。比如我们家里的木门木窗，有时候打不开，关不上，这都是变形造成的，但紫檀的变形率却非常低。一般来说，紫檀不会因为外界环境的变化而改变外形。

紫檀纤维细，易雕刻。紫植材质的优点在雕刻它的时候最容易体现。紫檀有一个好处就是在它的横断面雕刻时运刀特别流畅，与竖着运刀的感觉差不多。横向、竖向，任何一个角度去雕刻，感觉都是一样的。另外，当紫檀被雕刻、打磨以后，它有一种模压感，花纹就像是冲压出来的。有些上乘的紫檀雕刻，甚至给人的感觉不像是雕刻出来的，像机器在高压下压出来的。正是由于它的这些材质好处，所以紫檀倍受众多雕刻家的青睐。

几百年来，紫檀在家具行业中长盛不衰，牢牢地坐稳了中国古典家具材质的第一把交椅。

85. 第一段中画线词语"比比皆是"是什么意思？

　　A 极其常见

　　B 比较罕见

　　C 妇孺皆知

　　D 珍贵无比

86. 为什么紫檀很少有大料？

　　A 遇冷收、遇潮胀

　　B 紫檀大多为空心

　　C 清朝宫廷滥用紫檀

　　D 光泽如同金属、绸缎一样

87. 第五段主要介绍什么?

    A 紫檀的生长环境

    B 紫檀为何多用于建筑

    C 紫檀在雕刻方面的优势

    D 紫檀横向不能走刀的原因

88. 根据上文,下列哪项正确?

    A 紫檀质地坚硬

    B 紫檀不易变形

    C 乾隆珍爱紫檀大钟

    D 紫檀竖着运刀更加流畅

89-92.

各种艺术之间是相通的，而中国山水画与中国园林则更为接近。

中国山水画与中国园林创作都基于人们要亲近自然的愿望与需求。人类的祖先本是生活在自然的怀抱之中的，但由于社会经济、政治、文化等活动的需要，人类群居的场所，逐渐离开了森林原野，形成了"城市"。长期拥挤、喧嚣、繁忙的都市生活，使厌倦的人们产生了亲近自然的愿望。然而郊游活动不可能过于频繁，一些远离城市的名山大川，更难常往。而山水画又毕竟只是一张平面观赏的图画，只可"神游"。古代的达官贵人挖湖堆山，栽树植竹，养花种草，使经过提炼加工的自然山水景观再现于立体的三维空间中，这就形成了中国古典园林。

中国山水画与中国园林的艺术特征也具有许多共同点。中国山水画讲求神韵，不仅要写实，更要入情写意，而中国园林讲求"寓诗情画意于自然景物之中"；中国园林造园，使用各种艺术手法，使空间分隔，景物遮掩，似露又藏，似隔又通。这和中国山水画的艺术性也是一致的。这里所表现的正是"含蓄美"；中国园林以自然为美，植物配置不按直线排列，也不修剪，但却安排得疏密有致，高低有情，而中国山水画也讲究气韵生动，布局洒脱自然而忌讳刻板、规则。

另外，中国山水画和中国园林都十分注重借助文学形式来增强自己的艺术感染力。中国山水画中题写诗歌赋于其上者，<u>屡见不鲜</u>。这些题词很有讲究，不仅能使画的"诗情"更加浓郁，而且会让画的意境更加深远。在中国园林中，各景区的题名、赋额、楹联，更是绝不可少的。如《红楼梦》中所论"若大景致若干亭榭，无字标题，也觉寥落无趣。"

89. 根据第二段，下面哪项正确？

　　A 园林能让人亲近自然

　　B 人们向往繁忙的都市生活

　　C "纸上观景"让人真切地感受到自然

　　D 山水画是在三维空间再现的山水景观

90. 下面哪项**不是**山水画和园林在艺术上的共同点？

　　A 以自然为美

　　B 表现出含蓄美

　　C 融入创作者的情意

　　D 融于生活，充满想象

91. 最后一段中画线词语"屡见不鲜"是什么意思?

    A 缺乏想象力

    B 不觉得新奇

    C 屡次打仗都被打败

    D 讲究个性、标新立异

92. 最适合做上文标题的是:

    A 山水画的艺术特点

    B 中国园林的历史价值

    C 充满诗情画意的"姐妹艺术"

    D 中国传统文化中蕴含的智慧

93-96.

一位艺术家，用他的雕塑技能造福了世界各地的鸟儿。他利用
废弃的木料，为每一个他曾去过的地方的鸟儿建了鸟巢。在过去的
7年里，他环游世界搭建了超过3500多个鸟巢。他说："鸟儿是为数
不多的依旧'驻扎'在我们的城市中的生灵，起初我之所以开展这样
的活动，正是因为我意识到能让它们继续住在我们的城市里是一件
非常重要的事。"

他也说："我曾有一段时间画过涂鸦，但我慢慢发现，如果能让
街边艺术承载一定的意义，让每个人都可以参与其中，都可以予以
理解，是一件更加有意义的事。"

他的鸟巢独特而富于创意，将复杂的设计理念融于他平时收集的废弃木料和其他
边角碎料。他想让其他人知道，他们真的可以变废为宝，他想激励其他人也可以减少资
源浪费。他用废品做鸟巢的灵感来自鸟儿们，鸟儿们可以利用细枝、纤维以及其他材料
搭建自己的窝。他觉得，实际上，鸟儿非常善于回收利用，而我们应该向它们学习。

他认为自己的创作"充满色彩，积极阳光，并且富于童趣"。实际上，他建造的很
多鸟巢形状像猫头鹰或者鹦鹉，但是他也为鸟巢添加了很多伪装物使其能巧妙地融于
周围环境，这样能够给居住在这些小窝里的小家伙们带来安全感。

他最近在与一家大型企业合作做一个利用废木大规模生产鸟巢的大型项目。他想
通过这个渠道大批量生产鸟巢，让更多的人参与，教会更多的人如何回收，让更多的
人明白爱护环境就是爱护自己。他梦想着终有一日他可以拥有一个巨大的回收工厂，
就建在他的工作间旁边，这样人们就可以带着他们的废品来他的工厂加工。若是有朝
一日梦想成真，他还要办学，让更多的人拥有一个契机从事废品回收利用，并且更加
懂得这件事的重要性。

93. 他为什么开始搭建鸟巢？

　　A 很多鸟类濒临灭绝

　　B 他从小就喜欢观察鸟类

　　C 他想当环游世界的旅行家

　　D 他认为城里应有鸟的容身之处

94. 他怎么评价自己的作品？

　　A 作品里充满童趣

　　B 比涂鸦更有艺术性

　　C 最重视鸟儿的安全

　　D 借鉴鸟巢的形状设计

95. 根据上文，下列哪项正确？

A 他原来是一名企业家

B 他做的鸟巢非常显眼

C 人们已经善于回收利用

D 他想建立学校推广这些事

96. 最适合做上文标题的是：

A 求人不如求己

B 变废为宝，从我做起

C 我们应该如何保护鸟类

D 一个小创意令人刮目相看

97–100.

自然界有许多植物的叶子会运动，比如含羞草、合欢等植物白天张开叶子，晚上会合上叶子"睡眠"；捕蝇草的叶子能闭合起来，捕食苍蝇等昆虫。

18世纪，一位生物学家把含羞草放到光线照不到的洞穴里，发现它的叶子依然以24小时为周期开合。这说明含羞草体内存在一种不受外界光线等环境因素影响的"生物钟"。19世纪，另一位生物学家发表，植物在晚上闭合叶子睡眠是"为了保护自己免受夜晚低温之害"。20世纪80年代，一项研究报告指出，叶子的开合是由一种称为"膨压素"的植物激素控制的。此后，科学家们从植物中抽出包含数千种化合物的萃取物，最后成功分离出两种活性物质，一种是可使植物叶子闭合的"安眠物质"，另一种是可使植物叶子张开的"兴奋物质"。

植物睡眠之谜之所以长期不得其解，就是因为此前没有人想到使叶子开合的竟是两种不同的生理活性物质。人们进一步了解到，豆科植物的安眠物质是一种含葡萄糖的配糖体，白天配糖体水解，安眠物质浓度降低，夜晚配糖体重新合成，兴奋物质浓度相对降低，而配糖体的合成分解是由体内的生物钟控制的。相反，铁扫帚的兴奋物质是配糖体，在夜晚配糖体水解，兴奋物质浓度降低，叶子随之闭合。如果用人工合成的半乳糖代替葡萄糖，由于半乳糖在铁扫帚体内不会水解，反而成为一种睡眠阻断剂，使铁扫帚始终不能睡眠，以致两个星期之后因缺水枯萎而死。

解开植物睡眠之谜，将为某种"绿色"农药的诞生铺平道路。目前的除草剂还无法只让田菁等豆科杂草枯萎而不损害豆科作物。研究人员已经人工合成了使田菁失眠的睡眠阻断剂，实验结果是田菁第三天就整株枯死。由于这种阻断剂只对田菁起作用，因此不会影响大豆的生长。

97. 下面哪项**不属于**"睡眠"的植物？

A 含羞草

B 合欢

C 捕蝇草

D 铁扫帚

98. 关于"植物睡眠"，下面哪项正确？

A "植物睡眠"是指花瓣的开合

B "植物睡眠"是为了保护自己

C "植物睡眠"跟一种生理活性物质有关

D 含羞草的"睡眠"受到外界光线的影响

99. 用人工合成的半乳糖代替葡萄糖，铁扫帚会怎么样？

    A 不会开花结实

    B 立刻就枯萎而死

    C "辗转反侧，不能入睡"

    D 半乳糖起"安眠药"的作用

100. 关于上文中的"绿色"农药，下面哪项正确？

    A 使田菁"失眠"而死

    B 可以清除绿色植物

    C 可以减少虫害的发生

    D 是豆科作物的睡眠阻断剂

三、书 写

第101题：缩写。

(1) 仔细阅读下面这篇文章，时间为10分钟，阅读时不能抄写、记录。
(2) 10分钟后，监考收回阅读材料，请你将这篇文章缩写成一篇短文，时间为35分钟。
(3) 标题自拟。只需复述文章内容，不需加入自己的观点。
(4) 字数为400左右。
(5) 请把作文直接写在答题卡上。

　　导演沃尔特计划拍一部电影，在选角的时候，挑选了很多艺校里的学生，但都不够满意。

　　一天，沃尔特到城市西郊办事，在火车站的站前广场上遇到了一个十多岁的擦鞋小男孩。小男孩问道："先生，您需要擦鞋吗？"沃尔特低头看看自己脚上刚刚擦过不久的皮鞋，摇摇头拒绝了。就在沃尔特转身走出十几步的时候，忽然见到那个小男孩红着脸追上来，眼睛里现出祈求的光："先生，我整整一天没吃东西了，您能借给我几块钱吗？我从明天开始多多努力擦鞋，保证一周后把钱还给您！"沃尔特看着面前这个衣衫褴褛的小男孩，不由地动了怜悯之心，就掏出几枚硬币递到小男孩手里。小男孩感激地道了一声"谢谢"后，一溜儿小跑着离开了。沃尔特摇了摇头，因为这样的街头小骗子他已经见过太多了。

　　半个月后，沃尔特已经将借钱的事忘得一干二净。不料，在他又一次经过西郊火车站时，突然看到一个瘦小的身影在远处向他招手喊道："先生，请等一等！"等到对方满头大汗地跑过来把几枚硬币还给他时，沃尔特才认出这是上次向他借钱的那个擦鞋小男孩。小男孩气喘吁吁地说："先生，我在这里等您很久了，今天总算把钱还给您了！"沃尔特看着自己手里被汗水濡湿的硬币非常感动。

　　沃尔特再次看了看面前的小男孩，忽然发现他很符合自己脑海中构想的小男孩主人公的角色形象。沃尔特把几枚硬币塞给小男孩："这点零钱是我诚心诚意给你的，就不用还了。"沃尔特笑着说，"明天你到市中心的影业公司导演办公室来找我，我会给你一个很大的惊喜。"

　　第二天一大早，门卫就告诉沃尔特，说外面来了一大群孩子。他诧异地出去一看，就见那个小男孩兴奋地跑过来，一脸天真地说："先生，这些孩子都是同我一样没有父母的流浪孩子，他们也渴望有惊喜！"

　　沃尔特真没想到一个穷困流浪的孩子竟会有一颗如此善良的心！通过反复观察和筛选，沃尔特发现在这些孩子中，确实有几个比小男孩更机灵、更适合出演剧本中的小主人公，但他最后还是只把小男孩留了下来，并且在录用合同的免试原因一栏中只写了这样几个字：善良无须考核！因为沃尔特觉得，在自己面临困境的时候，却把本属于自己一个人的希望，无私地分享给别人，这是怎样的一种善良啊！而电影中的孩子，正是这样一个善良、博大、无私的人。

这个小男孩叫文尼西斯。在沃尔特的执导下，文尼西斯在剧中成功扮演了小男孩主人公的角色，《中央车站》也获得柏林国际电影节金熊奖等诸多成就。

若干年后，已成为一家影视文化公司董事长的文尼西斯写了一部自传《我的演艺生涯》。在书的扉页上面，是沃尔特的亲笔题字：善良无须考核。下面则是他给予文尼西斯的评价："是善良，曾经让他把机遇分享给别的孩子；同样也是善良，让人生的机遇不曾错过他！"

MEMO

一、听力 듣기

1 D	2 D	3 D	4 D	5 A	6 D	7 A	8 B	9 D	10 D
11 A	12 C	13 C	14 A	15 C	16 C	17 D	18 B	19 A	20 A
21 C	22 C	23 A	24 A	25 D	26 B	27 C	28 D	29 D	30 C
31 C	32 C	33 D	34 D	35 B	36 A	37 D	38 C	39 A	40 B
41 D	42 C	43 C	44 A	45 D	46 C	47 B	48 B	49 C	50 C

二、阅读 독해

51 D	52 B	53 C	54 A	55 B	56 D	57 C	58 A	59 B	60 C
61 D	62 B	63 B	64 A	65 B	66 C	67 B	68 B	69 C	70 B
71 C	72 D	73 A	74 E	75 B	76 C	77 B	78 D	79 E	80 A
81 A	82 B	83 B	84 C	85 A	86 B	87 C	88 B	89 A	90 D
91 B	92 C	93 D	94 A	95 D	96 D	97 C	98 B	99 C	100 A

三、书写 쓰기

善良无需考察

著名导演沃尔特打算拍一部电影，但选角时不尽人意。

一天，沃尔特要去郊区办事，刚经过火车站前广场时，有个衣衫褴褛的小男孩要给他擦鞋。他看着刚擦过的鞋后拒绝了。但是孩子诉说自己的情况，并想借一些钱。他心中萌生了怜悯之心，就把钱借给了他。

半个月后，沃尔特已经把这件事抛在脑后了。又一次经过火车站时，有个人向他挥挥手，原来是那个小男孩气喘吁吁地跑过来，把钱还给了他。沃尔特很感动，他仔细看孩子的形象，他觉得小男孩非常适合自己电影的主角。于是让孩子第二天到影视公司的导演办公室来，这样可以得到一份惊喜。

第二天早上，门卫告诉导演外面有一大帮孩子。原来那个孩子为了把惊喜分享给小伙伴们，所以把他们都带来了。沃尔特发现有几个孩子比小男孩更机灵，但是最终还是选定了他。他在合同的免试原因上写到"善良无需考核"这几个字。他在穷困潦倒的情况下，依然把机会分享给其他伙伴，实属不易。

那个小男孩叫文尼西斯，在导演的带领下，电影《中央车站》创造了多个成就。过几年后，已是影视公司董事长的文尼西斯出版了自传。在扉页上，沃尔特这样评价他，"他的善良，让他把机会分享给他人，同样是善良让机遇不容错过他。"

汉 语 水 平 考 试
HSK（六级）答题卡

—— 请填写考生信息 ——

按照考试证件上的姓名填写：

| 姓名 | |

如果有中文姓名，请填写：

| 中文姓名 | |

考生序号	[0] [1] [2] [3] [4] [5] [6] [7] [8] [9]
	[0] [1] [2] [3] [4] [5] [6] [7] [8] [9]
	[0] [1] [2] [3] [4] [5] [6] [7] [8] [9]
	[0] [1] [2] [3] [4] [5] [6] [7] [8] [9]
	[0] [1] [2] [3] [4] [5] [6] [7] [8] [9]

—— 请填写考点信息 ——

考点代码	[0] [1] [2] [3] [4] [5] [6] [7] [8] [9]
	[0] [1] [2] [3] [4] [5] [6] [7] [8] [9]
	[0] [1] [2] [3] [4] [5] [6] [7] [8] [9]
	[0] [1] [2] [3] [4] [5] [6] [7] [8] [9]
	[0] [1] [2] [3] [4] [5] [6] [7] [8] [9]
	[0] [1] [2] [3] [4] [5] [6] [7] [8] [9]
	[0] [1] [2] [3] [4] [5] [6] [7] [8] [9]

国籍	[0] [1] [2] [3] [4] [5] [6] [7] [8] [9]
	[0] [1] [2] [3] [4] [5] [6] [7] [8] [9]
	[0] [1] [2] [3] [4] [5] [6] [7] [8] [9]

| 年龄 | [0] [1] [2] [3] [4] [5] [6] [7] [8] [9] |
| | [0] [1] [2] [3] [4] [5] [6] [7] [8] [9] |

| 性别 | 男 [1]　　　女 [2] |

| 注意 | 请用2B铅笔这样写：▬ |

一、听力

1. [A] [B] [C] [D]　　6. [A] [B] [C] [D]　　11. [A] [B] [C] [D]　　16. [A] [B] [C] [D]　　21. [A] [B] [C] [D]
2. [A] [B] [C] [D]　　7. [A] [B] [C] [D]　　12. [A] [B] [C] [D]　　17. [A] [B] [C] [D]　　22. [A] [B] [C] [D]
3. [A] [B] [C] [D]　　8. [A] [B] [C] [D]　　13. [A] [B] [C] [D]　　18. [A] [B] [C] [D]　　23. [A] [B] [C] [D]
4. [A] [B] [C] [D]　　9. [A] [B] [C] [D]　　14. [A] [B] [C] [D]　　19. [A] [B] [C] [D]　　24. [A] [B] [C] [D]
5. [A] [B] [C] [D]　　10. [A] [B] [C] [D]　　15. [A] [B] [C] [D]　　20. [A] [B] [C] [D]　　25. [A] [B] [C] [D]

26. [A] [B] [C] [D]　　31. [A] [B] [C] [D]　　36. [A] [B] [C] [D]　　41. [A] [B] [C] [D]　　46. [A] [B] [C] [D]
27. [A] [B] [C] [D]　　32. [A] [B] [C] [D]　　37. [A] [B] [C] [D]　　42. [A] [B] [C] [D]　　47. [A] [B] [C] [D]
28. [A] [B] [C] [D]　　33. [A] [B] [C] [D]　　38. [A] [B] [C] [D]　　43. [A] [B] [C] [D]　　48. [A] [B] [C] [D]
29. [A] [B] [C] [D]　　34. [A] [B] [C] [D]　　39. [A] [B] [C] [D]　　44. [A] [B] [C] [D]　　49. [A] [B] [C] [D]
30. [A] [B] [C] [D]　　35. [A] [B] [C] [D]　　40. [A] [B] [C] [D]　　45. [A] [B] [C] [D]　　50. [A] [B] [C] [D]

二、阅读

51. [A] [B] [C] [D]　　56. [A] [B] [C] [D]　　61. [A] [B] [C] [D]　　66. [A] [B] [C] [D]　　71. [A] [B] [C] [D] [E]
52. [A] [B] [C] [D]　　57. [A] [B] [C] [D]　　62. [A] [B] [C] [D]　　67. [A] [B] [C] [D]　　72. [A] [B] [C] [D] [E]
53. [A] [B] [C] [D]　　58. [A] [B] [C] [D]　　63. [A] [B] [C] [D]　　68. [A] [B] [C] [D]　　73. [A] [B] [C] [D] [E]
54. [A] [B] [C] [D]　　59. [A] [B] [C] [D]　　64. [A] [B] [C] [D]　　69. [A] [B] [C] [D]　　74. [A] [B] [C] [D] [E]
55. [A] [B] [C] [D]　　60. [A] [B] [C] [D]　　65. [A] [B] [C] [D]　　70. [A] [B] [C] [D]　　75. [A] [B] [C] [D] [E]

76. [A] [B] [C] [D] [E]　　81. [A] [B] [C] [D]　　86. [A] [B] [C] [D]　　91. [A] [B] [C] [D]　　96. [A] [B] [C] [D]
77. [A] [B] [C] [D] [E]　　82. [A] [B] [C] [D]　　87. [A] [B] [C] [D]　　92. [A] [B] [C] [D]　　97. [A] [B] [C] [D]
78. [A] [B] [C] [D] [E]　　83. [A] [B] [C] [D]　　88. [A] [B] [C] [D]　　93. [A] [B] [C] [D]　　98. [A] [B] [C] [D]
79. [A] [B] [C] [D] [E]　　84. [A] [B] [C] [D]　　89. [A] [B] [C] [D]　　94. [A] [B] [C] [D]　　99. [A] [B] [C] [D]
80. [A] [B] [C] [D] [E]　　85. [A] [B] [C] [D]　　90. [A] [B] [C] [D]　　95. [A] [B] [C] [D]　　100.[A] [B] [C] [D]

三、书写

101.

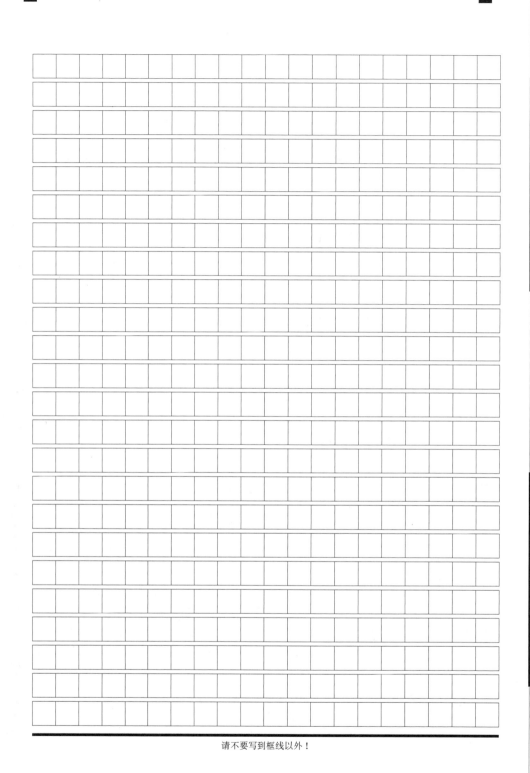

请不要写到框线以外！

汉 语 水 平 考 试
HSK（六级）答题卡

—— 请填写考生信息 ——

按照考试证件上的姓名填写：

姓名	

如果有中文姓名，请填写：

中文姓名	

考生序号	[0] [1] [2] [3] [4] [5] [6] [7] [8] [9]
	[0] [1] [2] [3] [4] [5] [6] [7] [8] [9]
	[0] [1] [2] [3] [4] [5] [6] [7] [8] [9]
	[0] [1] [2] [3] [4] [5] [6] [7] [8] [9]
	[0] [1] [2] [3] [4] [5] [6] [7] [8] [9]

—— 请填写考点信息 ——

考点代码	[0] [1] [2] [3] [4] [5] [6] [7] [8] [9]
	[0] [1] [2] [3] [4] [5] [6] [7] [8] [9]
	[0] [1] [2] [3] [4] [5] [6] [7] [8] [9]
	[0] [1] [2] [3] [4] [5] [6] [7] [8] [9]
	[0] [1] [2] [3] [4] [5] [6] [7] [8] [9]
	[0] [1] [2] [3] [4] [5] [6] [7] [8] [9]
	[0] [1] [2] [3] [4] [5] [6] [7] [8] [9]

国籍	[0] [1] [2] [3] [4] [5] [6] [7] [8] [9]
	[0] [1] [2] [3] [4] [5] [6] [7] [8] [9]
	[0] [1] [2] [3] [4] [5] [6] [7] [8] [9]

年龄	[0] [1] [2] [3] [4] [5] [6] [7] [8] [9]
	[0] [1] [2] [3] [4] [5] [6] [7] [8] [9]

性别	男 [1]　　　女 [2]

注意	请用2B铅笔这样写：■

一、听力

1. [A] [B] [C] [D]
2. [A] [B] [C] [D]
3. [A] [B] [C] [D]
4. [A] [B] [C] [D]
5. [A] [B] [C] [D]

6. [A] [B] [C] [D]
7. [A] [B] [C] [D]
8. [A] [B] [C] [D]
9. [A] [B] [C] [D]
10. [A] [B] [C] [D]

11. [A] [B] [C] [D]
12. [A] [B] [C] [D]
13. [A] [B] [C] [D]
14. [A] [B] [C] [D]
15. [A] [B] [C] [D]

16. [A] [B] [C] [D]
17. [A] [B] [C] [D]
18. [A] [B] [C] [D]
19. [A] [B] [C] [D]
20. [A] [B] [C] [D]

21. [A] [B] [C] [D]
22. [A] [B] [C] [D]
23. [A] [B] [C] [D]
24. [A] [B] [C] [D]
25. [A] [B] [C] [D]

26. [A] [B] [C] [D]
27. [A] [B] [C] [D]
28. [A] [B] [C] [D]
29. [A] [B] [C] [D]
30. [A] [B] [C] [D]

31. [A] [B] [C] [D]
32. [A] [B] [C] [D]
33. [A] [B] [C] [D]
34. [A] [B] [C] [D]
35. [A] [B] [C] [D]

36. [A] [B] [C] [D]
37. [A] [B] [C] [D]
38. [A] [B] [C] [D]
39. [A] [B] [C] [D]
40. [A] [B] [C] [D]

41. [A] [B] [C] [D]
42. [A] [B] [C] [D]
43. [A] [B] [C] [D]
44. [A] [B] [C] [D]
45. [A] [B] [C] [D]

46. [A] [B] [C] [D]
47. [A] [B] [C] [D]
48. [A] [B] [C] [D]
49. [A] [B] [C] [D]
50. [A] [B] [C] [D]

二、阅读

51. [A] [B] [C] [D]
52. [A] [B] [C] [D]
53. [A] [B] [C] [D]
54. [A] [B] [C] [D]
55. [A] [B] [C] [D]

56. [A] [B] [C] [D]
57. [A] [B] [C] [D]
58. [A] [B] [C] [D]
59. [A] [B] [C] [D]
60. [A] [B] [C] [D]

61. [A] [B] [C] [D]
62. [A] [B] [C] [D]
63. [A] [B] [C] [D]
64. [A] [B] [C] [D]
65. [A] [B] [C] [D]

66. [A] [B] [C] [D]
67. [A] [B] [C] [D]
68. [A] [B] [C] [D]
69. [A] [B] [C] [D]
70. [A] [B] [C] [D]

71. [A] [B] [C] [D] [E]
72. [A] [B] [C] [D] [E]
73. [A] [B] [C] [D] [E]
74. [A] [B] [C] [D] [E]
75. [A] [B] [C] [D] [E]

76. [A] [B] [C] [D] [E]
77. [A] [B] [C] [D] [E]
78. [A] [B] [C] [D] [E]
79. [A] [B] [C] [D] [E]
80. [A] [B] [C] [D] [E]

81. [A] [B] [C] [D]
82. [A] [B] [C] [D]
83. [A] [B] [C] [D]
84. [A] [B] [C] [D]
85. [A] [B] [C] [D]

86. [A] [B] [C] [D]
87. [A] [B] [C] [D]
88. [A] [B] [C] [D]
89. [A] [B] [C] [D]
90. [A] [B] [C] [D]

91. [A] [B] [C] [D]
92. [A] [B] [C] [D]
93. [A] [B] [C] [D]
94. [A] [B] [C] [D]
95. [A] [B] [C] [D]

96. [A] [B] [C] [D]
97. [A] [B] [C] [D]
98. [A] [B] [C] [D]
99. [A] [B] [C] [D]
100. [A] [B] [C] [D]

三、书写

101.

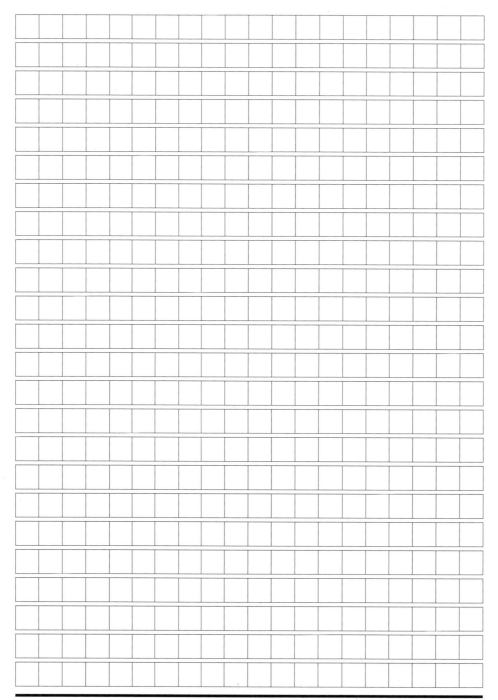

请不要写到框线以外！

汉 语 水 平 考 试
HSK（六级）答题卡

注意	请用2B铅笔这样写： ■

一、听力

1. [A] [B] [C] [D]　　6. [A] [B] [C] [D]　　11. [A] [B] [C] [D]　　16. [A] [B] [C] [D]　　21. [A] [B] [C] [D]
2. [A] [B] [C] [D]　　7. [A] [B] [C] [D]　　12. [A] [B] [C] [D]　　17. [A] [B] [C] [D]　　22. [A] [B] [C] [D]
3. [A] [B] [C] [D]　　8. [A] [B] [C] [D]　　13. [A] [B] [C] [D]　　18. [A] [B] [C] [D]　　23. [A] [B] [C] [D]
4. [A] [B] [C] [D]　　9. [A] [B] [C] [D]　　14. [A] [B] [C] [D]　　19. [A] [B] [C] [D]　　24. [A] [B] [C] [D]
5. [A] [B] [C] [D]　　10. [A] [B] [C] [D]　　15. [A] [B] [C] [D]　　20. [A] [B] [C] [D]　　25. [A] [B] [C] [D]

26. [A] [B] [C] [D]　　31. [A] [B] [C] [D]　　36. [A] [B] [C] [D]　　41. [A] [B] [C] [D]　　46. [A] [B] [C] [D]
27. [A] [B] [C] [D]　　32. [A] [B] [C] [D]　　37. [A] [B] [C] [D]　　42. [A] [B] [C] [D]　　47. [A] [B] [C] [D]
28. [A] [B] [C] [D]　　33. [A] [B] [C] [D]　　38. [A] [B] [C] [D]　　43. [A] [B] [C] [D]　　48. [A] [B] [C] [D]
29. [A] [B] [C] [D]　　34. [A] [B] [C] [D]　　39. [A] [B] [C] [D]　　44. [A] [B] [C] [D]　　49. [A] [B] [C] [D]
30. [A] [B] [C] [D]　　35. [A] [B] [C] [D]　　40. [A] [B] [C] [D]　　45. [A] [B] [C] [D]　　50. [A] [B] [C] [D]

二、阅读

51. [A] [B] [C] [D]　　56. [A] [B] [C] [D]　　61. [A] [B] [C] [D]　　66. [A] [B] [C] [D]　　71. [A] [B] [C] [D] [E]
52. [A] [B] [C] [D]　　57. [A] [B] [C] [D]　　62. [A] [B] [C] [D]　　67. [A] [B] [C] [D]　　72. [A] [B] [C] [D] [E]
53. [A] [B] [C] [D]　　58. [A] [B] [C] [D]　　63. [A] [B] [C] [D]　　68. [A] [B] [C] [D]　　73. [A] [B] [C] [D] [E]
54. [A] [B] [C] [D]　　59. [A] [B] [C] [D]　　64. [A] [B] [C] [D]　　69. [A] [B] [C] [D]　　74. [A] [B] [C] [D] [E]
55. [A] [B] [C] [D]　　60. [A] [B] [C] [D]　　65. [A] [B] [C] [D]　　70. [A] [B] [C] [D]　　75. [A] [B] [C] [D] [E]

76. [A] [B] [C] [D] [E]　　81. [A] [B] [C] [D]　　86. [A] [B] [C] [D]　　91. [A] [B] [C] [D]　　96. [A] [B] [C] [D]
77. [A] [B] [C] [D] [E]　　82. [A] [B] [C] [D]　　87. [A] [B] [C] [D]　　92. [A] [B] [C] [D]　　97. [A] [B] [C] [D]
78. [A] [B] [C] [D] [E]　　83. [A] [B] [C] [D]　　88. [A] [B] [C] [D]　　93. [A] [B] [C] [D]　　98. [A] [B] [C] [D]
79. [A] [B] [C] [D] [E]　　84. [A] [B] [C] [D]　　89. [A] [B] [C] [D]　　94. [A] [B] [C] [D]　　99. [A] [B] [C] [D]
80. [A] [B] [C] [D] [E]　　85. [A] [B] [C] [D]　　90. [A] [B] [C] [D]　　95. [A] [B] [C] [D]　　100. [A] [B] [C] [D]

三、书写

101.

请不要写到框线以外！

MEMO

왜 정답인지 모두 풀이해 주는

HSK6급 모의고사

지은이 이준복, 성룡
펴낸이 정규도
펴낸곳 (주)다락원

초판 1쇄 발행 2021년 1월 8일

기획·편집 정아영, 이상윤
디자인 구수정, 최영란
사진 Shutterstock
녹음 曹红梅, 朴龙君, 허강원

다락원 경기도 파주시 문발로 211
전화 (02)736-2031 (내선 250~252 / 내선 430, 442)
팩스 (02)732-2037
출판등록 1977년 9월 16일 제406-2008-000007호

정가 16,000원 (문제집+해설서+MP3 무료 다운로드)
ISBN 978-89-277-2283-0 14720
      978-89-277-2275-5 (set)

www.darakwon.co.kr
다락원 홈페이지를 방문하시면 상세한 출판 정보와 함께 동영상 강좌, MP3
자료 등 다양한 어학 정보를 얻으실 수 있습니다.

왜 정답인지
모두 풀이 해 주는

HSK6급
모의고사

문제집

14720

9 788927 722830
ISBN 978-89-277-2283-0
978-89-277-2275-5 (set)

정가 **16,000원**
(문제집+해설서+MP3 무료 다운로드)

왜 정답인지
모두 풀이 해 주는

HSK6급
모의고사

해설서

다락원 홈페이지와 콜롬북스
APP에서 MP3 파일 다운로드
및 실시간 재생 서비스

다락원

이준복·성룡 저

이준복

투맨중국어 대표 강사
前 YBM 강남센터 HSK 대표 강사
前 고려중국어학원 HSK 전문 강사
前 숭의여자대학교 관광과 겸임교수

성룡 圣龙

투맨중국어 대표 강사
前 YBM 강남센터 HSK 대표 강사
前 고려중국어학원 HSK 전문 강사
前 중국 평안금융그룹 교육 강사

왜 정답인지
모두 풀이 해 주는

HSK6급
모의고사
해설서

저자의 말

많은 학생들이 중국어를 배울 때 생경한 발음과 복잡한 한자로 괴로워하며 HSK도 어려울 것이라 주저하는 경우가 많습니다. 하지만 HSK는 문제 유형이 정해져 있고, 어휘와 어법 지식에 대한 요구도 명확하기 때문에 노력하면 반드시 좋은 결과를 얻을 수 있는 시험입니다.

이에 『왜 정답인지 모두 풀이해 주는 HSK 6급 모의고사』는 최근 HSK에서 출제된 문제 유형과 어휘, 어법을 철저하게 분석하고 최신 출제 경향을 연구한 결과를 모아 HSK를 준비하는 수험생들에게 도움이 되고자 합니다. 본 교재는 HSK를 앞둔 수험생들에게 자신의 실력을 가늠하게끔 하는 동시에 실전 감각을 높일 수 있게 하는 최고의 선택이 될 것입니다.

본 교재와 함께하는 수험생 여러분의 노력에 행운까지 더해져 원하는 바를 이루길 기원합니다.

이준복

HSK의 출제 경향과 내용은 계속해서 변화하고 있지만 핵심적인 출제 의도는 변함없이 유지되고 있습니다. 그렇기 때문에 HSK를 준비하는 수험생들은 원하는 점수를 얻기 위해서는 핵심 어휘와 어법을 익히는 동시에 최신 출제 경향에 적응하는 훈련을 해야 합니다.

『왜 정답인지 모두 풀이해 주는 HSK 6급 모의고사』는 저와 이준복 선생님이 최근 HSK에 출제된 문제를 분석하고 꼭 필요한 문제만을 추려 총 3회 분량의 모의고사로 정리한 것입니다. 최신 출제 경향이 완벽하게 반영된 문제와 함께 수험생들이 틀리기 쉬운 내용을 중심으로 자세한 해설을 담았습니다.

수험생 여러분들이 이 교재를 통해 지금까지 공부한 지식을 자신의 것으로 만들고 원하는 목표를 이루길 바랍니다.

성룡(조龙)

구성과 특징

『왜 정답인지 모두 풀이해 주는 HSK 6급 모의고사』는 문제집과 해설서로 구성되어 있으며, HSK 6급을 준비하는 학습자를 대상으로 합니다. 최신 출제 경향이 반영된 모의고사 문제와 저자 이준복·성룡 선생님의 친절한 해설이 함께합니다.

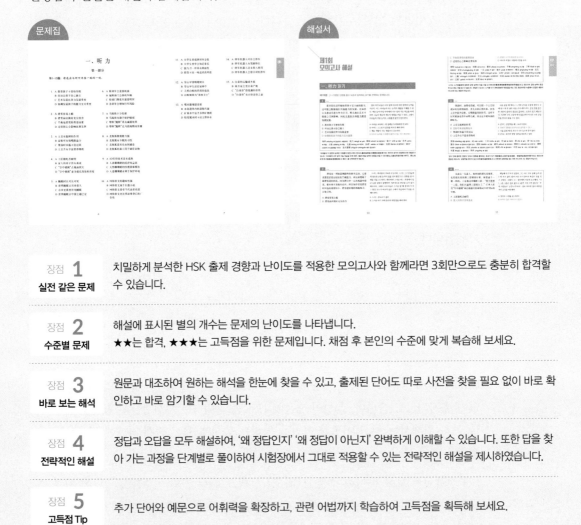

문제집

해설서

장점 **1** 실전 같은 문제	치밀하게 분석한 HSK 출제 경향과 난이도를 적용한 모의고사와 함께라면 3회만으로도 충분히 합격할 수 있습니다.
장점 **2** 수준별 문제	해설에 표시된 별의 개수는 문제의 난이도를 나타냅니다. ★★는 합격, ★★★는 고득점을 위한 문제입니다. 채점 후 본인의 수준에 맞게 복습해 보세요.
장점 **3** 바로 보는 해석	원문과 대조하여 원하는 해석을 한눈에 찾을 수 있고, 출제된 단어도 따로 사전을 찾을 필요 없이 바로 확인하고 바로 암기할 수 있습니다.
장점 **4** 전략적인 해설	정답과 오답을 모두 해설하여, '왜 정답인지' '왜 정답이 아닌지' 완벽하게 이해할 수 있습니다. 또한 답을 찾아 가는 과정을 단계별로 풀이하여 시험장에서 그대로 적용할 수 있는 전략적인 해설을 제시하였습니다.
장점 **5** 고득점 Tip	추가 단어와 예문으로 어휘력을 확장하고, 관련 어법까지 학습하여 고득점을 획득해 보세요.

MP3 이용 안내

모의고사 듣기(听力) 영역의 MP3 파일은 다락원 홈페이지(www.darakwon.co.kr)와 콜롬 북스 APP을 통해 무료로 내려받을 수 있습니다. 스마트폰으로 QR코드를 스캔하면 MP3 다운로드 및 실시간 재생 가능한 페이지로 바로 연결됩니다.

차례

HSK 소개

HSK란, '汉语水平考试(Hànyǔ Shuǐpíng Kǎoshì)'의 한어병음 머리글자를 딴 것으로, 제1언어가 중국어가 아닌 사람을 대상으로 하는 '국제 중국어 능력 표준화 시험'입니다. 생활·학습·업무 등 실생활에서 중국어를 운용하는 능력을 평가합니다. HSK 급수는 1~6급으로 나뉘며 시험은 각 급수별로 치러집니다.

1 시험 방식

HSK 시험은 PBT 방식과 IBT 방식으로 나뉩니다. PBT와 IBT 시험의 성적은 효력이 동일합니다.

- HSK PBT(Paper-Based Test): 시험지와 OMR 답안지로 진행하는 시험
- HSK IBT(Internet-Based Test): 컴퓨터로 진행하는 시험

2 용도

- 국내외 대학(원) 및 특목고 입학·졸업 시 평가 기준
- 중국정부장학생 선발 기준
- 각급 업체 및 기관의 채용·승진을 위한 평가 기준

3 시험 접수

PBT는 인터넷, 우편, 방문 접수가 가능하고 IBT는 인터넷 접수가 가능합니다.

- 인터넷 접수: HSK한국사무국(www.hsk.or.kr) 또는 HSK시험센터(www.hsk-korea.co.kr)에서 접수
- 우편 접수: 응시 원서, 사진 2장, 응시비 입금 영수증을 동봉하여 'HSK 한국사무국'으로 등기 우편을 발송
- 방문 접수: 접수 시간에 응시 원서, 사진 3장, 응시비(현금 또는 카드 결제)를 가지고 '서울공자아카데미'에서 접수

4 시험 당일 준비물

- PBT: 수험표, 유효 신분증, 2B 연필, 지우개
- IBT: 수험표, 유효 신분증

※ 유효 신분증: 주민등록증, 운전면허증, 기간 만료 전의 여권 등(학생증, 사원증, 국민건강보험증, 주민등록등본, 공무원증 등은 불가)

5 성적 조회

- 성적 조회: PBT는 시험일로부터 1개월 후, IBT는 시험일로부터 2주 후 성적 조회 가능
- 성적표 수령: PBT와 IBT 모두 시험일로부터 45일 후 수령 가능
- 성적 유효 기간: PBT와 IBT 모두 시험일로부터 2년간 성적 유효

HSK 6급 소개

1 시험 대상

HSK6급은 5,000개 이상의 상용 어휘와 관련 어법 지식을 습득한 학습자를 대상으로 합니다.

2 시험 구성 및 시간 배분

시험은 듣기(听力), 독해(阅读), 쓰기(书写) 세 영역으로 구분되며, PBT의 경우 응시자 개인 정보 작성 시간이 추가로 5분 주어집니다.

시험 내용		문항 수		시험 시간	점수
듣기 听力	제1부분 단문을 듣고 녹음과 일치하는 보기를 선택	15문항	50문항	약 35분	100점
	제2부분 인터뷰를 듣고 질문에 알맞은 보기를 선택	15문항			
	제3부분 단문을 듣고 질문에 알맞은 보기를 선택	20문항			
듣기 영역에 대한 답안 작성 시간				5분	
독해 阅读	제1부분 문법적인 오류가 있는 문장을 선택	10문항	50문항	50분	100점
	제2부분 문장 속 빈칸에 들어갈 표현을 선택	10문항			
	제3부분 문장 속 빈칸에 들어갈 보기를 선택	10문항			
	제4부분 장문을 읽고 질문에 알맞은 보기를 선택	20문항			
쓰기 书写	한 편의 글을 읽고 요약	1문항	1문항	45분	100점
총계		101문항		약 135분	300점

3 시험 진행 중 주의 사항

- 듣기 시험은 한 번씩만 들려줍니다.
- 듣기 시험 종료 후 듣기 시험 답안 작성 시간이 5분 주어집니다.
- 독해와 쓰기 시험은 별도의 답안 작성 시간이 주어지지 않으므로 문제 풀이 시간 내에 답안 작성을 완료해야 합니다.

4 합격 기준

- 각 영역별 만점은 100점으로, 총점이 180점 이상이면 합격입니다.
- HSK 6급에 합격한 응시자는 중국어 정보를 듣거나 읽고 쉽게 이해할 수 있으며, 중국어로 구두 또는 서면으로 자신의 견해를 유창하고 적절하게 전달할 수 있습니다.

HSK 답안지 작성법

1 응시자 정보 작성 방법

汉 语 水 平 考 试
HSK（六级）答题卡

응시자 정보를 기입하세요.
请填写考生信息

고사장 정보를 기입하세요.
请填写考点信息

按照考试证件上的姓名填写: 수험표상의 이름을 기입하세요.

❶ 姓名

如果有中文姓名，请填写: 중문 이름이 있으면 기입하세요.

❷ 中文姓名

❸ 考生序号

	[0] [1] [2] [3] [4] [5] [6] [7] [8] [9]
	[0] [1] [2] [3] [4] [5] [6] [7] [8] [9]
	[0] [1] [2] [3] [4] [5] [6] [7] [8] [9]
	[0] [1] [2] [3] [4] [5] [6] [7] [8] [9]
	[0] [1] [2] [3] [4] [5] [6] [7] [8] [9]

❹ 考点代码

	[0] [1] [2] [3] [4] [5] [6] [7] [8] [9]
	[0] [1] [2] [3] [4] [5] [6] [7] [8] [9]
	[0] [1] [2] [3] [4] [5] [6] [7] [8] [9]
	[0] [1] [2] [3] [4] [5] [6] [7] [8] [9]
	[0] [1] [2] [3] [4] [5] [6] [7] [8] [9]
	[0] [1] [2] [3] [4] [5] [6] [7] [8] [9]
	[0] [1] [2] [3] [4] [5] [6] [7] [8] [9]

❺ 国籍

	[0] [1] [2] [3] [4] [5] [6] [7] [8] [9]
	[0] [1] [2] [3] [4] [5] [6] [7] [8] [9]
	[0] [1] [2] [3] [4] [5] [6] [7] [8] [9]

❻ 年龄

	[0] [1] [2] [3] [4] [5] [6] [7] [8] [9]
	[0] [1] [2] [3] [4] [5] [6] [7] [8] [9]

❼ 性别　　　　男 [1]　　　　女 [2]

❶ 수험표상의 이름을 기입합니다.

❷ 수험표상의 중문 이름을 기입합니다.

❸ 수험 번호를 기입하고 마킹합니다.

❹ 고사장 번호를 기입하고 마킹합니다.

❺ 국적 번호를 기입하고 마킹합니다. (한국: 523)

❻ 연령을 만 나이로 기입하고 마킹합니다.

❼ 성별에 마킹합니다.

2 답안지 작성 주의사항

• 답안지를 작성할 때는 반드시 2B 연필을 사용해야 합니다.

• 답안은 네모칸을 꽉 채워서 진하게 마킹해야 합니다.

• 시험 중간에 답안지는 교체되지 않습니다.

• 답안을 정정할 때는 지우개로 깨끗하게 지우고 답안을 새로 기입해야 합니다.

일러두기

1 이 책에 나오는 인명과 지명은 중국어 발음을 우리말로 표기했습니다.
단, 우리에게 널리 알려진 고유명사는 익숙한 발음으로 표기했습니다.

예 小李 샤오리　　　北京 베이징　　　长城 만리장성

2 품사는 다음과 같이 약자로 표기했습니다.

품사	약자	품사	약자	품사	약자
명사	명	형용사	형	접속사	접
고유명사	고유	부사	부	감탄사	감
동사	동	수사	수	조사	조
조동사	조동	양사	양	수량사	수량
대사	대	개사	개	성어	성

3 해설서에 제시된 단어 중 HSK 6급 필수 단어는 * 표시를 하였습니다.

제1회
모의고사 해설

一、听力 듣기

제1부분 1~15번은 단문을 듣고 녹음과 일치하는 보기를 선택하는 문제입니다.

1 ★★

很多家长过早地培养孩子某方面的能力，这可能会限制他们其他能力的发展。比如若让儿童过早进行智力学习，那么他们艺术才能就会受到影响。<u>因此儿童的各种能力需要协调发展。</u>

A 教育孩子不要怕失败
B 应该让孩子自己做主
C 艺术发展比智力发展重要
D 协调发展孩子的能力至关重要

많은 학부모들은 너무 일찍 아이의 어떤 방면의 능력을 키운다. 이는 아이들의 다른 능력의 개발을 억제할 수 있다. 예를 들어 만일 아이에게 너무 일찍 지능 학습을 하게 하면 그들의 예술적 재능이 영향을 받을 수 있다. <u>그래서 아이들의 각종 능력은 조화롭게 발전시켜야 한다.</u>

A 아이를 교육하는 데 실패를 두려워하면 안 된다
B 아이는 스스로가 결정을 하도록 해야 한다
C 예술 개발이 지능 개발보다 중요하다
D 아이의 능력을 조화롭게 발전시키는 것이 중요하다

培养 péiyǎng 통 양성하다, 배양하다 | 能力 nénglì 명 능력 | 限制 xiànzhì 통 제한하다 | 智力* zhìlì 명 지력 | 艺术 yìshù 명 예술 | 才能 cáinéng 명 재능 | 儿童 értóng 명 어린이 | 协调* xiétiáo 형 조화롭다 | 发展 fāzhǎn 통 발전하다 | 做主* zuòzhǔ 통 결정권을 가지다 | 至关重要 zhìguān zhòngyào 매우 중요하다

'아이들의 각 방면의 능력은 조화롭게 발전시켜야 한다(儿童的各种能力需要协调发展)'라는 화자의 생각이 언급됐으므로 정답은 D입니다. '아이에게 너무 일찍 지능 학습을 하게 하면 그들의 예술 능력이 영향을 받을 수 있다(若让儿童过早进行智力学习，那么他们艺术才能就会受到影响)'고 해서 C를 선택하면 안 됩니다.

2 ★★

滑雪是一项极富刺激性的体育运动，它要求滑雪者要有较好的平衡能力，而且清楚地了解滑雪道的状况。因为滑行中一旦出现意外情况，根本来不及做出反应。所以初学者在滑雪时应选在坡度较小、滑雪道较宽的场地练习，以免受伤。

A 滑雪容易上瘾
B 滑雪前应做好充分热身

스키는 짜릿함이 가득한 운동이다. <u>스키는 스키어들에게 양호한 균형 능력이 있을 것과 활강 코스 상황을 잘 이해할 것을 요구한다.</u> 왜냐하면 스키를 타는 과정에서 일단 돌발 상황이 발생하면 기본적으로 반응할 틈이 없기 때문이다. 그래서 초보자들은 스키를 탈 때 경사도가 작고 활강 코스가 비교적 넓은 곳에서 연습하여 부상을 피해야 한다.

A 스키는 중독되기 쉽다
B 스키를 타기 전에 충분한 위밍업을 해야 한다

C 平衡是滑雪的重要因素

D 过度担心会影响比赛发挥

C 균형은 스키의 중요한 요소이다

D 지나친 걱정은 시합에 지장을 준다

滑雪 huáxuě 통 스키를 타다 | 刺激 cìjī 명 자극 | 要求 yāoqiú 통 요구하다 | 平衡 pínghéng 명 균형 | 了解 liǎojiě 통 알다, 이해하다 | 状况 zhuàngkuàng 명 상황 | 一旦 yídàn 부 일단 | 意外 yìwài 명 뜻밖이다 | 情况 qíngkuàng 명 상황 | 反应 fǎnyìng 명 반응 | 坡度 pōdù 명 경사도 | 场地 chǎngdì 명 장소 | 以免* yǐmiǎn ~하지 않도록 | 受伤 shòushāng 통 상처를 입다 | 上瘾* shàngyǐn 통 중독되다 | 充分 chōngfèn 형 충분하다 | 热身 rèshēn 명 준비 운동, 워밍업 | 因素 yīnsù 명 요소, 요인 | 过度* guòdù 형 과도하다 | 发挥 fāhuī 통 발휘하다

'스키는 스키어들에게 양호한 균형 능력이 있을 것을 요구한다(它要求滑雪者要有较好的平衡能力)'고 했으므로 균형 능력이 중요한 요소라는 것을 알 수 있습니다. 정답은 C입니다. 스키를 타기 전에 충분한 워밍업을 하는 것도 중요하지만 녹음에서 언급한 내용이 아니므로 B는 정답이 아닙니다.

---

3 ★★

煲汤时，如果觉得咸，可以把一个土豆切成厚块儿放到汤里，煮几分钟后捞出来。因为土豆中富含淀粉，有吸附盐类的作用。这样不仅可使汤变得不再那么咸，而且还不破坏汤的鲜味儿。

A 土豆有提鲜的作用

B 淀粉可有效吸附盐分

C 煲汤时水温不宜过高

D 土豆含有丰富营养物质

국을 끓일 때 짜다고 느끼면 감자를 두껍게 썰어서 국에 넣고 몇 분 삶은 다음 건져 내면 된다. 감자 안에 풍부한 전분이 있어서 염류를 흡착하는 효과가 있기 때문이다. 이러면 국이 그렇게 짜지 않을 뿐만 아니라 국의 감칠맛을 망치지 않을 수도 있다.

A 감자는 감칠맛을 내는 효과가 있다

B 전분은 염분을 효과적으로 흡착할 수 있다

C 국을 끓일 때 물 온도가 너무 높으면 좋지 않다

D 감자는 풍부한 영양 성분을 함유하고 있다

煲汤 bāotāng 국을 끓이다 | 咸 xián 형 짜다 | 土豆 tǔdòu 명 감자 | 切 qiē 통 자르다 | 煮 zhǔ 통 삶다 | 捞* lāo 통 건지다 | 富含 fùhán 통 풍부하게 들어 있다 | 淀粉 diànfěn 명 전분 | 破坏 pòhuài 통 파괴하다 | 鲜味儿 xiānwèir 명 신선한 맛 | 提鲜 tíxiān 감칠맛을 내다 | 有效 yǒuxiào 형 유효하다, 효과가 있다 | 吸附 xīfù 통 흡착하다 | 不宜 bùyí 통 ~하는 것은 좋지 않다 | 丰富 fēngfù 형 풍부하다 | 营养 yíngyǎng 명 영양

'감자 안에 풍부한 전분이 있어서 염류를 흡착하는 효과가 있기 때문(因为土豆中富含淀粉，有吸附盐类的作用)'이라고 했으므로 정답은 B입니다. '감칠맛을 망치지 않는다(不破坏汤的鲜味儿)'고 했지만 감칠맛을 내는 것은 아니므로 A는 정답이 아닙니다.

---

4 ★★★

从前有一位富人，他到别的朋友家做客，觉得朋友家的第三层楼很好看，便想盖个一模一样的。于是他这样嘱咐工匠："我不想要一二层，你们只盖第三层就行了。"后来人们用"空中楼阁"来比喻虚幻的事物或不切实际的空想。

A 工匠能吃苦耐劳

B 富人的房子没有盖成

옛날에 한 부자가 있었다. 그는 다른 친구 집에 놀러 갔는데 친구 집의 3층이 아주 보기 좋아서 똑같은 것을 짓고 싶었다. 그래서 그는 장인에게 이렇게 요구했다. "나는 1층, 2층은 필요 없으니 3층만 지어 주면 됩니다." 후대 사람들은 '공중누각'이라는 말로 허무한 일과 비현실적인 공상을 비유했다.

A 장인은 고생을 잘 견딘다

B 부자의 집은 지어지지 않았다

11

C "空中楼阁"占地面积大
D "空中楼阁"意为建在高处的房屋

C '공중누각'은 부지 면적이 크다
D '공중누각'은 높은 곳에 지은 집을 의미한다

富人 fùrén 명 부자 │ 做客 zuòkè 통 방문하다 │ 盖 gài 통 (집을) 짓다 │ 一模一样 yìmú-yíyàng 성 모양이 완전히 같다 │ 嘱咐* zhǔfù 통 부탁하다 │ 工匠 gōngjiàng 명 장인, 공인 │ 空中楼阁 kōngzhōng-lóugé 성 공중누각, 근거 없는 이론이나 현실과 동떨어진 환상 │ 比喻* bǐyù 비유하다 │ 虚幻 xūhuàn 비현실적이다 │ 不切实际 bú qiè shíjì 현실에 부합되지 않다 │ 空想* kōngxiǎng 명 공상 │ 吃苦耐劳 chīkǔnàiláo 성 괴로움과 고생을 참고 견디다 │ 占地 zhàndì 땅을 차지하다 │ 面积 miànjī 명 면적 │ 房屋 fángwū 명 집, 건물

집을 지을 때 1층, 2층 없이 3층만 지을 수는 없고, '空中楼阁(공중누각)'라는 사자성어도 허무한 일과 실질적이지 않은 공상을 의미하므로 정답은 B입니다.

---

5 ★★

经世界卫生组织调查发现，全球近27%的人有睡眠问题。为使人们认识到睡眠的重要性，世界卫生组织将每年春季的第一天定为世界睡眠日。2020年世界睡眠日的中国主题是"动静之间，健康睡眠"。

A 睡眠时长可长可短
B 世界睡眠日历史悠久
C 春季更需要补充睡眠
D 世界睡眠日中国主题已定

세계보건기구의 조사에 따르면 전 세계 약 27%의 사람들은 수면 문제가 있다고 한다. 사람들에게 수면의 중요성을 알리기 위해서 세계보건기구는 매년 봄의 첫날을 세계 수면의 날로 정했다. 2020년 세계 수면의 날의 중국 주제는 '동과 정 사이, 건강한 수면'이다.

A 수면 시간은 길어도 되고 짧아도 된다
B 세계 수면의 날은 역사가 길다
C 봄에 수면 보충이 더 필요하다
D 세계 수면의 날의 중국 주제는 이미 정해졌다

世界卫生组织 Shìjiè Wèishēng Zǔzhī 고유 세계보건기구(WHO) │ 调查 diàochá 명 조사 │ 睡眠 shuìmián 명 수면, 잠 │ 主题 zhǔtí 명 주제 │ 悠久 yōujiǔ 형 유구하다 │ 补充 bǔchōng 통 보충하다, 보완하다

2020년 세계 수면의 날의 중국 주제는 '동과 정 사이, 건강한 수면(动静之间，健康睡眠)'이라고 했으므로 이미 정해졌다는 것을 알 수 있습니다. 정답은 D입니다. 봄의 첫날을 세계 수면의 날로 정했지만 봄에 수면을 더 보충해야 한다는 말은 없기 때문에 C는 정답이 아닙니다.

---

6 ★★★

踩刹车时并不会增加油耗，但是为什么有经验的司机极少猛踩刹车呢？其实猛踩刹车后再启动的话，汽车需要从低速状态慢慢加速到正常行驶状态，此时油耗会远高于匀速行驶的耗油量。因此很多人会通过松油门来降低速度。

A 踩刹车会直接耗油
B 猛踩油门会损耗车辆
C 松油门降低车速很明智
D 急刹车会增加行车风险

브레이크를 밟는다고 연료 소모가 증가하지 않는데 왜 경험 많은 운전자들은 급브레이크를 거의 밟지 않을까? 사실 급브레이크를 밟고 다시 시동을 걸면 자동차는 저속 상태부터 천천히 정상 주행 상태로 가속해야 한다. 이때 연료 소모는 등속 주행의 연료 소모량보다 훨씬 많다. 그래서 많은 사람은 액셀을 놓는 방식으로 속도를 늦춘다.

A 브레이크를 밟으면 바로 연료가 소모된다
B 급브레이크를 밟으면 차량이 마모된다
C 액셀을 놓아서 속도를 늦추는 것이 현명하다
D 급브레이크는 주행 위험성을 증가시킨다

踩 cǎi 图 밟다 | 刹车* shāchē 圆 브레이크 | 增加 zēngjiā 图 증가하다 | 油耗 yóuhào 圆 기름 소모량 | 经验 jīngyàn 圆 경험 | 司机 sījī 圆 운전사 | 猛 měng 图 급히 | 启动 qǐdòng 图 작동을 시작하다, 시동을 걸다 | 行驶 xíngshǐ 图 (차나 배 등이) 다니다, 통행하다 | 状态 zhuàngtài 圆 상태 | 匀速 yúnsù 圈 등속의 | 松 sōng 图 풀다, 놓다 | 油门 yóumén 圆 액셀, 가속 페달 | 明智* míngzhì 圈 현명하다 | 风险 fēngxiǎn 圆 위험, 리스크

'자동차가 저속 상태부터 천천히 정상 주행 상태로 가속할 때 연료 소모가 많기(汽车需要从低速状态慢慢加速到正常行驶状态，此时油耗会远高于匀速行驶的耗油量)' 때문에 많은 사람이 '액셀을 놓는 방식으로 속도를 늦춘다(通过松油门来降低速度)'는 것을 알 수 있으므로 정답은 C입니다. '브레이크를 밟는다고 연료 소모가 증가하지는 않는다(踩刹车时并不会增加油耗)'고 언급했기 때문에 A는 정답이 아닙니다. B와 D도 상식적으로는 맞는 내용이지만 녹음에서 언급되지 않았으므로 정답이 아닙니다.

---

7 ★★

马蹄铁大多不能减震也不够轻便，而且会对马的腿部造成损伤。因此一位动物研究员对自己心爱的马设计了一款有减震功能的塑料"跑鞋"，只要将它的卡扣扣在马蹄底部，马儿就能自由奔跑了。

A 马蹄铁十分轻便
B 马蹄铁有助于保护腿部
C 塑料"跑鞋"具有减震效果
D 塑料"跑鞋"比马蹄铁物美价廉

편자는 대부분 충격을 줄일 수도 없고 가볍지도 않다. 게다가 말의 다리에 손상을 입힐 수 있다. 그래서 한 동물 연구원은 자신이 사랑하는 말에게 충격을 줄이는 기능이 있는 플라스틱 '러닝화'를 디자인해 주었다. 그 버클을 말굽의 아래에 끼우기만 하면 말은 자유롭게 달릴 수 있다.

A 편자는 매우 가볍다
B 편자는 다리 보호에 도움이 된다
C 플라스틱 '러닝화'는 충격을 줄이는 효과가 있다
D 플라스틱 '러닝화'는 편자보다 가성비가 좋다

马蹄铁 mǎtítiě 圆 편자, 말굽쇠 | 减震 jiǎnzhèn 图 감진하다, 충격을 줄이다 | 轻便 qīngbiàn 圈 간편하다 | 造成 zàochéng 图 초래하다 | 损伤 sǔnshāng 图 손상되다 | 研究 yánjiū 图 연구하다 | 设计 shèjì 图 설계하다, 디자인하다 | 款 kuǎn 圆 종류, 유형, 스타일 | 功能 gōngnéng 圆 기능 | 塑料 sùliào 圆 플라스틱, 합성수지 | 卡扣 kǎkòu 圆 버클 | 扣* kòu 图 채우다, 걸다 | 马蹄 mǎtí 圆 말굽 | 自由 zìyóu 圈 자유롭다 | 奔跑 bēnpǎo 图 빨리 뛰다 | 有助于 yǒuzhùyú ~에 도움이 되다 | 具有 jùyǒu 图 구비하다, 가지다 | 效果 xiàoguǒ 圆 효과 | 物美价廉* wùměijiàlián 図 물건도 좋고 값도 저렴하다

'충격을 줄이는 기능이 있는 플라스틱 러닝화(一款有减震功能的塑料"跑鞋")'를 디자인했다고 했으므로 정답은 C입니다. 편자는 '가볍지 않고(不够轻便)' 말의 다리에 손상을 입힐 수 있다(会对马的腿部造成损伤)'고 했으므로 A와 B는 모두 정답이 아닙니다.

---

8 ★★

北极狐在零下50摄氏度的冰原上生活，常栖息在北极地区。北极狐有贮藏食物的习性，它们会将夏季捕获的食物储存在巢穴中，以备冬季享用。因此北极狐喜欢在丘陵地带筑巢，而且经常会对巢穴进行修缮。

A 北极狐繁殖能力强
B 北极狐有冬眠的习性
C 北极狐喜欢在夜间捕食
D 北极狐的巢穴用于储存食物

북극여우는 섭씨 영하 50도의 빙원에 사는데 주로 북극 지역에 서식한다. 북극여우는 식량을 저장하는 습성이 있다. 그들은 여름철에 얻은 음식들을 보금자리에 저장하여 겨울에 먹을 준비를 한다. 그래서 북극여우는 구릉 지대에 보금자리를 짓고 보금자리를 자주 손보기도 한다.

A 북극여우는 번식력이 강하다
B 북극여우는 겨울잠을 자는 습성이 있다
C 북극여우는 밤에 사냥하기를 좋아한다
D 북극여우의 보금자리는 음식 저장에 사용된다

北极* běijí 몡 북극 | 狐 hú 몡 여우 | 摄氏度* shèshìdù 양 섭씨온도 | 栖息 qīxī 통 서식하다 | 地区 dìqū 몡 지역 | 贮藏 zhùcáng 통 저장하다 | 捕获 bǔhuò 통 포획하다 | 储存* chǔcún 통 모으다, 저장하다 | 巢穴* cháoxué 몡 굴, 둥지 | 享用 xiǎngyòng 통 맛보다 | 丘陵 qiūlíng 몡 언덕, 구릉 | 地带 dìdài 몡 지대, 지역 | 筑巢 zhùcháo 둥지를 틀다, 보금자리를 짓다 | 修缮 xiūshàn 통 수리하다, 보수하다 | 繁殖* fánzhí 통 번식하다 | 冬眠 dōngmián 통 동면하다, 겨울잠 자다 | 习性 xíxìng 몡 습성 | 捕食 bǔshí 통 (먹이를) 잡아먹다, 포식하다

북극여우는 '여름철에 얻은 음식들을 보금자리에 저장한다(将夏季捕获的食物储存在巢穴中)'고 했으므로 정답은 D입니다. 녹음에서 '번식(繁殖)' '겨울잠(冬眠)' 등의 단어는 언급되지 않았기 때문에 A와 B는 정답이 아닙니다.

9 ★★

3D打印技术已广泛用于环境保护的工程上。目前，科学家正在利用此技术，模仿天然珊瑚礁的结构和纹理来制作人造珊瑚礁。它们不仅能成功吸引鱼类栖息，甚至还会促进新的天然珊瑚礁生长，从而重建地球上重要的生物栖息地。

A 3D打印技术还未成熟
B 人造珊瑚礁的经济效益高
C 天然珊瑚礁的纹理很难模仿
D 人造珊瑚礁有利于保护环境

3D 프린팅 기술은 이미 광범위하게 환경 보호 프로젝트에 사용되고 있다. 지금 과학자들은 이 기술을 이용하여 천연 산호초의 구조와 무늬를 모방하여 인공 산호초를 만들고 있다. 이것들은 성공적으로 어류를 끌어모아 서식하게 할 수 있을 뿐만 아니라 심지어는 새로운 천연 산호초의 성장도 촉진할 수 있다. 이리하여 지구에 중요한 생물 서식지를 재건한다.

A 3D 프린팅 기술은 아직 미숙하다
B 인공 산호초는 경제적 효과가 높다
C 천연 산호초의 무늬는 모방하기 어렵다
D 인공 산호초는 환경 보호에 도움이 된다

打印 dǎyìn 통 인쇄하다 | 技术 jìshù 몡 기술 | 广泛 guǎngfàn 톙 광범위하다 | 环境 huánjìng 몡 환경 | 工程 gōngchéng 몡 프로젝트, 사업, 공정 | 模仿 mófǎng 통 모방하다, 흉내 내다 | 天然 tiānrán 톙 자연의, 천연의 | 珊瑚礁 shānhújiāo 몡 산호초 | 结构 jiégòu 몡 구조, 구성 | 纹理 wénlǐ 몡 무늬 | 制作 zhìzuò 통 제작하다 | 人造 rénzào 톙 인조의, 인공적인 | 吸引 xīyǐn 통 끌어당기다 | 甚至 shènzhì 톈 심지어 | 促进 cùjìn 통 촉진하다 | 生物* shēngwù 몡 생물 | 成熟 chéngshú 톙 성숙하다, 숙련되다 | 效益* xiàoyì 몡 (경제적) 효과, 이익 | 有利 yǒulì 톙 유리하다

인공 산호초는 '어류를 끌어모아 서식하게 할 수 있을 뿐만 아니라 심지어는 새로운 천연 산호초의 성장도 촉진할 수 있다(它们不仅能成功吸引鱼类栖息，甚至还会促进新的天然珊瑚礁生长)'는 내용으로 보아 환경 보호에 도움이 된다는 것을 알 수 있으므로 정답은 D입니다. 녹음에서 '3D 프린팅 기술(3D打印技术)'과 '천연 산호초의 무늬(天然珊瑚礁的纹理)' 등의 표현도 언급됐지만 보기의 내용과 부합하지 않으므로 A와 C는 정답이 아닙니다. 그리고 인공 산호초는 경제적인 목적이 아니라 환경 보호에 이용되므로 B도 정답이 아닙니다.

10 ★★

网络软文是指，通过讲一个完整的故事引出产品，用产品的光环效应和神秘性，给消费者造成强烈的心理暗示，进而转化为购买行为。对于软文而言，重要的不是故事，而是隐藏在故事背后的产品。

온라인 애드버토리얼은 완전한 이야기를 통해 제품을 소개하는 것을 가리킨다. 제품의 후광 효과와 신비성을 이용하여 소비자들에게 강렬한 심리적 암시를 주고, 더 나아가 구매 행위로 전환하게 한다. 애드버토리얼에 있어 중요한 것은 이야기가 아니라 이야기 뒤에 숨어 있는 제품이다.

A 网络软文的趣味性强
B 网络软文属于长篇小说
C 网络软文很受当代读者欢迎
D 网络软文更注重故事背后的广告性

A 온라인 애드버토리얼은 취미성이 강하다
B 온라인 애드버토리얼은 장편 소설에 속한다
C 온라인 애드버토리얼은 오늘날 독자들에게 인기 있다
D 온라인 애드버토리얼은 이야기 뒤에 숨어 있는 광고성을 더 중시한다

网络 wǎngluò 명 인터넷, 네트워크 | 软文 ruǎnwén 명 애드버토리얼, 기사 형식의 광고 | 完整 wánzhěng 형 완전하다 | 引出 yǐnchū 통 끌어내다 | 产品 chǎnpǐn 명 제품 | 光环效应 guānghuán xiàoyìng 후광 효과 | 神秘 shénmì 형 신비하다 | 消费者 xiāofèizhě 명 소비자 | 强烈 qiángliè 형 강렬하다 | 暗示* ànshì 통 암시하다 | 进而* jìn'ér 접 더 나아가 | 转化 zhuǎnhuà 통 바꾸다, 전환하다 | 购买 gòumǎi 통 구매하다 | 隐藏 yǐncáng 통 숨기다 | 趣味* qùwèi 명 재미, 흥미 | 长篇 chángpiān 명 장편 | 当代* dāngdài 명 당대, 그 시대 | 注重* zhùzhòng 통 중시하다

'애드버토리얼에 있어 중요한 것은 이야기가 아니라, 이야기 뒤에 숨어 있는 제품(对于软文而言，重要的不是故事，而是隐藏在故事背后的产品)'이라고 한 것은 광고을 더 중시한다는 뜻이므로 정답은 D입니다. A, B, C는 모두 녹음에 언급되지 않습니다.

---

11 ★★

　　大学生对待金钱的态度要成熟，懂得赚钱不易，学会开源节流。在消费理财时，首先要弄清楚钱怎么才能花在刀刃上。其次，再有一定积累的时候可以尝试小额投资。另外，父母按月给生活费，也能有效帮助孩子控制开销。

　　대학생들은 금전을 대하는 태도가 성숙해야 한다. 돈을 버는 것이 쉽지 않음을 알아야 하고, 재원을 늘리고 지출을 줄이는 법을 익혀야 한다. 소비와 재테크에 있어 먼저 어떻게 해야 돈을 요긴한 곳에 쓰는 것인지를 잘 알아야 한다. 그다음 저축이 좀 있으면 소액 투자도 시도할 수 있다. 이 외에 부모들이 월 단위로 생활비를 주면 자녀가 지출을 통제하는 데 효과적으로 도움이 될 수 있다.

A 大学生要成熟对待金钱
B 大学生要学会知足常乐
C 钱与刀一样具有两面性
D 投资不应一味追求高回报

A 대학생은 성숙하게 금전을 대해야 한다
B 대학생은 지금 상황에 만족할 줄 알아야 한다
C 돈은 칼과 마찬가지로 양면성이 있다
D 투자는 무조건 높은 수익을 추구하면 안 된다

对待 duìdài 통 다루다, 대처하다 | 态度 tàidu 명 태도 | 赚钱 zhuànqián 통 돈을 벌다 | 开源节流 kāiyuán-jiéliú 성 재원을 늘리고 지출을 절약하다 | 消费 xiāofèi 통 소비하다 | 理财 lǐcái 통 재정을 관리하다 | 刀刃 dāorèn 명 ① 칼날 ② 요긴한 곳, 결정적인 곳 | 积累 jīlěi 통 쌓이다 | 尝试* chángshì 통 시행하다, 시도하다 | 小额 xiǎo'é 명 소액 | 投资 tóuzī 통 투자하다 | 控制 kòngzhì 통 제어하다 | 开销 kāixiāo 명 지출 | 知足常乐* zhīzú-chánglè 성 만족을 알면 항상 즐겁다 | 一味 yíwèi 부 그저, 줄곧 | 追求 zhuīqiú 통 추구하다 | 回报* huíbào 통 보답하다

'대학생들은 금전을 대하는 태도가 성숙해야 한다(大学生对待金钱的态度要成熟)'고 했으므로 정답은 A입니다. '钱花在刀刃上'은 '돈을 요긴한 곳에 쓰다'라는 관용어이며, '양면성(两面性)'과는 관련이 없기 때문에 C는 정답이 아닙니다.

---

12 ★★

　　穿山甲在森林中树木密集的地方生活，主要以白蚁为食。因大量白蚁啃噬树木，具有惊人的破坏力，所以穿山甲在保护森林，维护生态平衡方面有巨大贡献，"森林卫士"的称号名副其实。

　　천산갑은 삼림 속 나무가 밀집한 곳에서 생활하고 주로 흰개미를 먹이로 한다. 대량의 흰개미는 나무를 갉아먹는 놀라운 파괴력이 있기 때문에 천산갑은 삼림을 보호하고 생태계의 평형을 이루는 데 지대한 공헌을 한다. '숲의 경호원'이라는 칭호는 명실상부한 것이다.

A 穿山甲常啃噬树木	A 천산갑은 항상 나무를 갉아먹는다
B 穿山甲生活在密林中	B 천산갑은 빽빽한 숲에서 생활한다
C 天然白蚁的药用价值高	C 천연 흰개미는 약용 가치가 높다
D 白蚁被称为"森林卫士"	D 흰개미는 '숲의 경호원'이라고 불린다

穿山甲 chuānshānjiǎ 명 천산갑 | 森林 sēnlín 명 삼림 | 密集 mìjí 형 밀집하다 | 白蚁 báiyǐ 명 흰개미 | 啃噬 kěnshì 동 갉아먹다 | 惊人 jīngrén 동 사람을 놀라게 하다 | 维护* wéihù 동 유지하고 보호하다 | 生态* shēngtài 명 상태 | 巨大 jùdà 형 거대하다 | 贡献 gòngxiàn 명 공헌 | 卫士 wèishì 명 호위병, 경호원 | 称号* chēnghào 명 칭호, 호칭 | 名副其实* míngfùqíshí 성 명실상부하다, 이름과 실상이 꼭 맞다

'천산갑은 삼림 속 나무가 밀집한 곳에서 생활한다(穿山甲在森林中树木密集的地方生活)'고 했으므로 B가 정답입니다. 한국어의 '밀림'은 '열대우림' '정글' 등이 연상되지만, 중국어의 '密林'은 글자 그대로 '빽빽한 숲'입니다. '나무를 갉아먹는 것(啃噬树木)'은 흰개미를 말하는 것이고 '숲의 경호원(森林卫士)'이라고 불리는 것은 천산갑이기 때문에 A와 D를 헷갈려서는 안 됩니다.

13 ★★

有研究表明，成年人每天喝八杯以上的水会比只喝四杯消耗更多热量。原因是，身体需要水来参与新陈代谢，如果人处于轻度脱水的状态，能量代谢的速度就会变慢。所以想减肥的人，多喝点儿水是必不可少的。	연구에 따르면 성인이 매일 8컵 이상의 물을 마시면 4컵만 마실 때보다 더 많은 칼로리를 소모한다. 이유는 몸이 신진대사를 하는 데 물이 필요하기 때문이다. 만약에 사람이 가벼운 탈수 상태에 처하면 에너지대사의 속도가 느려진다. 그래서 살을 빼고 싶은 사람은 물을 좀 많이 마시는 것이 필수적이다.
A 喝水能增进食欲	A 물을 마시면 식욕이 증진된다
B 水促进体内的新陈代谢	B 물은 체내의 신진대사를 촉진한다
C 矿泉水中富含多种矿物质	C 생수는 다양한 미네랄이 풍부하다
D 轻度脱水时不应立即补水	D 가벼운 탈수 시 즉시 수분을 보충하면 안 된다

表明 biǎomíng 동 표명하다 | 消耗* xiāohào 동 소모하다 | 热量 rèliàng 명 열량, 칼로리 | 新陈代谢* xīnchén-dàixiè 명 신진대사 | 脱水 tuōshuǐ 동 탈수하다 | 能量* néngliàng 명 에너지 | 减肥 jiǎnféi 동 살 빼다, 다이어트하다 | 必不可少 bìbùkěshǎo 성 없어서는 안 된다, 필수적이다 | 增进 zēngjìn 증진하다 | 食欲 shíyù 명 식욕 | 矿泉水 kuàngquánshuǐ 명 광천수, 생수 | 矿物质 kuàngwùzhì 명 미네랄, 광물질 | 立即 lìjí 부 즉시, 곧 | 补水 bǔshuǐ 수분을 보충하다

'몸이 신진대사를 하는 데 물이 필요하다(身体需要水来参与新陈代谢)'고 했으므로 물은 신진대사를 촉진하는 작용을 한다는 것을 알 수 있습니다. 정답은 B입니다. '가벼운 탈수(轻度脱水)'도 녹음에서 언급됐지만 즉시 수분을 보충하면 안 된다는 내용은 없으므로 D는 정답이 아닙니다.

14 ★★★

停车机器人是一款针对停车难而设计的智能机器人，它会顶着小轿车缓缓移动，寻找停车位，并将车辆准确地送入空位中，整个过程只需两分钟。目前，该智能停车机器人系统已经在北京大兴机场投入使用。	주차 로봇은 주차난을 겨냥해 디자인한 스마트 로봇이다. 주차 로봇은 승용차를 들고 천천히 이동하면서 주차자리를 찾고 자동차를 정확하게 빈자리에 놓는다. 모든 과정은 2분밖에 걸리지 않는다. 지금 이 스마트 주차 로봇 시스템은 이미 베이징 다싱공항에 투입되어 사용되고 있다.

A 停车机器人可自主停车	A 주차 로봇은 자율적으로 주차할 수 있다
B 停车机器人有驾驶特长	B 주차 로봇은 운전에 특기가 있다
C 停车机器人还未投入使用	C 주차 로봇은 아직 투입되어 사용되지 않았다
D 停车机器人会指引司机停车	D 주차 로봇은 운전자에게 주차를 안내한다

停车 tíngchē 图 주차하다 | 机器人 jīqìrén 명 로봇 | 针对 zhēnduì 图 겨누다, 초점을 맞추다 | 智能* zhìnéng 명 지능, 스마트 | 顶 dǐng 图 머리에 받치다, 떠받치다 | 轿车 jiàochē 명 자동차 | 缓缓 huǎnhuǎn 형 느릿느릿하다 | 车辆 chēliàng 명 차량 | 准确 zhǔnquè 형 정확하다 | 过程 guòchéng 명 과정 | 系统 xìtǒng 명 계통, 시스템 | 投入 tóurù 图 투입하다, 돌입하다 | 自主* zìzhǔ 图 자주적으로 하다 | 特长* tècháng 명 특기, 장점 | 指引 zhǐyǐn 图 안내하다

전체적인 내용을 유념해서 들어야 합니다. '주차 로봇은 승용차를 들고 천천히 이동하면서 주차 자리를 찾고 자동차를 정확하게 빈자리에 놓는다(它会顶着小轿车缓缓移动，寻找停车位，并将车辆准确地送入空位中)'는 내용에서 로봇이 직접 운전을 하거나 운전자에게 주차를 안내하는 것이 아니라 '자율적으로 주차(自主停车)'한다는 것을 알 수 있습니다. 정답은 A입니다.

15 ★★

白菜是北方最为常见的蔬菜品种，其产量高，所以收获期间的市场价格非常低。因此"白菜价"一词应运而生。其最早出现在北方口语当中，形容某件物品价格便宜实惠，多有打折甩卖之意。

A 白菜的运输成本低
B 南方是主要白菜产地
C "白菜价"指低廉的价格
D "白菜价"有讨价还价之意

배추는 북방에서 가장 흔히 볼 수 있는 채소 품종이다. 생산량이 많아서 수확 기간의 시장가는 아주 낮다. 그래서 '배춧값'이라는 단어가 생겼다. 이 단어는 제일 먼저 북방 회화에서 나타나 <u>어떤 물건이 값이 싸고 실용적이</u>라는 것을 묘사하며 할인 판매를 한다는 뜻이 있다.

A 배추는 운송 비용이 낮다
B 남방은 주요 배추 생산지이다
C '배춧값'은 저렴한 가격을 가리킨다
D '배춧값'은 흥정한다는 뜻이 있다

白菜 báicài 명 배추 | 常见 chángjiàn 형 흔하다 | 蔬菜 shūcài 명 채소 | 品种* pǐnzhǒng 명 품종, 제품의 종류 | 产量 chǎnliàng 명 생산량 | 收获 shōuhuò 图 수확하다 | 应运 yìngyùn 图 형세에 순응하다, 천명을 따르다 | 形容 xíngróng 图 묘사하다 | 实惠* shíhuì 실속 있다 | 打折 dǎzhé 图 할인하다 | 甩卖 shuǎimài 图 바겐세일하다 | 运输 yùnshū 图 운송하다 | 成本* chéngběn 명 원가, 비용 | 产地 chǎndì 명 생산지 | 低廉 dīlián 형 싸다, 저렴하다 | 讨价还价 tǎojià-huánjià 성 가격을 흥정하다

녹음에서 '가격이 아주 낮다(价格非常低)' '값이 싸다(便宜)' '할인 판매(打折甩卖)' 등의 표현을 쓴 것에서 '배춧값(白菜价)'은 저렴한 가격을 의미한다는 것을 알 수 있습니다. 정답은 C입니다.

제2부분 16~30번은 인터뷰를 듣고 질문에 알맞은 보기를 선택하는 문제입니다.

16-20

女: 很多人想了解您所说的在线定制旅游服务，您能介绍一下吗？

男: 我们主要是通过大数据来收集用户的需求，17用户什么时候去，去哪里，住什么酒店，喜欢吃什么，心情是怎样的，我们

여: 말씀하신 온라인 맞춤 여행 서비스에 대해서 많은 분들이 알고 싶어 하는데 한번 소개해 주시겠습니까?

남: 우리는 주로 빅데이터를 통하여 사용자들의 니즈를 수집합니다. 우리는 사용자들이 17언제 어디를 가는지, 어떤 호텔에서 묵고 어떤 음식을 좋아하는지, 기분은 어떠한지, 이런 정보들을 조사하고 나서 강력한

了解了这些信息以后，基于后台强大的数据系统，会呈现给用户最符合需求的方案，16从而实现家庭出境旅游定制服务。

女：最近定制旅游是一个大趋势，传统的旅行社也在走定制化的路线，但您能说一说在线定制旅游和传统旅行社的定制旅游有什么差别？

男：我个人认为传统旅行社可以做这件事，但不一定可以做得好。首先，传统旅行社从收集用户的需求，再到呈现给用户旅行方案，18耗时都比较长，大概需要10到15天的时间，而我们只需要15分钟，这大大缩短了整个工作时间。第二，对于旅行社来说，定制旅游跟他们传统的业务是互相矛盾的，他们希望做的是以团购为主的项目。19而我们是综合人力、物力和传统研发的能力，专门以个性化来提供服务，这方面更能体现我们的优势。

女：人们通常会把定制旅游等同于比较奢华的旅游产品，毕竟定制旅游本身，其价格就是比较高的，您觉得这种观点正确吗？

男：这个观点我不认可，可以说高端的东西一定是定制的，20但是定制的东西不一定是高端的。我们希望打破那样的错误认识，使个性化的定制旅行，走进家家户户。我们认为哪怕到海外住一个很普通的民宿，也可以享受到实惠而且优质的定制服务，而这不一定是高端的。

女：供求影响价格，如果订单量小的话，成本往往会比较高，您的网站在旅游的价格上有什么优势？

男：这也正是我想说的，作为一个企业来说，一定要达到一定的用户量，你的订单量多了才能降低各种成本。同样的东西，买的人越多就越优惠。我们每天交易的订单都是千万计算的，19因此，我们有足够的定价优势。

데이터 시스템에 기반하여 사용자의 니즈에 가장 잘 맞는 방안을 내놓아 16가족 맞춤 해외여행 서비스를 구현합니다.

여：요즘은 맞춤 여행이 대세입니다. 기존 여행사에서도 맞춤형의 흐름을 따르고 있는데 온라인 맞춤 여행과 기존 여행사의 맞춤 여행은 어떤 차이가 있는지 한번 말씀해 주실 수 있나요?

남：개인적으로 기존의 여행사가 이 일을 할 수는 있지만 꼭 잘하지는 않을 것이라고 생각해요. 먼저 기존 여행사는 고객의 니즈를 수집하고 다시 고객에게 방안을 제시하는 데 18시간이 비교적 많이 소요됩니다. 대략 10일에서 15일의 시간이 필요한데 우리는 15분만 필요하니 전체 작업 시간을 많이 단축할 수 있어요. 두 번째는 여행사 입장에서 맞춤 여행과 그들의 기존 업무는 서로 모순됩니다. 그들은 단체 구매 위주의 프로젝트를 하고 싶어 합니다. 19그러나 우리는 인적 자원, 물적 자원 그리고 전통적인 연구 개발 능력을 종합해서 전문적으로 개인별 서비스를 제공합니다. 이런 면에서 우리의 장점이 더 잘 드러납니다.

여：사람들은 보통 맞춤 여행은 비교적 호화로운 여행 상품이라고 생각합니다. 아무래도 맞춤 여행 자체의 가격이 좀 높기 때문이죠. 당신은 이 관점이 올바르다고 생각하나요?

남：그런 관점은 저는 동의하지 않아요. 프리미엄 상품이 맞춤형이라고는 할 수 있지만 20맞춤형이 반드시 프리미엄 상품인 것은 아닙니다. 우리는 그런 잘못된 인식을 깨뜨려서 개인별 맞춤 여행이 모든 가정에 보급되길 바랍니다. 설령 해외에서 아주 평범한 민박집에 묵더라도 저렴하고 훌륭한 맞춤 서비스를 즐길 수 있다고 생각합니다. 그리고 이것이 반드시 프리미엄인 것은 아닙니다.

여：공급과 수요는 가격에 영향을 줍니다. 만약에 주문이 적으면 원가가 좀 높아지곤 하는데 당신네 사이트는 여행 가격에서 어떤 장점이 있나요?

남：마침 제가 말씀드리고 싶었던 것이네요. 한 기업에게 있어 반드시 어느 정도의 사용자 수에 도달하고 주문량이 많아져야 여러 원가를 줄일 수 있습니다. 같은 물건이지만 사는 사람이 많아질수록 저렴해지죠. 우리가 매일 거래하는 주문서는 천만 건에 달합니다. 19때문에 가격적인 우위가 충분합니다.

在线 zàixiàn 명 온라인 ｜ 定制 dìngzhì 동 맞춤 제작하다 ｜ 服务 fúwù 명 서비스 ｜ 大数据 dàshùjù 명 빅데이터 ｜ 收集 shōují 동 수집하다 ｜ 用户* yònghù 명 이용자, 가입자 ｜ 需求 xūqiú 명 요구, 수요 ｜ 信息 xìnxī 명 정보 ｜ 基于 jīyú 깨 ~에 근거하여, ~을 기반으로 ｜ 数据 shùjù 명 데이터, 수치 ｜ 呈现* chéngxiàn 동 나타나다 ｜ 符合 fúhé 동 부합하다 ｜ 方案 fāng'àn 명 방안 ｜ 实现 shíxiàn 동 실현하다 ｜ 趋势 qūshì 명 추세, 경향 ｜ 传统 chuántǒng 형 전통적인 ｜ 旅行社 lǚxíngshè 명 여행사 ｜ 差别*

chābié 명 차이, 격차 | 耗时 hàoshí 시간이 걸리다 | 缩短 suōduǎn 동 단축하다 | 业务 yèwù 명 업무 | 矛盾 máodùn 동 모순되다 | 项目 xiàngmù 명 항목, 프로젝트, 사업 | 综合 zōnghé 동 종합하다 | 研发 yánfā 동 연구 개발하다 | 专门 zhuānmén 부 전문적으로 | 个性 gèxìng 명 개성 | 提供 tígōng 동 제공하다 | 优势 yōushì 명 우세, 우위, 장점 | 奢华 shēhuá 명 사치스럽고 화려하다 | 毕竟 bìjìng 부 결국 | 本身* běnshēn 대 그 자신, 그 자체 | 观点 guāndiǎn 명 관점, 입장 | 认可* rènkě 동 인정하다 | 高端 gāoduān 형 고급의 | 家家户户 jiājiāhùhù 명 가가호호, 집집마다 | 哪怕 nǎpà 접 설령 ~하더라도 [주로 也, 都 등과 호응함] | 民宿 mínsù 명 민박 | 享受 xiǎngshòu 동 누리다, 즐기다 | 优质 yōuzhì 형 양질의 | 订单 dìngdān 명 주문서 | 网站 wǎngzhàn 명 웹 사이트 | 企业 qǐyè 명 기업 | 优惠 yōuhuì 형 특혜의, 우대의 | 交易* jiāoyì 동 교역하다, 거래하다 | 足够 zúgòu 동 충분하다

---

16 ★★

问: 男的所说的在线定制旅游的目标客户主要是哪些人？

A 背包客　　　B 个人家庭
C 商务人士　　D 高端客户

질문: 남자가 말한 온라인 맞춤 여행의 목표 고객은 주로 어떤 사람인가?

A 배낭여행객　　B 개인 가정
C 비즈니스맨　　D 프리미엄 고객

客户* kèhù 명 고객 | 背包客 bēibāokè 배낭여행객 | 商务 shāngwù 형 상업적이다

남자는 '가족 맞춤 해외여행 서비스를 구현한다(实现家庭出境旅游定制服务)'고 했으므로 정답은 B입니다.

---

17 ★★

问: 下列哪项不属于在线定制旅游需要的信息？

A 家庭地址　　　B 旅游时间
C 酒店类型　　　D 旅行目的地

질문: 다음 중 온라인 맞춤 여행에서 필요한 정보에 속하지 않는 것은 무엇인가?

A 집 주소　　　B 여행 시간
C 호텔 유형　　D 여행 목적지

地址 dìzhǐ 명 주소 | 类型 lèixíng 명 유형 | 目的地 mùdìdì 명 목적지

'속하지 않는 것(不属于)'을 고르는 문제임을 유념해야 합니다. 남자의 말에서 '언제 가고(什么时候去)' '어떤 호텔에서 묵고(住什么酒店)' '어디를 가는지(去哪里)'는 각 보기 B, C, D와 호응됩니다. 따라서 정답은 A입니다.

---

18 ★★

问: 传统旅行社在做定制旅游计划时，有什么特点？

A 过于保守　　　B 耗费时间
C 缺少仪式感　　D 没有多重选择

질문: 기존 여행사가 맞춤 여행 계획을 만들 때 어떤 특징이 있는가?

A 너무 보수적이다　　B 시간 소모가 많다
C 격식이 부족하다　　D 다양한 선택이 없다

过于* guòyú 부 지나치게, 너무, 과도하게 | 保守* bǎoshǒu 형 보수적이다 | 耗费* hàofèi 동 소모하다, 낭비하다 | 缺少 quēshǎo 동 모자라다, 결핍하다 | 仪式* yíshì 명 의식 | 多重 duōchóng 형 다중의 | 选择 xuǎnzé 동 선택하다

남자가 기존 여행사는 고객에게 방안을 제시하는 데 '시간이 비교적 많이 소요(耗时都比较长)'되는데 '대략 10일에서 15일의 시간이 필요하다(大概需要10到15天的时间)'고 했으므로 정답은 B입니다.

19 ★★

问： 男的认为在线定制服务有哪方面的优势？	질문: 남자는 온라인 맞춤 서비스는 어떤 방면에 우위가 있다고 생각하는가?
A 考虑周到	A 용의주도함
B 可上门服务	B 방문 서비스 가능
C 综合能力与价格	C 종합 능력과 가격
D 提供高端奢华的享受	D 프리미엄급 호화 서비스 제공

考虑 kǎolǜ 통 고려하다 │ 周到 zhōudào 형 주도하다, 꼼꼼하다, 세심하다 │ 上门 shàngmén 통 방문하다

'优势(장점, 우위)'라는 키워드를 듣고 남자가 제시하는 온라인 맞춤 서비스의 장점 두 가지를 알 수 있습니다. '인적 자원, 물적 자원 그리고 전통적인 연구 개발 능력을 종합해서 전문적으로 개별 서비스를 제공(而我们是综合人力、物力和传统研发的能力，专门以个性化来提供服务)'한다는 것과 '가격적인 우위가 충분(我们有足够的定价优势)'하다는 것입니다. 따라서 정답은 C입니다.

20 ★★★

问： 下列哪项是男的所持的观点？	질문: 다음 중 남자가 가진 관점은 무엇인가?
A 旅游本身很奢侈	A 여행 자체가 호화로운 것이다
B 定制不一定高端	B 맞춤형이 반드시 프리미엄은 아니다
C 传统旅行社更具优势	C 기존 여행사가 더 장점이 있다
D 定制服务只适用于国内	D 맞춤 서비스는 국내에만 적용된다

奢侈* shēchǐ 형 사치하다 │ 适用 shìyòng 통 적용하다

보통 녹음의 흐름대로 문제가 출제되지만 전체적인 주제나 소재, 관점을 묻는 문제는 녹음 중간에 근거가 숨어 있을 수 있습니다. 여자가 '맞춤 여행은 비교적 호화로운 여행 상품이다(人们通常会把定制旅游等同于比较奢华的旅游产品)'라는 사람들의 생각에 동의하는지 물었을 때 남자는 '맞춤형이 다 프리미엄인 것은 아닙니다(定制的东西不一定是高端的)'라고 했으므로 남자의 관점은 A가 아닌 B라는 것을 알 수 있습니다.

21-25

男： 您当初为什么想制作这样一档文化节目？您的契机是什么？

女： 很多人问我为什么要办《读者》，我想说的是那么多优秀的作家和优美的文字就在那里，为什么不办呢？当然，最大的契机是 21 我自己在这个行业已经做了20多年了，已经是时候去做一档自己真正喜爱的节目了。我本身对文学很感兴趣，也喜欢和人打交道，而《读者》就是把文本和人物结合在了一起。

男： 在街上设置了朗读亭，也是您的想法吗？

남: 당신은 왜 이런 문화 프로그램을 만들고 싶었나요? 계기는 무엇입니까?

여: 많은 사람들이 왜 『독자』를 만들었는지 물어보는데, 저는 이렇게 많은 훌륭한 작가들과 아름다운 글들이 있는데 왜 하지 않겠느냐고 말하고 싶습니다. 물론 가장 큰 계기는 21 제가 이 업종에서 이미 20년 이상 해 왔기 때문에 제가 정말 좋아하는 프로그램을 만들 때가 됐다는 것입니다. 저는 원래 문학에 관심이 많고 사람들을 대하는 것을 좋아하는데 『독자』는 바로 글과 인물을 한데 결합한 것입니다.

남: 거리에 '낭독 정자'를 설치한 것도 당신의 아이디어입니까?

女： 是的，朗读亭是我特别喜欢的一个设置，[22] 朗读亭内设有可供人们查询读本的平板电脑，在匆忙的日子里，人们可以暂停一下，走进朗读亭，感受文字的力量，表达内心的情感。其实朗读真的应该像唱歌、说话一样成为一种借文传情的表达方式，我们的创意就是希望让普通人也开始接受这样一种传递情感的手段，[23] 让人们找到这么一种途径去传达自己的感情。

男： 你觉得在娱乐化氛围很重的当下，文化类节目应该怎么突围？

女： 社会这个大环境很重要，现在我们所做的事是尽我们所能 [24] 去与读者产生一种共鸣，去唤起大家对文学的一种认知和一种最温柔的记忆，我期待着这种方式可以被每个人接受。

男： 很多人会觉得文化类节目难做。做得深了，普通人会看不懂，做得浅了，人们也会失去兴趣，这个度很不好拿捏吗？

女： 其实也不是，比如我们有一位嘉宾是96岁的大翻译家，他应该是当期节目中文化含金量最高的嘉宾，但是他的讲述却引起了最多的共鸣与关注。我觉得大众是否熟悉它并不重要，重要的是他的讲述能不能引发人们的共鸣。那位翻译家把他的那种可爱和执着都表现了出来，[25] 真的是打动了无数人。

여： 맞아요. 낭독 정자는 제가 특히 좋아하는 시설입니다. [22] 낭독 정자에는 사람들이 독본을 검색할 수 있는 태블릿 피시가 있습니다. 바쁜 일상 속에서 사람들은 잠시 멈추고 낭독 정자에 들어가서 글의 힘을 느끼고 내면의 감정을 표현할 수 있습니다. 사실 낭독은 노래하는 것, 말하는 것과 같이 문장을 빌려서 감정을 전달하는 표현 방식이 되어야 합니다. 우리의 아이디어는 보통 사람들도 이런 감정을 전달하는 수단을 받아들이기 시작하고 [23] 사람들이 자신의 감정을 전달할 수 있는 방법을 찾도록 하는 것입니다.

남： 엔터테인먼트화의 분위기가 강한 지금, 문화 유형의 프로그램은 어떻게 이런 상황을 돌파해야 한다고 생각합니까?

여： 사회라는 큰 환경은 아주 중요합니다. 지금 우리가 하고 있는 일은 우리가 최선을 다하여 [24] 독자들과 공감을 형성하고, 사람들로 하여금 문학에 대한 인식과 가장 따뜻한 기억을 불러일으킬 수 있게 하는 것입니다. 저는 모든 사람이 이런 방식을 받아들일 수 있기를 바랍니다.

남： 많은 사람들은 문화 유형의 프로그램은 만들기 힘들다고 생각합니다. 심도 있게 만들면 일반인이 이해할 수 없고 가볍게 만들면 사람들은 또 흥미를 잃을 수 있습니다. 그 정도는 조절하기가 아주 힘든가요?

여： 사실 그렇지 않습니다. 예를 들어 저희 게스트 중에 96세의 유명 번역가가 있었는데, 그분은 그 시즌 프로그램 중에 문화적 내공이 가장 깊은 게스트였을 겁니다. 그러나 그분의 말씀은 가장 많은 공감과 주목을 받았습니다. 제 생각에 대중들이 익숙한지는 중요하지 않습니다. 중요한 것은 게스트의 말이 사람들의 공감을 일으킬 수 있는지입니다. 그 번역가는 그의 귀여움과 고집스러움을 모두 표현하여 [25] 정말로 많은 사람들을 감동시켰습니다.

当初* dāngchū 명 당초, 이전, 당시 ｜ 节目 jiémù 명 프로그램 ｜ 契机 qìjī 명 계기, 동기 ｜ 优秀 yōuxiù 형 우수하다 ｜ 优美 yōuměi 형 우아하고 아름답다 ｜ 真正 zhēnzhèng 형 진정한 ｜ 打交道 dǎ jiāodao 왕래하다 ｜ 结合 jiéhé 동 결합하다 ｜ 设置* shèzhì 동 설치하다 ｜ 亭 tíng 명 정자 ｜ 供 gōng 동 제공하다 ｜ 查询 cháxún 동 검색하다, 조회하다 ｜ 匆忙 cōngmáng 형 매우 바쁘다 ｜ 暂停 zàntíng 동 잠시 멈추다 ｜ 表达 biǎodá 동 표현하다 ｜ 情感 qínggǎn 명 감정 ｜ 方式 fāngshì 명 방식, 방법 ｜ 接受 jiēshòu 동 받아들이다 ｜ 创意 chuàngyì 명 창의 ｜ 传递 chuándì 동 전달하다 ｜ 手段 shǒuduàn 명 수단 ｜ 途径* tújìng 명 경로, 절차 ｜ 传达* chuándá 동 전달하다 ｜ 娱乐 yúlè 명 오락, 엔터테인먼트 ｜ 氛围 fēnwéi 명 분위기 ｜ 突围 tūwéi 동 포위를 뚫다 ｜ 共鸣* gòngmíng 명 공감 ｜ 认知 rènzhī 동 인지하다 ｜ 温柔 wēnróu 형 부드럽다 ｜ 记忆 jìyì 명 기억 ｜ 期待 qīdài 동 기대하다 ｜ 拿捏 nániē 동 장악하다, 파악하다 ｜ 嘉宾 jiābīn 명 귀빈, 게스트 ｜ 含金量 hánjīnliàng 명 금 함량, 실질적인 가치, 실속 ｜ 讲述 jiǎngshù 동 진술하다 ｜ 引起 yǐnqǐ 동 불러일으키다 ｜ 关注 guānzhù 동 관심을 가지다 ｜ 熟悉 shúxi 동 이해하다, 파악하다 ｜ 引发 yǐnfā 동 일으키다 ｜ 执着* zhízhuó 동 고집하다, (끝까지) 추구하다 ｜ 打动 dǎdòng 동 감동시키다

问：女的做那档节目最大的契机是什么？

    A 有多年经验

    B 迎合市场需求

    C 纪念逝去的时光

    D 受到身边环境的影响

질문: 여자가 그 프로그램을 만든 가장 큰 계기는 무엇인가?

    A 다년간의 경험이 있다

    B 시장 수요에 따랐다

    C 지나간 시절을 기념한다

    D 주변 환경의 영향을 받았다

迎合 yínghé 통 영합하다 | 纪念 jìniàn 통 기념하다 | 逝去 shìqù 통 (시간이나 물이) 흘러가다 | 时光* shíguāng 명 시간, 세월

프로그램을 만든 '계기는 무엇인가(您的契机是什么?)'라는 질문에 여자는 '이 업종에서 이미 20년 이상 해 왔기 때문(最大的契机是我自己在这个行业已经做了20多年了)'이라고 답했으므로 정답은 A입니다.

问：关于朗读亭，可以知道什么？

    A 需付费使用

    B 还在设计阶段

    C 可以查询读本

    D 能在里面唱歌

질문: 낭독 정자에 관하여 무엇을 알 수 있는가?

    A 요금을 내고 사용해야 한다

    B 아직 설계 단계에 있다

    C 독본을 검색할 수 있다

    D 안에서 노래할 수 있다

付费 fùfèi 비용을 지불하다 | 阶段 jiēduàn 명 단계

'낭독 정자에는 사람들이 독본을 검색할 수 있는 태블릿 피시가 있다(朗读亭内设有可供人们查询读本的平板电脑)'고 했으므로 정답은 C입니다. '낭독은 노래하는 것과 같아야 한다(朗读真的应该像唱歌)'고 했지만 정자 안에서 노래할 수 있는 것은 아니므로 D는 정답이 아닙니다.

问：女的希望人们能通过朗读来做什么？

    A 磨练意志

    B 抒发内在情感

    C 改善人际关系

    D 节约公共资源

질문: 여자는 사람들이 낭독을 통하여 무엇을 할 수 있기를 바라는가?

    A 의지를 연마한다

    B 내재한 감정을 토로한다

    C 인간관계를 개선한다

    D 공공 자원을 절약한다

磨练 móliàn 통 연마하다, 단련하다 | 意志* yìzhì 명 의지 | 抒发 shūfā 통 (감정을) 토로하다 | 内在* nèizài 형 내재하는 | 改善 gǎishàn 통 개선하다 | 人际关系 rénjì guānxì 명 인간관계, 인맥 | 节约 jiéyuē 통 절약하다 | 公共 gōnggòng 형 공공의 | 资源 zīyuán 명 자원

여자가 낭독을 통해서 '사람들이 자신의 감정을 전달할 수 있는 방법을 찾기(让人们找到这么一种途径去传达自己的感情)'를 원한다고 했으므로 정답은 B입니다.

问：女的认为文化类综艺节目怎么做才能突围？

    A 产生共鸣

    B 加强娱乐化

질문: 여자는 문화 유형의 프로그램이 어떻게 해야 상황을 돌파할 수 있다고 생각하는가?

    A 공감을 형성한다

    B 엔터테인먼트화를 강화한다

C 做好宣传工作　　　　　　　　C 홍보를 잘 한다
D 降低制作成本　　　　　　　　D 제작 원가를 절감한다

加强 jiāqiáng 图 강화하다 ┃ 宣传 xuānchuán 图 선전하다, 홍보하다

남자가 '문화 유형의 프로그램은 어떻게 돌파해야 하는가(文化类节目应该怎么突围?)'라고 묻는 질문에 여자는 '독자들과 공감을 형성한다(去与读者产生一种共鸣)'고 답했으므로 정답은 A입니다.

25 ★★

问: 那位翻译家在那期节目的表现怎么样?　　질문: 그 시즌 프로그램에서 그 번역가가 보여 준 모습은 어땠는가?

A 节奏感把握得好　　　　　　　　A 강약 조절을 잘했다
B 让很多人受到感动　　　　　　　B 많은 사람들을 감동시켰다
C 情感不够真挚丰富　　　　　　　C 감정이 진지하고 풍부하지 못했다
D 内容深奥不易理解　　　　　　　D 내용이 심오하여 이해하기 어려웠다

节奏* jiézòu 图 리듬, 박자 ┃ 把握 bǎwò 图 쥐다, 파악하다 ┃ 真挚* zhēnzhì 톙 진지하다 ┃ 深奥* shēn'ào 톙 (학문·이론 등이) 심오하다

마지막 부분에서 번역가가 '정말로 많은 사람들을 감동시켰다(真的是打动了无数人)'고 했으므로 정답은 B입니다. 번역가와 관련된 내용으로 '共鸣(공감)' '可爱(귀엽다)' '执着(끝까지 추구하다)' 등의 긍정적인 표현들이 등장했으므로 부정적인 내용의 C, D를 제외하면 문제 풀이가 쉬워집니다. '打动(감동시키다)'은 '感动(감동하다)'의 사역형입니다.

26-30

女: 您的作品以黑白色调而出名。您为什么会对黑白色系情有独钟?

男: 26 小的时候，刚开始接触摄影时，学的就是黑白摄影。当时先通过银盐技术涂抹胶片，然后拍照、冲洗、再用黑白相纸做影像，然后放大。27 操作起来十分复杂，对技术要求也比较高，容易失败。而我对这种技术研究较多，积攒了一定的经验和技巧，因此比较喜欢黑白摄影。当今，黑白摄影在大众传播领域和普及方面基本已绝迹，利用这种技术所呈现出的画面会给人带来强烈的视觉冲击，即便数码技术发展得十分迅猛，但仍旧无法掩盖黑白摄影的魅力。因此，我决定将数码技术先放在一边，回归传统的黑白摄影技术。在这个基础上，我在创作中还加入了一些创新元素，如之前有个系列中，28 我就大胆地运用了拼接技术。我所做的这些尝试都是想

여: 당신의 작품은 흑백 색조로 유명합니다. 당신은 왜 이렇게 흑백 계열을 남달리 사랑합니까?

남: 26 어릴 적 처음 촬영을 접했을 때 배운 것이 바로 흑백 촬영이었습니다. 그때는 먼저 은염 기술로 필름을 바르고 촬영하고 인화한 다음 흑백 촬영지로 현상한 다음 확대했습니다. 27 다루기 아주 복잡하고 기술적인 요구치도 높은 편이라 실패하기 쉬웠습니다. 그러나 저는 이런 기술을 꽤 많이 연구했고 풍부한 경험과 기술을 쌓아 왔기 때문에 흑백 촬영을 비교적 좋아합니다. 지금 흑백 촬영은 매스미디어 영역과 대중화 분야에서 거의 다 사라졌습니다. 이 기술을 이용하여 나타난 화면은 사람들에게 강렬한 시각적 충격을 가져다줄 수 있습니다. 설령 디지털 기술이 급격하게 발전해도 흑백 촬영의 매력을 덮을 수 없습니다. 그래서 저는 디지털 촬영 기술은 일단 한편에 놓아두고 전통적인 흑백 촬영 기술로 돌아갔습니다. 이 토대 위에 저는 창작에 있어 새로운 요소들도 추가했습니다. 예를 들어 전에 한 시리즈에서 28 저는 대담하게 접합 기술을 활용했습니다. 제가 한 모든 시도는 전통을 따르는 것을 기반으로 하며 이 오래된 촬

在遵循传统的基础上，将这种古老的摄影技术发扬光大。

女： 现在流传着这样一句话，摄影三分靠拍，七分靠修，您认同这个观点吗？

男： 我不太认同，传统摄影遵循的是七分靠拍，三分靠修的原理。从技术层面讲，[29] 传统摄影要求摄影师在拍摄之前，把可能发生的一些情况想好，需要准备的工作很多。而数码摄影就免除了这个因素，主要根据后期的修图技术，让图片更加完美。

女： 您摄影创作的原则是什么？市场对摄影领域影响越来越大，您是怎么看待这件事的？

男： 不是有这样的一句话嘛，"己所不欲，勿施于人"，因此一定要尽自己最大的努力去完成摄影作品，[30] 做到连自己都挑不出毛病了，才能拿给别人欣赏，这是我的原则。我认为迎合市场是没有主见的表现，一定要遵从自己的内心和喜好去拍摄东西，这样才能表达自己内心的感受。

영 기술을 더욱 발전시키는 것입니다.

여: 지금은 이런 말이 유행하고 있습니다. 촬영은 30%는 찍는 거고 70%는 보정에 달려 있다고요. 당신은 이 관점에 동의하세요?

남: 저는 동의하지 않습니다. 전통적인 촬영은 70%는 찍는 거고 30%는 보정이라는 원리에 따릅니다. 기술적인 차원에서 말하자면 [29] 전통적인 촬영은 사진사가 촬영하기 전에 발생할 수 있는 상황들을 다 생각해야 하고 준비해야 하는 일이 많습니다. 그러나 디지털 촬영은 이 요소는 없고 주로 사후 보정 기술을 통하여 사진을 더 완벽하게 하는 것입니다.

여: 당신의 촬영 창작 원칙은 무엇입니까? 시장이 사진 분야에 미치는 영향이 갈수록 커지는데 당신은 이것을 어떻게 생각합니까?

남: 이런 말이 있잖아요. "자기가 싫은 것을 남에게 강요하지 말라." 그래서 최선을 다해서 촬영 작품을 완성하고 [30] 자신조차도 문제점을 찾을 수 없어야 비로소 남들에게 감상하도록 하는 것이 저의 원칙입니다. 저는 시장에 영합하는 것은 주관이 없는 행동이라고 생각합니다. 자신의 마음과 좋아하는 것을 따라서 촬영해야만 자신의 마음속에 있는 감정을 표현할 수 있는 것입니다.

色调 sèdiào 몡 색조 | 出名 chūmíng 혱 유명하다 | 情有独钟 qíngyǒudúzhōng 셍 감정이 특별히 깊다 | 接触 jiēchù 동 접촉하다 | 摄影 shèyǐng 동 촬영하다 | 涂抹* túmǒ 동 바르다 | 胶片 jiāopiàn 몡 필름 | 冲洗 chōngxǐ 동 사진을 현상하다 | 放大 fàngdà 동 확대하다 | 操作* cāozuò 동 조작하다, 다루다 | 复杂 fùzá 혱 복잡하다 | 积攒 jīzǎn 동 조금씩 모으다 | 技巧* jìqiǎo 몡 기교 | 传播 chuánbō 동 전파하다 | 领域 lǐngyù 몡 영역, 분야 | 普及* pǔjí 동 보급되다 | 绝迹 juéjì 동 사라지다 | 冲击* chōngjī 몡 충격 | 即便* jíbiàn 접 설령 ~하더라도 [주로 也, 都 등과 호응함] | 迅猛 xùnměng 혱 빠르고 맹렬하다 | 仍旧* réngjiù 뷔 여전히 | 掩盖* yǎngài 동 덮어 감추다 | 基础 jīchǔ 몡 기초, 기반, 토대 | 创作* chuàngzuò 동 창작하다 | 创新* chuàngxīn 혁신하다, 창조하다 | 元素 yuánsù 몡 요소, 원소 | 系列* xìliè 몡 시리즈 | 大胆 dàdǎn 혱 대담하다 | 运用 yùnyòng 동 운용하다, 활용하다, 응용하다 | 拼接 pīnjiē 동 한데 모아 잇다 | 遵循* zūnxún 동 따르다 | 古老 gǔlǎo 혱 오래되다 | 发扬光大 fāyáng-guāngdà 셍 원래의 기초 위에서 더욱 확대 발전시키다 | 流传 liúchuán 동 (소문, 전설, 소식 등이) 전해 내려오다, 널리 퍼지다 | 靠 kào 동 의지하다 | 原理* yuánlǐ 몡 원리 | 摄影师 shèyǐngshī 사진사, 사진 작가 | 拍摄 pāishè 동 촬영하다 | 修图 xiūtú 동 사진을 보정하다 | 完美 wánměi 혱 완벽하다 | 原则 yuánzé 몡 원칙 | 看待* kàndài 동 다루다, 취급하다 | 嘛* ma 조 [당연한 사실을 강조함] | 欣赏 xīnshǎng 동 감상하다 | 遵从 zūncóng 동 따르다

---

26 ★★

问： 男的为什么喜欢黑白摄影？	**질문:** 남자는 왜 흑백 촬영을 좋아하는가?
A 从小学习	A 어릴 적부터 공부했다
B 技术要求不高	B 기술적 요구치가 높지 않다
C 可当场冲洗照片	C 즉시 사진을 현상할 수 있다
D 对职业发展有利	D 직업적인 발전에 이롭다

当场* dāngchǎng 뷔 당장, 즉석에서 | 职业 zhíyè 몡 직업

남자가 '어릴 적 처음 촬영을 접했을 때 배운 것이 바로 흑백 촬영이었다(小的时候，刚开始接触摄影时，学的就是黑白摄影)'고 했으므로 정답은 A입니다.

27 ★★

问: 关于银盐技术, 可以知道什么?	질문: 은염 기술에 관하여 무엇을 알 수 있는가?
A 已经失传	A 이미 실전되었다
B 操作复杂	B 다루기 복잡하다
C 影像具有稳定性	C 사진에 안정성이 있다
D 容易加入创新因素	D 혁신 요소를 쉽게 도입할 수 있다

失传 shīchuán 통 실전하다 | 稳定 wěndìng 형 안정적이다

남자가 은염 기술은 '다루기 아주 복잡하고 기술적인 요구치도 높은 편(操作起来十分复杂，对技术要求也比较高)'이라고 했으므로 정답은 B입니다. '창작 중에서 새로운 요소들도 추가했다(我在创作中还加入了一些创新元素)'고도 말했지만 은염 기술과는 관련이 없기 때문에 D는 정답이 아닙니다.

28 ★★

问: 为了将黑白摄影发扬光大, 男的做了什么尝试?	질문: 흑백 촬영을 더욱 계승 발전시키기 위해서 남자는 어떤 시도를 했는가?
A 加入拼接技术	A 접합 기술을 도입했다
B 强化线上宣传工作	B 온라인 홍보 업무를 강화했다
C 加强相关教育培养	C 관련 교육을 강화했다
D 吸引年轻人加入其中	D 젊은이들이 참여하도록 끌어들였다

强化 qiánghuà 통 강화하다

남자는 흑백 촬영 기술을 발전시키기 위해 '대담하게 접합 기술을 활용했다(我就大胆地运用了拼接技术)'고 했으므로 정답은 A입니다.

29 ★★

问: 传统摄影对摄影师有什么要求?	질문: 전통적인 촬영은 사진사에게 무엇을 요구하는가?
A 对拍摄保持激情	A 촬영에 열정을 유지한다
B 利用好修图技术	B 보정 기술을 잘 이용한다
C 提前做好充分准备	C 미리 충분히 준비한다
D 擅长恶劣气候中拍摄	D 열악한 기후에서 촬영을 잘한다

保持 bǎochí 통 유지하다, 지키다 | 激情* jīqíng 명 열정, 격정 | 擅长* shàncháng 통 뛰어나다 | 恶劣 èliè 형 열악하다 | 气候 qìhòu 명 기후

'전통적인 촬영은 사진사가 촬영하기 전에 발생할 수 있는 상황들을 다 생각해야 하고 준비해야 하는 일이 많다(传统摄影要求摄影师在拍摄之前，把可能发生的一些情况想好，需要准备的工作很多)'고 했으므로 정답은 C입니다. '보정 기술(修图技术)'를 이용하는 것은 디지털 촬영에 필요한 요소이기 때문에 B는 정답이 아닙니다.

问：男的摄影创作原则是什么？	질문: 남자의 촬영 창작 원칙은 무엇인가?
A 尽量追求完美	A 최대한 완벽을 추구한다
B 迎合市场需要	B 시장의 요구에 맞춘다
C 挑战没尝试过的题材	C 시도하지 않은 소재에 도전한다
D 团队利益大于个人利益	D 전체의 이익이 개인의 이익보다 크다

尽量 jǐnliàng 튀 가능한 한, 되도록 ┃ 挑战 tiǎozhàn 통 도전하다 ┃ 题材* tícái 명 소재, 주제 ┃ 团队 tuánduì 명 단체, 팀 ┃ 利益 lìyì 명 이익

'자신조차도 문제점을 찾을 수 없어야 비로소 남들에게 감상하도록 한다(做到连自己都挑不出毛病了，才能拿给别人欣赏)'고 했으므로 '최대한 완벽을 추구(尽量追求完美)'하는 것이 남자의 촬영 창작 원칙임을 알 수 있습니다. 정답은 A입니다. '시장에 영합하는 것은 주관이 없는 행동이라고 생각한다(我认为迎合市场是没有主见的表现)'고 했으므로 B는 정답이 아닙니다.

제3부분 31~50번은 단문을 듣고 질문에 알맞은 보기를 선택하는 문제입니다.

31-33

　　飞机起飞时，是什么神秘装置支撑着这个庞然大物在跑道上颠簸，积蓄了足够的能量后腾空而起？当飞机着陆时又是什么神秘装置，可以吸收能量使飞机能从震颤中平稳落地？31 这个"神秘装置"就是起落架。它之所以这么厉害，是因为它是由一种叫做超高强度钢的材料制成的。33超高强度钢的研究和投入应用的时间加起来只有70多年。虽然它是钢"家族"中年轻的成员，但是不是随便什么钢都可以成为超高强度钢的，只有当钢的抗拉强度大于1800兆帕，且兼有良好的塑性、韧性，才能进入超高强度钢团队。32超高强度钢是一个国家材料水平、冶金技术水平的标志。在应用上超高强度钢还是制造各种高端机械装备的传动齿轮、轴承、转轴、螺栓等关键构件的不可替代原材料。

　　비행기가 이륙할 때 이 거대한 물건이 활주로를 달려 충분한 에너지를 축적한 다음 하늘로 날아가도록 지탱하는 것은 어떤 신비한 장치인가? 비행기가 착륙할 때 에너지를 흡수하여 비행기가 흔들림 속에도 평온하게 착륙하도록 하는 것은 또 어떤 신비한 장치인가? 31 이 '신비한 장치'는 바로 랜딩 기어이다. 랜딩 기어가 이렇게 대단한 이유는 초강력강이라는 재료로 제작됐기 때문이다. 33 초강력강을 연구하고 실전에 투입한 시간은 합쳐서 70년 정도밖에 되지 않았다. 이 재료는 철강 '가족' 중에서 젊은 구성원이지만 어떤 철강이나 다 초강력강이 될 수 있는 것은 아니다. 철강의 항장력이 1,800메가파스칼을 넘고 또 뛰어난 가소성과 인성을 가져야만 초강력강에 속할 수 있다. 32 초강력강은 한 나라의 재료공학 수준, 금속공학 수준의 상징이다. 응용 방면에서 초강력강은 첨단 기계설비의 전동 기어, 베어링, 회전축, 볼트 등 핵심적인 구성 부품의 대체할 수 없는 원재료이다.

起飞 qǐfēi 통 이륙하다 ┃ 支撑* zhīchēng 통 받치다, 지탱하다 ┃ 庞然大物 pángrán-dàwù 성 거대한 물건 ┃ 颠簸* diānbǒ 통 흔들리다, 요동하다 ┃ 积蓄 jīxù 통 저축하다, 축적하다 ┃ 腾空 téngkōng 통 하늘로 높이 올라가다 ┃ 着陆 zhuólù 통 착륙하다 ┃ 吸收 xīshōu 통 흡수하다 ┃ 震颤 zhènchàn 통 떨다, 흔들다 ┃ 平稳 píngwěn 형 안정적이다 ┃ 起落架 qǐluòjià 명 랜딩 기어 ┃ 材料 cáiliào 명 재료 ┃ 应用 yìngyòng 통 응용하다 ┃ 成员* chéngyuán 명 구성원 ┃ 兆帕 zhàopà 메가파스칼(MPa) ┃ 良好 liánghǎo 형 양호하다, 좋다 ┃ 塑性 sùxìng 명 가소성 ┃ 韧性 rènxìng 명 인성 ┃ 冶金 yějīn 통 금속을 제련하다 ┃ 标志 biāozhì 통 상징하다 ┃ 制造 zhìzào 통 제조하다 ┃ 机械* jīxiè 명 기계 ┃ 装备* zhuāngbèi 명 장비 ┃ 齿轮 chǐlún 명 톱니바퀴, 기어 ┃ 轴承 zhóuchéng 명 베어링 ┃ 转轴 zhuànzhóu 명 회전축 ┃ 螺栓 luóshuān 명 볼트 ┃ 关键 guānjiàn 형 관건이다, 핵심적이다, 결정적이다 ┃ 替代 tìdài 통 대체하다

31 ★★

问: "神秘的装置"指的是什么?	질문: '신비한 장치'는 무엇을 가리키는가?
A 机翼	A 비행기 날개
B 轮胎	B 타이어
C 引擎	C 엔진
D 起落架	D 랜딩 기어

机翼 jīyì 몝 비행기의 날개 | 轮胎* lúntāi 몝 타이어 | 引擎* yǐnqíng 몝 엔진

비행기의 이착륙을 돕는 '이 신비한 장치는 바로 랜딩 기어(这个"神秘装置"就是起落架)'라고 했으므로 정답은 D입니다.

32 ★★

问: 超高强度钢标志着什么?	질문: 초강력강은 무엇을 상징하는가?
A 综合生活水平	A 종합적인 생활 수준
B 科学技术水平	B 과학 기술 수준
C 材料及冶金水平	C 재료공학 및 금속공학 수준
D 经济与文化水平	D 경제 및 문화 수준

及 jí 젭 및, ~과

'초강력강은 한 나라의 재료공학 수준, 금속공학 수준의 상징(超高强度钢是一个国家材料水平、冶金技术水平的标志)'이라고 했으므로 정답은 C입니다.

33 ★★★

问: 关于超高强度钢, 可以知道什么?	질문: 초강력강에 관하여 무엇을 알 수 있는가?
A 适用范围窄	A 적용 범위가 좁다
B 研发历史不长	B 연구 개발 역사가 길지 않다
C 需要长时间冶炼	C 장시간 제련이 필요하다
D 抗拉强度小于1800兆帕	D 항장력 강도가 1,800메가파스칼보다 작다

范围 fànwéi 몝 범위 | 窄 zhǎi 혱 좁다 | 冶炼 yěliàn 툉 제련하다 | 强度 qiángdù 몝 강도

'초강력강을 연구하고 실전에 투입한 시간은 합쳐서 70년 정도밖에 되지 않았다(超高强度钢的研究和投入应用的时间加起来只有70多年)'고 했는데 '只有(~밖에)'에서 역사가 길지 않다는 것을 알 수 있습니다. 정답은 B입니다. 초강력강은 첨단 기계설비 구성 부품의 원재료로 사용된다고 했으므로 A는 정답이 아닙니다. '1,800메가파스칼(1800兆帕)'이라는 키워드도 나왔지만 이 수치를 넘어야 하므로 D도 정답이 아닙니다. 제련 시간에 대한 내용은 녹음에서 언급되지 않았기 때문에 C도 정답이 될 수 없습니다.

34-36

庄稼的天敌除了害虫, 还有杂草。不过, 想要人工除草需要耗费大量的劳力, 而且很难清除干净。34 使用机械化操作又会受到种植条件的限制, 比如在山地、丘陵等地, 就很难进

농작물의 천적에는 해충 외에 잡초도 있다. 그러나 인력으로 잡초를 제거하는 일은 많은 노력을 들여야 할뿐더러 깨끗하게 제거하기도 힘들다. 34 기계화된 방법을 사용하는 것도 재배 조건의 제한을 받을 수 있다. 예를 들어

行大面积推广。针对这样的情况，植物学家提出了植物激素除草剂的设想。有关专家发现植物激素能调节自身生长发育的功效，在这个启示之下，研制出了许多可以杀死杂草的除草剂。如果是在小片的农田中，可以利用简单的喷雾法，如果是范围广的田地，则可以利用飞机来喷洒，从而更高效地清除杂草。植物激素能够成为除草剂，[36]最关键的就是浓度必须符合一定的标准，比如能调节植物生长的植物激素的生长素，适量地喷洒会让植物生长得更好，[35]可是一旦浓度过高，就会抑制植物生长。由于农作物和杂草对于生长素的敏感程度不同，所以当农田中的杂草比农作物对一定浓度的生长素更敏感时，这种浓度的生长素就能作为一种除草剂消灭杂草，同时还不会对农作物产生影响。

산지, 구릉 등지에서는 널리 보급할 수 없다. 이런 상황에 대해서 식물학자들은 식물호르몬 제초제라는 아이디어를 내놓았다. 관련 전문가들은 식물호르몬이 스스로의 성장과 발육을 조절하는 효과가 있다는 것을 발견했다. 이런 깨달음 덕분에 많은 잡초를 죽일 수 있는 제초제를 개발했다. 만약에 작은 농지라면 간단한 스프레이법을 사용할 수 있고 면적이 넓은 농지라면 비행기를 이용해서 뿌려서 더 효율적으로 잡초를 제거할 수 있다. 식물호르몬이 제초제가 되려면 [36]제일 핵심적인 요소는 바로 농도가 반드시 일정한 기준에 부합해야 한다는 것이다. 예를 들어 식물의 성장을 조절할 수 있는 식물호르몬인 생장호르몬은 적당하게 분사하면 식물이 더 잘 자라게 할 수 있지만 [35]농도가 너무 높으면 식물의 성장을 억제할 수 있다. 농작물과 잡초는 생장호르몬에 대한 민감 정도가 다르기 때문에 농지의 잡초가 농작물에 비해서 일정 농도의 생장호르몬에 더 민감하다면 이런 농도의 생장호르몬은 제초제로서 잡초를 제거할 수 있고 동시에 농작물의 생산에도 영향을 주지 않을 것이다.

庄稼* zhuāngjia 圆 농작물 | 天敌 tiāndí 圆 천적 | 害虫 hàichóng 圆 해충 | 杂草 zácǎo 圆 잡초 | 人工* réngōng 圆 인공의, 인위적인 | 清除* qīngchú 圆 완전히 없애다 | 种植* zhòngzhí 圆 재배하다 | 推广 tuīguǎng 圆 널리 보급하다 | 植物 zhíwù 圆 식물 | 提出 tíchū 圆 제출하다, 제기하다 | 激素 jīsù 圆 호르몬 | 除草剂 chúcǎojì 圆 제초제 | 设想 shèxiǎng 圆 상상, 구상 | 调节* tiáojié 圆 조절하다 | 发育* fāyù 圆 발육하다, 자라다 | 功效 gōngxiào 圆 효과, 효능 | 启示 qǐshì 圆 계시 | 研制 yánzhì 圆 연구 제작하다 | 喷 pēn 圆 내뿜다 | 则 zé 圆 그러면 | 喷洒 pēnsǎ 圆 뿌리다 | 浓度 nóngdù 圆 농도 | 标准 biāozhǔn 圆 표준, 기준 | 抑制 yìzhì 圆 억제하다 | 由于 yóuyú 圆 ~ 때문에 | 敏感 mǐngǎn 圆 민감하다 | 消灭* xiāomiè 圆 소멸하다 | 同时 tóngshí 圆 동시에, 또한

34 ★★

问：机械除草有什么弊端？

A 耗费电力
B 会伤害植物
C 难以清除干净
D 受到条件限制

질문: 기계가 잡초를 제거할 때 무슨 문제가 있는가?

A 전력을 소비한다
B 식물에 상해를 입힐 수 있다
C 깨끗하게 제거하기 어렵다
D 조건의 제한을 받는다

弊端* bìduān 圆 폐단, 부정 | 伤害 shānghài 圆 손상시키다 | 难以 nányǐ 圆 ~하기 어렵다

'기계화된 방법을 사용하는 것도 재배 조건의 제한을 받을 수 있다(使用机械化操作又会受到种植条件的限制)'고 했으므로 정답은 D입니다. '깨끗하게 제거하기 힘들다(很难清除干净)'는 것은 인력으로 잡초를 제거할 때의 문제이기 때문에 C는 함정입니다.

35 ★★

问：如果生长素的浓度过高的话，会怎么样？

A 使植物枯萎
B 抑制植物生长
C 破坏周边环境
D 促进害虫繁殖

질문: 생장호르몬의 농도가 너무 높으면 어떻게 되는가?

A 식물이 시든다
B 식물의 성장을 억제한다
C 주변 환경을 파괴한다
D 해충의 번식을 촉진한다

枯萎* kūwěi 통 시들다, 마르다 ┃ 周边* zhōubiān 명 주변, 주위

생장호르몬의 농도가 높으면 '식물의 성장을 억제할 수 있다(可是一旦浓度过高，就会抑制植物生长)'고 했으므로 정답은 B입니다. 성장을 억제해서 시들 것이라고 생각해서 A를 선택하면 안 됩니다.

36 ★★★

问：根据这段话，下列哪项正确？	질문: 지문에 근거하면 다음 중 올바른 것은 무엇인가?
A 丘陵中可使用机械除草	A 구릉에서 기계 제초를 쓸 수 있다
B 人工是最理想的除草方式	B 인력이 가장 이상적인 제초 방식이다
C 植物激素除草浓度是关键	C 식물호르몬 제초의 농도가 관건이다
D 植物激素不会对植物产生影响	D 식물호르몬은 식물의 생산에 영향을 주지 않는다

关键 guānjiàn 명 관건, 핵심

식물호르몬이 제초제가 되려면 '제일 핵심이 되는 요소는 바로 농도가 반드시 일정한 기준에 부합해야 한다는 것(最关键的就是浓度必须符合一定的标准)'이라고 했으므로 정답은 C입니다. 기계 제초 방식은 산지, 구릉에서 쓸 수 없고 인력으로는 잡초를 깨끗하게 제거할 수 없으므로 A와 B는 정답이 아닙니다. 식물호르몬 중 생장호르몬의 농도가 너무 높으면 식물의 성장을 억제할 수 있으므로 D도 정답이 아닙니다.

37-39

塑料材料回收再利用是各国都在推广的事情，但这些塑料能用来做什么呢？一群大学生想到了建造环保房屋的创意，37 他们将回收来的废弃塑料和橡胶融化后，制成轻质建筑材料。这些材料两边都有凹槽和凸起，因此，38 在建房的过程中不需要用到任何粘合剂，普通人只需经过简单培训，就能自己动手建房。这样的房屋可随时拆卸、搬运以及重建，具很强的可移动性。目前，这群大学生已经向当地的废品处理机构提供了一百套用塑料回收材料建成的升级版环保住房，一套房屋仅需四个无任何专业技术的工人，花费五天时间就能建成。这些住房的室内面积虽然只有40平方米，39 但"麻雀虽小，五脏俱全"，房屋内卧室、卫生间、厨房等的基本设施一应俱全，深受年轻人们喜爱。

플라스틱을 회수해서 재활용하는 것은 나라마다 일반화된 일이다. 그러나 이런 플라스틱들을 무엇에 사용하는가? 한 대학생들은 환경 보호 주택을 만드는 아이디어를 생각했다. 37 그들은 회수한 폐기 플라스틱과 고무를 녹여서 경량 건축 재료를 만들었다. 이런 재료의 양쪽에는 오목한 홈과 볼록한 돌기가 있어서 38 주택을 만들 때 접착제를 쓸 필요가 없어 보통 사람도 간단한 교육만 받으면 혼자서 주택을 만들 수 있다. 이런 주택은 언제든지 해체, 운반 그리고 재건축을 할 수 있어서 이동성이 뛰어나다. 지금 이 대학생들은 이미 현지의 폐품 처리 기관에 플라스틱 회수 재료로 만든 업그레이드판 환경 보호 주택을 100세트 제공하였다. 주택 하나는 아무런 전문 기술이 없는 노동자 4명이 5일의 시간만 들이면 만들 수 있다. 이 주택들은 실내 면적이 40㎡밖에 안 되지만 39 '참새가 비록 작아도 오장육부는 다 갖추고 있다'고 집 안에는 침실, 화장실, 주방 등 기본적인 시설은 다 있어서 젊은 사람들의 큰 사랑을 받는다.

回收* huíshōu 통 회수하다 ┃ 建造 jiànzào 통 건축하다, 세우다 ┃ 环保 huánbǎo 명 환경 보호 [=环境保护] ┃ 废弃 fèiqì 통 폐기하다, 버리다 ┃ 橡胶 xiàngjiāo 명 고무 ┃ 融化* rónghuà 통 녹다 ┃ 建筑 jiànzhù 명 건축 ┃ 凹槽 āocáo 명 홈 ┃ 凸起 tūqǐ 명 돌기, 혹 ┃ 粘合剂 niánhéjì 명 접착제 ┃ 培训 péixùn 통 훈련하다 ┃ 动手* dòngshǒu 통 시작하다, 착수하다 ┃ 随时 suíshí 부 수시로, 언제나 ┃ 拆卸 chāixiè 통 해체하다 ┃ 废品 fèipǐn 명 폐품 ┃ 机构* jīgòu 명 기구, 기관, 조직 ┃ 专业 zhuānyè 명 전문적이다 ┃ 麻雀 máquè 명 참새 ┃ 五脏 wǔzàng 명 오장 [심장·간장·폐장·비장·신장] ┃ 卧室 wòshì 명 침실 ┃ 厨房 chúfáng 명 주방 ┃ 设施 shèshī 명 시설 ┃ 一应俱全 yìyìngjùquán 성 모두 갖추고 있다

问： 制作轻质建筑材料，主要的原料是什么？	질문: 경량 건축 재료를 제작하는 주요 원재료는 무엇인가?
A 二手家具	A 중고 가구
B 电子垃圾	B 전자 쓰레기
C 废弃的塑料	C 폐기된 플라스틱
D 人工合成材料	D 인공 합성 재료

二手 èrshǒu 휑 중고의 ｜家具 jiāju 몡 가구 ｜电子 diànzǐ 몡 전자 ｜垃圾 lājī 몡 쓰레기 ｜合成* héchéng 됭 합성하다

대학생들은 '회수한 폐기 플라스틱과 고무를 녹여서 경량 건축 재료를 만들었다(他们将回收来的废弃塑料和橡胶融化后，制成轻质建筑材料)'고 했으므로 정답은 C입니다.

问： 关于环保房屋的建造过程，下列哪项正确？	질문: 환경 보호 주택을 만드는 과정에 관하여 다음 중 올바른 것은 무엇인가?
A 安装后不可拆卸	A 설치한 다음 해체할 수 없다
B 不需使用粘合剂	B 접착제를 사용할 필요가 없다
C 要有一定的建筑知识	C 어느 정도의 건축 지식이 있어야 한다
D 要聘请专业人士组装	D 전문가를 영입해서 조립해야 한다

安装 ānzhuāng 됭 설치하다 ｜聘请 pìnqǐng 됭 초빙하다 ｜人士* rénshì 몡 인사 ｜组装 zǔzhuāng 됭 조립하다

환경 보호 주택을 조립할 때 '접착제를 쓸 필요가 없다(不需要用到任何粘合剂)'고 했으므로 정답은 B입니다. 환경 보호 주택에는 오목한 홈과 돌기가 있어서 보통 사람도 혼자 만들 수 있고 언제든지 해체, 운반, 재건축할 수 있다고 했으므로 A, C, D는 모두 정답이 될 수 없습니다.

问： 那100套环保房屋有什么特点？	질문: 환경 보호 주택 100세트의 특징은 무엇인가?
A 基础设施齐全	A 기본적인 시설이 완비되어 있다
B 可供游客观赏	B 관람객들이 구경할 수 있도록 제공되었다
C 和麻雀形态相似	C 참새와 형태가 비슷하다
D 在上网可申请入住	D 인터넷으로 입주 신청을 할 수 있다

齐全* qíquán 휑 완전히 갖추다 ｜观赏 guānshǎng 됭 감상하다 ｜形态* xíngtài 몡 형태 ｜相似 xiāngsì 휑 닮다, 비슷하다 ｜申请 shēnqǐng 됭 신청하다

'집 안에는 침실, 화장실, 주방 등 기본적인 시설은 다 있다(房屋内卧室、卫生间、厨房等的基本设施一应俱全)'고 했으므로 정답은 A입니다. '麻雀虽小，五脏俱全'은 '작더라도 모두 갖추고 있다'라는 뜻의 속담이고 참새와 직접적인 관련은 없으므로 C는 정답이 아닙니다.

　　晏子是春秋时期著名的政治家，他在齐国做宰相时，有个名叫高缭的下属。高缭在晏子身边做官三年从未做过错事，但一天晏子突然免去了高缭的职位，⁴⁰其他官员听说此事后都很惊讶。有几个人还为高缭打抱不平："高缭侍奉了您三年，勤勤恳恳，从来没有犯过错，您本应为此奖赏他，为什么把他辞掉呢？这实在有些说不过去。"晏子听后叹了一口气说到："⁴¹一块不起眼的木料，要想成为一件上等的器具，必须先用画图工具来画出规范的形状，再用斧子和刨子对其进行加工。我手下的人就应该像这些制作器具的工具一样，来帮我改造缺点，以助我更好地辅助齐王治国。"看着下面的人一头雾水，晏子接着说："⁴²高缭因为怕犯错，一味地顺从我。前几天我故意说，齐国不强大，没想到高缭也跟着附和。他跟我共事三年，⁴³对我的缺点一清二楚，而他却从未对我提过任何意见，这对我非但没有好处，反而有害，所以我决定辞退高缭。"晏子的一番话，让那些为帮高缭求情的官员们无言以对。

안자는 춘추 시기의 유명한 정치가이다. 그가 제나라에서 재상을 할 때 고료라는 부하가 있었다. 고료는 안자 옆에서 벼슬을 지내는 3년 동안 아무런 실수도 하지 않았다. 그런데 어느 날 안자는 갑자기 고료를 파직했다. ⁴⁰다른 관리들은 이 일을 듣고 아주 놀랐다. 어떤 관리들은 고료를 도와주려고 나섰다. "고료는 3년 동안 당신을 모시면서 성실하고 아무런 실수도 없었습니다. 당신은 원래 상을 주셔야 하는데 왜 그를 면직하셨습니까? 이건 말이 안 됩니다." 안자는 한숨을 쉬고 말했다. "⁴¹볼품없는 목재가 상품의 기구가 되고 싶으면 먼저 그림 도구로 규정된 모양을 그리고, 도끼와 대패를 이용해서 그것을 가공해야만 하는 것이오. 나의 부하는 이런 기구를 제작하는 도구처럼 내가 단점을 고치도록 도와줘야 하오. 그래야 제나라를 더 잘 다스리는 데 도움이 되지요." 아랫사람들이 얼떨떨해하는 모습을 보고 안자는 계속 말했다. "⁴²고료는 실수가 두려워 줄곧 나에게 순종했소. 며칠 전 내가 일부러 제나라가 강대하지 않다 말했더니 뜻밖에도 고료는 맞장구를 쳤소. 그는 나와 3년을 같이 일했으니 ⁴³나의 단점을 아주 잘 알고 있소. 그러나 그는 지금까지 나에게 어떠한 의견도 준 적이 없소. 이것은 나에게 좋을 게 없을뿐더러 해롭기만 하지요. 그래서 나는 고료를 파직하기로 결정했소." 안자의 말에 고료를 돕기 위해 인정에 호소하던 사람들은 할 말을 잃었다.

著名 zhùmíng 혱 저명하다 | 政治 zhèngzhì 몡 정치 | 宰相 zǎixiàng 몡 재상 | 下属* xiàshǔ 몡 부하 | 免 miǎn 동 해임하다, 제거하다 | 职位* zhíwèi 몡 직위 | 惊讶* jīngyà 혱 놀랍고 의아하다 | 打抱不平 dǎbàobùpíng 솅 불공평한 일을 보고 나서 피해자를 돕다 | 侍奉 shìfèng 동 섬기다 | 勤恳 qínkěn 혱 근면 성실하다 | 奖赏* jiǎngshǎng 동 상을 주다 | 辞掉 cídiào 동 그만두다 | 叹气* tànqì 동 한숨 쉬다 | 不起眼 bù qǐyǎn 남의 주의를 끌지 못하다 | 器具 qìjù 몡 기구 | 规范* guīfàn 몡 규범 | 形状 xíngzhuàng 몡 형상 | 斧子 fǔzi 몡 도끼 | 刨子 bàozi 몡 대패 | 加工* jiāgōng 동 가공하다 | 改造 gǎizào 동 개조하다 | 缺点 quēdiǎn 몡 단점 | 辅助* fǔzhù 동 보조하다 | 一头雾水 yìtóu-wùshuǐ 솅 머릿속이 멍하다, 얼떨떨하다 | 犯错 fàncuò 실수하다 | 顺从 shùncóng 동 순종하다 | 故意 gùyì 튄 고의로, 일부러 | 附和* fùhè 동 맞장구치다, 부화하다 | 一清二楚 yìqīngèrchǔ 솅 아주 분명하다 | 非但 fēidàn 졉 ~뿐만 아니라 [주로 而且, 并且, 也, 又, 还 등과 호응함] | 番* fān [말의 양사] | 无言以对 wúyányǐduì 솅 대답할 말이 없다

40 ★★★

问：官员们对晏子辞退高缭是什么态度？

　　A 吃惊

　　B 赞同

　　C 自责

　　D 忧虑

질문: 관리들은 안자가 고료를 파직한 일에 대해 어떤 태도였는가?

　　A 놀랐다

　　B 찬성했다

　　C 자책했다

　　D 우려했다

吃惊 chījīng 동 놀라다 | 赞同 zàntóng 동 찬성하다 | 自责 zìzé 동 자책하다 | 忧虑 yōulǜ 동 걱정하다

'다른 관리들은 이 일을 듣고 아주 놀랐다(其他官员听说此事后都很惊讶)'고 했는데 '惊讶'는 A의 '吃惊'과 비슷한 표현이므로 정답은 A입니다.

41 ★★★

问: 晏子解释辞退高缭的原因时，举了什么例子？	질문: 안자가 고료를 파직한 이유를 설명할 때, 어떤 예를 들었는가?
A 滴水可以穿石	A 낙숫물이 댓돌을 뚫을 수 있다
B 磨刀不误砍柴工	B 칼을 가는 일은 장작 패기를 지체시키지 않는다
C 铁杵终将磨成针	C 쇠 절굿공이를 갈아 바늘을 만든다
D 木料打磨后才可成器具	D 목재는 다듬은 후에야 도구가 된다

解释 jiěshì ⑧ 해설하다, 설명하다 | 滴水 dīshuǐ ⑲ 낙숫물 | 磨刀 módāo 칼을 갈다 | 砍柴 kǎnchái 장작을 패다 | 铁杵 tiěchǔ ⑲ 쇠공이 | 针 zhēn ⑲ 바늘 | 木料 mùliào ⑲ 목재 | 打磨 dǎmó ⑧ 갈아서 윤을 내다

안자가 예로 드는 내용을 전체적으로 유념해야 합니다. 자신의 부하는 '이런 기구를 제작하는 도구'와 같아야 한다고 했는데, 볼품 없는 목재가 상품 기구가 될 수 있도록 다듬는 도끼와 대패를 가리키는 것입니다. 따라서 정답은 D입니다. 녹음 속 '목재(木料)' '기구(器具)' '도끼(斧子)' '가공하다(加工)' 등의 키워드로 정답을 파악할 수 있습니다.

42 ★★★

问: 晏子如何看待高缭？	질문: 안자는 고료를 어떻게 보았는가?
A 勤勤恳恳	A 매우 근면 성실하다
B 任劳任怨	B 노고를 마다하지 않고 원망을 두려워하지 않다
C 粗心大意	C 꼼꼼하지 않다
D 担心犯错	D 실수를 두려워한다

任劳任怨 rènláo-rènyuàn ⑳ 노고를 마다하지 않고 원망을 두려워하지 않다 | 粗心大意 cūxīn-dàyì ⑳ 세심하지 못하다, 꼼꼼하지 않다

질문의 대상을 유념해야 합니다. 고료가 '매우 근면 성실하다(勤勤恳恳)'고 한 것은 다른 관리들의 생각이지, 안자의 생각이 아닙니다. '고료는 실수가 두려워 줄곧 나에게 순종했다(高缭因为怕犯错，一味地顺从我)'는 안자의 말에 따르면 정답은 D입니다.

43 ★★★

问: 上文主要想告诉我们什么？	질문: 이 지문은 우리에게 무엇을 알려 주려고 하는가?
A 做人要讲诚信	A 사람을 대할 때 진실해야 한다
B 要勇于讲出缺点	B 결정을 용감하게 말해야 한다
C 人不能嫉妒别人	C 다른 사람을 질투하면 안 된다
D 做事不能半途而废	D 일을 할 때 중도에 그만두면 안 된다

诚信 chéngxìn ⑲ 성실하다 | 勇于* yǒngyú ⑧ 용감하게 ～하다 | 嫉妒* jídù ⑧ 질투하다 | 半途而废* bàntú'érfèi ⑳ 중도에 그만두다

고료는 안자의 '단점을 아주 잘 알고 있지만 한 번도 의견을 준 적이 없어 해롭다(对我的缺点一清二楚，而他却从未对我提过任何意见，这对我非但没有好处，反而有害)'라고 한 데서 정답은 B라는 것을 알 수 있습니다. '성실(诚信)' '질투(嫉妒)' '중도에 그만두다(半途而废)' 등의 내용은 모두 녹음에서 언급되지 않았으므로 A, C, D는 모두 정답이 아닙니다.

⁴⁷《国家地理》杂志是一家非盈利组织在19世纪末开始发行的。⁴⁴20世纪初，这本杂志开始刊登彩色照片，记录绚丽多姿的世界。那些精彩的瞬间，常常会让读者感到非常震撼。这本杂志可以说是当年每个家庭的必备期刊。但是到了90年代，情况出现了逆转，许多年轻人不再热衷于看《国家地理》，他们认为这是一本过时的杂志，自己应该追求更新潮的东西，⁴⁵《国家地理》也因此流失了大量年轻读者。这种情况让该杂志的行政总裁意识到是时候转型了，于是他们开始通过媒体重塑品牌形象，并且创立了专门的电视频道。⁴⁶这个频道播出了一系列自制的纪录片，受到了各个阶段观众的好评。从此，它实现了完美转身，由原来单一记录自然风貌转向记录解析多样的现实生活。如今，他们还借助网站、手机应用和社交网络向人们个性化推送屡获殊荣的精彩摄影作品。这一次次的成功转型，使《国家地理》始终保持生机。

⁴⁷『내셔널 지오그래픽』 잡지는 한 NGO가 19세기 말부터 발행한 것이다. ⁴⁴20세기 초 이 잡지는 컬러 사진을 게재하기 시작하여 다채로운 세계를 기록했다. 그런 멋진 순간들은 항상 독자들의 마음을 뒤흔들었다. 이 잡지는 그 당시 모든 집의 필수 간행물이라고 할 수 있다. 그러나 90년대부터 상황이 바뀌었다. 많은 젊은이들은 더 이상 『내셔널 지오그래픽』을 보는 데 열중하지 않았다. 그들은 이 잡지를 유행이 지난 잡지라고 생각하고 자신은 더 유행하는 것을 추구해야 한다고 생각하였고 ⁴⁵『내셔널 지오그래픽』은 많은 젊은 독자를 잃었다. 이런 상황에서 이 잡지의 CEO는 변화의 시기가 되었다고 느꼈다. 그래서 그들은 미디어를 통하여 브랜드 이미지를 재정립하고 전문적인 TV 채널도 창립했다. ⁴⁶이 채널은 오리지널 다큐멘터리 시리즈를 방송하여 다양한 관중들의 호평을 얻었다. 그 후로 이 잡지는 완벽한 변화를 이루어 단지 자연 풍경을 기록하던 것에서 다양한 현실 생활을 기록하고 분석하는 것으로 전환했다. 지금 그들은 또 웹 사이트, 휴대폰 앱, SNS를 통하여 사람들에게 여러 번 수상한 훌륭한 촬영 작품을 맞춤 추천한다. 연이은 성공적 전환은 『내셔널 지오그래픽』으로 하여금 계속 활기를 유지하게 했다.

杂志 zázhì 몡 잡지 | 盈利* yínglì 통 이윤을 내다 | 组织 zǔzhī 몡 조직, 기구 | 世纪 shìjì 몡 세기 | 发行* fāxíng 통 (서적·화폐·공채 따위를) 발행하다 | 刊登 kāndēng 통 게재하다 | 绚丽多姿 xuànlì-duōzī 셩 눈부시게 아름답고 다채롭다 | 精彩 jīngcǎi 혱 훌륭하다 | 瞬间* shùnjiān 몡 순간 | 震撼* zhènhàn 통 뒤흔들다 | 期刊 qīkān 몡 간행물 | 逆转 nìzhuǎn 통 역전하다 | 热衷 rèzhōng 통 열중하다 | 过时 guòshí 통 유행이 지나다 | 新潮 xīncháo 혱 유행하다 | 流失 liúshī 통 유실되다, 떠내려가 없어지다 | 总裁 zǒngcái 몡 총재 | 意识 yìshí 몡 의식 | 转型 zhuǎnxíng 통 변화가 일어나다 | 媒体 méitǐ 몡 대중 매체, 미디어 | 重塑 chóngsù 통 새로 세우다 | 品牌 pǐnpái 몡 브랜드 | 形象 xíngxiàng 몡 형상, 이미지 | 创立* chuànglì 통 창립하다 | 频道 píndào 몡 채널 | 纪录片 jìlùpiàn 몡 다큐멘터리 | 单一 dānyī 혱 단일하다 | 风貌 fēngmào 몡 풍격과 연모 | 解析 jiěxī 통 분석하다 | 借助* jièzhù 통 도움을 받다 | 社交网络 shèjiāo wǎngluò 몡 소셜 네트워크 서비스(SNS) | 屡 lǚ 뷔 자주, 여러 번, 누차 | 殊荣 shūróng 몡 특별한 영광 | 始终 shǐzhōng 뷔 시종일관, 줄곧 | 生机* shēngjī 몡 생기

44 ★★

问: 那本杂志20世纪初主要刊登什么内容?	질문: 이 잡지는 20세기 초에 주로 어떤 내용을 게재했는가?
A 各地风土人情	A 각지의 특색과 풍습
B 历史人物传记	B 역사적 인물의 전기
C 精彩的童话故事	C 멋진 동화 이야기
D 绚丽多彩的照片	D 현란하고 다채로운 사진

风土人情* fēngtǔ-rénqíng 셩 지방의 특색과 풍습 | 传记* zhuànjì 몡 전기 | 童话* tónghuà 몡 동화 | 绚丽多彩 xuànlì-duōcǎi 셩 화려하고 다채롭다, 현란하다

'20세기 초 이 잡지는 컬러 사진을 게재하기 시작하여 다채로운 세계를 기록했다(20世纪初，这本杂志开始刊登彩色照片，记录绚丽多姿的世界)'고 했으므로 정답은 D입니다.

45 ★★

问： 上个世纪90年代，那本杂志面临什么问题？

A 公司骨干辞职
B 网络杂志冲击
C 资金周转不良
D 青年读者流失严重

질문： 1990년대에 이 잡지는 어떤 문제에 직면했는가？

A 회사의 중견 간부가 사직했다
B 인터넷 잡지의 충격에 빠졌다
C 자금 회전이 좋지 못했다
D 젊은 독자를 많이 잃었다

面临 miànlín 图 직면하다 │ 骨干* gǔgàn 图 중견 간부 │ 辞职 cízhí 图 사직하다 │ 资金 zījīn 图 자금 │ 周转* zhōuzhuǎn 图
회전하다

90년대 들어서 청년들은 유행이 지난 잡지라고 생각해서 『내셔널 지오그래픽』을 더 이상 읽지 않기 때문에 '『내셔널 지오그래픽』은
많은 젊은 독자들을 잃었다(《国家地理》也因此流失了大量年轻读者)'고 했으므로 정답은 D입니다.

46 ★★

问： 《国家地理》，第一次成功转型是怎么做的？

A 调整受众群体
B 转战娱乐市场
C 制作电视纪录片
D 利用社交媒体宣传

질문： 『내셔널 지오그래픽』의 첫 번째 성공적인 변화는 무엇인가？

A 대상 독자를 조정했다
B 엔터테인먼트 시장에 도전했다
C TV 다큐멘터리를 제작했다
D 소셜 미디어를 이용해 홍보했다

调整 tiáozhěng 图 조정하다, 조절하다 │ 受众 shòuzhòng 图 (신문·잡지 등의) 독자 │ 群体 qúntǐ 图 단체, 집단 │ 转战
zhuǎnzhàn 图 전전하다 │ 社交媒体 shèjiāo méitǐ 소셜 미디어

첫 번째로 한 일은 '전문적인 TV 채널도 창립(并且创立了专门的电视频道)'해서 '오리지널 다큐멘터리 시리즈를 방송(这个频道播
出了一系列自制的纪录片)'한 것이므로 정답은 C입니다. 소셜 미디어를 이용한 것은 그다음의 일이므로 D는 정답이 아닙니다.

47 ★★

问： 关于《国家地理》，可以知道什么？

A 19世纪开始发行
B 转型仍存在许多障碍
C 客户参与度在不断提高
D 有实力强的赞助商加盟

질문： 『내셔널 지오그래픽』에 관하여 무엇을 알 수 있는가？

A 19세기에 발행되기 시작했다
B 변화에는 여전히 많은 어려움이 있다
C 고객 참여도가 꾸준히 향상하고 있다
D 실력 있는 협찬사가 참여했다

存在 cúnzài 图 존재하다 │ 障碍* zhàng'ài 图 장애물, 방해물 │ 参与 cānyù 图 참여하다 │ 实力* shílì 图 실력, 힘 │ 赞助商
zànzhùshāng 图 협찬사, 후원사 │ 加盟 jiāméng 图 가맹하다, 가입하다

보통 녹음의 흐름대로 문제가 출제되지만 이 문제의 답은 앞부분에서 나와 놓치기 쉽습니다. '19세기 말부터 발행한 것(在19世纪末
开始发行的)'이라고 했으므로 정답은 A입니다. 변화에 성공했기 때문에 B는 정답이 아니고, C와 D는 녹음에서 언급하지 않은 내용이
기 때문에 정답이 아닙니다.

　　果蜡是水果自身分泌的，附着于水果表皮的一种酯类，它不仅可以减轻环境变化对水果造成的伤害还能保护果实 48 抵抗病害。不过果农为了加大水果产量、预防虫害，常常会过度喷洒农药，49 这样水果表面原有的果蜡上往往会覆盖一层有害的物质，对身体造成伤害。因此果商在销售水果之前，会清洗一遍，这样原生果蜡也会被冲洗掉。失去了原有的保护屏障的水果，很容易变质腐烂，造成大量的损失。鉴于此，清洗水果之后，一些果商会将一层类果蜡物质均匀地涂抹在水果表面，50 从而达到保鲜、美观的目的。但这种物质是人工果蜡，而非天然果蜡。

　　과일 왁스는 과일 자체에서 분비되어 과일의 표피에 부착된 에스테르이다. 이것은 환경 변화가 과일에 미치는 피해를 줄일 수 있을 뿐만 아니라 48 병해에 저항하여 과일을 보호한다. 그러나 과수 재배 농가는 과일 수확량을 늘리고 충해를 예방하기 위해 종종 농약을 과도하게 뿌리는데 49 과일 표면에 있는 과일 왁스 위에 해로운 물질이 쌓여 건강에 해롭다. 따라서 과일 상인은 과일을 판매하기 전에 한 번 깨끗이 씻는다. 그러면 원래의 과일 왁스도 같이 씻겨 나간다. 원래의 보호 장벽을 잃은 과일은 쉽게 썩기 때문에 큰 손실을 초래한다. 이를 고려하여 과일을 씻은 후 일부 과일 상인은 과일 왁스와 유사한 물질을 과일 표면에 골고루 발라서 50 신선함과 아름다움이라는 목적을 달성한다. 그러나 이 물질은 천연 과일 왁스가 아닌 인공 과일 왁스이다.

蜡 là 圀 밀랍, 왁스 | 分泌* fēnmì 동 분비하다 | 附着 fùzhuó 동 부착하다 | 减轻 jiǎnqīng 동 (중량 등을) 줄이다 | 抵抗* dǐkàng 동 저항하다 | 病害 bìnghài 圀 병해 | 预防 yùfáng 동 예방하다 | 虫害 chónghài 圀 충해 | 农药 nóngyào 圀 농약 | 表面 biǎomiàn 圀 표면 | 覆盖* fùgài 동 가리다, 덮다 | 销售 xiāoshòu 동 판매하다 | 清洗 qīngxǐ 동 깨끗하게 씻다 | 原生 yuánshēng 圀 원생의 | 屏障* píngzhàng 圀 장벽, 보호벽 | 变质* biànzhì 동 변질하다, 변하다 | 腐烂* fǔlàn 동 썩다 | 鉴于* jiànyú ~을 비추어 보다, ~을 고려하다 | 均匀 jūnyún 圀 균일하다 | 保鲜 bǎoxiān 동 신선도를 유지하다 | 美观* měiguān 圀 보기 좋다, 아름답다 | 目的 mùdì 圀 목적 | 非 fēi 圀 ~이 아니다

48 ★★

问: 水果自身分泌的果蜡有什么作用？	질문: 과일 자체에서 분비된 과일 왁스는 어떤 효과가 있는가?
A 预防病害	A 병해를 예방한다
B 保持色彩鲜艳	B 색채를 선명하고 예쁘게 유지한다
C 防止水分蒸发	C 수분의 증발을 방지한다
D 提高人体免疫力	D 인체의 면역력을 향상시킨다

鲜艳 xiānyàn 圀 (색이) 산뜻하고 아름답다 | 防止* fángzhǐ 동 방지하다 | 蒸发* zhēngfā 동 증발하다 | 免疫* miǎnyì 동 면역이 되다

과일 자체에서 분비된 과일 왁스는 '병해에 저항하여 과일을 보호한다(保护果实抵抗病害)'고 했으므로 정답은 A입니다. 과일을 예쁘게 하는 것은 인공 과일 왁스이기 때문에 B는 정답이 아닙니다.

49 ★★

问: 在销售之前，果商为什么要清洗水果？	질문: 판매하기 전에 과일 상인은 왜 과일을 씻는가?
A 做包装前准备	A 포장하기 전에 준비하려고
B 促使果蜡分泌	B 과일 왁스 분비를 촉진하려고
C 使水果显得干净	C 과일이 깨끗해 보이게 하려고
D 清洗表皮上的农药	D 표피에 있는 농약을 세척하려고

'과일 표면에 있는 과일 왁스 위에 해로운 물질이 쌓여 건강에 해롭기 때문에(水果表面原有的果蜡上往往会覆盖一层有害的物质，对身体造成伤害)' 과일을 씻으므로 정답은 D입니다. 과일을 씻으면 과일 왁스도 같이 씻기는 것이지, 과일 왁스의 분비를 촉진하는 것이 아니므로 B는 정답이 아닙니다. 또 과일을 깨끗하게 하는 작용도 있을 수 있지만 녹음에서 언급되지 않았기 때문에 C도 정답이 아닙니다.

50 ★★

问: 根据这段话，下列哪项正确?	질문: 지문에 근거하면 다음 중 올바른 것은 무엇인가?
A 食用前不应清洗水果	A 먹기 전에 과일을 씻어서는 안 된다
B 水果腐烂时可涂抹果蜡	B 과일이 썩었을 때 과일 왁스를 발라도 된다
C 人造果蜡有美观的目的	C 인조 과일 왁스는 미관상의 목적이 있다
D 人造果蜡可取代天然果蜡	D 인조 과일 왁스는 천연 과일 왁스를 대체할 수 있다

인조 과일 왁스는 '신선함과 아름다움이라는 목적을 달성한다(达到保鲜、美观的目的)'고 했으므로 정답은 C입니다. 천연 과일 왁스는 병해에 저항하여 과일을 보호할 수 있는데, 인조 과일 왁스는 이런 작용이 없으므로 천연 과일 왁스를 대체하기 힘듭니다. 따라서 D는 정답이 아닙니다.

二、阅读 독해

제1부분 51~60번은 문법적인 오류가 있는 문장을 선택하는 문제입니다.

51 ★★

A 笑声如阳光，能驱走人们脸上的冬天。	A 웃음소리는 햇살처럼 사람들의 얼굴에 있는 겨울을 몰아낼 수 있다.
B 本网站正在维护中，如有不便，敬请谅解。	B 저희 웹 사이트는 현재 점검 중입니다. 불편을 드린 점 양해 바랍니다.
C 世上没有令人绝望的处境，只有对处境绝望的人。	C 세상에 절망적인 상황이란 없다. 절망한 사람만 있을 뿐이다.
D 这几款越野车都是公认的精致好车，尤其特别适合年轻人。	D 이 SUV는 널리 인정받는 세련된 차로, 특히 젊은 사람들에게 잘 맞습니다.

| 의미 중복 | 这几款越野车都是公认的精致好车，**尤其特别**适合年轻人。

　　　　➜ 这几款越野车都是公认的精致好车，**尤其**适合年轻人。

　　　　➜ 这几款越野车都是公认的精致好车，**特别**适合年轻人。

'尤其'와 '特别'는 둘 다 부사로 '(그중에서도) 특히'라는 뜻입니다. 중국어에서는 원칙적으로 같은 의미의 표현이 중복될 수 없습니다. 따라서 '尤其'나 '特别' 중 하나만 써야 합니다.

---

52 ★★★

A 彝族的传统节日以火把节最为隆重。	A 이족의 전통 명절 중에 횃불 축제가 가장 성대하다.
B 耳边老是回响着她那动人的歌声和优美的姿态。	B 귓가에는 계속 그녀의 감동적인 노랫소리가 메아리치고 눈앞에는 아름다운 자태가 떠오른다.
C 恒顺香醋始创于1840年，为中国四大名醋之一。	C 형순식초는 1840년에 처음 만들어졌으며 중국 4대 식초 중 하나이다.
D 地球是迄今为止所发现的唯一适合人类生存的行星。	D 지구는 지금까지 발견된 인간이 생존하기에 적합한 유일한 행성이다.

彝族 Yízú 몡 이족 [중국 소수 민족 중 하나로, 주로 쓰촨·윈난·구이저우·광시 일대에 분포함] | 火把节 huǒbǎjié 몡 횃불 축제 [이족, 바이족 등 일부 중국 소수 민족의 명절, 음력 6월 24일경] | 隆重* lóngzhòng 혱 성대하고 장중하다 | 回响 huíxiǎng 통 (소리 등이) 울리다, 메아리치다 | 姿态* zītài 몡 자태, 모습 | 始创 shǐchuàng 통 창시하다, 처음 만들다 | 迄今为止* qìjīnwéizhǐ 지금까지 | 唯一 wéiyī 혱 유일하다 | 生存* shēngcún 통 생존하다

| 술+목 불호응 | 耳边老是**回响**着她那动人的**歌声**和优美的**姿态**。

　　　　➜ 耳边老是**回响**着她那动人的**歌声**，眼前老是**浮现**着那优美的**姿态**。

'回响(메아리치다)'는 첫 번째 목적어인 '歌声(노랫소리)'과는 의미가 잘 어울리지만 두 번째 목적어인 '姿态(자태, 모습)'와는 어울리지 않습니다. 따라서 '姿态'는 '浮现(떠오르다)' 등 어울리는 동사와 함께 써야 합니다.

✦ 고득점 Tip

술어와 목적어의 호응 문제는 매우 자주 출제됩니다. 술어로 쓰이는 동사의 뜻과 용법을 제대로 알아야 호응이 잘 못되었음을 알 수 있기 때문에, 동사를 암기할 때는 목적어로 쓰는 명사를 함께 알아 두는 것이 좋습니다.

很多游客在**倾听**海浪拍打海岸的**美景**。(X)
➜ 很多游客在**观看**海浪拍打海岸的**美景**。
　　많은 관광객들은 파도가 해안가를 치는 아름다운 풍경을 구경했다.

最近历史文物类综艺节目渐渐多了起来，**导致**了网友们对文物的**重视**。(X)
➜ 最近历史文物类综艺节目渐渐多了起来，**引起**了网友们对文物的**重视**。
　　최근 역사 문화재 버라이어티쇼가 점점 늘고 있어, 문화재에 대한 네티즌들의 관심을 불러일으켰다.

蔬菜要尽可能现炒现吃，**逃避**长时间保温和多次加热。(X)
➜ 蔬菜要尽可能现炒现吃，**避免**长时间保温和多次加热。
　　채소는 가능한 한 요리해서 바로 먹고 장시간 보온하거나 여러 번 데우는 것을 피해야 한다.

53 ★★★

A 高原地区空气稀薄，紫外线十分强烈。	A 고원 지대는 공기가 희박하고 자외선이 매우 강하다.
B 真诚待人是人际关系得以维持和发展的保证。	B 진심으로 사람을 대하는 것이 인간관계를 유지하고 발전시키는 '보증 수표'이다.
C 要工作还是要孩子，已经困扰许多职业女性的两难问题。	C 일할 것인지 자녀를 가질 것인지는 이미 많은 직장 여성들을 괴롭히는 딜레마가 되었다.
D 茯苓是一种无色无味的中草药材，具有养颜和滋补的功效。	D 복령은 피부 미용 및 보양 효과가 있는 무색무취의 중약재이다.

稀薄 xībó 휑 (공기·연기·안개 등의 농도가) 엷다, 희박하다 | 紫外线 zǐwàixiàn 명 자외선 | 真诚 zhēnchéng 휑 진실하다 | 得以 déyǐ 동 ~할 수 있다 | 维持* wéichí 동 유지하다 | 困扰 kùnrǎo 동 귀찮게 굴다, 성가시게 하다 | 两难问题 liǎngnán wèntí 딜레마 | 茯苓 fúlíng 명 복령[중약재의 일종] | 养颜 yǎngyán 동 얼굴을 젊게 가꾸다 | 滋补 zībǔ 동 보양하다

┃술어 누락┃ 要工作还是要孩子，已经困扰许多职业女性的两难问题。

→ 要工作还是要孩子，已经成为困扰许多职业女性的两难问题。

문장의 술어가 누락되어서 틀린 문장입니다. 이 문장의 주어는 '要工作还是要孩子'로 언뜻 보면 '困扰(괴롭히다)'가 술어 같지만 '困扰许多职业女性的(많은 직장 여성들을 괴롭히는)'는 관형어로서 '两难问题(딜레마)'를 수식하고 있습니다. 따라서 '两难问题'에 적합한 술어 '成为(~이 되다)'가 필요합니다.

54 ★★

A 针对这一突发事件，公司及时采取了应对措施。	A 이 돌발 사태에 대해 회사는 제때에 대응 조치를 취했다.
B 空气、水、能源和土地，是人类赖以生存的基本要素。	B 공기, 물, 에너지, 땅은 인류가 생존하기 위한 기본적인 요소입니다.
C 每年大约70多万人死于蚊子的"手里"，鳄鱼、狮子都不如它。	C 매년 약 70만 명의 사람들이 모기의 '손'에 죽습니다. 악어나 사자도 모기보다 못합니다.
D 他对昆虫进行了长达30年的观察，揭开了昆虫世界的许多奥秘。	D 그는 30년에 달하는 긴 시간 동안 곤충을 관찰하여 곤충 세계의 많은 신비를 밝혔다.

事件* shìjiàn 명 사건 | 及时 jíshí 부 즉시 | 采取 cǎiqǔ 동 채택하다, 취하다 | 应对 yìngduì 동 대응하다, 대처하다 | 措施 cuòshī 명 조치, 대책 | 能源 néngyuán 명 에너지원, 에너지 | 赖以 làiyǐ 동 의존하다, 의지하다 | 要素* yàosù 명 요소 | 鳄鱼 èyú 명 악어 | 昆虫 kūnchóng 명 곤충 | 揭开 jiēkāi 동 (비밀 등을) 드러내다, 폭로하다 | 奥秘* àomì 명 신비, 비밀, 수수께끼

┃의미 모순┃ 每年大约70多万人死于蚊子的"手里"，鳄鱼、狮子都不如它。

→ 每年大约70万人死于蚊子的"手里"，鳄鱼、狮子都不如它。

→ 每年70多万人死于蚊子的"手里"，鳄鱼、狮子都不如它。

'大约 + 숫자'와 '숫자 + 多'는 의미가 모순되어 함께 쓸 수 없습니다. '大约 + 숫자'는 '그 숫자보다 조금 많거나 적다'라는 뜻이지만, '숫자 + 多'는 '그 숫자보다 조금 많다'라는 뜻이기 때문입니다. 따라서 둘 중 하나만 써야 합니다.

의미 모순과 관련된 문제 중 절반 정도는 어림수 표현에서 출제가 됩니다.

超过30分钟以下 (X)

➡ 超过30分钟 30분이 넘다 | 30分钟以下 30분 이하

约有500余名 (X)

➡ 约有500名 약 500명이 있다 | 有500余名 500여 명이 있다

不到两千年左右 (X)

➡ 不到两千年 2,000년에 못 미치다 | 两千年左右 2,000년 정도

---

55 ★★

A 他们离开大城市后，在一个宁静的乡村定居了下来。
B 随着数码相机的日益普及，传统的胶卷相机正逐渐退出市场。
C 我是奔着冠军去的，决赛都准备好了，却结果在第一轮被淘汰。
D 接受了4年正规的声乐训练后，他对声音的驾驭更得心应手了。

A 그들은 대도시를 떠난 후 조용한 시골에 정착했다.

B 디지털 카메라가 날로 보급되면서 기존의 필름 카메라는 점차 시장에서 밀려나고 있다.

C 나는 우승을 향해 달리려고 결승전 준비도 다 했는데 오히려 결과는 1라운드 탈락이었다.

D 4년간 정식으로 성악 훈련을 받은 후, 그는 소리를 더 자유자재로 조절할 수 있게 되었다.

宁静 níngjìng 혱(환경·마음 따위가) 조용하다, 평온하다 | 乡村 xiāngcūn 몡 농촌, 시골 | 数码相机 shùmǎ xiàngjī 디지털 카메라 | 日益* rìyì 凰 날로, 점차 | 胶卷相机 jiāojuǎn xiàngjī 몡 필름 카메라 | 逐渐 zhújiàn 凰 점차, 점점 | 奔 bèn 凯 ~을 향해 | 轮 lún 昣 라운드 [주기적인 동작을 세는 단위] | 淘汰* táotài 동 도태하다 | 正规* zhèngguī 혱 정규의, 표준의 | 声乐 shēngyuè 몡 성악 | 训练 xùnliàn 몡 훈련 | 驾驭 jiàyù 동 지배하다, 제어하다 | 得心应手 déxīn-yìngshǒu 셩 일이 마음먹은 대로 되다, 자유자재로 하다

|어순 오류| 我是奔着冠军去的，决赛都准备好了，却结果在第一轮被淘汰。

➡ 我是奔着冠军去的，决赛都准备好了，结果却在第一轮被淘汰。

부사는 대부분 술어를 꾸미는 부사어로 쓰이는데, 부사어는 문장 앞이 아닌 술어 앞에 놓여야 합니다. 부사어의 어순은 '시간사 + 부사 + 조동사 + [개사구/地가 쓰인 부사어]'입니다.

---

56 ★★★

A 那一刻，观众席上鸦雀无声，所有人都被他的精彩表演吸引住了。
B 想要从这么多人之中，争夺那最后的一个名额，自然是困难得无比。
C 工作间隙做些转颈、后仰的简单运动，可以有效缓解颈部肌肉的疲劳。
D 由于空气对光的散射作用，日出和日落前后，天边常会出现绚丽的彩霞。

A 그 순간 객석은 조용해졌고 모두 그의 멋진 공연에 매료되었다.

B 이렇게 많은 사람 중에서 그 마지막 한 자리를 놓고 경쟁하는 것은 당연히 매우 어렵다.

C 일하는 사이에 목을 돌리고 고개를 뒤로 젖히는 간단한 운동을 하면 목 근육의 피로를 효과적으로 완화할 수 있다.

D 빛에 대한 공기의 산란 작용으로 일출과 일몰을 전후해서 하늘가에 아름다운 노을이 자주 나타난다.

鸦雀无声* yāquèwúshēng 성 까마귀와 참새 소리마저도 없다, 매우 고요하다 | 表演 biǎoyǎn 통 공연하다 | 争夺* zhēngduó 통 쟁탈하다, 다투다 | 名额* míng'é 명 정원, 인원 수 | 难得* nándé 형 얻기 어렵다, (출현이나 발생이) 드물다 | 无比* wúbǐ 형 비할 바가 없다 | 间隙 jiànxì 명 (시간적인) 틈, 사이 | 后仰 hòuyǎng 통 (머리나 몸을) 뒤로 젖히다 | 缓解 huǎnjiě 통 완화하다 | 颈部 jǐngbù 명 경부, 목 부분 | 肌肉 jīròu 명 근육 | 散射 sǎnshè 명 (빛, 소리 등의) 난반사, 산란 | 绚丽 xuànlì 형 화려하고 아름답다 | 彩霞 cǎixiá 명 아름다운 노을

| 어휘 용법 오류 | 想要从这么多人之中，争夺那最后的一个名额，自然是困难得无比。

→ 想要从这么多人之中，争夺那最后的一个名额，自然是困难无比。

6급 필수 단어인 '无比(비할 바가 없다)'는 '无比激动' '激动无比'처럼 다른 형용사 앞이나 뒤에 쓰여 정도를 표현하는데, 형용사 뒤에 쓰일 때에도 구조조사 '得'가 필요하지 않습니다. 따라서 '困难得无比'가 아닌 '困难无比'로 써야 합니다.

---

57 ★★

A 俗话说聚沙成塔，看似不起眼的小工作可能正是大事业的开始。	A '티끌 모아 태산'이라는 말이 있듯이, 보잘것없어 보이는 작은 일이 바로 큰일의 시작일 수 있다.
B 对艺术的理解虽因人而异，但真正的艺术品总能得到一致的赞许。	B 예술에 대한 이해는 사람마다 다르지만, 진정한 예술품은 반드시 모든 이의 찬사를 받는다.
C 她戴着一顶别致的帽子，穿着一件蓝色的连衣裙，看上去漂亮极了。	C 그녀는 세련된 모자를 쓰고 파란색 원피스를 입고 있는데 보기에 참 예뻤다.
D 牡丹是我国的十大名花，品种众多，花色艳丽，是新手养花的必选花卉。	D 모란은 중국의 10대 명화 중 하나로, 품종이 많고, 꽃도 아름다우며 꽃 키우기 초보자에게 꼭 필요한 꽃이다.

俗话* súhuà 명 속담, 옛말 | 聚沙成塔 jùshā-chéngtǎ 성 티끌 모아 태산이다 | 看似 kànsì 통 겉으로는 ~처럼 보이다 | 事业* shìyè 명 일 | 因人而异 yīnrén'éryì 성 사람에 따라 다르다 | 总 zǒng 부 반드시 | 赞许 zànxǔ 통 칭찬하다 | 别致* biézhì 형 색다르다, 별나다 | 牡丹 mǔdan 명 모란꽃 | 众多 zhòngduō 형 (사람 등이) 아주 많다 | 艳丽 yànlì 형 화려하고 아름답다 | 花卉 huāhuì 명 화훼

| 주+목 불호응 | 牡丹是我国的十大名花，品种众多，花色艳丽，是新手养花的必选花卉。

→ 牡丹是我国的十大名花之一，品种众多，花色艳丽，是新手养花的必选花卉。

주어인 '牡丹(모란꽃)'은 하나의 꽃을 가리키므로 목적어인 '十大名花(10대 명화)'와는 수가 일치하지 않습니다. '十大名花' 뒤에 '之一(~ 중의 하나)'를 넣어야 주어와 목적어가 의미상 어울립니다.

✦고득점 Tip

술어가 '是'인 경우 주어와 목적어의 수나 성격이 일치하지 않아 틀린 문장이 많이 출제됩니다.

造纸术是中国的四大发明。(X) ['造纸术'는 1개의 기술 ≠ '四大发明'은 4개의 기술]
→ 造纸术是中国的四大发明之一。 제지술은 중국의 4대 발명 중 하나이다.

三苏是指苏洵及其儿子苏轼、苏辙，是唐宋八大家。(X) ['三苏'는 3명 ≠ '唐宋八大家'는 8명]
→ 三苏是指苏洵及其儿子苏轼、苏辙，属于唐宋八大家。
삼소는 소순과 그 아들 소식, 소철을 가리키며, 당송8대가에 속한다.

春夏季节是蜜蜂采蜜的最好地方，只要天晴，工蜂每天都要外出采蜜。(X)
['春夏季节'는 시간 ≠ '地方'은 장소]
→ 春夏季节是蜜蜂采蜜的最好时期，只要天晴，工蜂每天都要外出采蜜。
봄과 여름은 꿀벌이 꿀을 채집하기에 좋은 시기이다. 날씨가 맑기만 하면 일벌들은 매일 밖으로 나가 꿀을 채집한다.

58 ★★

A 依托于电子商务平台，家具行业有了新的营销模式，满足了大批年轻人的购买需求。 B 时间像倒在掌心里的水，无论你摊开还是握紧，它总会从指缝间一点一滴地流淌干净。 C 天舟一号载人飞船，每次飞行可为空间站送去2吨多物资，媒体被称为"太空的快递员"。 D 天然的玛瑙冬暖夏凉，人工合成的则会随外界温度的变化而变化，天热它也热，天凉它也凉。	A 전자 상거래 플랫폼 덕에 가구 업계는 새로운 판매 방식이 생겨 수많은 젊은이들의 구매 수요를 만족시키게 되었다. B 시간은 손바닥에 쏟아진 물과 같아서 손을 펼치든 꽉 쥐든 간에 손가락 사이로 조금씩 흘러 깨끗이 사라진다. C 텐저우 1호 유인 우주선은 비행할 때마다 우주 정거장에 2톤 남짓한 물자를 보낼 수 있어, 언론에서 '우주의 택배원'이라고 불린다. D 천연 마노는 겨울에는 따뜻하고 여름에는 시원하다. 인공 마노는 외부 온도 변화에 따라 변하여 날이 더우면 뜨겁고, 날이 추우면 차갑다.

依托* yītuō 동 의지하다, 의거하다 | 平台 píngtái 명 플랫폼 | 营销 yíngxiāo 동 판매하다, 판촉하다, 마케팅하다 | 模式* móshì 명 방식, 모델 | 掌心 zhǎngxīn 손바닥의 한가운데 | 摊开 tānkāi 펼치다, 벌리다 | 握紧 wòjǐn 움켜쥐다 | 指缝 zhīféng 명 손가락 사이, 손가락 틈 | 流淌 liútǎng 동 (액체가) 흐르다, 유동하다 | 载人飞船 zàirén fēichuán 명 유인 우주선 | 物资* wùzī 명 물자 | 空间站 kōngjiānzhàn 명 우주 정거장 | 吨 dūn 양 톤 | 太空* tàikōng 명 우주 | 快递员 kuàidìyuán 명 택배원 | 玛瑙 mǎnǎo 마노(석) | 凉 liáng 형 차갑다 | 外界* wàijiè 명 외부, 바깥 세계

被자문 오류 天舟一号载人飞船，每次飞行可为空间站送去2吨多物资，媒体被称为"太空的快递员"。

→ 天舟一号载人飞船，每次飞行可为空间站送去2吨多物资，被媒体称为"太空的快递员"。

'被'자문은 '주어 + 被 + (목적어) + 술어'의 형식으로 씁니다. 이 문장에서 텐저우 1호 유인 우주선은 언론에 의해 '우주의 택배원'이라고 불리는 것이므로, '媒体(언론)'는 주어가 아니라 '被'의 목적어가 되어야 합니다. 따라서 '被媒体成为"太空的快递员"'이라고 써야 합니다.

59 ★★★

A 电子书不需要用纸，比较环保，且携带方便，容量大，因此深受人们的喜爱。 B 这部影片生动地展现了帝企鹅这一可爱而又坚强的物种与严酷的自然环境做斗争的过程。 C 幸运之神的降临往往是因为你多坚持了一会儿，多迈出了几步，多找了一条路，多拐了一个弯。 D 网站是企业自我展示的一个平台，企业可以经过官方网站发布信息，客户也可以经过官网联系企业。	A 전자책은 종이가 필요 없고, 친환경적이며, 휴대가 편리하고, 용량이 크기 때문에 매우 인기가 많다. B 이 영화는 황제 펭귄이라는 귀여우면서도 강인한 종이 혹독한 자연 환경과 투쟁하는 과정을 생생히 보여 준다. C 행운의 신이 나타나는 건 보통 당신이 더 오래 버티고, 몇 걸음 더 나아가고, 더 많은 길을 찾고, 더 많은 곡절을 겪었기 때문이다. D 웹 사이트는 기업이 자신을 알리는 플랫폼으로, 기업은 공식 웹 사이트를 통해 정보를 올릴 수 있고, 고객은 공식 웹 사이트를 통해 기업과 연락할 수 있다.

携带* xiédài 동 휴대하다, 지니다 | 生动 shēngdòng 형 생동감 있다, 생생하다 | 展现* zhǎnxiàn 동 전개하다, 펼치다 | 企鹅 qǐ'é 명 펭귄 | 坚强 jiānqiáng 형 굳세다, 굳고 강하다 | 物种 wùzhǒng 명 종 | 严酷 yánkù 형 무자비하다, 엄혹하다 | 斗争* dòuzhēng 동 투쟁하다, 싸우다 | 降临* jiànglín 동 도래하다, 강림하다 | 坚持 jiānchí 동 견지하다 | 迈* mài 동 내딛다, 나아가다 | 拐弯(儿) guǎiwān(r) 동 방향을 틀다, 시행착오를 겪다 | 展示* zhǎnshì 동 (실력 등을) 드러내다, (작품 등을) 전시하다 | 官方* guānfāng 명 정부 당국, 공식 | 发布* fābù 동 발표하다, (인터넷 등에 글을) 올리다

网站是企业自我展示的一个平台，企业可以经过官方网站发布信息，客户也可以经过官网联系企业。

→ 网站是企业自我展示的一个平台，企业可以通过官方网站发布信息，客户也可以通过官网联系企业。

'经过'와 '通过'는 모두 '~을 통해서'라는 의미이기 때문에 잘못된 개사 사용의 문제로 자주 출제됩니다. '经过'는 '과정을 거쳐서', '通过'는 '방법이나 도구를 이용해서'라고 생각하면 구분하기 쉽습니다. 예를 들어 '3년의 노력을 통해'는 '3년의 노력하는 과정을 거쳐서'라는 의미이므로 '经过三年的努力'가 맞고, '현미경을 통해'는 '현미경이라는 도구를 이용해서'라는 의미이므로 '通过显微镜'이 맞습니다. D의 경우 '웹 사이트'는 '과정'이 아닌 '도구'이므로 '通过官方网站'이라고 써야 합니다.

60 ★★

A 如果要给记忆找一个可靠的储存方式，因此摄影大概是个不错的选择。	A 기억을 위한 믿을 수 있는 저장 방식을 찾는다면, 사진은 아마도 좋은 선택일 것입니다.
B 人类从河流、湖泊、含水土层和湿地取来的水，74%用于农业，18%用于工业，8%用于生活。	B 인류가 강, 호수, 대수층, 습지에서 가져온 물의 74%는 농업에, 18%는 산업에, 8%는 생활에 사용됩니다.
C 蜘蛛结网可能逮不到昆虫，但蜘蛛不结网就永远逮不到昆虫。努力可能没有回报，但不努力一定没有回报。	C 거미가 그물을 쳐도 벌레를 잡지 못할 수 있다. 하지만 거미가 그물을 치지 않으면 영원히 벌레를 잡을 수 없다. 노력해도 성과가 없을 수 있지만, 노력하지 않으면 절대로 성과가 없다.
D 香菜富含香精油，香气浓郁，但香精油极易挥发，且经不起长时间加热，所以香菜最好在食用前加入，以保留其香气。	D 고수는 방향유를 많이 함유하여 향기가 강하지만, 방향유는 휘발성이 매우 뛰어나 오래 가열할 수 없으므로, 먹기 직전에 넣어서 그 향을 보존하는 것이 좋다.

湖泊* húpō 명 호수 | 湿地 shīdì 명 습지 | 蜘蛛 zhīzhū 명 거미 | 逮 dǎi 통 잡다, 체포하다 | 浓郁 nóngyù 형 (향기 등이) 짙다, 그윽하다 | 挥发 huīfā 통 휘발하다 | 经不起 jīngbuqǐ 견딜 수 없다 | 保留 bǎoliú 통 보존하다, 남기다

| 접속사 불호응 | 如果要给记忆找一个可靠的储存方式，因此摄影大概是个不错的选择。

→ 如果要给记忆找一个可靠的储存方式，那么摄影大概是个不错的选择。

'如果(만약)'과 '因此(이 때문에)'는 의미가 서로 어울리지 않습니다. 복문 구조의 문장이 문제로 출제되는 경우에서 접속사와 관계부사와 같은 연결어의 호응 문제가 50% 가량 차지합니다. 1~6급에 나온 접속사와 관계부사를 숙지해 둡시다.

제2부분 61~70번은 문장 속 빈칸에 들어갈 표현을 선택하는 문제입니다.

61 ★★

中国互联网上常年流传着一份"中国十大最难懂方言排行榜"，在这份榜单中，温州话位列第一，荣获"中国最难懂方言"称号，而四川话，陕西话等方言也入选了榜单，不过也有许多网友表示这些方言都没有自己的家乡话难懂，这份榜单排行不符合实际。	중국 인터넷에는 '중국에서 가장 알아듣기 어려운 10가지 방언 순위'라는 것이 1년 내내 전해졌다. 이 명단에서 원저우 방언이 1위를 차지하고 '중국에서 가장 어려운 방언'이라는 칭호를 얻게 되었다. 쓰촨 방언, 산시 방언 등도 명단에 들었지만, 많은 네티즌들은 이 방언들은 자기 고향 방언만큼 어렵지는 않다며 이 순위 명단이 실제와 맞지 않다고 주장했다.

A 遗传	称呼(✓)	配合		A 유전하다	칭호	맞추다
B 传开	认可	适合		B 널리 퍼지다	인정	적합하다
C 流传(✓)	称号(✓)	符合(✓)		C 전해지다	칭호	부합하다
D 传播	认定	合适		D 전파하다	인정하다	어울린다

遗传* yíchuán 图(생물학적으로) 유전하다 | 传开 chuánkāi 图(소문 등이) 널리 퍼지다 | 流传 liúchuán 图(소문, 전설, 소식 등이) 전해지다, 널리 퍼지다 | 传播 chuánbō 图 전파하다 | 称呼 chēnghu 圆 칭호, 호칭 | 认可* rènkě 图 인정하다 | 称号* chēnghào 圆(주로 영광스런) 칭호, 호칭 | 认定 rèndìng 图 확신하다, 굳게 믿다 | 配合 pèihé 图 협조하다, 배합하다 | 适合 shìhé 图 적합하다 | 符合 fúhé 图 부합하다 | 合适 héshì 圈 적합하다

| 빈칸 1 | '流传'은 '(정보, 소식, 소문, 전설 등이 시공간을 넘어) 전해지다'는 뜻으로 빈칸에 적합합니다. '遗传'은 '(생물학적 특성을) 유전하다'라는 뜻이므로 적합하지 않습니다.

| 빈칸 2 | 빈칸 앞에 술어 '荣获(영예롭게 획득하다)'가 있으므로 빈칸에는 목적어로 쓰일 수 있는 명사가 들어가야 합니다. '称呼'는 동사 '호칭하다'이지만 명사 '호칭'으로 쓰일 수도 있고, '称号'는 '호칭'이라는 뜻의 명사이므로 A와 C 둘 다 답이 될 수 있습니다. '认可'는 '인정하다'라는 동사와 '인정'이라는 명사로 쓰일 수 있지만 의미상 적합하지 않고, '认定'은 동사로만 쓰이므로 빈칸에 들어갈 수 없습니다.

| 빈칸 3 | '实际(실제)'와 함께 쓰일 수 있는 것은 '符合'뿐입니다. '适合'와 '合适'는 모두 '적합하다'라는 뜻입니다. 그러나 '适合'는 동사로서 '适合你(너에게 적합하다)' '适合当老师(선생님이 되기에 적합하다)'와 같이 목적어를 쓸 수 있지만 '合适'는 형용사이기 때문에 목적어를 취할 수 없고 '你穿这件衣服很合适(너 이 옷을 입으니까 잘 어울린다)'와 같이 쓸 수 있습니다.

---

62 ★★★

宋朝司马光从小机智过人，勤奋好学。为了把握时间读书，他特意制作一个圆木枕头，枕头的妙用是睡觉时身子只要一翻动，它就会滚动，人也就惊醒了，可以继续研究学问，因此称「警枕」。每当司马光需休息时，便枕着「警枕」，如此学习的结果，终于成为一位学问渊博的人。

송나라 때 사마광은 어릴 때부터 재치가 넘치고, 근면하고 배우기를 좋아했다. 공부할 시간을 확보하기 위해, 그는 특별히 둥근 나무 베개를 만들었는데, 이 베개의 신묘한 점은 잠을 자다가 몸을 뒤집기만 해도 베개가 대굴대굴 굴러 사람들이 놀라 깨게 되어 학문 연구를 이어서 계속할 수 있다는 점이었다. 그래서 이 베개를 '경침(놀라게 하는 베개)'이라고 불렀다. 사마광은 쉬어야 할 때마다 '경침'을 베고 잤다. 이렇게 공부한 결과 그는 마침내 학식이 해박한 사람이 되었다.

A 掌握	故意	持续		A 장악하다	고의로	지속하다
B 确保(✓)	特别(✓)	陆续		B 확보하다	특별히	속속
C 担保	成心	连续		C 보증하다	고의로	연속하다
D 把握(✓)	特意(✓)	继续(✓)		D 잡다	특별히	계속하다

掌握 zhǎngwò 图 장악하다, 지배하다 | 确保* quèbǎo 图 확보하다 | 担保* dānbǎo 图 보증하다, 담보하다 | 把握 bǎwò 图 쥐다, 파악하다 | 故意 gùyì 图 고의로, 일부러 | 特别 tèbié 圈 특별하다 图① 특히, 매우 ② 특별히, 일부러 | 成心* chéngxīn 图 고의로, 일부러 | 特意* tèyì 图 특별히, 일부러 | 持续 chíxù 图 지속하다 | 陆续 lùxù 图 속속, 번갈아 | 连续 liánxù 图 연속하다, 반복하다 | 继续 jìxù 图 이어서 계속하다

| 빈칸 1 | '确保'와 '把握'가 가능합니다. '掌握时间'이라는 표현도 있지만 '시간을 잘 조절하다' '타이밍을 잘 잡다' '~하는 시간이 언제인지 알아내다'라는 뜻이기 때문에 맥락상 적합하지 않습니다.

| 빈칸 2 | 주어진 보기 모두 '의도를 가지고 일부러'라는 비슷한 뜻이 있지만 '故意'와 '成心'은 '고의로'를 뜻하며 '故意骗朋友(일부러 친구를 속이다)' '成心跟他过不去(일부러 그를 못살게 굴다)'와 같이 나쁜 일에 씁니다. 반면 '特别' '特意'는 '특별히'를 뜻하며 '特别准备了你爱吃的菜(일부러 네가 좋아하는 음식을 준비했다)' '特意从首尔来看你(일부러 서울에서 너를 보러 왔다)' 등과 같이 좋은 일에 씁니다.

| 빈칸 3 | '陆续'는 '속속' '잇따라'라는 뜻이고, '继续'는 '이어서 계속하다'라는 뜻인데, 자느라 중단한 부분부터 학문을 이어서 계속하는 상황이므로 맥락상 D가 적합합니다.

63 ★★★

地球内部是什么样子？人们早就对此<u>颇</u>为好奇，大量带有强烈科幻色彩的解释<u>层出不穷</u>。比如说，1818年有一位美国人说，地球里面是空的，在南极和北极附近开着两扇大门，人们可以从那儿走到地球的里面。后来，科学家们终于找到了一个可以知道地球里面有些什么的办法，那就是利用地震波来揭开地球深处的<u>奥秘</u>。

A 颇(✓)	层出不穷(✓)	奥秘(✓)
B 皆	众所周知	机密
C 愈	络绎不绝	窍门
D 亦	无穷无尽(✓)	神秘

지구 내부의 모습은 어떨까? 사람들은 오래전부터 이를 <u>상당히</u> 궁금해했고, 굉장히 공상 과학스러운 많은 가설들이 <u>끝없이 나왔다</u>. 예를 들어, 1818년 한 미국인은 지구 내부는 비어 있다면서 남극과 북극 근처에 두 개의 문이 열려 있어서 그곳에서 지구 내부로 들어갈 수 있다고 주장했다. 나중에 과학자들은 마침내 지구 내부에 무엇이 있는지 알 수 있는 방법을 발견했는데, 바로 지진파를 이용하여 지구 속 깊은 곳의 <u>신비</u>를 밝히는 것이었다.

A 상당히	끊임없이 나타나다	신비
B 모두	모두가 알다	기밀
C ~할수록	(행렬이) 끊이지 않다	요령
D 또한	무궁무진하다	신비하다

颇* pō 閉 꽤, 상당히, 자못 | 皆* jiē 閉 모두, 전부, 다 | 愈* yù ~할수록 ~하다 | 亦* yì 閉 ~도 역시, 또한 | 层出不穷* céngchū-bùqióng 성 끊임없이 나타나다 | 众所周知* zhòngsuǒzhōuzhī 성 주지하다시피, 모든 사람이 다 알고 있다 | 络绎不绝* luòyì-bùjué 성 (사람·수레·배 따위의) 왕래가 빈번해 끊이지 않다 | 无穷无尽* wúqióng-wújìn 성 무궁무진하다 | 奥秘* àomì 명 신비, 비밀, 수수께끼 | 机密* jīmì 명 기밀 형 기밀의 | 窍门* qiàomén 명 요령, 비결 | 神秘 shénmì 형 신비하다

| 빈칸 1 | 첫 번째 빈칸의 1음절 부사들은 모두 6급 필수 단어이자 빈출 단어입니다. '颇'는 '상당히' '꽤'라는 뜻의 정도부사로 맥락상 빈칸에 들어가기에 가장 적합합니다. '皆'는 '모두'라는 뜻으로 '都'의 동의어입니다. '愈'는 '~할수록 ~하다'라는 뜻으로 '越'의 동의어이고 '愈来愈⋯⋯' 또는 '愈⋯⋯愈⋯⋯'의 형식으로 많이 씁니다. '亦'는 '역시' '또한'이라는 뜻으로 '也'의 동의어입니다.

| 빈칸 2 | '层出不穷'은 '(추상적인 것이) 끊임없이 나타나다'라는 뜻으로 빈칸에 들어가기에 맥락상 가장 적합합니다. '众所周知'는 '모두가 알다' '주지하다시피'라는 뜻입니다. '络绎不绝'는 '(사람이나 차량의 행렬이) 끊이지 않다'라는 뜻으로 또 다른 6급 필수 단어 '滔滔不绝(말이 끊이지 않고 나오다, 청산유수이다)'와 함께 출제되는 경우가 많습니다. '无穷无尽'은 '무궁무진하다'라는 뜻입니다. 6급 필수 단어 중 사자성어는 많지 않으니 보기에 등장한 어휘들은 반드시 암기하세요.

| 빈칸 3 | '奥秘'는 '신비'라는 뜻의 명사이고, '神秘'는 '신비하다'라는 뜻의 형용사입니다. 빈칸 앞에 '的'가 있는 것으로 보아 빈칸에는 명사가 들어가야 하므로 '奥秘'가 정답입니다.

64 ★★★

北京地铁全网实行刷二维码乘车。乘客只需下载注册"易通行"<u>应用</u>，乘车时将二维码对准地铁闸机上的"小黄框"即可通过。由于采用"先乘车后付费"的信用消费<u>模式</u>，没网络时也可通过。乘客出站时，系统会自动从<u>绑定</u>的支付渠道中扣费。不需要预先充值，也不需要<u>缴纳</u>押金。

베이징 지하철은 전 구간에서 QR코드 스캔 승차를 시행한다. 승객은 단지 '이통싱' <u>앱</u>을 다운로드해서 회원가입을 하고, 승차할 때 QR코드를 지하철 검표기에 있는 '작은 노란 테두리'에 갖다 대기만 하면 통과할 수 있다. '선승차 후지불'의 신용소비 <u>모델</u>을 채택했기 때문에 인터넷에 접속하지 않고도 통과할 수 있다. 승객이 역을 빠져나갈 때는 시스템이 <u>연결된</u> 지불 방식에서 자동으로 요금을 결제한다. 미리 요금을 충전할 필요가 없고 보증금도 <u>낼</u> 필요가 없다.

A 运用	方式(✓)	绑架	归纳
B 软件(✓)	办法	捆绑	容纳
C 程序(✓)	方法(✓)	决定	采纳
D 应用(✓)	模式(✓)	绑定(✓)	缴纳(✓)

A 활용하다	방식	납치하다	귀납하다
B 소프트웨어	방법	묶다	용납하다
C 프로그램	방법	결정하다	채택하다
D 앱	모델	연결하다	납부하다

运用 yùnyòng 통 운용하다, 활용하다, 응용하다 │ 软件 ruǎnjiàn 명 소프트웨어 │ 程序 chéngxù 명 프로그램 │ 应用 yìngyòng 명 응용 프로그램, 앱(app) │ 方式 fāngshì 명 방식, 방법 │ 办法 bànfǎ 명 (해결) 방법 │ 方法 fāngfǎ 명 방법, 방식 │ 模式* móshì 명 방식, 모델 │ 绑架* bǎngjià 통 납치하다, 인질로 잡다 │ 捆绑* kǔnbǎng 통 줄로 묶다, (상품 등을) 묶어서 팔다 │ 决定 juédìng 통 결정하다 │ 绑定 bǎngdìng 통 귀속하다, (결제 수단 등을) 연결하다 │ 归纳 guīnà 통 귀납하다, 정리하여 종합하다 │ 容纳* róngnà 통 수용하다, 포용하다, 용납하다 │ 采纳* cǎinà 통 (건의·의견·요구 등을) 받아들이다, 수락하다 │ 缴纳* jiǎonà 통 (세금·요금 등을) 납부하다, 납입하다

| 빈칸 1 | 동사 '运用'과 '应用'은 '활용하다' '응용하다'로 의미가 비슷합니다. 그러나 이 문제에서는 QR코드를 사용할 수 있는 '휴대폰 앱'을 가리키므로 '运用'은 빈칸에 들어갈 수 없습니다. 오히려 '软件'과 '程序'가 빈칸에 들어갈 수 있습니다.

| 빈칸 2 | 6급 필수 단어 '模式'는 '(일하는) 방식, 모델'이라는 뜻으로 '方式'와 비슷한 말입니다.

| 빈칸 3 | 6급 필수 단어 '绑架(납치하다)' '捆绑(묶다)'에서 '绑'은 '묶다'라는 뜻입니다. '绑定'은 최근 유행하는 스마트폰 전자 결제 앱 등에 (은행 계좌, 신용카드 등을) 연결하다'라는 뜻입니다.

| 빈칸 4 | 6급 필수 단어 '缴纳'는 '(세금, 요금 등을) 내다, 납부하다'라는 뜻으로 '押金(보증금)'과 맥락상 가장 잘 어울립니다. '归纳'는 '(다양한 사례와 데이터 등을) 종합하다, 귀납하다', '容纳'는 '(인원을) 수용하다' '(다른 의견 등을) 포용하다', '采纳'는 '(건의, 의견을 모아) 채택하다'라는 뜻으로 맥락상 적합하지 않습니다.

---

65 ★★★

庄子在《山木》中记载："君子之交淡如水，小人之交甘若醴。"意思是：君子之间的<u>交情</u>像水一样平淡，小人之间的交往像酒一样甘甜。说明有道德的人之间，虽然不经常往来，但<u>真挚</u>的情谊会地久天长；而贪图利惠的人之间，虽然关系<u>密切</u>，但很容易因为没有利益可图而<u>断绝</u>来往。

장자는 『산목』에서 '군자의 사귐은 물처럼 담백하고, 소인의 사귐은 감주처럼 달콤하다'라고 적었다. 그 뜻은 군자 사이의 <u>우정</u>은 물처럼 담백하지만, 소인 사이의 우정은 술처럼 달콤하다는 것이다. 즉 도덕적인 사람들은 자주 왕래하지 않아도 <u>진실한</u> 우정이 영원할 것이나, 탐욕스러운 사람들은 관계가 <u>밀접해도</u> 이익이 없을 때는 왕래를 <u>끊기도</u> 쉽다는 것을 설명한다.

A 交易	真正(✓)	亲切(✓)	淘汰
B 交情(✓)	真挚(✓)	密切(✓)	断绝(✓)
C 友谊(✓)	真相	深切	杜绝
D 交待	天真	融洽(✓)	赋予

A 교역	진정한	친밀하다	도태하다
B 우정	진실한	밀접하다	끊다
C 우의	진상	깊다	근절하다
D 설명	순진한	조화롭다	부여하다

交易* jiāoyì 명 교역, 거래 │ 交情 jiāoqing 명 우정, 친분, 정분 │ 友谊 yǒuyì 명 우의, 우정 │ 交待 jiāodài 명 (의도나 결과에 대한) 설명 │ 真正 zhēnzhèng 형 진정한 │ 真挚* zhēnzhì 형 진지하다 │ 真相* zhēnxiàng 명 진상, 실상 │ 天真 tiānzhēn 형 천진하다, 순진하다 │ 亲切 qīnqiè 형 친절하다, 친밀하다 │ 密切 mìqiè 형 (관계가) 밀접하다 │ 深切 shēnqiè 형 (감정이) 깊다, 절절하다 │ 融洽* róngqià 형 사이가 좋다, 조화롭다 │ 淘汰* táotài 통 도태하다 │ 断绝* duànjué 통 (관계 등을) 단절하다, 끊다 │ 杜绝* dùjué 통 근절하다, 철저히 막다 │ 赋予* fùyǔ 통 (중대한 임무나 사명 등을) 부여하다, 주다

| 빈칸 1 | '交情'과 '友谊'는 모두 '우정' '우의'라는 뜻으로 빈칸에 들어갈 수 있습니다.

| 빈칸 2 | '真挚'는 '진정하다, 진실되다'라는 뜻이며, '真相'은 '진상' '진실'이라는 뜻입니다. '情谊(우정)'를 수식할 수 있는 것은 '真正'과 '真挚'입니다.

| 빈칸 3 | '亲切' '密切' '融洽' 모두 '친밀하다' '밀접하다'라는 뜻으로 '关系(관계)'와 함께 쓰일 수 있습니다.

| 빈칸 4| '断绝'는 '(대화, 연락 등을) 끊다'이고 '杜绝'는 '(범죄, 비리 등을) 근절하다'라는 뜻으로 '断绝'만 빈칸에 들어갈 수 있습니다.

66 ★★

据有关史料考证，唐宋时期，<u>借鉴</u>中原地区建造桥梁的技术和南方建造干栏式建筑的经验，侗族先民<u>利用</u>当地丰富的林木资源，开始用简梁式结构修造起木桥。为适应南方多雨的气候，桥上还修建了长廊以<u>躲避</u>风雨。后来，桥的<u>规模</u>越来越大，由单孔发展为多孔，造型更精彩，桥面亭阁的构思设计更加精巧。

관련 사료 고증에 따르면 당송 시대에 중원 지역의 교량 건설 기술과 남방의 건란식 건축의 노하우를 <u>참고해서</u> 둥족의 선조들은 현지의 풍부한 삼림 자원을 <u>이용하여</u> 간량식 구조로 나무다리를 짓기 시작했다. 남방의 비가 많이 오는 기후에 맞추어, 다리 위에는 비바람을 <u>피하기</u> 위해 긴 복도를 만들었다. 그 후 다리의 <u>규모</u>는 점점 커져 하나의 경간(교각 사이 비어 있는 부분)에서 여러 개의 경간으로 발전하여 모양이 더욱 다채로워지고, 교량 상관에 설치한 정자와 누각의 구상 디자인도 더욱 정교해졌다.

A	借鉴(✓)	利用(✓)	躲避(✓)	规模(✓)	A 참고하다	이용하다	피하다	규모
B	参与	运用(✓)	避免	规划	B 참여하다	활용하다	피하다	계획
C	参考(✓)	通用	回避	规格	C 참고하다	통용되다	회피하다	규격
D	借助	耐用	逃避	规矩	D 도움을 받다	내구성이 좋다	도피하다	규칙

借鉴* jièjiàn 图 참고하다, 본보기로 삼다 | 参与 cānyù 图 참여하다 | 参考 cānkǎo 图 (다른 사람의 의견 등을) 참고하다, 참조하다 | 借助* jièzhù 图 도움을 받다 | 利用 lìyòng 图 이용하다 | 运用 yùnyòng 图 운용하다, 활용하다, 응용하다 | 通用* tōngyòng 图 (일정 범위 안에서) 보편적으로 사용하다, 통용되다 | 耐用 nàiyòng 혤 오래 쓸 수 있다, 내구성이 좋다 | 躲避 duǒbì 图 피하다, 숨다 | 避免 bìmiǎn 图 (나쁜 상황을) 피하다, 모면하다 | 回避* huíbì 图 회피하다 | 逃避 táobì 图 (현실 등을) 도피하다 | 规模 guīmó 뎽 규모 | 规划* guīhuà 뎽 (장기적인, 대규모의) 기획, 계획 | 规格* guīgé 뎽 표준, 규격 | 规矩 guīju 뎽 법칙, 규율, 규정

| 빈칸 1| 6급 필수 단어인 '借鉴'과 5급 필수 단어인 '参考'는 모두 '참고하다'라는 뜻으로 빈칸에 들어갈 수 있습니다.
| 빈칸 2| '通用'은 '통용되다'라는 뜻으로 맥락상 빈칸에 어울리지 않습니다.
| 빈칸 3| '躲避'는 '(이미 일어난 사고, 위험, 이미 존재하는 장애물, 공 등을) 피하다'라는 뜻이고, '避免'은 '(아직 일어나지 않은 사고, 위험 등을 사전에 예방하여) 모면하다'라는 뜻으로 '躲避'만 답이 될 수 있습니다. 한편 '回避'와 '逃避'는 '(현실, 책임, 문제 등을) 회피하다, 외면하다'라는 뜻으로 빈칸에 들어갈 수 없습니다.
| 빈칸 4| '规划'는 '(장기적인 큰) 계획', '规格'는 '규격', '规矩'는 '규칙'이라는 뜻으로 모두 빈칸에 맥락상 어울리지 않습니다.

67 ★★

有句话说：先处理心情，再处理事情。人<u>难免</u>会有负面情绪，及时<u>调整</u>心态，才更有利于你各方面的发展。有了明确<u>而</u>积极的目标，不良心态就慢慢抵消了。清晰的目标，必然产生<u>坚定</u>的信念，整个人生是这样，具体工作也是如此。

"마음을 먼저 다스리고 일을 다스려라"라는 말이 있습니다. 사람은 부정적인 감정이 <u>들기</u> 마련입니다. 제때에 심리 상태를 <u>조절해야</u> 비로소 여러분이 여러 방면에서 발전하는 데 더 도움이 됩니다. 명확하고 <u>또</u> 긍정적인 목표가 있으면 나쁜 심리 상태는 서서히 상쇄됩니다. 뚜렷한 목표는 반드시 <u>확고한</u> 신념을 갖게 합니다. 인생의 모든 것이 그렇습니다. 구체적인 일에서도 마찬가지입니다.

A	不免(✓)	调查	和(✓)	坚决	A 아무래도	조사하다	~과	단호하다
B	未免(✓)	调和	与	坚强(✓)	B 아무래도	타협하다	~과	굳세다
C	难免(✓)	调整(✓)	而(✓)	坚定(✓)	C 피하기 어렵다	조절하다	또한	확고하다
D	以免	调动	及	坚固	D ~하지 않도록	옮기다	및	견고하다

不免* bùmiǎn 튄 불가피하게, 아무래도 │ 未免* wèimiǎn 튄 불가피하게, 아무래도 │ 难免 nánmiǎn 휑 피하기 어렵다, ~하기 마련이다 │ 以免* yǐmiǎn 쩹 ~하지 않도록 │ 调查 diàochá 뚱 조사하다 │ 调和* tiáohé 뚱 타협하다, 골고루 섞다, 화해시키다 │ 调整 tiáozhěng 뚱 조정하다, 조절하다 │ 调动* diàodòng 뚱 (인원·일 등을) 옮기다, 교환하다 │ 和 hé 꺠 ~과 [명사와 형용사를 연결함] │ 与 yǔ 쩹 ~과 [명사를 연결함] │ 而 ér 쩹 그리고, 또한 [형용사를 연결함] │ 及 jí 쩹 및, 또한 [명사를 연결함] │ 坚决 jiānjué 휑 (태도·행동 등이) 단호하다, 결연하다 │ 坚强 jiānqiáng 휑 굳세다, 강인하다 │ 坚定* jiāndìng 휑 (입장·주장·의지 등이) 확고하다, 결연하다 │ 坚固* jiāngù 휑 견고하다

빈칸 1 │ '不免' '未免' '难免'은 모두 '~하는 것을 면할 수 없다' '(누구나) ~하기 마련이다'라는 뜻의 동의어이며 모두 빈칸에 들어갈 수 있습니다. '以免'은 문장을 연결하는 접속사로 '~하지 않도록'이라는 뜻이기 때문에 맥락상 빈칸에 어울리지 않습니다.

빈칸 2 │ 맥락상 '조정하다' '조절하다'를 뜻하는 '调整'만 빈칸에 들어갈 수 있습니다.

빈칸 3 │ 빈칸에는 형용사 '明确(명확하다)'와 '积极(긍정적이다)'를 연결할 수 있는 표현이 들어가야 하는데, '和'와 '而'이 가능합니다. 명사를 병렬할 때는 '和' '与' '(以)及'를 쓸 수 있습니다.

빈칸 4 │ '(생각, 행동이) 굳세다, 강인하다'를 뜻하는 '坚强'과 '(생각이) 확고하다' '(태도가) 결연하다'를 뜻하는 '坚定'이 빈칸에 들어갈 수 있습니다. '坚强'은 '坚强的女孩(강인한 여성)', '意志坚强(의지가 강하다)', '坚强地活下来(굳건히 살아오다)' 등과 같이 다양한 경우에 쓸 수 있습니다. 그러나 '坚决'는 '(태도와 표현이) 단호하다'라는 뜻으로 '信念(신념)'과는 함께 쓸 수 없고, '坚决地反对(단호히 반대하다)', '坚决主张(단호히 주장하다)', '坚决的态度(결연한 태도)'와 같이 쓸 수 있습니다.

✦ 고득점 Tip │ 坚决 / 鉴定 / 坚强의 용법

		坚决 단호하다	坚强 굳세다, 강인하다	鉴定 확고하다
마음 (意志/决心/信仰 등)		×	坚强的信念 강한 신념	鉴定的信念 확고한 신념
태도	명사/동명사 (态度/表情/立场 등)	坚决的态度 단호한 태도		鉴定的态度 확고한 태도
	동사 (主张/同意/反对 등)	坚决地主张 단호히 주장하다	×	×
행동 (生活/忍受/战胜 등)		×	坚强地生活 꿋꿋이 살다	×
사람		×	坚强的女孩儿 강인한 여성	×

68 ★★

学习外语，首先要培养听力，听不懂没关系，多听就会有语感。其次是要大声读，最好能大声而快速地读，这样读能培养语感，同时还可以打破你说英语的羞涩感。听和读的时候很多句式、语法、发音都能慢慢记住，持之以恒，学习效果非常显著。

외국어를 배우려면 먼저 청력을 키워야 한다. 못 알아들어도 괜찮다. 많이 들으면 어감이 생긴다. 둘째로는 큰 소리로 읽어야 한다. 큰 소리로 빠르게 읽을 수 있으면 제일 좋다. 이렇게 읽으면 어감을 키울 수 있고, 동시에 영어를 하는 수줍음을 없앨 수 있다. 듣고 읽을 때 많은 문장 구조, 문법, 발음을 천천히 기억하는 것을 꾸준히 하면 학습 효과가 매우 뛰어나다.

A	培养(✓)	其次(✓)	羞涩(✓)	持之以恒(✓)	A	키우다	둘째	수줍다	오랫동안 견지하다
B	保养	另外	恐惧(✓)	锲而不舍(✓)	B	수리하다	이 외	무섭다	끈기 있게 해 내다
C	养成	此外	征服	再接再厉	C	기르다	이 밖에	정복하다	더욱 힘쓰다
D	练习(✓)	同时	苦涩	聚精会神	D	연습하다	또한	씁쓸하다	정신을 집중하다

培养 péiyǎng 图 양성하다, 배양하다, 키우다 | 保养* bǎoyǎng 图 보양하다, (기계, 전자장치 등을) 정비하다 | 养成 yǎngchéng 图 (습관을) 기르다 | 练习 liànxí 연습하다 | 其次 qícì 団 둘째, 그다음 | 另外 lìngwài 団 이 외 젭 이 밖에 | 此外 cǐwài 젭 이 밖에, 이 외에 | 同时 tóngshí 젭 또한, 동시에 | 羞涩 xiūsè 혱 수줍다, 부끄럽다 | 恐惧* kǒngjù 혱 무섭다 | 征服 zhēngfú 图 정복하다, 굴복시키다 | 苦涩* kǔsè 혱 (맛이) 씁쓸하고 떫다 | 持之以恒 chízhī-yǐhéng 졩 오랫동안 견지하다 | 锲而不舍* qiè'érbùshě 졩 새기다가 중도에 그만두지 않는다, 끈기 있게 끝까지 해 내다 | 再接再厉* zàijiē-zàilì 졩 더욱 힘쓰다, 한층 더 분발하다 | 聚精会神* jùjīng-huìshén 졩 정신을 집중하다, 열중하다

빈칸 1	맥락상 '(실력, 인재 등을) 키우다, 양성하다'를 뜻하는 '培养'과 '연습하다'를 뜻하는 '练习'가 빈칸에 들어갈 수 있습니다. '保养'은 '(신체 기능을) 보양하다' '(기계, 전자장치의 성능을) 정비하다'라는 뜻으로 맥락상 빈칸에 적합하지 않습니다. '养成' 또한 '(습관을) 기르다'는 뜻으로 맥락상 어울리지 않습니다.
빈칸 2	'其次'는 '둘째' '그다음'이라는 뜻으로 빈칸에 들어갈 수 있습니다. '首先……, 其次……(첫째 ~, 둘째 ~)'의 형식으로 쓰여 행위나 중요도의 선후 관계를 나타냅니다. '另外' '此外' '同时' 모두 '또한' '게다가'라는 뜻으로 병렬 관계를 나타낼 때 쓰이므로 빈칸에 들어갈 수 없습니다.
빈칸 3	'羞涩'는 '수줍다', '恐惧'는 '무섭다'라는 뜻으로 각각 '羞涩感(수줍음)' '恐惧感(공포감)'으로 쓰여 빈칸에 들어갈 수 있습니다. C와 D는 맥락상 적합하지 않습니다.
빈칸 4	'持之以恒'과 '锲而不舍'는 '꾸준히 하다' '포기하지 않다'라는 뜻으로 맥락상 모두 빈칸에 들어갈 수 있습니다. '锲而不舍'가 6급 필수 단어이지만 정답은 '持之以恒'이므로 필수 단어를 공부하되 필수 단어라고 해서 무조건 정답은 아님을 알아야 합니다.

69 ★★

清明前后, 风和日暖, 草发清香, 茶抽嫩芽。每年这个时候, 苗岭山旁的姑娘们会背上口袋, 三五成群, 一边唱着山歌, 一边把采下尖嫩细小的茶叶放入袋内; 有时兴起, 还会随手摘取一片树叶放入口中, 吹奏民歌曲调。那婉转的曲调, 给人一种浪漫、抒情的感受。

청명 즈음 바람과 태양은 따뜻하고, 풀은 맑은 향기를 풍기고, 차는 새싹을 피운다. 매년 이맘때 먀오링산 옆의 아가씨들은 주머니를 등에 지고, 삼삼오오 무리를 이루어 산가를 부르면서 뾰족하고 어린 찻잎을 따서 주머니에 넣는다. 때로 흥이 나면 손 가는 대로 나뭇잎을 따서 입에 넣고 민가 곡조를 불기도 한다. 그 완곡한 곡조는 낭만적이고 서정적인 느낌을 준다.

A	左右	丢三落四	扒	随即	A	가량	이것저것 빠뜨리다	긁어 내다	즉시
B	前后(✓)	三五成群(✓)	采(✓)	随手(✓)	B	전후	삼삼오오 무리를 이루다	따다	손 가는 대로
C	上下	成群结队(✓)	揉	随时	C	가량	모여서 무리를 이루다	비비다	수시로
D	里外	东张西望	砍	随身	D	안팎	여기저기 두리번거리다	찍다	휴대하다

左右 zuǒyòu 몡 가량, 안팎 | 前后 qiánhòu 몡 (어떤 시기, 시점의) 전후, 즈음 | 上下 shàngxià 몡 ① 가량, 안팎 ② (정도의) 높고 낮음, 우열 | 里外 lǐwài 몡 안과 밖 | 丢三落四* diūsān-làsì 졩 흐리멍덩하다, 이것저것 빠뜨리다 | 三五成群 sānwǔchéngqún 졩 삼삼오오 무리를 이루다 | 成群结队 chéngqún-jiéduì 졩 모여서 무리를 이루다 | 东张西望* dōngzhāng-xīwàng 졩 여기저기 두리번거리다, 이쪽저쪽을 돌아보다 | 扒* bā 图 긁어 내다, 뜯어 내다, (옷·껍질 따위를) 홀랑 벗다 pá 图 긁어 모으다, 소매치기하다 | 采 cǎi 图 따다, 채취하다, 수집하다 | 揉* róu 图 (손으로) 비비다, 주무르다, 모양을 빚다 | 砍 kǎn 图 (도끼 등으로) 찍다, 패다 | 随即* suíjí 혱 바로, 즉각, 즉시 | 随手* suíshǒu 혱 손 가는 대로, ~하는 김에 | 随时 suíshí 혱 수시로, 언제나 | 随身 suíshēn 혱 휴대하다

| 빈칸 1 | '前后'는 '3月10日前后(3월 10일 전후)' '下午三点前后(오후 3시 전후)' '国庆节前后(건국기념일 전후)'와 같이 시간 표현 뒤에 쓸 수 있습니다. 반면 '左右'는 '3月10日左右(3월 10일 가량)' '下午三点左右(오후 3시 가량)'처럼 숫자로 표기된 시간 표현 뒤에는 쓸 수 있지만 '国庆节左右'처럼 시간을 표현하는 명사와는 쓸 수 없습니다. '上下'는 '三十(岁)上下(30살 가량)' '二百吨上下(200톤 가량)' 등과 같이 나이, 길이, 무게 등의 숫자 뒤에만 쓸 수 있습니다.

| 빈칸 2 | 6급 필수 단어에는 사자성어가 70개 정도 있습니다. 다만 필수 단어가 출제된다고 해서 반드시 정답은 아닙니다. '丢三落四' '东张西望'은 필수 단어이지만, 맥락상 빈칸에 들어갈 수 없습니다. 이처럼 필수 단어의 뜻을 정확히 알고 오답을 제거하는 소거법으로 정답을 고를 수 있습니다.

| 빈칸 3 | 목적어가 '尖嫩细小的茶叶(뾰족하고 어린 찻잎)'이므로 맥락상 '采'만 빈칸에 들어갈 수 있습니다.

| 빈칸 4 | '随手'는 '(별 생각 없이) 손 가는 대로'라는 뜻으로 맥락상 빈칸에 가장 잘 어울립니다.

70 ★★★

世上有一样东西，比任何别的东西都更**忠诚**于你，那就是你的经历。你生命中的**日子**、你在其中遭遇的人和事、你因**这些**遭遇产生的悲欢、感受和思考，这一切仅仅属于你，不可能**转让**给任何别人，**哪怕**是你最亲近的人。这是你最**珍贵**的财富。

세상에 다른 어떤 것보다 당신에게 더 <u>충성하는</u> 것이 있습니다. 그것이 당신의 경험입니다. 당신 인생의 <u>나날</u>, 그 속에서 당신이 만난 사람과 일, 이런 만남으로 인해 생긴 애환, 감정, 생각 이 모든 것은 오직 당신만의 것이니 다른 사람에게 <u>양도할</u> 수 없습니다. <u>설령</u> 당신의 가장 가까운 사람이라고 해도 말입니다. 그것들은 당신의 가장 <u>귀중한</u> 재산입니다.

A 规划	时光(✓)	
转变	恐怕	宝贵(✓)
B 取决	时机	
周转	除非	珍稀
C 报答(✓)	日常	
转达(✓)	哪怕(✓)	昂贵
D 忠诚(✓)	日子(✓)	
转让(✓)	即便(✓)	珍贵(✓)

A 계획하다	세월	
바꾸다	아마	소중하다
B 달려 있다	시기	
회전하다	오직	희귀하다
C 보답하다	일상	
전달하다	설령	비싸다
D 충성하다	나날	
양도하다	설령	귀중하다

规划* guīhuà 통 (장기적으로, 대규모로) 기획하다, 계획하다 | 取决 qǔjué 통 달려 있다 | 报答* bàodá 통 보답하다, 은혜를 갚다 | 忠诚* zhōngchéng 형 충성하다, 충실하다 | 时光 shíguāng 명 시간, 세월 | 时机* shíjī 명 (유리한) 시기, 기회 | 日常 rìcháng 형 일상 | 日子 rìzi 명 ① 나날, 날짜 ② 삶, 생활 | 转变 zhuǎnbiàn 통 바꾸다 | 周转* zhōuzhuǎn 통 (자금 등을) 돌리다, 회전하다 | 转达 zhuǎndá 통 전하다, 전달하다 | 转让* zhuǎnràng 통 (재물이나 권리를) 양도하다, 넘기다 | 恐怕 kǒngpà 부 아마, 어쩌면 | 除非 chúfēi 접 오직 ~하여야 [주로 才 등과 호응함] | 哪怕 nǎpà 접 설령 ~하더라도 [주로 也, 都 등과 호응함] | 即便* jíbiàn 접 설령 ~하더라도 [주로 也, 都 등과 호응함] | 宝贵 bǎoguì 형 소중하다 | 珍稀* zhēnxī 형 진귀하고 희귀하다 | 昂贵* ángguì 형 비싸다 | 珍贵* zhēnguì 형 진귀하다, 귀중하다

| 빈칸 1 | '报答'와 '忠诚'는 맥락상 빈칸에 들어갈 수 있습니다. 그러나 '规划'는 '这个城市规划于1972年。(이 도시는 1972년에 계획되었다.)'와 같이 시간 목적어를 함께 써야 합니다. '取决'는 '这件事成与不成，完全取决于他。(이 일의 성사 여부는 그에게 달려 있다.)'와 같이 결정 요인이 목적어로 연결되어야 합니다.

| 빈칸 2 | '日子'는 '나날' '날짜' 또는 '생활' '살림'이라는 뜻인데 여기서는 첫 번째 뜻으로 쓰여 빈칸에 들어갈 수 있습니다. 반면 '日常'은 '일상'이라는 뜻으로 맥락상 적합하지 않습니다.

| 빈칸 3 | 빈칸 뒤의 '给任何别人(다른 사람에게)'과 맥락상 함께 쓰일 수 있는 것은 '转达'와 '转让'입니다.

| 빈칸 4 | '哪怕'와 '即便'은 둘 다 '설령 ~하더라도'라는 뜻으로 빈칸에 들어가기에 적합합니다.

| 빈칸 5 | '昂贵'는 '(가격이) 비싸다'라는 뜻으로 빈칸에 들어가면 맥락상 어색합니다. '宝贵'와 '珍贵'는 '소중하다' '귀중하다'라는 뜻으로 의미가 비슷하지만 '宝贵'는 '(주관적으로 그 사람에게만) 소중하다'라는 뜻인 반면에, '珍贵'는 '(객관적으로 누구에게나) 귀중하다'라는 뜻으로 미묘한 차이가 있습니다.

71-75

冯友兰先生的读书方法，归纳起来是四字：精、解、知、明。

精，即"精其选"。读书须有选择，否则在茫茫书海中会迷失方向。可以把书分为要精读的书、可以泛读的书、只供翻阅的书三大类。究竟哪些书值得精读？这要根据自己的专业来选定。一旦选定的书，**71 E** 就要认真地、扎扎实实地读。

解，即"解其言"。读书，尤其是读古书，首先必须弄懂它的文字，**72 A** 因为中国的古书是用古文写的，不同时代的古文又各有差别。如果不攻破这道文字关，就看不见关里边是些什么东西，光站在关外指手划脚，那怎么行呢？

知，即"知其意"。读书不能只注意字面上的意思，死读书，而必须注意字里行间，要在文字以外体会它的精神实质。**73 D** 如果仅只局限于文字，那就成为死读书了。

明，即"明其理"。读书仅至得其意还不行，还要明其理，才不至为前人的意所误。只有做到这个程度，**74 B** 才算是把书读活了。能够用书而不为书所用，读书就算读到家了。因为意只是写书人主观的认识，而不一定完全符合客观真理，**75 C** 所以读书时要注意用客观的标准来检验。

평유란 선생의 독서 방법은 네 글자로 요약할 수 있다. 정(精), 해(解), 지(知), 명(明)이 그것이다.

'정'은 즉 '책을 선택함에 있어 정교해야 한다'는 것이다. 독서는 선택이 필수적이다. 그렇지 않으면 끝없이 펼쳐진 책의 바다에서 방향을 잃을 것이다. 책은 집중해서 읽어야 할 책, 편하게 읽어야 할 책, 훑어볼 책 세 가지 종류로 나눌 수 있다. 도대체 어떤 책이 정독할 가치가 있는가? 이것은 자신의 전공에 따라 골라야 한다. 일단 책을 선정했으면 **71 E** 진지하고 착실하게 읽어야 한다.

'해'는 즉 '그 내용을 이해해야 한다'는 것이다. 독서, 특히 고서를 읽는 것은 우선 그 글자를 이해해야 한다. **72 A** 왜냐하면 중국의 고서는 고문으로 쓴 것이고, 각 시대의 고문도 각기 차이가 있기 때문이다. 만약 이 문자의 관문을 뚫지 않으면 관문 안에 무엇이 있는지 볼 수 없는데, 관문 밖에서 이러쿵저러쿵해 봐야 뭐가 되겠는가?

'지'는 즉 '그 속에 담긴 뜻을 알아야 한다'는 것이다. 독서는 문자 그대로의 뜻에만 주목하는 죽은 독서를 하면 안 된다. 반드시 글자의 행간에 주의를 기울여야 하며, 문자 밖에서 그것의 정신적 본질을 깨달아야 한다. **73 D** 만약 문자에만 국한된다면, 죽은 독서가 된다.

'명'은 즉 '그 이치를 명확히 안다'는 것이다. 독서는 그 뜻만 얻는 데 그쳐서는 안 되고 그 속에 담긴 이치도 명확히 알아야 비로소 선인의 뜻에 의해 오도되지 않는다. 이 정도까지 해야 **74 B** 비로소 책을 제대로 읽는 셈이다. 책을 이용하되 책에 이용당하지 않는 독서는 경지에 이르렀다고 할 수 있다. (책의) 뜻은 그저 작가의 주관적인 인식일 뿐 반드시 객관적인 진리에 완전히 부합하는 것은 아니기 때문에 **75 C** 책을 읽을 때는 객관적인 기준으로 검증해야 한다.

A 因为中国的古书是用古文写的

B 才算是把书读活了

C 所以读书时要注意用客观的标准来检验

D 如果仅只局限于文字

E 就要认真地、扎扎实实地读

A 왜냐하면 중국의 고서는 고문으로 쓴 것이고

B 비로소 책을 제대로 읽는 셈이다

C 책을 읽을 때는 객관적인 기준으로 검증해야 한다

D 만약 문자에만 국한된다면

E 진지하고 착실하게 읽어야 한다

归纳 guīnà 통 귀납하다, 정리하여 종합하다 | 须 xū 조동 반드시 ~해야 한다 | 否则 fǒuzé 접 그렇지 않으면 | 茫茫* mángmáng 형 아득하다, 망망하다 | 迷失 míshī 통 (방향·길 등을) 잃다, 잃어버리다 | 扎实 zhāshi 형 튼튼하다, 견실하다 | 攻破 gōngpò 통 쳐부수다, 돌파하다 | 光 guāng 튄 단지, 그저 | 指手划脚 zhǐshǒu-huàjiǎo 성 몸짓하면서 말하다, 손발로 표현하다 | 注意 zhùyì 통 주의하다 | 死 sǐ 형 융통성 없다, 맹목적이다 | 字里行间 zìlǐ-hángjiān 성 행간, 문장에 드러나지 않은 뜻 | 体会 tǐhuì 통 체득하다, 체험하여 터득하다 | 精神 jīngshén 명 정신 | 实质* shízhì 명 실질, 본질 | 局限* júxiàn 통 제한하다, 한정하다 | 至 zhì 통 이르다, 도착하다 | 为……所…… wéi……suǒ…… ~에 의해 ~되다 | 到家 dàojiā 형 매우 높은 수준에 이르다, 최고 수준에 이르다 | 客观* kèguān 형 객관적이다 | 真理* zhēnlǐ 명 진리 | 检验* jiǎnyàn 통 (실험실 등에서) 검사하다

71 ★★

빈칸 앞의 '一旦'과 E의 '就'가 호응하여 '一旦……，就……'의 복문 구조를 이루고 있습니다. 또한 책을 선정한 후 어떻게 읽어야 하는지 말하고 있으므로 맥락상 E가 적합합니다.

72 ★★★

'因为'는 '因为……，所以……'의 복문 구조로 가장 많이 쓰이지만 '(之所以)……，(是)因为……' 구조로도 자주 쓰입니다. 또한 빈칸 뒤에 글자를 이해해야 하는 이유로 시대에 따라 고문이 각기 다르다는 이야기하고 있으므로, 맥락상 A가 적합합니다.

73 ★★

D의 '如果'와 빈칸 뒤의 '那'가 호응하여 '如果……，那(么)……就……'의 복문 구조를 이루고 있습니다. 또한 네 번째 단락은 문자 그대로의 뜻에만 주목하지 말고 글의 행간과 본질적인 내용에 주의를 기울이라는 내용이므로 맥락상 D가 적합합니다.

74 ★★

빈칸 앞의 '只有'와 B의 '才'가 호응하여 '只有……，才……'의 복문 구조를 이루고 있습니다. 또한 '只有'는 조건을 나타내는데 빈칸 앞에는 '독서를 통해 이치를 명확히 알아야 한다'라는 조건이, B에는 '그래야만 진정한 독서라고 할 수 있다'라는 결과가 나타나 있으므로 맥락상 B가 적합합니다.

75 ★★

빈칸 앞의 '因为'와 C의 '所以'가 호응하여 '因为……，所以……'의 복문 구조를 이루고 있습니다. 또한 빈칸 앞에는 '책은 작가의 주관적인 생각이고, 객관적인 진리에 부합하지 않을 수 있다'라는 원인이, C에는 '책을 읽을 때는 객관적인 기준으로 검증해야 한다'라는 결론이 나타나 있으므로 맥락상 C가 적합합니다.

76-80

随着网络直播平台的火爆，不少父母乐此不疲地开始在网上直播养育孩子、与孩子互动的视频。这种"网红式"育儿的方式，**76 B 引来了一大波跟风模仿的家长**。不过专家提示，父母育儿不要盲目模仿，养育孩子要用科学方式。一些网络消息难以分辨真假，有的还存在危害。如果这些方式不正确、不科学，很有可能给孩子带来伤害。前不久，就有一名父亲为模仿网上一段视频，跟孩子玩翻跟头的游戏，结果孩子颈椎严重受损，**77 D 导致上半身无法活动**。

面对海量的网络信息，父母首先要有自己的分辨意识和能力，**78 C 更不要拿自己的孩子"尝鲜"和冒险**。在育儿道路上，一些权威的育儿书或是育儿专家的说法可以作为参考，但更重要的是要根据自己孩子的特点养育孩子。

인터넷 방송 플랫폼이 큰 인기를 끌면서 많은 부모들이 아이를 키우고 아이와 소통하는 동영상을 방송하는 것에 열중하기 시작했다. 이런 '인터넷 스타 방식' 육아법은 **76 B 유행을 쫓고 모방하는 많은 부모를 끌어들였다**. 하지만 전문가들은 육아를 맹목적으로 모방할 것이 아니라, 아이를 키우려면 과학적인 방법으로 해야 한다고 조언한다. 인터넷의 일부 정보는 진위를 분간하기 어렵고, 어떤 것은 위험한 점도 있다. 만약 이런 방식이 잘못된 것이고 과학적이지 않다면, 아이에게 해를 끼칠 가능성이 높다. 얼마 전, 한 아버지가 인터넷 영상을 모방하기 위해 아이와 공중제비를 하는 놀이를 하다가, 아이의 경추가 심하게 손상되어 **77 D 상반신이 움직이지 못하게 되었다**.

방대한 인터넷 정보를 마주하며 부모는 먼저 자신의 분별 의식과 능력이 있어야 하며, **78 C 자신의 아이를 가지고 '신기한 시도'나 모험을 하지 말아야 한다**. 육아라는 길에서 권위 있는 육아서나 육아 전문가의 주장을 참고할 수 있지만, 더 중요한 것은 자기 아이의 특성에 따라 아이를 키우는 것이다. 또한 일부 부모들은 자녀를 풀어

此外，有的家长在网上看到有人宣称教育孩子要散养、要给孩子自由、让孩子感觉到真正的快乐，**79 A** <u>就真的不去管教孩子</u>。实际上，给孩子自由、让孩子快乐，并不是放任孩子不管，在孩子的成长过程中，一定要让孩子懂规矩、会自控，**80 E** <u>否则打着"散养"的旗号</u>，孩子就真的可能变成一个散漫、任性、没有自控能力的人。网络上的育儿事例很多，但家长不要盲目听信和跟风。科学看待、辩证思维，找到适合自己孩子的养育知识，才能真的对孩子负责。

A 就真的不去管教孩子
B 引来了一大波跟风模仿的家长
C 更不要拿自己的孩子"尝鲜"和冒险
D 导致上半身无法活动
E 否则打着"散养"的旗号

쥐야 하고, 아이에게 자유를 줘야 하고, 진정한 즐거움을 느끼게 해야 한다고 주장하는 사람들을 인터넷에서 보고 **79 A** <u>정말로 아이들을 가르치지 않고 교육하지 않기도 한다</u>. 사실 아이에게 자유를 주고 아이를 행복하게 하는 것은 결코 아이를 방임하는 것이 아니다. 아이의 성장 과정에서 반드시 아이들에게 규칙을 이해하고 자제할 수 있도록 해야 한다. **80 E** <u>그렇지 않으면 '풀어 준다'는 명목을 내세우지만</u> 아이는 정말 산만하고 제멋대로이고 자제력이 없는 사람이 될 수 있다. 인터넷에 육아 사례가 많지만 부모들은 맹목적으로 듣거나 따르지 말아야 한다. 과학적으로 바라보고, 변증법적으로 생각하고, 자신의 자녀에게 적합한 양육 지식을 찾아야만 진정으로 아이를 책임지는 것이다.

A 정말로 아이들을 가르치지 않고 교육하지 않기도 한다
B 유행을 쫓고 모방하는 많은 부모를 끌어들였다
C 자신의 아이를 가지고 '신기한 시도'나 모험을 하지 말아야 한다
D 상반신이 움직이지 못하게 되었다
E 그렇지 않으면 '풀어 준다'는 명목을 내세우지만

直播* zhíbō 통 생방송하다, 직접 중계하다 | 火爆 huǒbào 형 뜨겁다, 인기 있다 | 乐此不疲 lècǐ-bùpí 성 어떤 일을 좋아하여 몰두하다 | 互动 hùdòng 통 상호 작용을 하다 | 视频* shìpín 명 동영상 | 网红 wǎnghóng 명 인터넷 스타, 인터넷 셀럽 | 跟风 gēnfēng 통 따라 하다, 시대 조류를 따르다, 바람에 휩쓸리다 | 提示* tíshì 통 제시하다 | 盲目* mángmù 형 맹목적이다 | 分辨* fēnbiàn 통 분별하다, 분간하다 | 翻跟头 fāngēntou 공중제비, 재주넘기 | 颈椎* jǐngzhuī 명 경추, 목등뼈 | 受损 shòusǔn 통 손해를 보다 | 导致 dǎozhì 통 (어떤 사태를) 야기하다, 초래하다 | 海量 hǎiliàng 명 대단히 많은 양 | 尝鲜 chángxiān 통 신선한 음식을 맛보다, 새로운 경험을 하다 | 冒险 màoxiǎn 통 모험하다, 위험을 무릅쓰다 | 权威* quánwēi 형 권위 있다 | 宣称 xuānchēng 통 표명하다, 밝히다 | 散养 sǎnyǎng 통 (가축 등을) 풀어 키우다 | 管教 guǎnjiào 통 단속하고 가르치다, 교육시키다 | 规矩 guīju 명 법칙, 규율, 규정, 습관 | 自控 zìkòng 통 자율하다, 스스로 통제하다 | 打旗号 dǎ qíhào 깃발을 들다, 명분을 내세우다 | 散漫 sǎnmàn 형 산만하다, 방만하다 | 任性* rènxìng 형 제멋대로 하다, 고집스럽다 | 辩证* biànzhèng 통 변증하다, 논증하다 | 思维* sīwéi 통 사유하다, 숙고하다

---

76 ★★★

빈칸 앞의 '育儿的方式(육아법)'이 주어이므로 B나 D가 정답이 될 수 있는데, 빈칸 뒤에 이어지는 내용이 '전문가들은 육아를 맹목적으로 모방하지 말라고 조언한다'는 내용이므로 부모들이 인터넷 스타 방식 육아법을 따라한다는 B가 맥락상 가장 적합합니다.

---

77 ★★

빈칸 앞의 '孩子颈椎严重受损(아이의 경추가 심각하게 손상되다)'과 연결되는 내용은 D뿐입니다. D의 술어 '导致'는 어떤 원인으로 인해 나쁜 결과가 일어났음을 나타내는 동사입니다. 예를 들어 '应对不当导致严重的危机。(잘못된 응대가 심각한 위기를 초래했다.)'라는 문장에서 '应对不当(잘못 응대하다)'이 원인이고 '严重的危机(심각한 위기)'가 결과입니다. '一家工厂失火导致四名工人死亡。(한 공장에 화재가 발생해서 네 명의 노동자의 죽음을 초래했다.)'이라는 문장에서는 '一家工厂失火(한 공장에 화재가 발생하다)'가 원인이고 '四名工人死亡(네 명의 노동자가 죽다)'이 결과입니다. 77번 문제의 경우 '경추의 심각한 손상'이 원인이고 '상반신 마비'가 결과입니다.

78 ★★★

맥락상 C가 적절합니다. 조동사 '要'와 그 부정형 '不要'는 모두 명령과 강한 권유의 표현으로 병렬해서 사용할 수 있습니다. 또한 부사 '更'은 문장을 연결하는 역할을 합니다. 예를 들어 '他是我的爸爸，更是我最好的朋友。(그는 나의 아빠이면서 또한 나의 제일 친한 친구이다.)' '心态要高，姿态要低，不要看轻别人，更不要高估自己。(스스로의 마음가짐은 높아야 하고, 남을 대하는 태도는 낮아야 한다. 남을 깔보면 안 되고, 자신을 과대평가해서도 안 된다.)'와 같이 쓸 수 있습니다.

79 ★★★

글 전체에서 부모들이 인터넷에서 잘못된 정보를 보고 아이를 기르는 것이 문제라고 지적하고 있고, 빈칸 앞에서 일부 부모들이 자녀를 자유롭게 키워야 한다는 정보를 인터넷에서 본다는 이야기를 하고 있으므로 맥락상 A가 가장 자연스럽습니다.

80 ★★★

접속사 '否则'는 '만약 그렇지 않으면'이라는 뜻으로 앞 문장 전체를 부정하면서 가정합니다. 빈칸 앞뒤로 내용이 서로 상반되므로 E가 맥락상 가장 자연스럽습니다.

제4부분 81~100번은 장문을 읽고 질문에 알맞은 보기를 선택하는 문제입니다.

81-84

　　众所周知，只要是比赛就会有输赢，[81]高手之间的竞争尤为激烈。就用高水平的游泳竞技比赛来说，百分之一秒的落差就会造成天壤之别的结果。有数据统计显示，2016年里约奥运会女子50米自由泳比赛中，冠军就是抓住了手指缝中的0.02秒时间取胜的。那么用什么办法抓住手指缝中的0.02秒，让自己变成赢家呢？

　　[82]一直以来，大家都认为游泳时，只要手脚协调配合，手臂划动够快，成绩就会自然会好。然而，研究人员发现手指并拢以产生一种类似桨的效果并不是最好的技术，而五指微微张开成叉子状的游泳者反而游得更快，这又是为什么呢？

　　为了解开这个谜团，流体动力学家进行了模拟实验，[83]利用3D打印技术制作出人体手臂用于风洞实验。研究人员将这些模型实验中的手指分开程度分为5级：第一级手指不分开，所有的手指都挤在一起类似桨，而其余的手指开度逐渐增加。最后发现，手指之间大约分开10度时运动员的速度最快。

주지하다시피 경기라면 승패가 있기 마련이며 [81]고수들 간의 경쟁은 특히 치열하다. 수준 높은 수영 경기에 대해 말하자면 0.01초의 격차가 하늘과 땅만큼 큰 차이를 초래할 수 있다. 통계에 따르면 2016년 리우올림픽 여자 50m 자유형 시합에서 1위는 손가락 틈에서 0.02초의 시간을 움켜쥐었기 때문에 승리했다. 그럼 어떤 방법으로 손가락 틈의 0.02초를 잡아서 자신을 우승자로 만든 것일까?

[82]그동안은 다들 수영할 때 손발이 조화를 이루고 팔이 충분히 빨리 움직이기만 하면 성적이 자연히 좋아질 것이라고 생각했다. 하지만 연구진은 손가락을 모아서 노와 같은 효과를 내는 것이 가장 좋은 기술이 아니고, 다섯 손가락을 살짝 벌려 포크 모양으로 한 수영 선수가 오히려 더 빨리 헤엄치는 것을 발견했다. 그 이유는 무엇일까?

이 수수께끼를 풀기 위해 유체역학자들은 시뮬레이션 실험을 진행했는데 [83]3D 프린팅 기술을 이용하여 만든 인체 팔로 풍동 실험을 진행했다. 연구원들은 이 모형 실험에서 손가락을 벌리는 정도를 다섯 등급으로 나누었다. 제1등급은 손가락을 벌리지 않고 모든 손가락을 모아 노처럼 한 것이었고, 나머지는 손가락을 벌린 정도가 점차 증가했다. 실험 결과 손가락 사이가 약 10도 정도 떨어져 있을 때 운동 선수의 속도가 가장 빠르다는 것을 발견했다.

原因是，当一个固体在液体中移动时，接触固体表面的液体层会"粘"在上面，并连同物体一起被向后拉，相当于产生了一道"看不见的网"，游泳者要承受了更大的阻力。也就是说，[84]当张开的手指间距达到理想状态时，由于阻力降低，游泳者所能释放的力比手指并拢时高出53%，游泳者能更轻松地浮出水面，速度也就增加了。

그 이유는 고체가 액체에서 움직일 때 고체 표면에 닿는 액체층이 고체에 '달라붙어' 물체와 함께 뒤로 당겨지는데 '보이지 않는 그물'이 생기는 것과 마찬가지라 수영 선수는 더 큰 저항을 견뎌야 했기 때문이었다. 즉, [84]열린 손가락 간격이 이상적인 상태에 도달하면 저항이 낮아져 수영 선수가 손가락을 모았을 때보다 53% 더 많은 힘을 방출할 수 있고, 수영 선수는 더 쉽게 수면 위로 떠오르고 속도도 증가한다는 것이다.

竞争 jìngzhēng 명 경쟁 │ 尤为 yóuwéi 부 특히, 각별히, 유달리 │ 激烈 jīliè 형 (다툼, 경쟁 등이) 치열하다 │ 就……来说 jiù……láishuō ～을 가지고 말하자면 │ 落差 luòchā 명 격차, 차이, 갭 │ 天壤之别 tiānrǎngzhībié 성 하늘과 땅만큼 큰 차이, 천양지차 │ 统计* tǒngjì 명 통계 │ 办法 bànfǎ 명 방법 │ 赢家 yíngjiā 명 승리자 │ 手臂 shǒubì 명 팔, 팔뚝 │ 划动 huádòng 동 (노를) 젓다 │ 并拢 bìnglǒng 동 한데 합하다, 한데 모으다 │ 类似* lèisì 형 유사하다, 비슷하다 │ 桨* jiǎng 명 (배를 움직이는) 노 │ 叉子 chāzi 명 포크, 갈퀴 │ 谜团 mítuán 명 수수께끼, 미스터리 │ 模拟 mónǐ 동 모의하다, 모방하다 │ 风洞 fēngdòng 명 풍동 [유체역학 실험을 위해 강한 기류를 일으키는 장치] │ 模型* móxíng 명 모형, 견본, 모델 │ 余 yú 동 남기다 │ 固体* gùtǐ 명 고체 │ 液体* yètǐ 명 액체 │ 粘 zhān 동 눌어붙다, 들러붙다 │ 连同* liántóng 접 ～과 함께, ～과 같이 │ 相当于 xiāngdāngyú ～에 맞먹다 │ 承受 chéngshòu 동 받아들이다, 견디다 │ 阻力 zǔlì 명 저항, 저항력 │ 间距 jiānjù 명 거리, 간격 │ 释放* shìfàng 동 방출하다, 내보내다

---

81 ★★★

第一段中画线词语"天壤之别"是什么意思？	첫 번째 단락의 밑줄 친 단어 '天壤之别'는 무슨 뜻인가?
A 差距很大	A 격차가 크다
B 气候很特别	B 기후가 특별하다
C 土壤的作用很大	C 토양의 작용이 크다
D 比赛结果都不一样	D 경기 결과가 모두 다르다

差距 chājù 명 격차, 차이 │ 土壤* tǔrǎng 명 토양, 흙

첫 번째 단락의 '天壤之别'는 '천양지차' '하늘과 땅만큼 큰 차이'라는 뜻이며, '고수들의 경쟁이 치열하다(高手之间的竞争尤为激烈)'는 내용과 리우올림픽에서 0.02초의 차이로 승패가 갈린 사례를 살펴보았을 때, 정답은 A입니다. 단순히 '壤'이라는 글자가 있다고 해서 C를 고르면 함정에 빠진 겁니다.

---

82 ★★★

人们认为怎么做才能提高游泳成绩？	사람들은 어떻게 해야 수영 성적을 높일 수 있다고 생각했는가?
A 五指微微展开	A 다섯 손가락을 살짝 편다
B 比赛前做好预热	B 경기 전에 워밍업을 한다
C 比赛后进行模拟实验	C 경기 후에 시뮬레이션 실험을 한다
D 四肢协调且快速划动	D 팔다리가 조화를 이루고 빠르게 움직인다

预热 yùrè 동 예열하다, 워밍업 하다, 준비운동 하다 │ 四肢* sìzhī 명 사지, 팔다리

문제에서 묻는 대상에 유념해야 합니다. 문제에서는 연구원의 결론이 아닌 사람들의 생각을 물었기 때문에 D가 정답입니다. A는 연구원들이 실험을 통해 알아낸 결론으로 함정입니다.

83 ★★

关于那项实验，下列哪项正确？	그 실험에 관하여 다음 중 올바른 것은 무엇인가？
A 是种心理学实验	A 심리학 실험이다
B 利用了仿真手臂	B 손 모형을 이용했다
C 要查明风速对比赛的影响	C 풍속이 경기에 미치는 영향을 규명하려 했다
D 运用了海洋生物的遗传特征	D 해양 생물의 유전적 특성을 응용했다

仿真 fǎngzhēn 혱 진짜 같다 ｜ 海洋 hǎiyáng 몡 해양 ｜ 特征 tèzhēng 몡 특징

'3D 프린팅 기술을 이용하여 만든 인체 팔로 풍동 실험을 진행했다(利用3D打印技术制作出人体手臂用于风洞实验)'는 데서 정답이 B임을 알 수 있습니다.

84 ★★

根据最后一段，可以知道：	마지막 단락에 근거하여 알 수 있는 것은？
A 液体比固体阻力大	A 액체가 고체보다 저항이 크다
B “甩”掉液体更需力气	B 액체를 '떨쳐' 내려면 더욱 힘이 필요하다
C 游泳者力气越大速度越快	C 수영하는 사람의 힘이 셀수록 속도가 빨라진다
D 合适的指间距离能降低阻力	D 적절한 손가락 사이 거리는 저항을 줄일 수 있다

甩 shuǎi 통 떼어 놓다, 떨어뜨리다 ｜ 距离 jùlí 몡 거리

'当张开的手指间距达到理想状态时，由于阻力降低，游泳者所能释放的力比手指并拢时高出53%，游泳者能更轻松地浮出水面，速度也就增加了。(열린 손가락 간격이 이상적인 상태에 도달하면 저항이 낮아져 수영 선수가 손가락을 모았을 때보다 53% 더 많은 힘을 방출할 수 있고, 수영 선수는 더 쉽게 수면 위로 떠오르고 속도도 증가한다는 것이다.)'를 살펴보면 다섯 손가락을 모았을 때보다 약간 벌렸을 때 저항을 줄일 수 있다는 것을 알 수 있습니다. 정답은 D입니다.

85-88

出于对昆虫的热爱，北京小伙张辰亮大学和研究所都读了有关专业。毕业后，张辰亮选择到从小就喜欢的《博物》杂志社工作，他的第一项任务就是运营杂志的官方微博。[85]起初，他喜欢发一些自然爱好者圈子里谈论的小众知识，但普通网友对这种知识不感兴趣。当粉丝拍照片发来问"这是什么"时，他会一本正经地介绍照片中动物或植物的学名、科属。但是，粉丝看得一头雾水，互动没有达到预想的效果。

张辰亮决定尝试更加通俗的形式。有一次一组照片在网上很火：印尼树蛙撑起"叶子伞"，踢出一字腿的功夫……照片看上去很有趣。但张辰亮一眼就看出，树蛙是被摆拍的，

베이징의 청년 장천량은 곤충에 대한 애착으로 대학과 대학원에서 모두 관련 전공으로 공부했다. 졸업 후 장천량은 어려서부터 좋아했던 『박물』 잡지사에서 일하기로 했다. 그의 첫 임무는 잡지의 공식 웨이보를 운영하는 것이었다. [85]처음에 그는 자연 애호가들 사이에서 이야기하는 대중적이지 않은 지식을 올리는 경우가 많았지만, 일반 네티즌들은 그런 지식에 관심이 없었다. 구독자들이 사진을 찍어서 "이건 뭔가요?"라고 물었을 때, 그는 사진 속 동물이나 식물의 학명, 과속을 진지하게 소개했다. 하지만 구독자들은 알쏭달쏭하기만 했고, 서로 기대했던 효과를 얻지 못했다.

장천량은 좀 더 대중적인 방식을 시도하기로 결정했다. 한번은 일련의 사진이 인터넷을 달궜다. 인도네시아 개구리가 '나뭇잎 우산'을 받친 사진, 한 쪽 다리를 뻗는 쿵푸 동작 사진 등이었고 재미있어 보였다. 그러나 장천량은 개구리의 포즈가 연출된 것임을 한눈에 알 수 있었다.

⁸⁶摄影师用线捆住树蛙强行让树蛙摆姿势，拍完之后再把这些线处理掉。这种虐待动物的行为，让张辰亮很愤慨。他把这些照片收集起来，并逐一分析，发布了一条微博，揭示了动物萌照背后的真相。网友们看到这条微博都很震撼，微博内容被迅速转发了七万次，粉丝翻了一倍。

⁸⁷为了让科普接地气，张辰亮增加了答题的趣味性，语言俏皮轻松。比如，有网友上传了一张被电拍打死的"蚊子"，张辰亮随即编了一首打油诗："我对你并不咬，还为你把小蚊蝇叼，可是你以为我是个大吸血妖，用金属将我焚烧。你身上有我的烧烤味，是你拍子犯的罪——《食虫虻》。""食虫虻"这个冷门物种就这样被科普了。

张辰亮幽默的科普形式让粉丝既学到了知识，又觉得好玩有趣，于是他的外号"博物君"在网上意料之中地火了。他管理的微博粉丝疯涨，突破500万。谈到自己的工作时，张辰亮认为不少科普工作者都只重视了"科"，却忽视了"普"，⁸⁸趣科普让网友接触到知识的同时也能哈哈一笑，何乐而不为呢？

⁸⁶사진작가는 개구리를 실로 묶어 강제로 자세를 취하게 하고 촬영 후 이 실을 수정한 것이었다. 이런 동물 학대 행위는 장천량을 매우 분개하게 했다. 그는 이 사진들을 모으고 하나하나 분석해 웨이보를 게재해 동물의 귀여운 모습 뒤에 있는 진상을 폭로했다. 네티즌들은 이 웨이보를 보고 충격을 받았고, 웨이보 글은 금세 7만 번이나 공유되어 구독자가 2배로 늘었다.

⁸⁷과학 대중화가 일반인과의 접점을 더 갖게 하기 위해 장천량은 답변에 재미를 더했고 표현도 유머러스하고 가볍게 했다. 예를 들어, 한 네티즌이 전기모기채에 맞아 죽은 '모기' 한 장을 올리자, 장천량은 곧바로 타유시를 한 편 지었다. "나는 너를 물지 않고, 너를 위해 작은 모기와 파리도 잡았거늘, 너는 나를 큰 흡혈귀라고 생각하여 금속채로 나를 태워 버렸다. 너에게 나를 바비큐한 냄새가 밴 것은 네 모기채가 저지른 죄 때문이다. ─『파리매』" '파리매'라는 낯선 종은 이렇게 대중에게 알려졌다.

장천량의 유머러스한 과학 대중화 방식은 구독자들에게 지식도 익히고 재미도 느끼게 했다. 따라서 그의 별명 '박물군'이 인터넷에서 예상 외의 인기를 끌었다. 그가 관리하는 웨이보 구독자가 미친 듯이 늘어 500만 명을 돌파했다. 자신의 일에 대해 이야기할 때, 장천량은 많은 과학 대중화 업무 종사자들이 '과학'만 중시하고 '대중화'는 소홀히 한다고 여긴다. ⁸⁸재미있는 과학 대중화는 네티즌들이 지식을 접하게 하는 동시에 웃게 할 수도 있는데 어찌 그 일이 즐겁지 않겠는가?

出于 chūyú 图 (어떤 입장, 마음에서) 출발하다, ~때문이다 | 任务 rènwu 图 임무, 책무 | 运营 yùnyíng 图 운영하다 | 官方* guānfāng 图 정부 당국, 공식 | 微博 Wēibó 고유 웨이보 [중국 SNS] | 起初* qǐchū 图 처음, 최초 | 圈子 quānzi 图 (대인관계 등의) 범위 | 小众知识 xiǎozhòng zhīshi 전문 지식 | 粉丝 fěnsī 图 팬, 지지자 | 正经* zhèngjing 图 엄숙하고 진지하다 | 科属 kēshǔ 图 과와 속 [생물학의 분류] | 通俗* tōngsú 图 통속적이다, 대중적이다 | 形式 xíngshì 图 형식 | 撑 chēng 图 받치다, 지탱하다 | 功夫 gōngfu 图 ①능력, 재주 ②쿵푸 ③시간과 노력 | 有趣 yǒuqù 图 재미있다 | 摆拍 bǎipāi 图 설정 사진을 찍다 | 捆 kǔn 图 묶다, 잡아매다 | 摆姿势 bǎi zīshì 포즈를 취하다 | 虐待* nüèdài 图 학대하다 | 愤慨 fènkǎi 图 비분강개하다, 분개하다 | 分析 fēnxī 图 분석하다 | 萌 méng 图 귀엽다 | 迅速 xùnsù 图 신속하다 | 转发 zhuǎnfā 图 (인터넷 글 등을) 공유하다, 옮겨 싣다 | 翻 fān 图 뒤집다, (배로) 증가하다 | 科普 kēpǔ 图 과학을 대중화하다 과학 대중화 | 接地气 jiē dìqì 소탈하고 소박하여 대중과 친근하다, 대중에게 인기가 있다 | 语言 yǔyán 图 언어 | 俏皮 qiàopi 图 (언행이) 고급스럽게 유머러스하다 | 随即* suíjí 图 바로, 즉각, 즉시 | 编 biān 图 편성하다, 편집하다 | 打油诗 dǎyóushī 图 타유시 [옛날 시체(詩體)의 하나. 통속적인 해학시] | 叼* diāo 图 (입에) 물다 | 金属 jīnshǔ 图 금속 | 焚烧 fénshāo 图 불태우다 | 冷门 lěngmén 图 인기 없는 것, 유행하지 않는 것 | 幽默 yōumò 图 유머스럽다 | 意料* yìliào 图 예상하다, 예측하다 | 疯涨 fēngzhǎng 图 (가격, 수치 등이) 미친 듯이 늘다 | 突破* tūpò 图 돌파하다

85 ★★

起初，张辰亮的做法为什么没有达到好效果？	처음에 장천량의 방법은 왜 좋은 효과를 거두지 못했는가？
A 虚假信息过多	A 허위 정보가 너무 많아서
B 缺乏专业知识	B 전문 지식이 부족해서
C 对那份工作没兴趣	C 그 일에 흥미가 없어서
D 发布的内容生硬无趣	D 게시한 내용이 딱딱하고 지루해서

56

虚假* xūjiǎ 〔형〕 거짓이다, 허위이다 │ 缺乏 quēfá 〔동〕 모자라다, 결핍하다 │ 生硬 shēngyìng 〔형〕 딱딱하다, 생경하다 │ 无趣 wúqù 〔형〕 재미없다

'처음에 그는 자연 애호가들 사이에서 이야기하는 대중적이지 않은 지식을 올리는 경우가 많았다(起初，他喜欢发一些自然爱好者圈子里谈论的小众知识)'고 했고 구체적인 사례에서도 구독자들의 질문에 '사진 속 동물이나 식물의 학명, 과속을 진지하게 소개했다(他会一本正经地介绍照片中动物或植物的学名、科属)'고 한 것으로 장천량은 대중적이지 않은 지식을 진지하게 소개했다는 것을 알 수 있습니다. 정답은 D입니다.

86 ★★

那些拍印尼树蛙的照片为什么让他气愤？	인도네시아 개구리를 찍은 사진들이 왜 그를 화나게 했는가?
A 被网民们转发过多	A 네티즌들이 너무 많이 공유해서
B 树蛙受摄影师的虐待	B 개구리가 사진작가에게 학대를 받아서
C 盗用了自己照的照片	C 자신이 찍은 사진을 도용해서
D 摄影师的摄影技术太差	D 사진작가의 촬영 기술이 너무 나빠서

气愤 qìfèn 〔형〕 화내다, 분개하다 │ 盗用 dàoyòng 〔동〕 도용하다, 횡령하다

인도네시아 개구리를 찍은 사진은 '사진작가가 개구리를 실로 묶어 강제로 자세를 취하게 하고 촬영 후 이 실을 수정한 것(摄影师用线捆住树蛙强行让树蛙摆姿势，拍完之后再把这些线处理掉)'으로 '동물 학대 행위(虐待动物的行为)'이기 때문에 장천량이 분개했다고 나타나 있습니다. 따라서 정답은 B입니다.

87 ★★

为了让科普接地气，他做出了什么努力？	과학 대중화가 일반인과 더 많은 접점을 가지게 하려고 그는 어떤 노력을 했는가?
A 自己取名为"博物君"	A 스스로 '박물군'이라는 이름을 지었다
B 集中发布了有关蚊子的内容	B 모기에 관한 내용을 집중적으로 게시했다
C 内容和表达上重视趣味性	C 내용과 표현에서 재미를 중시했다
D 每次都发布了打油诗等诗歌	D 매번 타유시 등의 시를 게시했다

모기에 대한 타유시를 쓴 것은 장천량이 과학 대중화가 일반인과 더 많은 접점을 가지게 하기 위해 답변에 재미를 더하고 표현도 유머러스하고 가볍게 한 구체적인 사례일 뿐입니다. 정답은 C입니다.

88 ★★

他认为科普应该怎么样？	그는 과학 대중화가 어때야 한다고 생각하는가？
A 内容要正确	A 내용이 정확해야 한다
B 尽努力奋斗	B 최선을 다해 열심히 해야 한다
C 也要重视幽默	C 유머도 중요하게 생각해야 한다
D 从容面对人生苦乐	D 인생의 고통과 행복을 담담히 봐야 한다

奋斗 fèndòu 〔동〕 분투하다 │ 从容* cóngróng 〔형〕 침착하다, 여유 있다 │ 苦乐 kǔlè 〔명〕 고락, 고통과 즐거움

전체 지문의 맥락으로 C를 정답으로 고를 수 있습니다. 장천량이 공식 웨이보에 전문적이고 진지한 글을 올렸을 때는 네티즌의 반응을 얻지 못했습니다. 인도네시아 개구리 사진과 같은 대중적인 내용을 올리고 난 후에 구독자가 늘자, 유머러스한 글을 통해 과학의 대중화를 이루려고 했습니다. 맨 마지막 문장의 '何乐而不为呢？'는 '어찌 기꺼이 하지 않겠는가?'라는 뜻이므로, 이 표현만 가지고 '乐'가 들어간 D를 골라서는 안 됩니다.

智能手机又增加了一个新功能——哄孩子。一项针对1000名0~5岁婴幼儿父母的调查显示，幼儿智能手机使用率为80.4%，3岁开始玩手机的占32.5%，甚至有些2岁孩子就能熟练操作手机，[89]52.9%的父母让孩子玩手机的理由是"可以让他们老实一会儿"。

出现这种现象与父母的行为有很大关系。年轻父母对智能手机依赖性强，陪伴孩子缺乏耐心，而有趣的游戏和动画片对孩子又很"奏效"，因此只要他们一哭闹，家长就会拿出手机安抚，并将"玩手机"作为鼓励孩子完成任务的奖励。[92]不得不承认，用手机换取"熊孩子"的一时安静，既简单又有效。殊不知，一旦养成习惯，手机这个"哄娃神器"就会变成"伤娃利器"。[90]孩子过多使用手机，不但容易造成语言发育迟缓，还有可能影响其视力及大脑神经发育。

智能手机对现代生活影响越来越大，要完全禁止也不现实，因此需要科学使用。[91]让孩子远离手机的最好方法是：父母尽量减少在孩子面前使用手机的频率。父母也可以在家里设立一个"手机禁区"，里面放一些书和益智玩具，增加亲子交流时间；不要把手机当做"交易筹码"，比如"好好吃饭就给你玩""不哭就给你玩"等，这种做法相当于"精神鸦片"，应该让孩子了解其危害性；多带孩子参与集体活动和户外运动，拓展视野和兴趣；根据年龄控制孩子使用手机的时间，有关学会建议：18个月以下的孩子应尽可能远离电子产品，18~24个月的孩子少量接触，但需要父母的陪伴和解说，2~5岁的孩子看手机的时间应限制在1小时内。另外，要避免孩子在吃饭或睡前使用电子产品，还要避免孩子连续观看视频和频繁玩游戏。

스마트폰에 또 다른 새로운 기능이 추가되었다. 바로 아이를 달래는 것이다. 0~5세 영유아 부모 1,000명을 대상으로 한 설문 조사에 따르면 유아 스마트폰 이용률은 80.4%이고, 3세부터 휴대폰을 가지고 노는 아이는 32.5%를 차지하며, 심지어 2세 아이가 휴대폰 조작에 능숙한 경우도 있다고 한다. [89]52.9%의 부모가 아이에게 휴대폰을 가지고 놀게 하는 이유는 '아이를 좀 얌전하게 할 수 있다'인 것으로 나타났다.

이런 현상이 나타나는 것은 부모의 행동과 큰 관련이 있다. 젊은 부모들은 스마트폰에 대한 의존성이 강하고, 자녀와 함께할 때 인내심이 부족하다. 한편 재미있는 게임과 애니메이션은 아이들에게 '약발'이 잘 들기 때문에, 아이들이 울고 보채기만 하면 부모는 휴대폰을 꺼내서 달래고 '휴대전화를 갖고 노는 것'을 아이가 임무를 완수하도록 격려하는 보상으로 삼는다. [92]휴대폰으로 '말썽꾸러기'를 잠시 조용히 만드는 것이 간단하고 효과적이라는 것은 인정하지 않을 수 없다. 하지만 이것이 일단 습관이 되면 '아이를 돌보는 기발한 물건'이던 휴대폰이 '아이를 망치는 물건'이 될 수 있다. [90]아이가 휴대폰을 너무 많이 사용하면 언어 발육이 느려질 뿐만 아니라 시력과 뇌신경 발육에도 영향을 줄 수 있다.

스마트폰은 현대 생활에 점점 더 큰 영향을 미치고 있어 완전히 금지하는 것은 비현실적이기 때문에 합리적인 사용이 필요하다. [91]아이가 휴대폰을 멀리하게 만드는 가장 좋은 방법은 부모가 아이들 앞에서 휴대폰을 사용하는 빈도를 최소화하는 것이다. 부모는 또 집에 '휴대폰 금지 구역'을 설치해 책과 지능 계발 장난감을 두어 부모와 자녀의 교류 시간을 늘릴 수 있다. 또한 휴대폰을 '거래의 수단'으로 여기면 안 된다. 예를 들어 "밥 잘 먹으면 가지고 놀게 해 줄게.", "울지 않으면 가지고 놀게 해 줄게." 등의 방법은 '정신적인 아편'에 맞먹는 것으로 아이에게 그 위험성을 알려 줘야 한다. 그리고 아이들을 데리고 단체 활동과 야외 운동에 참여하여 시야와 흥미를 넓혀 줘야 한다. 또 연령에 따라 아이가 휴대폰을 사용하는 시간을 통제해야 한다. 관련 학회는 18개월 이하 어린이는 가능한 한 전자 제품에서 멀리 떨어져 있어야 하고, 18~24개월 어린이는 조금은 접촉하되 부모가 함께하고 해설을 해 줘야 하며, 2~5세 어린이는 휴대폰을 보는 시간을 1시간 이내로 제한할 것을 건의한다. 또 아이들이 밥을 먹거나 잠자리에 들기 전에 전자 제품을 사용하지 못하게 해야 하고, 아이들이 동영상을 연달아 보고 게임을 자주 하지 않도록 해야 한다.

哄* hǒng 통 (어린아이를) 어르다, 달래다 | 婴幼儿 yīngyòu'ér 명 영아와 유아 | 熟练 shúliàn 형 능숙하다, 숙련되다 | 老实 lǎoshi 형 착하다, 정직하다, 얌전하다 | 现象 xiànxiàng 명 현상 | 依赖* yīlài 통 의존하다, 의지하다 | 陪伴 péibàn 통 길동무가 되다, (어떤 활동에서) 함께하다 | 动画片 dònghuàpiàn 명 애니메이션 | 奏效 zòuxiào 통 효과가 있다 | 哭闹 kūnào 통 울고불고하다 | 安抚 ānfǔ 통 위로하다, 안위하다 | 鼓励 gǔlì 통 격려하다 | 奖励* jiǎnglì 명 상품, 보상 | 熊孩子 xióng háizi 장난꾸러기, 말썽꾸러기 | 安静 ānjìng 형 조용하다, 고요하다 | 殊不知 shūbùzhī 통 생각지도 못하다, 뜻밖이다 | 神器 shénqì 명 (무언가를 하는 데 매우 효과적인) 물건 | 利器 lìqì 명 예리한 무기, 위험한 물건 | 迟缓 chíhuǎn 형 (변화 등이) 느리다, 완만하다 | 视力* shìlì 명 시력 | 神经* shénjīng 명 신경 | 频率* pínlǜ 명 빈도, 주파수 | 设立* shèlì 통 세우다, 설립하다 | 禁区 jìnqū 명 금지 구역 | 益智 yìzhì 통 지능을 계발하다 | 交流 jiāoliú 통 교류하다, 소통하다 | 筹码 chóumǎ 명 (시합, 경쟁 등의 결과에 영향을 미칠 수 있는) 방법, 카드, 수 | 鸦片 yāpiàn 명 아편 | 户外 hùwài 명 집 밖, 야외 | 拓展 tuòzhǎn 통 개발하다, 넓히다, 확장하다 | 视野* shìyě 명 시야 | 年龄 niánlíng 명 연령, 나이 | 频繁* pínfán 형 빈번하다

89 ★★

很多父母用智能手机哄孩子是因为：	많은 부모들이 스마트폰으로 아이를 달래는 이유는?
A 父母都忙于工作	A 부모가 모두 일 때문에 바빠서
B 父母不够关心孩子	B 부모가 아이들에게 관심이 부족해서
C 孩子会变得很听话	C 아이들이 매우 말을 잘 듣게 되어서
D 孩子能学到很多东西	D 아이들이 많은 것을 배울 수 있어서

설문 조사 결과 '아이를 좀 얌전하게 할 수 있기(可以让他们老实一会儿)' 때문에 부모가 아이들에게 휴대폰을 갖고 놀게 한다고 했으므로 정답은 C입니다.

90 ★★

为什么说手机是"伤娃利器"？	왜 휴대폰이 '아이를 망치는 물건'이라고 말하는가?
A 让孩子养成坏习惯	A 아이들에게 나쁜 습관을 기르게 해서
B 操作起来过于复杂	B 조작하기에 너무 복잡해서
C 会增强孩子的依赖性	C 아이들의 의존성을 높여서
D 不利于孩子成长发育	D 아이들의 성장과 발육에 유해해서

增强 zēngqiáng 통 강화하다

'아이가 휴대폰을 너무 많이 사용하면 언어 발육이 느려질 뿐만 아니라 시력과 뇌신경 발육에도 영향을 줄 수 있다(孩子过多使用手机，不但容易造成语言发育迟缓，还有可能影响其视力及大脑神经发育)'고 했으므로 정답은 D입니다.

91 ★★

为了让孩子跟手机保持距离，父母应该：	자녀로 하여금 휴대폰과 거리를 두게 하려면 부모는 어떻게 해야 하는가?
A 全面禁止使用手机	A 휴대폰 사용을 전면 금지한다
B 亲身示范给孩子看	B 아이에게 몸소 시범을 보인다
C 用手机与孩子进行"交易"	C 휴대폰으로 아이들과 '거래'한다
D 多给他们买书和益智玩具	D 책과 지능 계발 장난감을 많이 사 준다

全面 quánmiàn 형 전면적이다 | 亲身 qīnshēn 부 친히, 직접, 몸소, 스스로 | 示范* shìfàn 통 시범하다, 모범을 보이다

'아이가 휴대폰을 멀리하게 만드는 가장 좋은 방법은 부모가 아이들 앞에서 휴대폰을 사용하는 빈도를 최소화하는 것(让孩子远离手机的最好方法是：父母尽量减少在孩子面前使用手机的频率)'이라고 했으므로 정답은 B입니다. '휴대폰 사용을 완전히 금지하는 것은 비현실적(要完全禁止也不现实)'이고, '휴대폰을 거래의 수단으로 삼지 말라(不要把手机当做"交易筹码")'고 했으므로 A와 C는 정답이 아닙니다. 책과 지능 계발 장난감을 많이 사 주는 것이 아니라 휴대폰 사용 금지 구역에 두라고 했으므로 D도 정답이 아닙니다.

92 ★★★

根据上文，下列哪项正确？	지문에 근거하면 다음 중 올바른 것은 무엇인가?
A 孩子一般都耐心不足	A 아이들은 일반적으로 인내심이 부족하다
B 听话的孩子可以玩手机	B 말을 잘 듣는 아이는 휴대폰을 갖고 놀아도 된다
C 52.9%的父母让孩子玩手机	C 52.9%의 부모가 아이들에게 휴대폰을 가지고 놀게 했다
D 用智能手机哄孩子弊大于利	D 스마트폰으로 아이를 달래는 것은 득보다 실이 크다

弊大于利 bìdàyúlì 득보다 실이 많다. 이로움보다 해로움이 많다

지문 전체의 맥락을 묻는 문제입니다. 이 지문은 휴대폰으로 아이를 달래는 것의 문제점과 아이들이 휴대폰 사용을 줄이게 하는 방법을 제시하고 있으므로 D가 정답입니다. '弊病' '弊端'은 6급 필수 단어로 둘 다 '문제' '폐해'라는 뜻입니다. 따라서 '弊大于利'는 '득보다 실이 크다' '이로움에 비해 해로움이 많다'라는 뜻입니다. 참고로 '利大于弊'는 반대로 '실보다 득이 크다' '해로움에 비해 이로움이 많다'라는 뜻이고 '有利有弊'는 '득과 실이 모두 있다' '순기능과 역기능이 모두 있다'라는 뜻입니다. 인내심이 부족한 것은 아이가 아니라 젊은 부모들이고, 휴대폰을 아이들과의 거래 수단으로 삼지 말라고 했으므로 A와 B는 정답이 아닙니다. 아이들에게 휴대폰을 가지고 놀게 하는 부모의 비율은 80.4%이므로 C도 정답이 아닙니다.

93-96

一部分研制机器人的专家认为：下一步的研究方向主要是机器人的大小，未来机器人的大小应该和昆虫相仿。

大型机器人需要沉重昂贵的发动机和大量的动力消耗，需要接合的手臂和数千米的连线。而如果机器人的这些部件组装起来只有昆虫那样大小，那么它的造价不但会便宜得多，它所能从事的工作也会给人类生存带来很大影响。

一般说来，目前机器人所能做的工作都可由相应的机器来取代，许多工作由机器人来做不如留给相应的机器去做。但是小机器人所能做的工作却不是机器所能完成的，[93]这正如微型飞机比大型飞机更适合用来观测农场作物的生长情况以及控制自动灌溉和施肥系统一样。比如只有微型机器人，才能沿着患者的血管，进入变窄了的冠状动脉去排除血管壁上沉淀的胆固醇，从而解除病人的危险。

로봇을 연구하는 전문가들 중 일부는 앞으로의 연구 방향은 주로 로봇의 크기이며, 미래 로봇의 크기는 곤충과 비슷해야 한다고 생각한다.

대형 로봇은 무겁고 비싼 엔진이 필요하고 대량의 동력을 소모해야 한다. 접합된 팔과 수 킬로미터의 연결선이 필요하다. 하지만 로봇의 이 부품들을 조립했을 때 곤충 정도의 크기라면, 그 비용은 훨씬 저렴할 뿐만 아니라, 그 로봇이 할 수 있는 일도 인류의 생존에 큰 영향을 미칠 것이다.

일반적으로 현재 로봇이 할 수 있는 일은 모두 상응하는 기계로 대체할 수 있다. 많은 일은 로봇이 하는 것보다 상응하는 기계가 하도록 남겨 두는 것이 낫다. 하지만 소형 로봇이 할 수 있는 일은 기계가 완료할 수 있는 일이 아니다. [93]이는 초소형 비행기가 대형 비행기보다 농장 작물의 성장 상황을 관찰하고 자동 관개와 비료 시스템을 통제하는 데 더 적합한 것과 같다. 예를 들어, 마이크로 로봇만이 환자의 혈관을 따라 좁아진 관상 동맥으로 들어가 혈관 벽에 쌓인 콜레스테롤을 제거함으로써 환자의 위험을 제거할 수 있다.

当然，就目前的情况来看，这种说法未免言过其实。不过研究人员确已成功设计出一种能进入煤气或自来水管道去修补裂缝或漏洞的微型机器人。这种机器人进入管道之后，可用自己的身体测量经过地方的电导，一旦测不到这种电导，就表明那里存在着裂缝或漏洞。于是该机器人便作出"自我牺牲"，用自己的身体来把裂缝或漏洞堵上。

94当然要它们在现实生活中出现，还需克服一系列技术上的障碍。其中主要是如何把现在机器人所用的齿轮、杠杆、曲柄、弹簧和其它机械部件缩小到比头发丝还细的程度，同时把传感器、电动机、控制计算机及其他系统装配到一块微晶片上。

微型机器人的大量生产恐怕还不是近年之内能办到的事情。然而，95一旦这种机器人能批量生产出来，它们在科研和生产中所起的作用将是无法估量的。

물론 현재의 상황으로 볼 때, 이런 견해는 실제에 비해 과장된 것이다. 하지만 연구진은 이미 가스관이나 수도관에 들어가 균열이나 구멍을 보수할 수 있는 마이크로 로봇을 성공적으로 설계해 냈다. 이 로봇은 파이프에 들어간 후 자신의 몸으로 지나간 곳의 전도를 측정할 수 있는데, 전도를 측정할 수 없는 경우는 그 위치에 균열이나 구멍이 있다는 것이다. 그러면 이 로봇은 '자기 희생'을 하여 자신의 몸으로 균열이나 구멍을 막는다.

94물론 이런 로봇들이 실생활에 쓰이려면 일련의 기술적 어려움을 극복해야 한다. 그중 대표적인 것은 현재 로봇이 사용하는 기어, 레버, 크랭크, 스프링 및 기타 기계 부품을 머리카락보다 더 가늘게 축소하는 것, 그리고 센서, 모터, 제어 컴퓨터 및 기타 시스템을 마이크로 칩에 설치하는 것이다.

마이크로 로봇의 대량 생산은 아마도 몇 년 안에 할 수 있는 일이 아닐 것이다. 그러나 95일단 이런 로봇을 대량 생산할 수 있게 되면, 그것이 과학 연구와 생산에 미치는 영향은 헤아릴 수 없을 것이다.

大小 dàxiǎo 몡 크기, 사이즈 | 相仿 xiāngfǎng 휑 대체로 비슷하다 | 大型 dàxíng 휑 대형의 | 沉重* chénzhòng 휑 몹시 무겁다 | 发动机 fādòngjī 몡 발동기, 엔진, 모터 | 动力* dònglì 몡 동력 | 接合 jiēhé 동 접합하다, 잇다 | 部件 bùjiàn 몡 조립 부품 | 从事 cóngshì 동 종사하다 | 相应* xiāngyìng 동 상응하다, 서로 맞다 | 微型 wēixíng 몡 초소형, 마이크로 | 灌溉 guàngài 동 논밭에 물을 대다, 관개하다 | 施肥 shīféi 동 비료를 주다 | 患者* huànzhě 몡 환자 | 冠状动脉 guānzhuàng-dòngmài 몡 관상동맥 | 排除* páichú 동 ① 배제하다, 제거하다 ② 극복하다 | 沉淀 chéndiàn 동 침전하다, 가라앉다 | 胆固醇 dǎngùchún 몡 콜레스테롤 | 解除* jiěchú 동 없애다, 제거하다 | 言过其实 yánguòqíshí 셍 말이 사실보다 과장되다 | 自来水 zìláishuǐ 몡 수돗물, 상수도 | 修补 xiūbǔ 동 보수하다, 수선하다, 복구하다 | 裂缝 lièfèng 몡 틈, 틈새 | 漏洞 lòudòng 몡 구멍 | 测量 cèliáng 동 측량하다 | 牺牲* xīshēng 동 희생하다 | 杠杆* gànggǎn 몡 지레, 레버 | 曲柄 qūbǐng 몡 크랭크 | 弹簧 tánhuáng 몡 용수철, 스프링 | 传感器 chuángǎnqì 몡 센서 | 电动机 diàndòngjī 몡 전동기, 모터 | 装配 zhuāngpèi 동 조립하다, 설비하다 | 微晶片 wēijīngpiàn 마이크로 칩 | 恐怕 kǒngpà 阜 아마, 어쩌면 | 批量 pīliàng 阜 대량으로, 대규모로 | 估量 gūliang 동 추측하다, 예측하다, 어림잡다

---

93 ★★

下面哪项不是微型机器人的优势？

A 制造成本低
B 动力消耗低
C 不能由机器取代
D 适合观测作物的情况

다음 중 마이크로 로봇의 장점이 아닌 것은 무엇인가？

A 제조 비용이 낮다
B 동력 소모가 적다
C 기계로 대체할 수 없다
D 농작물 상황을 관측하는 데 적합하다

取代 qǔdài 동 대체하다

농장 작물의 성장을 관찰하는 것은 마이크로 로봇이 아닌 초소형 비행기에게 더 적합한 일이므로 정답은 D입니다. A는 '로봇의 이 부품들을 조립했을 때 곤충 정도의 크기라면, 그 비용은 훨씬 저렴하다(而如果机器人的这些部件组装起来只有昆虫那样大小，那么它的造价不但会便宜得多)'라는 부분에서, C는 '소형 로봇이 할 수 있는 일은 기계가 완료할 수 있는 일이 아니다(但是小机器人所能做的工作却不是机器所能完成的)'라는 부분에서 확인할 수 있습니다. '대형 로봇은 무겁고 비싼 엔진이 필요하고 대량의 동력

을 소모해야 한다(大型机器人需要沉重昂贵的发动机和大量的动力消耗)'고 했으므로 반대로 마이크로 로봇은 동력을 적게 소모할 것이라는 점을 유추할 수 있다.

---

94 ★★

研制微型机器人，最大的障碍是：	마이크로 로봇 개발의 가장 큰 장애물은?
A 应用领域有限	A 응용 범위가 제한적이다
B 领导的惯性思维	B 지도자들의 고정 관념
C 微型化技术不成熟	C 소형화 기술이 미숙하다
D 不适合进行批量生产	D 대량 생산에 적합하지 않다

惯性思维 guànxìng sīwéi 고정 관념, 틀에 박힌 생각

'로봇들이 실생활에 쓰이려면 일련의 기술적 어려움을 극복해야 한다(当然要它们在现实生活中出现，还需克服一系列技术上的障碍)'고 했으므로 정답은 C입니다. '마이크로 로봇을 대량 생산할 수 있게 되면, 과학 연구와 생산에 미치는 영향은 헤아릴 수 없을 것(一旦这种机器人能批量生产出来，它们在科研和生产中所起的作用将是无法估量的)'이라고 했으므로 A와 D는 정답이 아닙니다.

---

95 ★★

根据上文，下列哪项正确？	윗글에 근거하면 다음 중 올바른 것은 무엇인가?
A 正在设计一种能进入管道的机器人	A 파이프에 들어갈 수 있는 로봇을 설계하고 있다
B 微型机器人的作用将是超乎想象的	B 마이크로 로봇의 역할은 앞으로 상상을 초월할 것이다
C 机器人进入体内治疗并不是夸张之词	C 로봇이 몸속으로 들어가 치료하는 것은 과장이 아니다
D 近年内能办到微型机器人的大量生产	D 최근 몇 년 안에 마이크로 로봇을 대량 생산할 수 있다

超乎想象 chāohū xiǎngxiàng 상상을 뛰어넘다, 상상을 초월하다 | 治疗 zhìliáo 통 치료하다 | 夸张之词 kuāzhāng zhī cí 과장이 섞인 말, 허풍

'마이크로 로봇을 대량 생산할 수 있게 되면, 과학 연구와 생산에 미치는 영향은 헤아릴 수 없을 것(一旦这种机器人能批量生产出来，它们在科研和生产中所起的作用将是无法估量的)'이라고 했으므로 정답은 B입니다. 파이프에 들어갈 수 있는 로봇은 '이미 성공적으로 설계되었기(研究人员确已成功设计出一种能进入煤气或自来水管道去修补裂缝或漏洞的微型机器人)' 때문에 A는 정답이 아닙니다. 마이크로 로봇이 환자의 혈관에 들어가 콜레스테롤을 제거하는 것은 '현재의 상황에서 과장된 것(当然，就目前的情况来看，这种说法未免言过其实)'이라고 했으므로 C도 정답이 아닙니다. '마이크로 로봇의 대량 생산은 아마도 몇 년 안에 할 수 있는 일이 아닐 것(微型机器人的大量生产恐怕还不是近年之内能办到的事情)'이라고 했으므로 D도 정답이 아닙니다.

---

96 ★★★

最适合做上文标题的是：	윗글의 제목으로 가장 적합한 것은?
A 机器和机器人的区别	A 기계와 로봇의 차이점
B 昆虫般大小的机器人	B 곤충 크기의 로봇
C 微型机器人所起的作用	C 마이크로 로봇의 역할
D 机器人对未来医学的影响	D 로봇이 미래의 의학에 끼치는 영향

标题* biāotí 명 표제, 제목

지문 전체적으로 마이크로 로봇, 즉 곤충 크기의 로봇에 관한 내용을 다루고 있으므로 B가 정답입니다. A, C, D도 부분적으로 언급됐지만 전체 지문을 포괄하는 내용은 아닙니다. 특히 마지막 단락만 보고 C를 골라서는 안 됩니다.

字库塔，是古人专门用来焚烧字纸的建筑。据史料记载，字库塔始建于宋代，到元明清时已经相当普及了。

[97]从外观看，字库塔具有不同风格与造型，[100]大多采用六角柱体或八角柱体，也有的建成简朴的四角柱体。塔身通常有一小孔，或方、或圆或倒U形，字纸便从这里投入。塔顶及塔身装饰也风格各异，大都雕梁画栋，特色突出；有的则非常古朴，青砖碧瓦，未加更多修饰。

古人为什么要将废弃的字纸放到专门修建的塔中焚烧呢？[98]这是受中国传统文化中"惜字如金"观念的影响所形成的一种习俗。旧时，读书人废弃的字纸是不能随意丢弃，更不能有擦屁股之类的举动，民间有种说法，糟蹋字纸会瞎眼睛，受到惩罚并祸及子孙等。所有用过的字纸或废书，都要统一收集起来，放到一个地方集中焚化。焚烧字纸时非常郑重，不但有专人，还有专门的礼仪。过去有些地方的老百姓还组织有"惜字会"，除了自愿外，人们义务上街收集字纸，也有的由地方政府、大富人家或祠庙宫观出资雇专人收集。书籍在其老祖宗的心目中是非常神圣的。所有用过的经史子集，磨损残破之后，是不得随意丢弃的，要先将其供奉在字库塔内十年八载，然后择良辰吉日行礼祭奠之后，再点火焚化。

另一方面，对字库塔的尊崇也有思想观念固化的一面，还掺杂着古人求取功名的功利主义思想。[99]随着科举考试的盛行，字库塔也就逐渐演变为一种祈福的载体。人们将它设在衙门、书院，有的设在寺庙、街口、乡间地头，还有些大户人家设在自家花园中，供上仓颉、文昌帝君、孔圣人等文神之位，希望得到庇佑而金榜题名。但是在中国以儒家文化为先导的主流意识中，这样固化的思想也是很正常的。也可以这样的理解，是从道德的角度来约束和引导了人们的思维，发展为应该对字纸的尊重，其实也就是对文化的一种尊崇。从而也推动了字库文化的发展，捍卫了字库的千年存在。

자고탑은 옛날 중국 사람들이 글자를 쓴 종이를 태우는 데 전문적으로 사용한 건물이다. 사료에 따르면 자고탑은 송대에 건설되기 시작하여 원·명·청대에 이르러 이미 상당히 보급되었다.

[97]외관을 보면 자고탑은 다양한 스타일과 형태를 가지고 있는데, [100]대부분 육각기둥이나 팔각기둥의 형태를 채택했고, 일부는 단순한 사각기둥으로 지었다. 탑 몸체 부분에는 보통 작은 구멍이 하나 있는데 사각형, 원형 혹은 역U자형으로 글자를 쓴 종이가 이곳으로 투입된다. 탑 꼭대기와 탑 몸체의 장식도 스타일이 각기 다른데 대부분 단청으로 장식되어 있어 특색이 두드러지지만, 일부는 매우 고풍스럽고 푸른 벽돌과 푸른 기와로 지어졌으며 더 이상 장식이 추가되지 않았다.

옛 사람들은 왜 버릴 글자를 쓴 종이를 일부러 건설한 탑에 넣어 태웠을까? [98]이것은 중국 전통 문화에서 '글자를 금처럼 아끼는' 관념의 영향을 받아 형성된 풍속이다. 옛날 지식인들은 글자를 쓴 종이를 마음대로 버릴 수 없었고, 엉덩이를 닦는 등의 행위도 있을 수 없었다. 민간에서는 글자를 쓴 종이를 훼손하면 눈이 멀고, 천벌을 받고 자손에게 화가 미친다는 등의 미신이 있었다. 사용한 모든 글자가 적힌 종이나 폐서적은 한데 모아서 소각해야 했다. 글자가 적힌 종이를 불태울 때 매우 정중해서, 전담하는 직책뿐만 아니라 전문적인 예법도 있었다. 과거에 일부 지역의 백성들은 '석자회'를 조직했는데, 자원해서 참가하는 사람 외에 의무적으로 참가하여 거리로 나가 종이를 수집해야 하는 경우도 있었고 지방 관리, 대부호, 사당이나 사원이 출자해서 전담 인력을 고용하여 수집하는 경우도 있었다. 책은 중국 선조의 마음속에서 매우 신성한 것이었다. 사용한 모든 책들은 마모되고 찢어진 뒤에도 마음대로 버려서는 안 됐다. 먼저 자고탑에 여러 해 모시고 나서 길일을 골라 제례를 행한 후 불을 피워 소각해야 했다.

한편, 자고탑에 대한 숭상에도 사상과 관념이 굳어진 측면이 있어서 옛 사람들이 공명을 추구하는 공리주의 사상이 섞여 있다. [99]과거 시험이 성행하면서 자고탑도 점차 기복의 매개체로 변해 갔다. 사람들은 자고탑을 관아, 서원에, 아니면 사원, 거리, 마을의 논과 밭에, 또 어떤 대부호는 자기 집 정원에 설치하여 창힐, 문창제군, 공자 등 문신(文神)의 신위를 모셔 그들의 가호 아래 과거에 급제하기를 희망했다. 그러나 유교 문화가 이끌던 중국의 주류 의식에서 이렇게 굳어진 사상은 정상적인 것이었다. 도덕적 관점에서 사람들의 사고를 제한하고 유도하던 것이 글자를 쓴 종이를 존중하는 것으로 발전했다고도 이해할 수 있다. 사실 이는 문화에 대한 일종의 숭상이기도 하다. 이로 인해 자고 문화의 발전이 촉진되었고 자고가 천년 동안 존재할 수 있었다.

塔* tǎ 몡 탑 | 字纸 zìzhǐ 몡 (서적, 서류 등의 글씨가 써 있는) 파지, 폐지 | 史料 shǐliào 몡 역사 자료, 사료 | 记载* jìzǎi 동 기재하다, 기록하다 | 风格 fēnggé 몡 스타일, 풍격 | 造型* zàoxíng 몡 조형, 모양, 형상 | 采用 cǎiyòng 동 사용하다, 채용하다 | 柱体 zhùtǐ 몡 기둥 | 孔* kǒng 몡 구멍 | 装饰 zhuāngshì 몡 장식, 장식품 | 雕梁画栋 diāoliáng-huàdòng 셍 기둥과 대들보를 단청이나 채화로 장식하다 혹은 그러한 건축물 | 突出 tūchū 동 돋보이다, 두드러지다 | 则 zé 몡 반면에, 오히려 | 古朴 gǔpǔ 톙 소박하고 예스럽다, 수수하면서 고풍스럽다 | 青砖碧瓦 qīngzhuān-bìwǎ 푸른 벽돌과 푸른 기와 | 修建* xiūjiàn 동 건설하다, 건축하다 | 形成 xíngchéng 동 형성하다 | 习俗* xísú 몡 풍습, 풍속 | 随意* suíyì 톙 뜻대로의, 마음대로의 | 屁股 pìgu 몡 엉덩이 | 举动* jǔdòng 몡 거동, 동작, 행위 | 民间* mínjiān 몡 민간 | 糟蹋* zāotà 동 낭비하다, 망치다, 파괴하다 | 惩罚* chéngfá 몡 징벌 | 祸及子孙 huòjí zǐsūn 화가 자손에게까지 미치다 | 统一 tǒngyī 톙 통일된, 단일한 | 郑重* zhèngzhòng 톙 정중하다, 점잖고 엄숙하다 | 礼仪 lǐyí 몡 예의, 예절과 의식 | 自愿 zìyuàn 동 자원하다 | 上街 shàngjiē 동 거리로 나가다 | 政府 zhèngfǔ 몡 정부 | 人家* rénjiā 몡 남, 그 사람, 나 | 祠庙宫观 címiàogōngguàn 사당, 절, 도관, 궁전 등 | 出资 chūzī 동 자금을 대다, 출자하다 | 雇 gù 동 고용하다 | 书籍* shūjí 몡 서적, 책 | 神圣* shénshèng 톙 신성하다, 성스럽다 | 经史子集 jīngshǐzǐjí 경사자집, 모든 책의 총칭 | 供奉 gòngfèng 동 (제물을) 바치다, 공양하다, 모시다 | 十年八载 shíniánbāzǎi 여러 해 | 良辰吉日 liángchén-jírì 몡 길일, 손 없는 날 | 行礼 xínglǐ 동 예를 행하다 | 祭奠 jìdiàn 동 (제사를 지내어) 추모하다, 추도하다 | 固化 gùhuà 동 고착화하다, 굳어지다 | 掺杂 chānzá 동 혼합하다, 뒤섞다 | 功名 gōngmíng 몡 (과거나 관직에서의) 명예와 지위 | 主义* zhǔyì 몡 주의 | 科举 kējǔ 몡 (옛날, 관리를 뽑던) 과거 | 盛行* shèngxíng 동 성행하다 | 演变 yǎnbiàn 동 변천하다 | 祈福 qífú 동 기복하다, 복을 기원하다 | 载体 zàitǐ 몡 운반체 | 衙门 yámen 몡 관아, 관공서 | 寺庙* sìmiào 몡 사원, 절 | 大户 dàhù 몡 부호, 지주 | 庇佑 bìyòu 동 (미신적인 측면에서) 보우하다 | 金榜题名 jīnbǎng-tímíng 셍 시험에 합격하다 | 儒家* Rújiā 몡 유가 [제자백가 중 하나] | 主流* zhǔliú 몡 주요 추세, 주류 | 角度 jiǎodù 몡 각도 | 约束* yuēshù 동 규제하다, 속박하다, 구속하다 | 引导* yǐndǎo 동 인도하다 | 尊重 zūnzhòng 동 존중하다 | 推动 tuīdòng 동 추진하다 | 捍卫* hànwèi 동 지키다, 수호하다

97 ★★★

根据第二段，可以知道字库塔：	두 번째 단락에 근거하면 자고탑은?
A 都有彩绘装饰	A 모두 단청으로 장식되어 있다
B 没有华丽的修饰	B 화려한 장식이 없다
C 有的塔身有U型小孔	C 어떤 것은 탑 몸체에 U자 모양의 구멍이 있다
D 风格和造型不尽相同	D 스타일과 모양이 다 같은 것은 아니다

华丽* huálì 톙 화려하다 | 不尽相同 bújìnxiāngtóng 다 같지 않다, 천차만별이다

'외관을 보면 자고탑은 다양한 스타일과 형태를 가지고 있다(字库塔具有不同风格与造型)'고 했으므로 정답은 D입니다. 한편, 탑 꼭대기와 탑 몸체가 '단청으로 장식된 것(大都雕梁画栋)'도 있었지만 '장식이 없는 것(未加更多修饰)'도 있었으므로 A와 B는 정답이 아닙니다. 탑 몸체에 있는 구멍 중 '역U자 모양(倒U形)'은 있었지만 U자 모양은 없었으므로 C도 정답이 아닙니다.

98 ★★★

古人为什么修建字库塔收集用过的字纸和废书？	옛 사람들은 왜 자고탑을 건설하여 사용한 글자를 쓴 종이와 폐서적을 모았는가?
A 要回收再利用废纸	A 폐지를 회수하여 재활용하려고
B 乱烧会造成空气污染	B 함부로 태우면 대기오염을 일으켜서
C 受到"惜字如金"观念的影响	C '글자를 금처럼 아끼는' 관념의 영향을 받아서
D 随便丢弃会受到神灵的惩罚	D 마음대로 버리면 신의 처벌을 받을 수 있어서

污染 wūrǎn 동 오염되다 | 神灵 shénlíng 몡 신령

세 번째 단락에 옛 사람들이 글자를 쓴 종이를 일부러 건설한 탑에 넣어 태운 것은 '중국 전통 문화에서 글자를 금처럼 아끼는 관념의 영향을 받아 형성된 풍습(这是受中国传统文化中"惜字如金"观念的影响所形成的一种习俗)'이라고 나타나 있습니다. 신의 처벌을 받는다는 것은 미신일 뿐이고, 종이를 마음대로 버릴 때가 아닌 훼손했을 때의 일이므로 정답으로 볼 수 없습니다.

99 ★★

根据最后一段，"思想观念固化的一面"指的是：	마지막 단락에 근거하면 '사상과 관념이 굳어진 측면'이 가리키는 것은?
A 浪费大量的人力物力资源	A 대량의 인적 자원과 물적 자원을 낭비한다
B 字库塔变成了一种祈福的载体	B 자고탑은 일종의 기복의 매개체가 되었다
C 字库塔标志着对文化的一种尊崇	C 자고탑은 문화에 대한 숭상을 상징한다
D 很多人因为读书而无力养活自己	D 많은 사람들이 공부를 하느라 생계를 유지할 수 없었다

浪费 làngfèi 동 낭비하다 | 而 ér 접 ~ 때문에

마지막 단락에서 '과거 시험이 성행하면서 자고탑도 점차 기복의 매개체로 변해 갔다(随着科举考试的盛行，字库塔也就逐渐演变为一种祈福的载体)'고 했으므로 B가 정답입니다.

100 ★★★

根据上文，下列哪项正确？	윗글에 근거하면 다음 중 올바른 것은 무엇인가?
A 字库塔都是有棱角的柱体	A 자고탑은 모두 각진 기둥이다
B 废书收集后可以立刻焚烧	B 폐서적을 수집한 다음 바로 소각할 수 있다
C 字库文化在宋代已经相当成熟	C 자고탑 문화는 송나라 때 이미 상당히 성숙했다
D 老百姓上街收集字纸都是自愿的	D 사람들이 거리에 나가서 글자를 쓴 종이를 수집하는 것은 모두 자원한 것이었다

棱角 léngjiǎo 명 모서리

두 번째 단락에서 '대부분 육각기둥이나 팔각기둥의 형태를 채택했고, 일부는 단순한 사각기둥으로 지었다(大多采用六角柱体或八角柱体，也有的建成简朴的四角柱体)'고 했으므로 자고탑은 모두 각진 기둥이라는 것을 알 수 있습니다. 따라서 정답은 A입니다. '棱角(모서리)'는 필수 단어가 아니지만 '角(각, 모서리)'가 3급 필수 단어이고 '角度(각도)', '角落(구석)' 같은 필수 단어를 구성하는 글자이기도 하여 그 뜻을 짐작할 수 있습니다. 폐서적이나 버린 종이는 자고탑에 여러 해 모시고 나서 길일을 골라 제례를 행한 후 불을 피워 소각해야 했으므로 B는 정답이 아닙니다. 자고탑은 송대에 건설되기 시작한 것이므로 C는 정답이 아니고, 거리에 나가서 종이를 수집하는 것은 자원한 경우와 고용된 경우가 있었으므로 D는 정답이 아닙니다.

三、书写 쓰기

101번은 한 편의 글을 읽고 요약하는 문제입니다.

고득점 Tip | HSK 6급 쓰기 영역 Q&A

Q. 글자 수가 400자에 못 미쳐도 되나요?

A. 좋은 점수를 받은 답안을 살펴보면 글자수가 450~550자 정도입니다. 그러니 450자 이상을 쓰는 것을 목표로 연습하는 게 좋습니다.

Q. 문단은 몇 개로 나눠야 하나요?

A. 4~7개의 문단으로 나누는 것을 추천합니다.

Q. 어디에서 문단을 나눠야 하나요?

A. 이야기 흐름에 따라 시간의 변화가 있는 부분에서 문단을 나누면 됩니다. 하나의 작은 사건이 끝나고 다른 시간이 시작할 때 문단을 나누고, 문단이 너무 짧은 경우에는 두 사건을 한 문단으로 합칩니다.

Q. 주인공 이름을 꼭 외워야 하나요?

A. 주인공 이름을 외우는 것을 추천합니다. 만약 '他'나 '主人公'으로 대체하면 다른 인물과 헷갈릴 수도 있고 내용의 흐름도 부자연스러울 수 있습니다.

Q. 10분간 무엇에 유의해서 읽어야 하나요?

A. 문단마다 '시간, 등장 인물, 인물의 행동, 결과'를 기억하면 기본적인 답안을 작성할 수 있습니다. 4가지 포인트에 원인이나 묘사를 추가하면 풍부한 답안을 완성할 수 있습니다. 기억해야 하는 키워드는 주황색으로 표시했으니 주의하여 복습해 보세요.

Q. 제목은 어떻게 쓰면 되나요?

A. 주인공이나 핵심적인 키워드를 활용해서 《〇〇〇的故事(〇〇〇의 이야기)》라고 쓰면 무난합니다. 또는 《坚持才能成功》《知足者常乐》와 같이 지문에 나타난 교훈적 주제를 활용하면 더 좋은 점수를 받을 수 있습니다. 지문의 교훈은 주로 마지막 문단에 많이 등장합니다.

Q. 사자성어를 꼭 써야 하나요?

A. 이야기의 흐름과 내용이 잘 갖춰져 있는 상황에서 사자성어를 사용하면 높은 점수를 받을 수 있습니다. 그러나 사자성어를 틀리게 사용하면 오히려 감점을 받을 수 있으니 우선은 내용을 정확하게 적는 것이 중요합니다. 기억해야 하는 사자성어는 회색으로 표시했으니 고득점을 목표로 한다면 외워 뒀다가 답안에서 활용해 보세요.

安德森大学实习时创办了一家广告公司，公司规模虽小，但经过几年的诚信经营，客户逐渐变多了。

最初，公司为一个大客户设计了一个禁烟宣传广告。可是，一天他收到合作方发来的通知书，上面写着："贵公司设计制作的禁烟广告牌，没有任何作用。一个月内如不能提出可行性整改方案，将终止与贵公司的所有合作。"安德森收到通知书后，陷入了沉思。如何才能做出既有效果又能让客户满意的广告呢？

一天，一夜没合眼的安德森早早地离开了公司，来到市中心的广场，驻足在广告牌下。"禁止吸烟"的警示语醒目地写在上面，但经过的人们丝毫不在意，照旧吸着烟。更过分的是，有人经过广告牌时，还用烟头在广告牌上烫了好几个洞。看到这些广告牌形同虚设，安德森心里装满了挫败感。

安德森漫无目的地走着，无意中看到在广场的角落集聚着一群人，正在聚精会神地观看着银幕上的动漫，夸张的表情引得人们开怀一笑，来来往往的人也不禁去看一看究竟是什么。这时，安德森灵光一现，突然有了主意。为何不把广告牌也做成动漫的样子，这样更能让人们容易接受忠告，起到两全其美的效果。于是，安德森连夜开始设计方案。

第二天，他兴高采烈地把方案给了相关人员。可是，工作人员一脸地不信任，无论安德森怎么说丝毫也不相信他能做成功。安德森决定放手一搏，他和相关部门约定，一旦不成功，所有损失由自己的公司承担，这样对方才勉强答应了下来。凭借这股不认输的精神，安德森争取到了项目。他的团队经过几个月时间的精心策划，几经修改后，终于完成了这个项目。

改进后的广告牌，表面看起来没有任何特殊的地方，只是里面安装了烟雾探测器。但这个广告牌能在规定的距离内，检测到烟雾，探测器就会发出警报。警报发出的讯号，经由线路转换成数据传导到屏幕上，广告牌上的模特就会捂嘴咳嗽起来，还会浮现出"吸烟有害健

앤더슨은 대학에서 인턴으로 일하면서 광고 회사를 설립했는데, 회사의 규모는 작지만 몇 년간의 신뢰 있는 경영으로 고객이 점점 많아졌다.

처음에, 회사는 한 큰 고객사를 위하여 금연 홍보 광고를 디자인했다. 그런데 하루는 상대로부터 통지서를 받았는데 내용은 이러했다. "귀사가 디자인해서 만든 금연 광고판은 아무런 효과가 없습니다. 한 달 이내에 시행 가능한 개선 방안을 제시하지 못하면 귀사와의 모든 협력을 중지할 것입니다." 앤더슨은 통지서를 받고 생각에 잠겼다. 어떻게 하면 효과적이고 고객도 만족시킬 수 있는 광고를 만들 수 있을까?

어느 날 밤을 샌 앤더슨이 일찌감치 회사를 나와 도심의 광장에 도착해 광고판 밑에서 발걸음을 멈췄다. '흡연 금지'라는 안내문이 눈에 띄게 적혀 있지만 지나가는 사람들은 전혀 개의치 않고 여전히 담배를 피웠다. 더 심한 것은 누군가가 광고판을 지날 때 담배꽁초로 광고판에 구멍을 여러 개 냈다는 것이다. 이렇게 광고판들이 유명무실한 것을 보고 앤더슨의 가슴에는 좌절감이 가득해졌다.

앤더슨은 무작정 걷다가 무심코 광장 한구석에 사람들이 모여서 스크린의 애니메이션을 집중해서 보고 있는 것을 보았다. 과장된 표정이 사람들의 웃음을 자아냈고 오가는 사람들도 도대체 무엇인지 한번 보러 왔다. 그때 앤더슨은 번쩍 하고 갑자기 아이디어가 떠올랐다. 왜 광고판도 애니메이션처럼 만들지 않는 거지? 그렇게 하면 사람들이 충고를 쉽게 받아들일 수 있을 것이고 일거양득의 효과를 얻을 수 있는데. 그래서 앤더슨은 밤을 새워가며 디자인을 시작했다.

이튿날 그는 신이 나서 방안을 관계자에게 주었다. 하지만, 직원들 얼굴에는 불신이 가득했다. 앤더슨이 뭐라고 말하든 그가 성공할 수 있다고 믿지 않았다. 앤더슨은 죽기 살기로 한번 해 보기로 결정했다. 그는 성공하지 못할 경우 모든 손해를 자신의 회사가 책임지기로 관련 부서와 약속했다. 그제야 상대방은 마지못해 받아들였다. 이 패배를 인정하지 않는 정신으로 앤더슨은 프로젝트를 손에 넣었고 그의 팀은 몇 달간의 치밀한 계획 끝에 몇 차례 수정을 거쳐 마침내 이 프로젝트를 완성했다.

개선된 광고판은 겉으로는 아무런 특이한 점이 없었다. 그저 안에 연기 탐지기를 장착하고 있었다. 그러나 이 광고판은 정해진 거리에서 연기를 감지하면 탐지기가 경보를 울렸다. 경보가 내보낸 신호는 회선을 거쳐 데이터로 변환돼 모니터로 전해졌고 광고판에 있던 모델들은 입을 막고 기침을 했고 "흡연은 건강에 해롭습니다"라는 경고문이 떴다. 또 그들은 광고판 바깥에 3D 렌즈를 덧씌워

康"的警示语。另外，他们还在广告牌外面覆盖了一层3D镜片，让来往的行人看到的画面更形象逼真，更有身临其境的感觉。

刚开始，路人们都是一副莫名其妙的样子，明白用意后，人们纷纷在禁烟区熄灭了香烟。"吸烟有害身体健康"的观念在人们心中潜移默化地产生影响。会咳嗽的广告牌，最终引起了媒体的关注。人们在互联网上转载发布，赢得了政府和民众的一致好评。

凭借这支广告，安德森的广告公司接到很多前来咨询业务的电话，业务量比之前增加将近3倍。

오가는 행인들이 보는 화면을 더욱 생동감이 있고 더 실감나게 정말 그 속에 있는 것처럼 느껴지게 했다.

처음에 행인들은 어리둥절한 모습이었으나 의도를 알게 되자 사람들은 금연 구역에서 담배를 껐다. '흡연은 건강에 해롭다.'라는 생각이 사람들의 마음속에 무의식적으로 영향을 주었다. 기침할 수 있는 광고판은 마침내 언론의 관심을 끌었다. 사람들은 인터넷에서 공유했고 정부와 시민들의 일치된 호평을 받았다.

이 광고로 앤더슨의 광고 회사는 업무를 문의하는 수많은 전화를 받았다. 업무량은 이전보다 3배 가까이 많아졌다.

诚信 chéngxìn 혱 성실하다 | 合作 hézuò 통 합작하다, 협력하다 | 可行* kěxíng 혱 실행할 만하다 | 终止* zhōngzhǐ 통 중지하다 | 陷入* xiànrù 통 빠지다, 몰두하다 | 沉思* chénsī 통 깊이 생각하다, 숙고하다 | 驻足 zhùzú 통 걸음을 멈추다 | 醒目 xǐngmù 통 눈길을 끌다, 주의를 끌다 | 丝毫 sīháo 뷔 조금도, 추호도 | 在意 zàiyì 통 마음에 두다, 신경 쓰다 | 照旧 zhàojiù 통 예전대로 따르다 | 形同虚设 xíngtóngxūshè 혱 없는 것이나 마찬가지이다, 유명무실이다 | 挫败 cuòbài 멍 좌절과 실패 | 漫无目的 mànwúmùdì 혱 아무런 목적이 없다 | 角落* jiǎoluò 멍 구석, 모퉁이 | 集聚 jíjù 통 모이다, 집합하다 | 聚精会神 jùjīng-huìshén 정신을 집중하다, 전심하다 | 夸张 kuāzhāng 통 과장하다 | 不禁* bùjīn 뷔 자기도 모르게, 절로 | 忠告 zhōnggào 멍 충고 | 兴高采烈* xīnggāo-cǎiliè 혱 매우 기쁘다 | 信任 xìnrèn 통 신임하다, 신뢰하다 | 部门 bùmén 멍 부서 | 承担 chéngdān 통 담당하다, 맡다 | 勉强* miǎnqiǎng 혱 마지못하다, 억지스럽다 | 凭借 píngjiè 통 ~에 의지하다 | 精心* jīngxīn 혱 공들이다, 정성을 들이다 | 策划* cèhuà 통 기획하다 | 特殊 tèshū 혱 특수하다 | 烟雾 yānwù 멍 연기, 스모그 | 探测器 tàncèqì 멍 탐지기 | 检测 jiǎncè 통 검사하다, 측정하다 | 转换 zhuǎnhuàn 통 전환하다, 바꾸다 | 屏幕* píngmù 멍 스크린 | 捂 wǔ 통 가리다, 막다 | 咳嗽 késou 통 기침하다 | 浮现 fúxiàn 통 떠오르다 | 形象 xíngxiàng 혱 생동감 있다, 생생하다 | 身临其境 shēnlínqíjìng 그 상황에 직접 있는 것 같다 | 副* fù 양 [얼굴 표정을 나타냄] | 莫名其妙* mòmíngqímiào 혱 영문을 모르다, 매우 오묘하다 | 熄灭* xīmiè 통 (불을) 끄다 | 潜移默化* qiányí-mòhuà 혱 모르는 사이에 감화하다 | 最终 zuìzhōng 혱 최종, 최후 | 互联网 hùliánwǎng 멍 인터넷 | 将近* jiāngjìn 뷔 거의 ~에 근접하여

모범 답안																			
					会	咳	嗽	的	广	告	牌								
		安	德	森	在	大	学	实	习	时	开	了	一	家	广	告	公	司	,
经	过	多	年	的	诚	信	经	营	,	公	司	的	客	户	越	来	越	多	了。
		最	初	,	公	司	设	计	了	一	个	禁	烟	宣	传	广	告	,	但
没	过	多	久	就	收	到	了	合	作	方	的	通	知	书	,	上	面	说	,
禁	烟	广	告	没	有	收	到	很	好	的	效	果	,	如	果	没	有	更	好
的	方	案	,	将	会	终	止	合	作	。	安	德	森	收	到	通	知	书	后
一	直	在	想	有	没	有	更	好	的	方	案	。							
		一	天	,	安	德	森	离	开	公	司	,	来	到	了	市	中	心	的
广	告	牌	附	近	,	观	察	人	们	的	反	应	,	他	发	现	吸	烟	者

对禁烟广告毫不在意，有的人甚至用烟头在广告牌上烫了洞，这使安德森感到了挫败感。他漫无目的地走在大街上，看到了一些人聚精会神地看着动漫，人们都很开心，他突然想到了一个好主意。

　　第二天，安德森将方案给了合作方，但对方不太相信，他深信不疑地说："若该方案失败，自己将承担一切损失。"他凭着不服输的精神获得了这个项目。经过几个月的努力，新方案最终完成了。

　　修改后的广告牌，里面安装了烟雾检测器，一旦检测到烟雾，屏幕上的模特就会捂嘴咳嗽，幕上还会浮出"吸烟有害健康"的警示语，而且屏幕上面有3D镜片，这给人们一种身临其境的感觉。

　　刚开始，路人们都不在意，当他们知道广告的含义后，纷纷熄灭了香烟，吸烟有害健康的理念深入人心，起到了潜移默化的作用。会咳嗽的广告牌引起了很大关注，并且获得了政府和民众们的一致好评。

　　凭借这个广告，安德森接到了很多咨询电话，公司业务也比以往增加了三倍。

毫 háo 閉 조금도, 전혀 ｜凭 píng 閉 기대다 ｜含义* hányì 閉 함의, 내포된 뜻, 담겨진 의미 ｜理念 lǐniàn 閉 이념, 철학 ｜深入 shēnrù 閉 깊이 파고들다 ｜以往* yǐwǎng 閉 이전, 과거

一、听力 듣기

제1부분 1~15번은 단문을 듣고 녹음과 일치하는 보기를 선택하는 문제입니다.

1 ★★

孵化器本意指孵化禽蛋的设备，引申到企业中，指在一个特定的空间内，<u>为企业提供资金、管理等便利</u>，从而顺利度过创业初举步维艰的时期。特别旨在对有高新技术成果的科技型企业和创业企业进行孵化，<u>以推动合作，使其做大做强。</u>

A 孵化禽蛋耗时长
B 孵化器在当代很罕见
C 孵化器可推动企业发展
D 孵化器的生产需要大量资金

부화기는 본래는 가금류의 알을 부화시키는 설비를 가리킨다. 기업에서는 의미가 파생되어 특정한 공간에서 기업을 위하여 자금과 경영 등의 편의를 제공하여 창업 초창기에 어려운 시기를 순조롭게 보내도록 하는 것을 가리킨다. 특히 첨단기술 성과가 있는 테크 기업과 스타트업 기업을 부화시키는 것은 협력을 촉진하여 그들이 강한 기업이 되도록 만들기 위해서이다.

A 가금류의 알 부화는 시간이 걸린다
B 부화기는 지금 보기 드물다
C 부화기는 기업의 발전을 촉진한다
D 부화기의 생산은 대량의 자금이 필요하다

孵化 fūhuà 图 부화하다 | 本意 běnyì 图 본래의 뜻 | 禽蛋 qíndàn 图 조류의 알 | 设备 shèbèi 图 설비 | 引申 yǐnshēn 图 전의되다, 새로운 뜻이 파생되다 | 企业 qǐyè 图 기업 | 特定* tèdìng 图 특정하다, 일정하다 | 空间 kōngjiān 图 공간 | 提供 tígōng 图 제공하다 | 资金 zījīn 图 자금 | 便利* biànlì 图 편리하다 | 度过 dùguò 图 (시간을) 보내다 | 创业* chuàngyè 图 창업하다 | 举步维艰 jǔbù-wéijiān 图 발걸음을 내딛기가 힘들다 | 旨 zhǐ 图 뜻, 의의, 취지 | 技术 jìshù 图 기술 | 成果 chéngguǒ 图 성과 | 科技 kējì 图 과학기술 | 推动 tuīdòng 图 추진하다 | 合作 hézuò 图 합작하다, 협력하다 | 耗时 hàoshí 시간이 걸리다 | 当代* dāngdài 图 당대, 그 시대 | 罕见* hǎnjiàn 图 보기 드물다 | 发展 fāzhǎn 图 발전하다

부화기는 기업에 '자금과 경영 등의 편의를 제공(为企业提供资金、管理等便利)'하고 '협력을 촉진하여 그들이 강한 기업이 되도록 만든다(以推动合作，使其做大做强)'고 했으므로 부화기는 기업의 발전을 촉진한다는 것을 알 수 있습니다. 정답은 C입니다.

2 ★★★

五羊仙舞起源于宋代，是一种祈祷五谷丰登的乐舞。据说它是根据五位仙人骑五色羊驮五谷到广州的民间故事而编写的。<u>古时，这种舞除了祭祀外，有时也会用于向帝王祝寿。</u>广州亚运会吉祥物的创意也来源于此。

오양선무는 송대에 시작되었으며 풍년이 들기를 기원하는 춤이다. 일설에 따르면 이 춤은 다섯 선인이 오색의 양을 타고 오곡을 광저우로 옮기던 민간의 이야기를 엮은 것이다. 옛날에 이 춤은 제사뿐만 아니라 제왕의 생일을 축하할 때도 사용하였다. 광저우 아시안 게임 마스코트의 구상도 여기에서 나왔다.

A 五羊仙舞是宫廷舞蹈 　　　A 오양선무는 궁중 무용이다
B 五羊仙舞已后继无人 　　　B 오양선무는 이미 전수자가 없다
C 古代五羊仙舞有多种用途 　C 고대 오양선무는 여러 용도가 있었다
D 亚运会中曾表演过五羊仙舞 　D 아시안 게임에서 오양선무를 공연한 적이 있다

起源* qǐyuán 图 기원하다 | 祈祷 qídǎo 图 기도하다 | 五谷丰登 wǔgǔ-fēngdēng 생 오곡이 풍성하다, 풍년이 들다 | 据说 jùshuō 图 듣건대 | 仙人 xiānrén 선인, 신선 | 骑 qí 图 타다 | 驮 tuó 图 등에 지다 | 民间* mínjiān 명 민간 | 编写 biānxiě 图 창작하다 | 祭祀 jìsì 图 제사를 지내다 | 帝王 dìwáng 명 제왕 | 祝寿 zhùshòu 图 생신을 축하하다 | 亚运会 Yàyùnhuì 고유 아시안 게임 [=亚洲运动会] | 吉祥物 jíxiángwù 명 마스코트 | 创意 chuàngyì 명 창의, 구상 | 来源* láiyuán 图 기원하다, 생겨나다 | 宫廷 gōngtíng 명 궁정, 궁전 | 舞蹈* wǔdǎo 명 춤 | 后继无人 hòujì-wúrén 생 뒤이을 사람이 없다 | 用途 yòngtú 명 용도 | 表演 biǎoyǎn 图 공연하다

'옛날에 이 춤은 제사뿐만 아니라 제왕의 생일을 축하할 때도 사용하였다(古时，这种舞除了祭祀外，有时也会用于向帝王祝寿)'고 했으므로 오양선무에는 여러 용도가 있다는 것을 알 수 있습니다. 정답은 C입니다. 광저우 아시안 게임의 마스코트 '오양(五羊)'이 오양선무에서 비롯되긴 하였으나, 오양선무를 공연한 것은 아니므로 D는 정답이 아닙니다.

3 ★★

"没有买卖就没有杀害"是国际动物保护组织倡导的理念。目前中国已经出台了《野生动物保护法》等多部法律法规，从制造市场的收买、加工和销售等方面入手整治，从根源上保护野生动植物资源。

A 购买野生动物时需申报
B 保护野生动物任重道远
C 有些野生动物已濒临灭绝
D 保护野生动物的法律已出台

"거래가 없으면 살육도 없다."는 국제 동물 보호 기구가 제창한 이념이다. 지금 중국은 이미 「야생동물 보호법」 등 여러 법률을 공포하여 제조 시장의 구매, 가공, 판매 등 방면에서부터 문제점을 고치면서 근본적으로 야생 동식물 자원을 보호한다.

A 야생동물을 구입할 때 신고를 해야 한다
B 야생동물 보호는 쉬운 일이 아니다
C 어떤 야생동물들은 이미 멸종 위기에 처해 있다
D 야생동물 보호에 관한 법률이 공포되었다

买卖 mǎimai 명 매매, 거래, 장사 | 杀害 shāhài 图 살해하다 | 倡导* chàngdǎo 图 제창하다 | 理念 lǐniàn 명 이념, 철학 | 出台 chūtái 图 (정책이나 조치 등을) 공포하다, 실시하다 | 野生 yěshēng 명 야생 | 法律 fǎlǜ 명 법률 | 法规 fǎguī 명 법규 | 制造 zhìzào 图 제조하다 | 加工* jiāgōng 图 가공하다 | 销售 xiāoshòu 图 판매하다 | 整治 zhěngzhì 图 정리하다 | 根源* gēnyuán 명 근원 | 动植物 dòngzhíwù 동식물 | 资源 zīyuán 명 자원 | 购买 gòumǎi 图 구매하다 | 申报* shēnbào 图 신고하다 | 任重道远* rènzhòng-dàoyuǎn 생 책임은 무겁고 갈 길은 멀다 | 濒临* bīnlín 图 (상황에) 몰리다, 임박하다 | 灭绝 mièjué 图 멸종하다

「야생동물 보호법」 등 여러 법률을 반포했다(已经出台了《野生动物保护法》等多部法律法规)'고 했으므로 정답은 D입니다. B와 C는 현실적으로는 맞는 내용이지만 녹음에서 언급하지 않았으므로 정답이 아닙니다.

4 ★★★

很多时候方言比普通话往往要生动幽默，有趣传神。其原因主要是，方言里在动作的细微区分、事物的形状描绘等方面更加具体，而且还有很多丰富的生活情感用语。因此，方言在文艺表达里也更受欢迎。

많은 상황에서 방언은 표준어보다 생동감이 넘치고 유머러스하며, 재미있고 생생하다. 그 원인은 주로 방언이 동작의 세부적인 구분, 사물의 형태 묘사 등 방면에 있어서 더 구체적이고, 더 풍부한 생활 감정 용어가 있기 때문이다. 그렇기 때문에 방언은 문화 예술 표현에서도 더 사랑받는다.

A 方言生动且具感染力
B 应大力推行使用普通话
C 描绘事物时应使用方言
D 使用方言的现象普遍存在

A 방언은 생동감 있고 감동을 준다
B 표준어 사용을 강력하게 추진해야 한다
C 사물을 묘사할 때는 방언을 사용해야 한다
D 방언을 쓰는 현상이 일반화되어 있다

方言* fāngyán 몡 방언 | 普通话 pǔtōnghuà 몡 보통화, 표준 중국어 | 生动 shēngdòng 혱 생동감 있다, 생생하다 | 幽默 yōumò 혱 유머러스하다 | 有趣 yǒuqù 혱 재미있다 | 传神 chuánshén 혱 생생하다 | 细微 xìwēi 혱 미세하다 | 区分* qūfēn 동 구분하다, 분별하다 | 形状 xíngzhuàng 몡 형상 | 描绘* miáohuì 동 묘사하다 | 具体 jùtǐ 혱 구체적이다 | 丰富 fēngfù 혱 풍부하다 | 情感 qínggǎn 몡 감정 | 文艺* wényì 몡 문예, 문학과 예술 | 表达 biǎodá 동 표현하다 | 感染* gǎnrǎn 동 감화시키다, 감동시키다 | 推行 tuīxíng 동 보급하다, 널리 시행하다 | 现象 xiànxiàng 몡 현상 | 普遍 pǔbiàn 혱 보편적이다 | 存在 cúnzài 동 존재하다

방언은 표준어보다 '생동감이 넘치고 유머러스하며, 재미있고 생생하다(生动幽默，有趣传神)'고 했으므로 정답은 A입니다. 방언이 '사물의 형태 묘사 등 방면에 있어서 더 구체적(事物的形状描绘等方面更加具体)'이라고 했지만 사물을 묘사할 때 꼭 방언을 사용해야 하는 것은 아니므로 C는 정답이 아닙니다. B와 D는 녹음에서 언급하지 않은 내용이기 때문에 정답으로 선택할 수 없습니다.

5 ★★

　　骑行是一种健康自然的运动方式，被称为黄金有氧运动。它不仅能提高下肢肌肉力量，还能增强人体心肺功能，从而达到缓解压力的效果。但需要注意的是，<u>骑行时不要太快</u>，还需要掌握正确的方法，否则可能会对身体造成不必要的损伤。

A 骑行时速度不宜过快
B 骑行可治疗心脏疾病
C 慢跑有利于缓解疲劳
D 平衡感是骑行运动的关键

　　자전거 라이딩은 건강하고 자연적인 운동 방식으로 황금 유산소 운동이라고 불린다. 이 운동은 하지 근육의 힘을 향상시킬 뿐만 아니라 인체의 심장과 폐 기능을 강화하여 스트레스를 완화하는 효과를 얻을 수 있다. 주의해야 할 점은 자전거를 너무 빠르게 타면 안 되고 올바른 방법을 익혀야 한다는 것이다. 그렇지 않으면 몸에 불필요한 손상을 끼칠 수 있다.

A 자전거 라이딩은 속도가 너무 빠르면 안 된다
B 자전거 라이딩은 심장 질환을 치료할 수 있다
C 조깅은 피로 해소에 도움이 된다
D 균형 감각은 자전거 라이딩의 핵심이다

骑行 qíxíng (자전거를) 타다 | 方式 fāngshì 몡 방식, 방법 | 黄金 huángjīn 혱 가장 가치 있는, 가장 값진 | 有氧运动 yǒuyǎngyùndòng 몡 유산소 운동 | 下肢 xiàzhī 몡 하지 | 肌肉 jīròu 몡 근육 | 增强 zēngqiáng 동 강화하다 | 心肺 xīnfèi 몡 심장과 폐 | 功能 gōngnéng 몡 기능 | 缓解 huǎnjiě 동 완화하다 | 效果 xiàoguǒ 몡 효과 | 注意 zhùyì 동 주의하다 | 掌握 zhǎngwò 동 장악하다, 지배하다 | 否则 fǒuzé 젭 그렇지 않으면 | 造成 zàochéng 동 초래하다 | 损伤 sǔnshāng 동 손상되다 | 不宜 bùyí 동 ~하는 것은 좋지 않다 | 疾病 jíbìng 몡 질병 | 有利 yǒulì 혱 유리하다 | 平衡 pínghéng 몡 균형 | 关键 guānjiàn 혱 관건, 핵심

자전거 라이딩을 할 때 주의해야 할 점으로 '자전거를 너무 빠르게 타지 말라(骑行时不要太快)'는 것을 제시했으므로 정답은 A입니다. 녹음에서 자전거 라이딩이 '인체의 심장과 폐 기능을 강화한다(增强人体心肺功能)'고 했지만 심장 질환을 치료할 수 있다는 것은 아니므로 B는 정답이 아닙니다. 녹음에 '조깅(跑步)'이나 '균형 감각(平衡感)'과 관련된 내용이 없기 때문에 C와 D는 정답으로 선택할 수 없습니다.

6

当人们面临一系列复杂的抉择时，常常会不知所措，怨天尤人。其实解决这样的问题最好的策略就是平稳心态，认真思考后当机立断，迅速决策。当你做出第一个决定以后，问题可能就并没有想象的那般复杂了，后面的事往往也会迎刃而解。

A 不应过度地计较小事
B 做任何事都要竭尽全力
C 直面选择不要犹豫不决
D 遇到困难时需要鼓励自己

사람들은 일련의 복잡한 선택에 맞닥뜨리면 종종 어찌할 바를 모르고 하늘을 원망한다. 사실 이런 문제를 해결하기 위한 최선의 방책은 마음을 평온하게 하고, 진지하게 생각한 후 제때 신속하게 결정을 내리는 것이다. 당신이 첫 번째 결정을 한 이후, 문제가 생각만큼 복잡하지 않을 수도 있고, 뒤의 일들이 종종 저절로 풀릴 수도 있다.

A 사소한 일을 지나치게 따지지 않아야 한다
B 어떤 일을 하든 최선을 다해야 한다
C 선택에 직면했을 때 우유부단하지 말아야 한다
D 어려움이 닥쳤을 때 자신을 격려하는 것이 필요하다

2회
듣기

面临 miànlín 통 직면하다 | 系列* xìliè 명 시리즈 | 复杂 fùzá 형 복잡하다 | 不知所措 bùzhī-suǒcuò 성 어찌할 바를 모르다 | 怨天尤人 yuàntiān-yóurén 성 하늘을 원망하고 남을 탓하다 | 策略* cèlüè 명 전술, 전술 | 平稳 píngwěn 형 안정적이다 | 心态* xīntài 명 심리 상태, 마음 가짐 | 迅速 xùnsù 형 신속하다 | 决策 juécè 통 책략을 결정하다 | 想象 xiǎngxiàng 통 상상하다 | 迎刃而解 yíngrèn'érjiě 성 순리적으로 문제가 해결되다 | 过度* guòdù 형 과도하다 | 计较* jìjiào 통 따지다, 논쟁하다 | 竭尽全力* jiéjìn-quánlì 성 최선을 다하다 | 直面 zhímiàn 통 직면하다 | 选择 xuǎnzé 통 선택하다 | 犹豫不决 yóuyùbùjué 성 우유부단하다 | 鼓励 gǔlì 통 격려하다

복잡한 문제를 해결하기 위한 최선의 방책은 '제때 신속하게 결정을 내리는 것(当机立断，迅速决策)'이라는 내용으로 보아 선택에 직면했을 때 우유부단하지 말아야 한다는 것을 알 수 있습니다. 정답은 C입니다. A의 '따지다(计较)', B의 '최선을 다하다(竭尽全力)', D의 '자신을 격려하다(鼓励自己)' 등의 내용은 모두 녹음의 주제와 부합되지 않으므로 정답이 아닙니다.

砂锅是中国传统炊具之一，它导热性比较差，所以特别适用于小火慢炖。炖出来的食物，汤汁鲜醇，熟烂入味。也正是这个特性，使得锅内的食物和汤汁，即使长时间熬煮，也不易粘锅。

A 砂锅的造型别致
B 砂锅的导热性较好
C 粘土是砂锅的制作材料
D 用砂锅烹调食物味道香醇

질뚝배기는 중국 전통 주방용구 중의 하나이다. 이는 열 전도성이 좋지 않아 약한 불로 천천히 끓이는 요리에 사용하기 적합하다. 끓여 낸 음식은 국물이 구수하고 푹 익어 맛이 잘 배어 있다. 또 바로 이런 특성이 있기 때문에 질뚝배기 안의 음식과 국물은 오랫동안 끓여도 솥에 눌어붙지 않는다.

A 질뚝배기의 모양은 독특하다
B 질뚝배기는 열 전도성이 비교적 좋다
C 진흙은 질뚝배기의 제작 재료이다
D 질뚝배기로 요리한 음식은 맛이 진하고 구수하다

砂锅 shāguō 명 질뚝배기 | 传统 chuántǒng 형 전통적인 | 炊具 chuījù 명 취사도구 | 导热 dǎorè 통 열을 전도하다 | 适用 shìyòng 통 적용하다 | 炖 dùn 통 푹 삶다 | 汤汁 tāngzhī 명 국물 | 鲜醇 xiānchún 형 (맛이) 신선하고 순수하다 | 熟烂 shúlàn 형 푹 익다 | 特性 tèxìng 명 특성 | 即使 jíshǐ 접 설령 ~하더라도 [주로 也, 都 등과 호응함] | 熬* áo 통 오랫동안 끓이다 | 煮 zhǔ 통 삶다 | 粘锅 zhānguō 솥에 눌어붙다 | 造型* zàoxíng 명 조형, 모양, 형상 | 别致* biézhì 형 색다르다, 별나다 | 粘土 niántǔ 명 진흙 | 制作 zhìzuò 통 제작하다 | 材料 cáiliào 명 재료 | 烹调 pēngtiáo 통 요리하다 | 味道 wèidao 명 맛 | 香醇 xiāngchún 형 향기롭고 순수하다

'끓여 낸 음식은 국물이 구수하고 푹 익어 맛이 잘 배어 있다(炖出来的食物，汤汁鲜醇，熟烂入味)'는 것은 D의 '맛이 진하고 구수

하다(味道香醇)'와 의미가 유사합니다. 정답은 D입니다. 녹음에서 질뚝배기의 열 전도성이 좋지 않다고 했기 때문에 B는 정답이 아닙니다.

有一次，我用手机订餐时，被菜单上"心痛的感觉"这个菜名吸引住了，我决定尝试一下。不一会，送餐员就把菜送到了家门口，我看到之后确实很心痛，50块钱的菜，原来只是一碗米饭加一个荷包蛋。

A 手机订餐容易点错
B 送餐员送错了地址
C "我"对点的菜很满意
D "我"觉得这个菜不值

한번은 휴대폰으로 음식 배달을 주문하는데 메뉴에 있는 '가슴 아픈 느낌'이라는 요리 이름에 꽂혀서 한번 시도해 보기로 했다. 얼마 지나지 않아 배달원이 요리를 집으로 배달해 왔다. 나는 요리를 보고 정말 가슴이 아팠다. 50위안짜리 요리가 알고 보니 그저 쌀밥과 계란프라이 하나뿐이었다.

A 휴대폰 주문은 잘못 누르기 쉽다
B 배달원이 틀린 주소로 배달했다
C '나'는 주문한 요리에 만족했다
D '나'는 이 요리가 제값을 못한다고 느꼈다

订餐 dìngcān 음식을 주문하다｜心痛 xīntòng 형 마음이 아프다｜吸引 xīyǐn 통 끌어당기다｜尝试* chángshì 통 시행하다, 시도하다｜送餐 sòngcān 음식을 배달하다｜碗 wǎn 양 그릇, 공기｜米饭 mǐfàn 명 쌀밥｜荷包蛋 hébāodàn 명 계란프라이｜地址 dìzhǐ 명 주소｜不值 bùzhí 통 가치가 없다

이야기 유형의 문제는 내용 전체를 유념해서 들어야 합니다. '가슴이 아픈 느낌'이라는 요리는 50위안에 값싼 쌀밥과 계란프라이만 있어서 그만한 가치가 없으므로 정답은 D입니다. 또한 요리의 이름에 꽂혀서 이 요리를 주문한 것이지 잘못 누른 것은 아니므로 A는 정답이 아닙니다.

很多内陆咸水湖在数万年前都是海的一部分，后来由于地壳运动，周围的海床升高，它们逐渐才与外海隔绝。湖中大多数海洋生物都因养分消耗而消亡，只剩下了靠少量微生物就可以生存的海洋生物。

A 微生物的生命力顽强
B 咸水湖最终会流向大海
C 咸水湖的形成与地壳运动有关
D 内陆咸水湖中有大量海洋生物

많은 내륙 염호는 수만 년 전에 바다의 일부였다. 후에 지각 운동 때문에 주변의 해저가 상승하여 점차 외해와 떨어졌다. 호수 속 대부분의 해양 생물은 영양 소모 때문에 소멸되었고 소량의 미생물에 의지하여 생존할 수 있는 해양 생물만 남아 있다.

A 미생물의 생명력은 강하다
B 염호는 결국 바다로 흘러간다
C 염호의 형성은 지각 운동과 관련이 있다
D 내륙의 염호에는 많은 해양 생물이 있다

内陆 nèilù 명 내륙｜咸水湖 xiánshuǐhú 명 염호, 함수호｜由于 yóuyú 개 ~ 때문에｜地壳 dìqiào 명 지각｜周围 zhōuwéi 명 주위｜海床 hǎichuáng 명 해저｜逐渐 zhújiàn 부 점차, 점점｜隔绝 géjué 통 단절시키다｜海洋 hǎiyáng 명 해양｜生物* shēngwù 명 생물｜养分 yǎngfèn 명 영양분, 자양분｜消耗* xiāohào 통 소모하다｜消亡 xiāowáng 통 소멸하다｜靠 kào 통 의지하다｜微生物 wēishēngwù 명 미생물｜生存* shēngcún 통 생존하다｜顽强* wánqiáng 형 완강하다｜最终 zuìzhōng 명 최종, 최후｜形成 xíngchéng 통 형성하다

염호는 바다의 일부였다가 '지각 운동 때문에(由于地壳运动)' 외해와 떨어져서 형성된 것이므로 정답은 C입니다. 염호가 형성되는 과정에서 '외해와 떨어졌다(与外海隔绝)'고 했기 때문에 B는 정답이 아닙니다. 그리고 염호 속 대부분의 해양 생물은 '영양 소모 때문에 소멸하였다(因养分消耗而消亡)'고 했으므로 D는 정답이 아닙니다.

游戏测评员是新兴的职业，他们会对游戏的品质进行分析和研究，通过对游戏的深入体验收集相关数据，进而预估其未来的市场表现及生命周期。他们还会与开发者一同设计游戏细节，或协助运营商判断某款游戏是否值得代理。

A 游戏市场与运营商有关
B 游戏测评员善于收集数据
C 电子游戏使人们的心态更健康
D 游戏测评员受到年轻人的推崇

게임 테스터는 새로 생긴 직업이다. 그들은 게임의 품질을 분석하고 연구한다. 게임을 깊이 있게 체험하여 관련 데이터를 수집하고 더 나아가서 미래의 시장에서의 성과와 생명 주기를 예측한다. 그들은 개발자와 함께 게임의 세부 내용을 설계하거나 운영 업체와 협조하여 어떤 게임을 서비스할 것인가를 판단한다.

A 게임 시장은 운영 업체와 관련이 있다
B 게임 테스터는 데이터 수집에 뛰어나다
C 게임은 사람의 심리 상태를 더 건강하게 한다
D 게임 테스터는 젊은이들의 추앙을 받는다

测评 cèpíng 통 검사하고 평가하다 | 职业 zhíyè 명 직업 | 品质* pǐnzhì 명 품질 | 分析 fēnxī 통 분석하다 | 研究 yánjiū 통 연구하다 | 深入 shēnrù 깊이 파고들다 | 体验 tǐyàn 통 체험하다 | 收集 shōují 통 수집하다 | 数据 shùjù 명 데이터, 수치 | 进而* jìn'ér 통 더 나아가 | 预估 yùgū 통 예측하다 | 周期* zhōuqī 명 주기 | 开发 kāifā 통 개발하다 | 设计 shèjì 통 설계하다, 디자인하다 | 细节 xìjié 명 세부 사항, 디테일 | 协助* xiézhù 통 협조하다 | 运营商 yùnyíngshāng 명 운영 업체 | 判断 pànduàn 통 판단하다 | 款 kuǎn 양 종류, 유형, 스타일 | 代理* dàilǐ 통 대행하다 | 善于 shànyú 통 ~에 능숙하다, ~을 잘하다 | 电子 diànzǐ 명 전자 | 推崇 tuīchóng 통 숭배하다, 추앙하다

게임 테스터는 '게임을 깊이 있게 체험하여 관련 데이터를 수집한다(通过对游戏的深入体验收集相关数据)'고 했으므로 데이터 수집에 뛰어나다는 것을 알 수 있습니다. 정답은 B입니다. 녹음에서 '게임 시장(游戏市场)' '운영 업체(运营商)' 등이 언급됐지만 서로 관련이 있다고 볼 수 없으므로 A는 정답이 아닙니다.

11

超限效应是一种逆反的心理现象。一般由于刺激过多、过强或作用时间过久，而使人产生不耐烦的心理，从而产生此现象。这就启示家长在引导孩子的时候，不能过度，否则不但不能获得良好的效果，还可能引起孩子的反感。

A 引导孩子要适度
B 父母要树立榜样
C 现代人容易产生焦虑心理
D 超限效应只在孩子中产生

한계 초과 효과는 일종의 반항하는 심리 현상이다. 일반적으로 자극이 너무 많거나 너무 강하거나 혹은 너무 오래 지속되면 사람을 짜증 나게 해서 이 현상이 나타난다. 이것은 부모가 아이를 지도할 때 도를 넘으면 안 된다는 것을 깨우쳐 준다. 그렇지 않으면 좋은 효과를 얻기는 커녕 아이의 반감을 일으킬 수 있다.

A 아이를 지도할 때 정도가 적당해야 한다
B 부모는 모범을 보여야 한다
C 현대인은 쉽게 조바심이 난다
D 한계 초과 효과는 아이들에게만 생긴다

超限效应 chāoxiàn xiàoyìng 한계 초과 효과 | 逆反 nìfǎn 통 반항하다 | 刺激 cìjī 명 자극 | 不耐烦 búnàifán 형 귀찮다 | 启示* qǐshì 통 계시하다 | 引导* yǐndǎo 통 인도하다, 지도하다 | 良好 liánghǎo 형 양호하다, 좋다 | 引起 yǐnqǐ 통 불러일으키다 | 反感 fǎngǎn 통 반감을 가지다 | 适度 shìdù 형 적절하다, 적당하다 | 树立* shùlì 통 세우다, 수립하다 | 榜样* bǎngyàng 명 본보기, 모범 | 焦虑 jiāolǜ 통 가슴을 태우다, 마음을 졸이다

자극이 너무 강하면 짜증이 나서 반항하는 심리가 생기기 때문에 '부모가 아이를 지도할 때 도를 넘으면 안 된다(家长在引导孩子的时候，不能过度)'라는 내용에서 A가 정답인 것을 알 수 있습니다. 아이의 교육과 관련된 내용이지만 한계 초과 효과가 아이들에게만 나타나는지는 알 수 없으므로 D는 정답이 아닙니다.

12 ★★

唱歌跑调一般有两种情况，一种是天生音不准，跑调了也不自知。这种情况，即使通过后天训练也很难达到预期效果。而另一种是由于缺乏系统的声乐训练，<u>发声位置不对导致的</u>，但仍具备一定的音乐认知能力。

A 唱歌跑调与基因有关
B 发声位置不对会导致跑调
C 唱歌跑调的人推理能力强
D 后天训练比先天因素更重要

노래를 부를 때 음이 이탈하는 것은 일반적으로 두 가지 상황이 있다. 하나는 선천적으로 음치라서 음이 이탈해도 스스로 모르는 경우이다. 이런 경우에는 후천적인 훈련을 받아도 기대만큼의 효과를 거두기 어렵다. 다른 상황은 체계적인 성악 훈련이 부족해서 발성 위치가 맞지 않아서 일어나지만 어느 정도 음악 인지 능력이 있다.

A 노래를 부를 때 음이 이탈하는 것은 유전자와 관련이 있다
B 발성 위치가 맞지 않으면 음 이탈이 일어날 수 있다
C 노래를 부를 때 음이 이탈하는 사람은 추리 능력이 강하다
D 후천적인 훈련이 선천적인 요인보다 더 중요하다

跑调 pǎodiào 통 음이 이탈하다 | 情况 qíngkuàng 명 상황 | 天生* tiānshēng 형 선천적이다 | 后天 hòutiān 형 후천적이다 | 训练 xùnliàn 통 훈련 | 预期* yùqī 통 예기하다 | 缺乏 quēfá 통 모자라다, 결핍되다 | 系统 xìtǒng 명 계통, 시스템 | 声乐 shēngyuè 명 성악 | 位置 wèizhì 명 위치 | 导致 dǎozhì 통 (어떤 사태를) 야기하다, 초래하다 | 仍 réng 문 여전히 | 具备 jùbèi 통 갖추다 | 认知 rènzhī 통 인지하다 | 能力 nénglì 명 능력 | 基因* jīyīn 명 유전자 | 推理* tuīlǐ 통 추리하다 | 先天 xiāntiān 형 선천적이다 | 因素 yīnsù 명 요소, 요인

녹음에서 음 이탈은 '선천적으로 음치(天生音不准)'이거나 '발성 위치가 맞지 않아서 일어나는 것(发声位置不对导致的)'이라고 했으므로 정답은 B입니다. 또한 선천적으로 음치인 경우에는 후천적인 훈련을 받아도 효과가 나타나지 않는다고 했으므로 D는 정답이 아닙니다.

13 ★★★

长在建筑物的墙上或者挨着墙长的植物一定要定期清除，因为墙面长期处在阴暗潮湿的环境下，<u>会加重砖面风化</u>，而且植物的根系延伸会造成墙体鼓胀、塌陷。为了让墙体"自由呼吸"，定期"理发"是必不可少的。

A 植物也需要呼吸
B 墙体植物可预防风化
C 墙面上的植物对墙体有害
D 潮湿的环境有助于植物生长

건축물의 벽 위에 자라거나 벽에 바짝 붙어서 자란 식물은 반드시 정기적으로 제거해야 한다. 왜냐하면 벽면이 오랜 기간 그늘지고 습한 환경에 있으면 벽돌 표면의 풍화가 심해지고 게다가 식물의 뿌리가 뻗어 나가면 벽이 팽창하고 무너질 수 있다. 벽이 '자유롭게 호흡'할 수 있도록 정기적으로 '이발'해 주는 것은 필수이다.

A 식물도 호흡이 필요하다
B 담장 식물은 풍화를 예방할 수 있다
C 벽면에 있는 식물은 벽에 해롭다
D 습한 환경은 식물의 성장에 도움이 된다

建筑物 jiànzhùwù 명 건축물 | 墙 qiáng 명 벽 | 挨* āi 통 인접하다, 붙어 있다 | 植物 zhíwù 명 식물 | 定期* dìngqī 형 정기적이다 | 清除* qīngchú 통 완전히 없애다 | 阴暗 yīn'àn 형 어두컴컴하다 | 潮湿 cháoshī 형 축축하다 | 环境 huánjìng 명 환경 | 砖* zhuān 명 벽돌 | 根系 gēnxì 명 뿌리 | 延伸* yánshēn 통 뻗어 나가다 | 鼓胀 gǔzhàng 통 부어오르다, 튀어나오다 | 塌陷 tāxiàn 통 무너지다 | 自由 zìyóu 형 자유롭다 | 必不可少 bìbùkěshǎo 젱 없어서는 안 된다, 필수적이다 | 预防 yùfáng 통 예방하다 | 有助于 yǒuzhùyú ~에 도움이 되다

벽에 식물이 자라면 '벽돌 표면의 풍화가 심해지고(会加重墙面风化)' '벽이 팽창하고 무너질 수 있다(会造成墙体鼓胀、塌陷)'고 했으므로 벽에 해를 끼친다는 것을 알 수 있습니다. 정답은 C입니다. 벽이 호흡할 수 있도록 식물을 제거하라고 했고, 습한 환경이 식물의 성장에 도움이 되는지 알 수 없으므로 A와 D는 정답이 아닙니다.

14 ★★

　　"走马观花"一词出自唐朝诗人孟郊的诗句中，他考试中举后写道，"春风得意马蹄疾，一日看尽长安花"，其意为骑在奔跑的马上看花，事情如意，心境愉快。但现在多指粗略地看一下，不够仔细。

A 骑马时需掌握技巧
B 赏花可使心情愉快
C "走马观花"指做事细心
D "走马观花"出自唐朝诗句中

　　'주마관화'라는 말은 당나라 시인 맹교의 시 구절에서 나온 것이다. 그는 과거에 급제한 후 이렇게 썼다. "봄바람 속에서 즐겁게 말을 타고 질주하였다. 하루 만에 장안의 아름다운 절경을 모두 다 보았다." 그 뜻은 빠르게 달리는 말을 타고 꽃을 보니 일이 순조롭고 마음이 기쁘다는 것이다. 그러나 지금은 주로 대충 보고 꼼꼼하지 못하다는 것을 가리킨다.

A 말을 탈 때는 기교를 익혀야 한다
B 꽃 구경은 기분을 좋게 한다
C '주마관화'는 일을 세심하게 하는 것을 가리킨다
D '주마관화'는 당나라 시구에서 나왔다

诗人 shīrén 명 시인 ｜ 诗句 shījù 시구 ｜ 中举 zhōngjǔ 통 향시에 급제하다 ｜ 得意 déyì 통 득의양양하다 ｜ 马蹄 mǎtí 명 말굽 ｜ 奔跑 bēnpǎo 통 빨리 뛰다 ｜ 心境 xīnjìng 명 심경 ｜ 愉快 yúkuài 형 기분이 좋다 ｜ 粗略 cūlüè 형 대충의 ｜ 仔细 zǐxì 형 꼼꼼하다, 자세하다 ｜ 技巧* jìqiǎo 명 기교

주마관화라는 말은 '당나라 시인 맹교의 시 구절에서 나온 것(出自唐朝诗人孟郊的诗句中)'이라고 했으므로 정답은 D입니다. 주마관화는 원래 '빠르게 달리는 말을 타고 꽃을 보니 일이 순조롭고 마음이 기쁘다'라는 뜻이지만 지금은 대충 보고 꼼꼼하지 못한 것을 가리키므로 C는 정답이 아닙니다.

15 ★★★

　　专家们在为核电站选址时，往往把目光投向水源丰富的地段。其原因是核电站在运转的时候，需要大量的冷却水降温，如果一旦核电站的核反应堆芯没有被及时冷却，燃料将逐渐熔化甚至发生爆炸，后果不堪设想。

A 太阳能发电是趋势
B 核反应堆需及时冷却
C 核电厂会造成水源污染
D 核电厂选址时需远离居民区

　　전문가들이 원자력 발전소를 위한 장소를 선정할 때 수원이 풍부한 지역에 주목하는 경우가 많다. 그 원인은 원자력 발전소를 가동할 때 대량의 냉각수로 온도를 내려 줘야 하기 때문이다. 만약에 원자력 발전소의 원자로 중심부가 제때 냉각되지 못하면 연료가 점차 녹아 버려 심지어 폭발할 수 있는데 그 결과는 상상도 할 수 없다.

A 태양광 발전이 대세이다
B 원자로는 제때 냉각되어야 한다
C 원자력 발전소는 수원 오염을 야기할 수 있다
D 원자력 발전소 입지를 선정할 때 주거 지역에서 멀어야 한다

核电站 hédiànzhàn 명 원자력 발전소 ｜ 选址 xuǎnzhǐ 통 장소를 선택하다 ｜ 目光* mùguāng 명 시선, 눈빛, 식견 ｜ 水源 shuǐyuán 명 수원 ｜ 地段 dìduàn 명 지역 ｜ 运转 yùnzhuǎn 통 운행하다 ｜ 降温 jiàngwēn 통 온도를 낮추다 ｜ 一旦 yídàn 부 일단 ｜ 核反应堆 héfǎnyìngduī 명 원자로 ｜ 芯 xīn 명 중심부 ｜ 及时 jíshí 부 즉시 ｜ 冷却* lěngquè 통 냉각하다 ｜ 燃料 ránliào 명 연료 ｜ 甚至 shènzhì 부 심지어 ｜ 爆炸* bàozhà 통 폭팔하다 ｜ 不堪* bùkān 통 ～할 수 없다 ｜ 设想 shèxiǎng 통 상상하다 ｜ 趋势 qūshì 명 추세, 경향 ｜ 污染 wūrǎn 통 오염되다 ｜ 居民* jūmín 명 주민, 거주민

원자력 발전소를 가동할 때 폭발을 막기 위해 '대량의 냉각수로 온도를 내려 줘야 한다(需要大量的冷却水降温)'고 했으므로 정답은 B입니다. 원자력 발전소가 위험성이 크기 때문에 수원 오염을 야기한다거나 주거 지역에서 멀어야 한다고 유추해서 C나 D를 선택하면 안 됩니다. 녹음에서 언급되는 내용으로만 정답을 판단해야 합니다.

16-20

女：您对互联网教育产品有什么看法？

男：个人的想法是，互联网教育产品在一段时间内还不会成为主流的教育产品，16 而是教育的一种补充品。再有就是公司内部仔细分析了一些使用教育产品的用户，发现来自三四线城市的学生比较多，原因在于那些地方缺少好的教学资源，而互联网和手机4G、5G网络的覆盖，成为了他们获得优质教育资源非常好的途径。

女：其他互联网公司也在做教育平台，但从目前来看，17 颠覆性的产品较少，您觉得这里的原因是什么？

男：这需要一个漫长的过程，我们做互联网教育产品已经有很长时间了，用户对教育的苦恼并不会因为互联网而瞬间消失。回想那些成功的教育机构创造的最大价值是什么。除了优质教育内容之外，就是解决学习枯燥而坚持不下来的痛点，他们的教学形式多样，过程中还会加人很多段子，调节气氛，产生共鸣，这是很大的创新突破。我觉得互联网教育也需要这样的突破，现在可以实现在线直播上课就是一个很好的苗头。

女：同样是在线授课，你怎么理解慕课，你们和慕课之间的差异是什么？

男：慕课和普通网络课程最大的区别在于，它有非常强的学生参与度。以前的课很多，就是看一个视频而已，但互联网本身是交互的，18 课程显然应该也是交互的。在这个层面上，我们和慕课是一致的，简单地卖视频是绝对不成的，愿意为这样的课程付费的学生愈来愈少了。现在学生的苦恼往往不在于没有学习材料，而在于无法坚持。但是如果你有一套完整的教育体系，19 有优秀的老师、助教可以实时互动，能够到点提醒学生上课，还可以批改学生的作业，课程的价值就会提高很多。我们与慕课不一样的是，

여: 당신은 인터넷 교육 제품을 어떻게 생각합니까?

남: 개인적인 생각으로는 인터넷 교육 제품은 한동안은 여전히 주요 교육 제품이 될 수 없고 16 교육에 있어 일종의 보충재일 겁니다. 그리고 회사 내부에서도 교육 제품을 사용하는 사용자를 상세하게 분석한 결과 3선, 4선 지방 도시의 학생 수가 비교적 많다는 것을 발견했습니다. 그런 지역에는 좋은 학습 자원이 부족하면서도 인터넷과 4G, 5G 모바일 인터넷망이 있어서 그들이 양질의 교육 자원을 획득하는 좋은 경로가 되었다는 것에 원인이 있습니다.

여: 다른 인터넷 회사도 교육 플랫폼을 만들고 있는데 지금으로 보면 17 획기적인 제품이 부족합니다. 당신은 그 원인이 무엇이라고 생각합니까?

남: 그건 꽤 오랜 과정이 필요합니다. 우리는 인터넷 교육 제품을 오랫동안 만들어 왔습니다. 사용자들의 교육에 대한 고민이 인터넷으로 인해 순식간에 사라지지는 않습니다. 성공한 교육 기관들이 창조한 가장 큰 가치가 무엇인지 한번 돌이켜 보세요. 양질의 교육 콘텐츠를 제외하면 바로 공부가 재미없어서 끝까지 하기 힘들다는 아픈 지점을 해결한 것이죠. 그들은 수업 형식이 다양하고 과정에서 많은 유머를 첨가하여 분위기를 풀어 주고 공감을 일으킵니다. 이것은 아주 큰 새로운 시도였습니다. 제 생각에 인터넷 교육도 이런 시도가 필요합니다. 지금 온라인 생중계 수업을 실현할 수 있게 된 것은 아주 좋은 전조입니다.

여: 같은 온라인 수업인데 당신은 어떻게 무크(MOOC)를 이해하고 있으며, 당신들은 무크와 어떤 차이가 있습니까?

남: 무크와 보통의 인터넷 수업 간의 제일 큰 차이는 학생들의 참여도가 아주 높다는 것이죠. 예전에 수업은 대부분 동영상을 보기만 하는 것이었는데, 인터넷은 그 자체가 소통이고 18 수업도 소통을 해야 합니다. 이 측면에서 우리는 무크와 일치합니다. 간단히 동영상만 파는 것은 절대 안 되고 이런 수업을 위해 비용을 지불하고자 하는 학생도 점점 적어지고 있습니다. 지금 학생들의 고민은 학습 자료가 없는 것이 아니라 꾸준히 하기 힘들다는 것이죠. 그러나 완벽한 교육 시스템이 있고 19 훌륭한 선생님과 조교가 있어서 실시간으로 소통할 수 있고, 시간이 되면 학생들이 수업을 듣도록 알려 주고 또 학생들의 숙제도 첨삭할 수 있으면 수업의 가치가 매우 높아질 것입니다. 우리가 무크와 다른 점은 우리는 대부분 생중계

大部分以直播的形式授课，而慕课基本都是录播，这也给我们带来了挑战，因为录播可以做比较详细的编排，但是在直播不确定的因素就很多。当然直播也有自身的优势也很明显，直播时老师和团队有非常多的机会接触学生，[20]能够较好地适应变化，利于改进方法，这点是我们很看重直播的重要因素。

로 수업을 하는데 무크는 기본적으로 녹화된 것입니다. 이 점도 우리에게 도전을 가져왔습니다. 왜냐하면 녹화는 상세한 편성이 가능하지만 생중계는 불확실한 요소가 많습니다. 물론 생중계 자체의 장점도 아주 분명합니다. 생중계를 할 때 선생님과 팀원들이 학생들을 접촉할 기회가 아주 많고 [20]변화에 빨리 적응할 수 있어 방법을 개선하는 데 유리합니다. 이 부분이 바로 우리가 생중계를 아주 중시하는 중요한 요소입니다.

互联网 hùliánwǎng 몡 인터넷 | 产品 chǎnpǐn 몡 제품 | 主流* zhǔliú 몡 주요 추세, 주류 | 补充 bǔchōng 통 보충하다, 보완하다 | 用户* yònghù 몡 이용자, 가입자 | 缺少 quēshǎo 통 모자라다, 결핍되다 | 网络 wǎngluò 몡 인터넷, 네트워크 | 覆盖* fùgài 통 가리다, 덮다 | 优质 yōuzhì 양질의 | 途径* tújìng 몡 경로, 절차 | 平台 píngtái 몡 플랫폼 | 颠覆 diānfù 통 전복하다 | 漫长* màncháng 휑 (시간·길 따위가) 길다 | 过程 guòchéng 몡 과정 | 苦恼 kǔnǎo 휑 괴롭다, 고민스럽다 | 瞬间* shùnjiān 몡 순간 | 消失 xiāoshī 통 사라지다 | 机构* jīgòu 몡 기구, 기관, 조직 | 枯燥* kūzào 휑 무미건조하다 | 坚持 jiānchí 통 견지하다 | 形式 xíngshì 몡 형식 | 痛点 tòngdiǎn 몡 통점 | 调节* tiáojié 통 조절하다 | 气氛 qìfēn 몡 분위기 | 共鸣* gòngmíng 몡 공감 | 创新* chuàngxīn 통 혁신하다, 창조하다 | 突破* tūpò 통 돌파하다 | 在线 zàixiàn 통 온라인 | 直播* zhíbō 통 생방송하다, 직접 중계하다 | 苗头 miáotou 몡 징조 | 慕课 mùkè 몡 무크(MOOC), 온라인 공개 수업 | 差异 chāyì 몡 차이 | 参与 cānyù 통 참여하다 | 视频 shìpín 몡 동영상 | 而已* éryǐ 죄 ~뿐이다 | 本身* běnshēn 때 그 자신, 그 자체 | 显然 xiǎnrán 분명하다 | 绝对 juéduì 몡 절대로 | 付费 fùfèi 비용을 지불하다 | 愈来愈 yù lái yù 점점 더 ~하다 | 完整 wánzhěng 휑 완전하다 | 体系* tǐxì 몡 체계 | 优秀 yōuxiù 휑 우수하다 | 互动 hùdòng 통 상호 작용을 하다 | 提醒 tíxǐng 통 일깨우다, 깨우치다 | 批改 pīgǎi 통 첨삭하다, 고쳐서 바로잡다 | 录播 lùbō 통 녹화 방송하다 | 挑战 tiǎozhàn 통 도전하다 | 编排 biānpái 통 배열하다, 편성하다 | 优势 yōushì 몡 우세, 우위, 장점 | 明显 míngxiǎn 휑 뚜렷하다 | 团队 tuánduì 몡 단체, 팀 | 接触 jiēchù 통 접촉하다

16 ★★

问: 男的对互联网产品的定位是什么?

A 销售渠道窄
B 模式比较局限
C 是线下教育的补充
D 是主流的教育产品

질문: 남자는 인터넷 제품을 어떻게 정의하는가?

A 판매 경로가 좁다
B 방식이 비교적 제한적이다
C 오프라인 교육의 보충재이다
D 주요 교육 제품이다

渠道* qúdào 몡 경로, 채널, 루트 | 窄 zhǎi 휑 좁다 | 模式* móshì 몡 방식, 모델 | 局限* júxiàn 통 제한하다, 한정하다 | 线下 xiànxià 오프라인

남자는 인터넷 교육 제품은 아직은 주요 교육 제품이 아닌 '보충재(补充品)'라고 했으므로 정답은 D가 아닌 C입니다.

17 ★★

问: 互联网公司做教育平台时，存在什么问题?

A 学习流程复杂
B 优质的教师不足
C 不能与线下结合
D 颠覆性的产品不多

질문: 인터넷 회사가 교육 플랫폼을 만들 때 어떤 문제점이 있는가?

A 학습 과정이 복잡하다
B 우수한 교사가 부족하다
C 오프라인과 결합할 수 없다
D 획기적인 제품이 적다

流程 liúchéng 몡 과정, 계통 | 结合 jiéhé 통 결합하다

여자가 다른 인터넷 회사도 교육 플랫폼을 만들고 있는데 '획기적인 제품이 부족하다(颠覆性的产品较少)'는 점을 지적하고 있으므로 정답은 D입니다. 듣기 제2부분에서 보통은 답변자의 말에서 정답이 나오는 경향이 있지만, 간혹 질문자에게서도 나올 수 있기 때문에 유념해야 합니다.

18 ★★★

问: 男的认为自己的产品与慕课有什么共同点?	질문: 남자는 자신의 제품과 무크는 어떤 공통점이 있다고 생각하는가?
A 实现师生互动	A 선생님과 학생들의 소통을 실현했다
B 采用录播模式	B 녹화 형식을 채택했다
C 可选择个性化服务	C 개인화 서비스를 선택할 수 있다
D 未通过可全额退款	D 불합격 시 전액 환불이 가능하다

实现 shíxiàn 통 실현하다 | 采用 cǎiyòng 통 사용하다, 채용하다 | 个性 gèxìng 명 개성 | 服务 fúwù 명 서비스 | 全额 quán'é 명 전액 | 退款 tuìkuǎn 통 환불하다

학생들이 동영상을 보기만 하는 이전의 인터넷 수업과 달리 소통을 한다는 점이 무크의 특징인데, '이 측면에서 우리는 무크와 일치한다(在这个层面上，我们和慕课是一致的)'고 했으므로 정답은 A입니다. 또 녹화 수업은 무크의 방식이고, 남자는 생중계로 수업을 하기 때문에 B는 정답이 아닙니다.

19 ★★

问: 下列哪种功能不会提高课程的价值?	질문: 다음 중 어떤 기능이 수업의 가치를 높일 수 없는가?
A 优秀的教师	A 훌륭한 교사
B 批改学生作业	B 학생 숙제를 첨삭하는 것
C 提醒学生上课	C 학생들이 수업을 듣도록 알려 주는 것
D 提供丰富课余安排	D 풍부한 과외 프로그램을 제공하는 것

课余 kèyú 명 과외 | 安排 ānpái 통 안배하다, 배치하다

남자가 수업의 가치를 높일 수 있는 기능으로 언급한 것은 '완벽한 교육 시스템(一套完整的教育体系)' '훌륭한 선생님과 조교가 실시간으로 소통하는 것(有优秀的老师、助教可以实时互动)' '시간이 되면 학생들이 수업을 듣도록 알려 주는 것(到点提醒学生上课)' '학생들의 숙제를 첨삭하는 것(批改学生的作业)'이므로 정답은 D입니다. 녹음을 들을 때 문제의 네 가지 보기 중 세 가지가 언급되면 아닌 것이나 틀린 것을 고르는 문제가 나올 수 있다는 것을 예측할 수 있습니다.

20 ★★

问: 男的如何看待直播上课?	질문: 남자는 생중계 수업을 어떻게 보는가?
A 应该全面推广	A 전면적으로 보급해야 한다
B 有系统瘫痪风险	B 시스템 다운 리스크가 있다
C 可以灵活应对变化	C 민첩하게 변화에 대응할 수 있다
D 需要更多团队支撑	D 더 많은 팀원들의 지원이 필요하다

看待* kàndài 통 다루다, 취급하다 | 全面 quánmiàn 형 전면적이다 | 推广 tuīguǎng 통 널리 보급하다 | 瘫痪* tānhuàn 통 마비되다, 다운되다 | 风险 fēngxiǎn 명 위험, 리스크 | 灵活 línghuó 형 민첩하다, 재빠르다 | 应对 yìngduì 통 대응하다, 대처하다 | 支撑* zhīchēng 통 받치다, 지탱하다

남자가 생중계 수업은 '변화에 빨리 적응하여 방법을 개선하는 데 유리하다(能够较好地适应变化，利于改进方法)'고 했으므로 정답은 C입니다. '팀원(团队)'이 언급됐지만 '팀원들이 학생들을 접촉할 기회가 아주 많다(团队有非常多的机会接触学生)'고 한 것이고, 팀원의 지원이 필요한 것이 아니므로 D는 정답이 아닙니다.

男: 大家都很想知道，在太空飞行是一种什么样的感觉。

女: 很奇妙！相比在地球上，最大的感觉就是失重。自己就像一条自由自在遨游的鱼儿，21 一松手又会像轻盈的鸟儿一样飞来飞去，像风中的小草一样轻轻摇曳。不管是绳子还是水滴，所有的东西都仿佛被赋予了生命。

男: 航天员的训练量应该很大吧？

女: 各个训练项目的强度还是很大的，特别是前期的强化训练是最辛苦的。不过，当体能和特殊环境适应训练的成绩达到标准之后，身体也就适应了这样的训练，接下来大家都会自觉去保持体能和状态。航天员飞行有一套选拔机制，如果关键测试时状态不好，22 就可能与任务绝缘。可能大家觉得航天员像运动员一样，需要跳多高，跑多远多快，其实这是个误区。航天员主要有三个方面的要求，25 一是体能，二是专业知识，三是心理素质。体育训练的要求并不是要达到生理极限，而只是一种辅助手段。

男: 航天员的日常生活是怎么样的？

女: 其实航天员是一群特别真实的，都是有血有肉的普通人，我们很多时候生活也很单调，每天就像学生一样，前一天把第二天的计划看好了，第二天就按照计划来学习和训练。记得刚进入航天员大队的时候，师兄对我说：“23 要耐得住寂寞，守得住坚持才能实现梦想。”这句话至今还记忆犹新。

男: 您对那些也想成为宇航员的女性有什么建议？

女: 首先是热爱这项事业，真心地渴望探索宇宙。航天员的工作并不像大家看到的那么绚烂，背后有太多的艰辛与付出。如果没有热爱，在追梦过程中遇到挑战和磨砺，很可能让你半途而废。此外，24 坚韧不拔的意志也是必不可少的，这两点对有志于探索宇宙的女性而言是最基本也是最重要的。

남: 많은 사람들이 우주에서 비행하는 것은 어떤 느낌인지 궁금해합니다.

여: 아주 신기합니다. 지구에 비해서 가장 큰 느낌은 바로 무중력입니다. 제 자신이 마치 자유자재로 수영하는 물고기 같습니다. 21 손을 놓으면 또 가벼운 새처럼 날아다니고, 바람 속의 풀처럼 가볍게 흔들립니다. 밧줄이든 물방울이든 모든 물건이 다 생명을 부여받은 것 같습니다.

남: 우주 비행사는 훈련량이 많죠?

여: 각 훈련 종목의 강도가 높습니다. 특히 초반의 강화 훈련이 제일 힘들었습니다. 그러나 체력과 특수 환경 적응 훈련의 성적이 기준에 이르면 몸이 이런 훈련에 적응합니다. 그다음에 모두 자율적으로 체력과 상태를 유지합니다. 우주 비행사의 비행은 선발 시스템이 있어서 결정적인 테스트에서 상태가 좋지 않으면 22 임무와 인연이 끊길 수 있습니다. 많은 사람들이 우주 비행사는 운동선수처럼 높이 점프해야 하고 먼 거리를 빨리 달려야 한다고 생각하는데 사실 이것은 틀린 인식입니다. 우주 비행사는 주로 세 가지 측면의 요구가 있습니다. 25 첫째는 체력, 둘째는 전문 지식, 셋째는 심리 자질입니다. 체육 훈련의 요구는 생리의 극한에 달하는 것이 아니라 하나의 보조 수단입니다.

남: 우주 비행사의 일상생활은 어떻습니까?

여: 사실 우주 비행사는 매우 진실하고 감정이 있는 보통 사람입니다. 우리는 많은 경우 생활이 아주 단조롭고 매일이 학생 같습니다. 전날에는 이튿날의 계획을 확인하고 이튿날에는 계획대로 학습하고 훈련합니다. 막 우주 비행사 팀에 들어갔을 때 선배가 저에게 한 말이 생각나네요. “23 외로움을 견뎌 내고 꾸준함을 지켜 내야 꿈을 이룰 수 있어.” 이 말이 아직까지 기억에 생생합니다.

남: 당신은 우주 비행사가 되고 싶은 여성들에게 어떤 건의를 해 주고 싶습니까?

여: 먼저 이 일을 사랑해야 하고 진심으로 우주를 탐구하고 싶어 해야 합니다. 우주 비행사의 일은 여러분이 보시는 것처럼 화려하지 않습니다. 뒤에서 많은 고생과 대가를 들여야 합니다. 만약에 뜨거운 사랑이 없다면 꿈을 좇는 과정에서 도전과 고통을 맞닥뜨렸을 때 당신은 중도 포기할 수 있습니다. 이 외에 24 불굴의 의지도 빼놓을 수 없습니다. 이 두 가지는 우주를 탐구하려는 뜻이 있는 여성들에게 있어 가장 기본적이고 가장 중요한 것입니다.

太空* tàikōng 명 우주 | 奇妙* qímiào 형 기묘하다, 신기하다 | 自由自在 zìyóu-zìzài 성 자유자재하다 | 遨游 áoyóu 동 노닐다 | 松 sōng 동 풀다, 놓다 | 轻盈 qīngyíng 형 경쾌하다 | 摇曳 yáoyè 흔들리다 | 绳子 shéngzi 명 끈, 밧줄 | 水滴 shuǐdī 명 물방울 | 仿佛 fǎngfú 명 마치 ~한 듯하다 | 赋予* fùyǔ 동 부여하다, 주다 | 航天员 hángtiānyuán 명 우주 비행사 | 项目 xiàngmù 명 항목, 프로젝트, 사업 | 强化 qiánghuà 동 강화하다 | 体能 tǐnéng 명 체능 | 特殊 tèshū 형 특수하다 | 标准 biāozhǔn 명 표준, 기준 | 自觉 zìjué 동 자각하다 | 保持 bǎochí 동 유지하다, 지키다 | 状态 zhuàngtài 명 상태 | 选拔* xuǎnbá 동 선발하다 | 机制 jīzhì 명 메커니즘, 체제, 시스템 | 关键 guānjiàn 형 관건이다, 핵심적이다, 결정적이다 | 任务 rènwu 명 임무, 책무 | 绝缘 juéyuán 동 인연을 끊다 | 误区 wùqū 명 잘못된 인식, 잘못된 부분 | 要求 yāoqiú 동 요구하다 | 专业 zhuānyè 형 전문적이다 | 素质* sùzhì 명 소양, 자질 | 生理* shēnglǐ 명 생리 | 极限* jíxiàn 명 극한 | 辅助* fǔzhù 동 보조하다 | 手段 shǒuduàn 명 수단 | 有血有肉 yǒuxuě-yǒuròu 성 감정이 있다 | 单调 dāndiào 형 단조롭다 | 寂寞 jìmò 형 외롭다 | 至今 zhìjīn 부 지금까지, 여태껏, 오늘까지 | 记忆犹新 jìyì-yóuxīn 성 기억이 생생하다 | 事业* shìyè 명 일 | 渴望 kěwàng 동 갈망하다 | 探索* tànsuǒ 동 탐색하다, 탐구하다 | 宇宙 yǔzhòu 명 우주 | 艰辛 jiānxīn 형 고생스럽다 | 付出 fùchū 동 (돈이나 대가를) 지불하다, 들이다 | 磨砺 mólì 동 연마하다 | 半途而废* bàntú'érfèi 성 중도에 그만두다 | 坚韧不拔 jiānrèn-bùbá 성 의지가 강하고 굳건하다 | 意志* yìzhì 명 의지

---

21 ★★

问：女的把航天员比喻成了什么?

A 摇曳的大树
B 飞翔的鸟儿
C 空中的绳子
D 海中的水滴

질문: 여자는 우주 비행사를 무엇에 비유했는가?

A 흔들리는 큰 나무
B 하늘에 나는 새
C 공중의 끈
D 바다의 물방울

比喻* bǐyù 동 비유하다 | 飞翔* fēixiáng 동 하늘을 돌며 날다

여자는 무중력 상태의 우주 비행사를 '자유자재로 수영하는 물고기(一条自由自在遨游的鱼儿)' '가벼운 새(轻盈的鸟儿)' '바람 속의 풀(风中的小草)'에 비유했으므로 정답은 B입니다. '끈(绳子)'과 '물방울(水滴)'도 언급했지만 우주 비행사의 무중력 상태를 비유하는 것이 아니라 실제 물건을 일컫는 것이기 때문에 C, D는 정답이 아닙니다.

---

22 ★★★

问：如果航天员的训练状态不好，可能会怎么样?

A 受到批评
B 调离部门
C 在任务中淘汰
D 需参加调整训练

질문: 만약에 우주 비행사가 훈련 상태가 좋지 않으면 어떻게 될 수 있는가?

A 혼난다
B 부서를 옮긴다
C 임무에서 탈락한다
D 조절 훈련에 참가해야 한다

批评 pīpíng 동 비평하다, 나무라다 | 调离 diàolí 동 전임시키다 | 部门 bùmén 명 부서 | 淘汰* táotài 동 도태하다 | 调整 tiáozhěng 동 조정하다, 조절하다

'결정적인 테스트에서 상태가 좋지 않으면 임무와 인연이 끊길 수 있다(如果关键测试时状态不好，就可能与任务绝缘)'고 한 것은 우주 비행사 선발에서 탈락한다는 뜻이므로 정답은 C입니다.

---

23 ★★

问：女的认为航天员的生活怎么样?

A 孤独　　　　B 刺激
C 震撼　　　　D 丰富多彩

질문: 여자는 우주 비행사의 생활이 어떻다고 생각하는가?

A 외롭다　　　　B 짜릿하다
C 충격적이다　　D 풍부하고 다채롭다

孤独* gūdú 휑 고독하다 | 刺激 cìjī 휑 자극적이다 | 震撼* zhènhàn 통 뒤흔들다 | 丰富多彩 fēngfù-duōcǎi 휑 풍부하고 다채롭다

여자는 선배의 '외로움을 견뎌 내야 한다(要耐得住寂寞)'는 말에 공감하므로 정답은 A입니다. '寂寞'와 '孤独'는 모두 '외롭다'라는 뜻입니다.

24 ★★★

问: 对于希望从事航天事业的女性，女的有何建议？ A 有坚韧的意志 B 能耐得住寂寞 C 克制自己的欲望 D 培养严密的逻辑能力	질문: 우주 비행 분야에 종사하고 싶은 여성들에게 여자는 무엇을 건의했는가? A 강인한 의지가 있어야 한다 B 외로움을 견딜 수 있어야 한다 C 자신의 욕망을 억제해야 한다 D 치밀한 논리력을 길러야 한다

从事 cóngshì 통 종사하다 | 航天* hángtiān 통 우주 비행하다 | 坚韧* jiānrèn 휑 강인하다, 단단하고 질기다 | 克制* kèzhì 통 자제하다 | 欲望* yùwàng 명 욕망 | 严密* yánmì 휑 치밀하다, 엄격하다 | 逻辑 luóji 명 논리, 로직

여자는 우주를 탐구하고 싶은 여성들에게 '뜨거운 사랑(热爱)'과 '강인한 의지(坚韧不拔的意志)' 두 가지를 건의했으므로 정답은 A입니다. B는 여자의 선배가 한 충고이기 때문에 정답이 아닙니다.

25 ★★★

问: 根据对话，可以知道什么？ A 航天员是灿烂的职业 B 成为航天员需要运气 C 体能是对航天员的基本要求 D 运动员的训练与航天员相似	질문: 이 대화에 근거하여 무엇을 알 수 있는가? A 우주 비행사는 찬란한 직업이다 B 우주 비행사가 되기 위해서는 운이 필요하다 C 체력은 우주 비행사가 갖춰야 할 기본 사항이다 D 선수의 훈련은 우주 비행사와 비슷하다

灿烂* cànlàn 휑 찬란하다 | 运气 yùnqi 명 운세, 운수 | 相似 xiāngsì 휑 닮다, 비슷하다

여자는 우주 비행사에 대한 3가지 요구사항 중 첫 번째로 '체력(体能)'을 언급했으므로 정답은 C입니다. '우주 비행사의 일은 여러분이 보시는 것처럼 화려하지 않다(航天员的工作并不像大家看到的那么绚烂)'고 했으므로 A는 정답이 아닙니다. 또한 사람들이 우주 비행사가 운동선수처럼 높이 점프해야 하고 먼 거리를 빨리 달려야 한다고 생각하는 것은 '틀린 인식(误区)'이라고 했으므로 D도 정답이 아닙니다.

26-30

女: 请先谈谈您跟丝绸之路乐团的渊源。 男: 马先生在1998年就有了创建团队的想法。1999年他发给我了邀请，2000年我跟丝绸之路乐团实现了第一次合作，30 到现在已经是20多年的时间了。 女: 从收到马先生的邀请，到后来合作演出，您都有哪些感受？	여: 먼저 당신과 실크로드 악단의 인연을 말씀해 주세요. 남: 마 선생님은 1998년에 악단을 만들 생각이 있었습니다. 1999년 그분은 저를 초청하셨고 2000년에 저와 실크로드 악단이 처음 협연해서, 30 지금까지 이미 20여 년이 되었죠. 여: 마 선생님의 초청을 받았을 때부터 그 후에 협연할 때까지 어떤 느낌이었습니까?

男: 收到马先生的邀请，首先我是有些不敢相信的，他是我特别崇拜的世界级的大师，<u>26能和他合作是非常荣幸的事</u>。团队里还有来自其他国家的音乐家，他们都是国宝级的，都能够代表各自国家的音乐和文化。巡演期间我和他们生活在一起，所以我有机会看到世界不同地区的音乐家们如何做音乐，如何演奏音乐，如何把一个想法转换成一部作品，这些过程都非常有趣。

女: 因为不同的国家、不同的民族有不同的文化，对同一件事也会有不同的理解，所以你们要寻找能引起大家共鸣的主题，这会不会很困难？

男: 这正是我觉得非常有趣的一点，<u>27比如对于爱情的态度，每个人的理解方向是不一样的</u>。但当我们从不同的角度表达同一个主题的时候，又会让这个主题变得更加丰富。我觉得，音乐真是无国界的。

女: 现在人们对世界音乐这个概念的定义很模糊，在您心目中世界音乐是什么样的？

男: 从个人的角度来讲，<u>28世界音乐主要是一种交流方法</u>，我们可以通过这个平台互相了解、互相交往。这对乐团来说是最重要的一点。

女: 您怎么看待中国的民族音乐在当今世界舞台上的地位？

男: 中国的民族音乐，在近几年发展得很快，特别是互联网的普及，给了中国年轻音乐人展示民族音乐的机会，他们具有非常开放的视野和心态，而且在非常刻苦地钻研音乐，但这些离世界舞台还有一段距离。我认为中国的音乐背后，其实体现的是我们中国人对于整个世界的看法，还有对我们自己的看法。<u>29这种文化差异可能使得中国音乐难以理解</u>。因此，如何更好地表达自己，如何让世界接受，这是我们要一起去解决的问题。

남: 마 선생님의 초청을 받고 처음에는 좀 믿기지 않았습니다. 그분은 제가 아주 숭배하는 세계적인 마에스트로입니다. 26그분과 협연하는 것은 아주 영광스러운 일입니다. 악단에는 또 다른 나라에서 온 음악가들이 있습니다. 그분들은 다 국보급이고 모두 자기 나라의 음악과 문화를 대표할 수 있습니다. 투어 기간에 저는 그분들과 같이 생활했기 때문에 세계 각 지역의 음악가들이 어떻게 음악을 만들고 어떻게 연주를 하고 어떻게 아이디어를 작품으로 만드는지 볼 기회가 있었습니다. 이런 과정들이 아주 재미있었습니다.

여: 다른 나라, 다른 민족은 다른 문화가 있기 때문에 같은 일도 각자 다르게 이해할 겁니다. 그러니 당신들 모두가 공감할 수 있는 주제를 찾는 것이 힘들지 않았나요?

남: 그것이 바로 제가 아주 재미있다고 생각하는 부분입니다. 27예를 들어 사랑에 대한 태도는 사람마다 이해하는 방향이 다릅니다. 그렇지만 우리가 각자 다른 측면에서 같은 주제를 표현할 때 그 주제를 더 풍부하게 만들 수 있습니다. 저는 음악에는 정말 국경이 없다는 것을 느꼈습니다.

여: 지금 세계 음악이라는 개념에 대한 사람들의 정의가 아주 모호합니다. 당신이 생각하기에 세계 음악은 어떤 것입니까?

남: 개인의 입장에서 말하자면 28세계 음악은 주로 교류 방식입니다. 우리는 이 플랫폼을 이용해서 서로 이해하고 서로 소통할 수 있습니다. 이것은 악단에 있어서 가장 중요한 점입니다.

여: 당신은 현재 세계 무대에서의 중국 민족 음악의 지위를 어떻게 봅니까?

남: 중국의 민족 음악은 최근 몇 년간 아주 빠르게 발전했습니다. 특히 인터넷의 보급은 중국의 젊은 음악인에게 민족 음악을 선보일 기회를 주었습니다. 그들은 아주 개방적인 시야와 마음을 가지고 있고 음악을 아주 열심히 탐구하고 있습니다. 그러나 이런 것들은 아직 세계 무대와 거리가 있습니다. 중국 음악의 뒤에는 사실 우리 중국인의 온 세상에 대한 인식과 우리 자신에 대한 인식이 드러나 있다고 생각합니다. 29이런 문화적 차이가 중국 음악을 이해하기 어렵게 만들 수 있습니다. 그렇기 때문에 어떻게 자신을 더 잘 표현하고 어떻게 세계가 받아들이게 할지가 우리가 같이 해결해야 하는 문제입니다.

丝绸之路 sīchóu zhī lù 몡 실크로드 │ 渊源 yuānyuán 몡 연원 │ 创建 chuàngjiàn 통 창립하다 │ 邀请 yāoqǐng 통 초청하다 │ 演出 yǎnchū 통 공연하다 │ 崇拜* chóngbài 통 숭배하다 │ 大师 dàshī 대가, 특정 분야의 권위자 │ 荣幸* róngxìng 톙 영광스럽다 │ 巡演 xúnyǎn 몡 순회 공연 │ 地区 dìqū 몡 지역 │ 演奏* yǎnzòu 통 연주하다 │ 转换 zhuǎnhuàn 통 전환하다, 바꾸다 │ 主题 zhǔtí 몡 주제 │ 角度 jiǎodù 몡 각도 │ 态度 tàidu 몡 태도 │ 国界 guójiè 몡 국경선 │ 概念 gàiniàn 몡 개념 │

定义* dìngyì 圐 정의 ｜ 模糊 móhu 圀 모호하다 ｜ 交流 jiāoliú 圐 교류하다, 소통하다 ｜ 了解 liǎojiě 圐 알다, 이해하다 ｜ 交往 jiāowǎng 圐 왕래하다, 교제하다 ｜ 普及 pǔjí 圐 보급되다 ｜ 展示* zhǎnshì 圐 (실력 등을) 드러내다, (작품 등을) 전시하다 ｜ 具有 jùyǒu 圐 구비하다, 가지다 ｜ 视野* shìyě 圐 시야 ｜ 刻苦 kèkǔ 圀 고생을 참아 내다, 몹시 애쓰다 ｜ 钻研* zuānyán 圐 깊이 연구하다 ｜ 距离 jùlí 圐 거리 ｜ 接受 jiēshòu 圐 받아들이다

---

26 ★★

问： 男的如何看待加入丝绸之路乐团这件事？	질문： 남자는 실크로드 악단에 들어간 일을 어떻게 보는가？
A 非常荣幸	A 매우 영광스럽다
B 意料之中	B 예상대로 되었다
C 过程艰辛	C 과정이 험난했다
D 有些遗憾	D 조금 아쉽다

意料* yìliào 圐 예상하다, 예측하다 ｜ 遗憾 yíhàn 圀 유감스럽다, 아쉽다

남자는 처음 마 선생의 악단에 초청을 받았을 때 믿기지 않았고 '아주 영광스러운 일(非常荣幸的事)'이라고 생각했으므로 정답은 A입니다.

---

27 ★★

问： 男的举爱情例子是为了说明什么？	질문： 남자가 사랑을 예로 든 것은 무엇을 설명하기 위함인가？
A 爱情无国界	A 사랑은 국경이 없다
B 珍惜身边的人	B 주변 사람을 소중히 한다
C 保持原本的美好	C 본래의 아름다움을 유지한다
D 每个人的理解不同	D 개개인의 이해가 다르다

珍惜 zhēnxī 圐 소중히 여기다 ｜ 原本 yuánběn 圐 원본, 본래 ｜ 美好 měihǎo 圀 행복하다, 아름답다

남자는 사랑에 대한 태도는 '사람마다 이해하는 방향이 다르다(每个人的理解方向是不一样的)'고 했으므로 정답은 D입니다. '爱情'이라는 단어만으로 A나 B를 고르면 안 됩니다.

---

28 ★★

问： 对于乐团来说，世界音乐中最重要的是什么？	질문： 악단에게 있어 세계 음악에서 제일 중요한 것은 무엇인가？
A 是交流的方式	A 교류하는 방식이다
B 可以挖掘潜能	B 잠재력을 발굴할 수 있다
C 吸引更多年轻人加入	C 젊은이들을 더 많이 가입하게 한다
D 反思世界音乐的问题	D 세계 음악의 문제를 되돌아본다

挖掘* wājué 圐 캐다, 발굴하다 ｜ 潜能 qiánnéng 圐 잠재력 ｜ 反思* fǎnsī 圐 반성하다

남자는 세계 음악은 서로 이해하고 소통할 수 있는 '교류 방식(一种交流方法)'이라고 생각합니다. 정답은 A입니다.

问: 男的为什么说中国民族音乐离世界舞台很远?	질문: 남자는 왜 중국 민족 음악이 세계 무대와 멀다고 했는가?
A 起步较晚	A 시작이 좀 늦어서
B 视野不够开阔	B 시야가 충분히 넓지 않아서
C 文化差异较大	C 문화 차이가 큰 편이어서
D 民族音乐从事者较少	D 민족 음악 종사자가 적은 편이어서

起步 qǐbù 통 시작하다 | 开阔* kāikuò 형 넓다, 광활하다

남자는 중국의 민족 음악에는 세상과 중국인을 바라보는 중국인의 인식이 담겨 있어서 '이런 문화적 차이가 중국 음악을 이해하기 어렵게 만들 수 있다(这种文化差异可能使得中国音乐难以理解)'고 했습니다. 이 점이 중국 민족 음악이 세계 무대와 거리가 있는 이유이므로 정답은 C입니다.

问: 关于男的,可以知道什么?	질문: 남자에 관하여 무엇을 알 수 있는가?
A 邀请过马先生	A 마 선생을 초대하였다
B 致力于教育事业	B 교육 사업에 주력하고 있다
C 已与乐团合作20余年	C 이미 악단과 20여 년을 협연했다
D 希望人们关注世界音乐	D 사람들이 세계 음악에 관심을 가지기를 바란다

致力* zhìlì 통 애쓰다, 힘쓰다 | 余 yú 수 ~여, 남짓 | 关注 guānzhù 통 관심을 가지다

알 수 있는 것을 묻는 문제는 보기의 내용이 녹음 곳곳에 제시되어 있는 경향이 있습니다. 남자는 실크로드 악단과 2000년에 첫 협연을 한 것이 '지금까지 이미 20여 년이 되었다(到现在已经是20多年的时间了)'고 했으므로 정답은 C입니다. 남자가 마 선생을 초청한 것이 아니라, 마 선생이 남자를 초청한 것이므로 A는 정답이 아닙니다.

제3부분 31~50번은 단문을 듣고 질문에 알맞은 보기를 선택하는 문제입니다.

31-33

目前,31智能电网所带来的节能和环保效果,引起了各国政府和企业极大关注。特别是全球数家电器、电信、互联网巨头以及投资机构都对智能电网领域产生了浓厚的兴趣,33他们正通过各种渠道进入该领域。那么什么是智能电网呢?智能电网是指电网的智能化,31利用智能电网可以平衡能源需求,从而实现能源利用的最大化。譬如,现在选择购买电动汽车的人日益增多,但大规模使用电动汽车会给城市电网带来极大的负担。人们开车下班回家后,通常都会先给车充电,从而造成下班后供电紧张。32但如果有了智能电网,一部分车辆就不会立即开始充电,而是智能地避开用电

지금 31 스마트 그리드의 에너지 절약과 환경 보호 효과는 이미 각국 정부와 기업의 아주 큰 관심을 끌었다. 특히 전 세계의 여러 가전, 통신, 인터넷 선도 기업과 투자 기관은 스마트 그리드 분야에 깊은 관심이 있고 33 그들은 다양한 경로로 이 분야에 진출하고 있다. 그럼 스마트 그리드는 무엇인가? 스마트 그리드는 전력망의 스마트화를 가리킨다. 31 스마트 그리드를 이용하면 에너지 수요의 균형을 맞추어 에너지 이용의 극대화를 실현할 수 있다. 예를 들어 지금 전기차를 구매하려는 사람들이 갈수록 증가하고 있다. 그런데 대규모로 전기차를 사용하면 도시 전력망에 아주 큰 부담을 줄 수 있다. 사람들은 운전해서 퇴근하고 집에 돌아오면 보통 먼저 자동차를 충전하기 때문에 퇴근 후에 전기 공급 부족을 일으킬 수 있다. 32 그러나 스마트 그리드가 있으면 일부 차량은 바

高峰时段，等到午夜能量需求较低时，再给汽车充电。

로 충전을 시작하지 않고 스마트하게 전기 사용의 피크 시간대를 피하여 한밤중에 에너지 수요가 비교적 낮을 때 자동차를 충전한다.

智能* zhìnéng 톙 지능적이다, 스마트하다 | 电网 diànwǎng 톙 배전망, 전력망 | 节能 jiénéng 통 에너지를 절약하다 | 环保 huánbǎo 톙 환경 보호 [=环境保护] | 政府 zhèngfǔ 톙 정부 | 投资 tóuzī 통 투자하다 | 领域 lǐngyù 톙 영역, 분야 | 浓厚* nónghòu 톙 (흥미·관심 따위가) 깊다 | 平衡 pínghéng 통 균형을 맞추다 | 能源 néngyuán 톙 에너지원, 에너지 | 需求* xūqiú 톙 요구, 수요 | 譬如* pìrú 통 예를 들다 | 日益* rìyì 톙 날로, 점차 | 规模 guīmó 톙 규모 | 负担* fùdān 톙 부담, 책임 | 充电 chōngdiàn 통 충전하다 | 供 gōng 통 제공하다 | 车辆 chēliàng 톙 차량 | 立即 lìjí 톙 즉시, 곧 | 避开 bìkāi 통 피하다 | 高峰* gāofēng 톙 고봉, 정점, 최고점 | 能量* néngliàng 톙 에너지

2회
듣기

31 ★★★

问: 智能电网的优势体现在哪儿?

A 得到政府支持
B 针对电动车开发
C 无需借助昂贵材料
D 节约能源且平衡需求

질문: 스마트 그리드의 장점은 어디에서 나타나는가?

A 정부 지원을 받는다
B 전기차를 겨냥해 개발했다
C 값비싼 자재를 사용할 필요가 없다
D 에너지를 절약하고 수요의 균형을 맞출 수 있다

针对 zhēnduì 통 겨누다, 초점을 맞추다 | 开发 kāifā 통 개발하다 | 借助* jièzhù 통 도움을 받다 | 昂贵* ángguì 톙 비싸다 | 节约 jiéyuē 통 절약하다

스마트 그리드의 장점으로 '에너지 절약과 환경 보호 효과(智能电网所带来的节能和环保效果)'가 있다는 것과 '에너지 수요의 균형을 맞출 수 있다(利用智能电网可以平衡能源需求)'는 것이 제시되었으므로 D가 정답입니다. 한편 스마트 그리드는 가전, 통신, 인터넷 선도 기업, 투자 기관 등 여러 분야에서 관심을 가지는 분야로 전기차만을 위해 개발한 것이 아니므로 B는 함정입니다. 각국 정부의 관심을 끌었지만 지원에 대한 언급은 없기 때문에 A도 정답이 아닙니다.

32 ★★

问: 有了智能电网以后，电动车辆会在哪个时段充电?

A 上班前　　　B 下班后
C 随时随地　　D 自动分配时间

질문: 스마트 그리드가 있으면 전기차는 언제 충전하는가?

A 출근 전　　　B 퇴근 후
C 언제 어디서나　D 자동으로 시간을 분배

随时随地 suíshí-suídì 언제 어디서나

전기차를 충전할 때 '일부 차량은 바로 충전을 시작하지 않고 스마트하게 전기 사용의 피크 시간대를 피하여 한밤중에 에너지 수요가 비교적 낮을 때 자동차를 충전한다(一部分车辆就不会立即开始充电，而是智能地避开用电高峰时段，等到午夜能量需求较低时，再给汽车充电)'고 했으므로 정답은 D입니다. 퇴근 후의 시간대에 전기차 충전이 집중되는 것은 스마트 그리드가 있기 전의 이야기이므로 B는 정답이 아닙니다.

33 ★★★

问: 智能电网目前的发展状况如何?

A 处于概念阶段
B 商业运作成熟
C 用户规模庞大
D 各领域机构争相发展

질문: 스마트 그리드는 현재 발전 상황이 어떠한가?

A 개념적 단계에 있다
B 상업적인 운영이 성숙하다
C 사용자 규모가 방대하다
D 여러 분야의 기관이 경쟁하듯 개발하고 있다

状况 zhuàngkuàng 몡 상황 | 阶段 jiēduàn 몡 단계 | 运作 yùnzuò 동 운영하다 | 成熟 chéngshú 혱 성숙하다, 숙련되다 | 庞大* pángdà 혱 방대하다 | 争相 zhēngxiāng 閉 서로 앞다투어

전 세계의 여러 가전, 통신, 인터넷 선도 기업과 투자 기관들이 '다양한 경로로 이 분야에 진출하고 있다(他们正通过各种渠道进入该领域)'고 했으므로 정답은 D입니다. 지금 스마트 그리드는 개념적 단계를 벗어나 개발 단계에 있다는 것을 알 수 있으므로 A, B, C는 모두 정답이 아닙니다.

34-36

据史书记载，陆绩在郁林郡当太守时，曾带领当地百姓筑城建郡，34 疏通水利，发展生产，开办书院，受到了百姓和有识之士的拥护和爱戴。任期满后陆绩乘船离开郁林郡，由于他为官期间一身正气，清正廉洁，35 因此行李很少，负责运送的船夫，担心船太轻，经不起风浪，便从岸边搬了一块巨石放在船上，直到将陆绩送上岸后才搬下来。这件事情很快便流传开了，出于对陆绩的怀念与景仰，老百姓把这块石头叫做郁林石，36 之后郁林石便成为了廉洁奉公的象征。

사서의 기록에 따르면 육적은 욱림군 태수를 지낼 때 백성들을 이끌고 성을 건설하고 군을 세웠고, 34 수로를 준설했고, 생산을 발전시켰고, 서원을 열고 운영해서 백성과 지식인의 지지와 존경을 받았다. 임기가 끝나고 육적은 배를 타고 욱림군을 떠났다. 육적은 임기 동안 정직하고 청렴했기에 35 짐이 아주 적었다. 수송을 책임진 사공은 배가 너무 가벼워서 풍랑을 견딜 수 없을까 봐 강가에서 큰 바위를 배에 올렸다. 그리고 육적이 뭍에 오르고 난 뒤에 (그 바위를) 내렸다. 이 일은 빠르게 소문이 퍼져서 그 후에 육적에 대한 그리움과 숭배로 백성들은 그 바위를 욱림석이라고 불렀다. 36 후에 욱림석은 청렴결백한 공무 집행의 상징이 되었다.

记载* jìzǎi 동 기재하다, 기록하다 | 郡 jùn 몡 군 [중국의 행정 구역 단위] | 太守 tàishǒu 몡 태수 [군의 최고 행정 장관] | 带领* dàilǐng 동 이끌다, 인솔하다 | 筑 zhù 동 건설하다 | 疏通 shūtōng 동 ① (길바닥·도랑 등을) 준설하다 ② 잘 통하게 하다 | 水利* shuǐlì 몡 수리 [=水利工程] | 拥护* yōnghù 동 옹호하다 | 爱戴* àidài 동 받들어 모시다 | 乘* chéng 동 (교통수단을) 타다 | 正气* zhèngqì 몡 정기, 바른 기운 | 清正 qīngzhèng 혱 청렴하고 공정하다 | 廉洁 liánjié 혱 청렴결백하다 | 行李 xíngli 몡 짐 | 经不起 jīngbuqǐ 견딜 수 없다 | 风浪 fēnglàng 몡 풍랑 | 上岸 shàng'àn 동 육지에 오르다 | 流传 liúchuán 동 (소문, 전설, 소식 등이) 전해지다, 널리 퍼지다 | 出于 chūyú 동 (어떤 입장, 마음에서) 출발하다, ~때문이다 | 怀念 huáiniàn 동 그리워하다 | 景仰 jǐngyǎng 동 경모하다, 탄복하다 | 奉公 fènggōng 동 공사를 위하여 힘쓰다 | 象征 xiàngzhēng 동 상징하다

34 ★★

问：陆绩在任期间，开展过什么工作？

A 通水利民

B 打击贪污腐败

C 设立地方法律法规

D 建造港口发展造船业

질문: 육적은 임기에 어떤 일을 했는가?

A 수로를 통하게 하여 백성을 이롭게 했다

B 부정부패 행위를 엄단했다

C 지방 법률과 법규를 만들었다

D 항구를 건설하여 조선업을 발전시켰다

开展* kāizhǎn 동 전개하다 | 打击* dǎjī 동 타격을 주다, 엄단하다 | 贪污* tānwū 동 탐오하다, 횡령하다 | 腐败* fǔbài 동 부패하다 | 设立* shèlì 동 세우다, 설립하다 | 法律 fǎlǜ 몡 법률 | 法规 fǎguī 몡 법규 | 建造 jiànzào 동 건축하다, 세우다 | 港口* gǎngkǒu 몡 항만 | 造船业 zàochuányè 조선업

육적은 임기 중에 '성을 건설하고 군을 세웠고, 수로를 준설했고, 생산을 발전시켰고, 서원을 열고 운영했다(筑城建郡，疏通水利，发展生产，开办书院)'고 나타나 있으므로 정답은 A입니다. 육적은 청렴결백한 사람이지만 부정 부패 행위를 엄단했다는 내용은 없으므로 B는 정답이 아닙니다. 이어서 육적이 배를 타고 떠났다고 한 것은 조선업과는 관련이 없으므로 D도 정답이 아닙니다.

35 ★★★

问: 船夫将巨石搬到船上，最主要的原因是什么?

A 风浪太大
B 行李太少
C 便于掌握平衡
D 石头具有纪念意义

질문: 사공이 큰 바위를 배 위로 옮긴 제일 주된 원인은 무엇인가?

A 풍랑이 너무 심해서
B 짐이 너무 적어서
C 균형을 잡기 편해서
D 바위는 기념의 의미가 있어서

便于* biànyú 통 ~하기 편리하다 | 纪念 jìniàn 통 기념하다 | 意义 yìyì 명 의의, 의미, 뜻

청렴결백한 육적의 짐이 너무 적어서 배가 풍랑을 견딜 수 없을까 봐 사공이 큰 바위를 배 위로 옮겼으므로 정답은 B입니다. 풍랑이 너무 심하기 때문이 아니라 짐이 적어 배가 가볍기 때문에 바위를 배 위로 옮긴 것이기 때문에 A는 함정입니다.

36 ★★

问: 郁林石后来象征着什么?

A 当官要清正廉洁
B 做人需稳如泰山
C 陆绩的丰功伟业
D 伸张正义必不可少

질문: 욱림석은 후에 무엇을 상징했는가?

A 관리는 청렴결백해야 한다
B 사람은 침착해야 한다
C 육적의 위대한 업적
D 정의 신장은 필수적이다

稳如泰山 wěnrútàishān 성 태산처럼 끄떡없고 굳건하다 | 丰功伟业 fēnggōng-wěiyè 성 위대한 공적 | 伸张 shēnzhāng 통 신장하다, 넓히다 | 正义* zhèngyì 명 정의

욱림석은 욱림군 백성들이 청렴결백한 육적에 대한 그리움과 숭배를 담아 이름 붙인 것이며, '욱림석은 청렴결백한 공무 집행의 상징이 되었다(之后郁林石便成为了廉洁奉公的象征)'고 했으므로 정답은 A입니다.

37-39

大海对人的精神、身体有着巨大的抚慰作用。比如，在海边坐一坐，听一听海浪的声音，即使不做什么，你也会感觉轻松快乐，浑身充满活力。当有的人经历了某种可怕的事情或者意外，精神会受到创伤，37 对人对事会变得麻木，甚至毫无反应，这就是创伤后应激障碍。这时就可以尝试利用大海对人精神与身体的抚慰作用，对患者进行治疗。38 比如借助海浪冲刷人体，所带来的感官刺激来缓解症状，治疗效果会非常显著。大海疗法诞生于2003年，其原理是基于流动理论，39 当一个人专注并沉浸于某项活动时，他就会感觉到平静和安逸。在这种状态下，一些神经化学物质涌入大脑，而这些神经化学物质与抗抑郁的药物成分相似，所以患者只要有规律地来到海边，参加

바다는 사람의 마음과 몸을 위로하는 효과가 크다. 예를 들어 해변에 잠시 앉아서 파도 소리를 들으면 아무것도 안 해도 편안함과 기쁨을 느낄 수 있으며 온몸에 활력이 충만해진다. 어떤 사람이 어떤 끔찍한 일이나 뜻밖의 사고를 겪으면 마음에 상처를 입어 37 사람과 일을 대하는 데 둔해지고 심지어 아무런 반응도 없을 수 있다. 이것은 외상 후 스트레스 장애(PTSD)이다. 이때 바다의 사람의 마음과 몸에 대한 위로 작용을 이용해서 환자를 치료해 볼 만하다. 38 예를 들어 파도를 이용하여 몸을 씻으면 그로 인한 감각기관의 자극이 증상을 완화하기 때문에 치료 효과가 뚜렷할 것이다. 바다 요법은 2003년에 탄생했고 그 원리는 유동 이론에 근거한다. 39 한 사람이 어떤 활동에 집중하고 빠지면 그는 평온과 편안함을 느낄 수 있다. 이런 상황에서 일부 신경 화학 물질이 대뇌로 몰리는데 이런 신경 화학 물질은 항우울제와 성분이 비슷하다. 그래서 환자가 규칙적으로 해변에 와서 한 달 정도

为期一个月左右治疗，就能有效地减轻自身精神上的痛苦。

치료를 받으면 자신의 정신적 고통을 효과적으로 감소시킬 수 있다.

精神 jīngshén 图 정신 | 巨大 jùdà 图 거대하다 | 抚慰 fǔwèi 图 위로하다 | 海浪 hǎilàng 图 파도 | 浑身* húnshēn 图 온몸 | 充满 chōngmǎn 图 충만하다 | 活力* huólì 图 활력 | 意外 yìwài 图 뜻밖의 사고, 재난 | 创伤 chuāngshāng 图 상처, 외상 | 麻木* mámù 图 마비되다, 저리다 | 毫无* háowú 图 조금도 ~이 없다 | 反应 fǎnyìng 图 반응 | 创伤后应激障碍 chuāngshānghòu yìngjī zhàng'ài 외상 후 스트레스 장애(PTSD) | 患者* huànzhě 图 환자 | 治疗 zhìliáo 图 치료하다 | 冲刷 chōngshuā 图 물을 끼얹어 씻다 | 症状* zhèngzhuàng 图 증상 | 显著* xiǎnzhù 图 현저하다, 뚜렷하다 | 诞生* dànshēng 图 탄생하다 | 原理* yuánlǐ 图 원리 | 基于 jīyú 图 ~에 근거하여, ~을 기반으로 | 流动 liúdòng 图 (액체나 기체가) 흐르다, 유동하다 | 理论 lǐlùn 图 이론 | 沉浸 chénjìn 图 몰두하다 | 平静 píngjìng 图 평온하다 | 安逸 ānyì 图 편하고 한가롭다 | 神经* shénjīng 图 신경 | 涌入 yǒngrù 图 몰려들다, 밀어닥치다 | 抗 kàng 图 저항하다 | 抑郁 yìyù 图 우울하다 | 规律 guīlǜ 图 규칙 | 为期* wéiqī 图 ~을 기한으로 하다 | 有效 yǒuxiào 图 유효하다, 효과가 있다 | 减轻 jiǎnqīng 图 (중량 등을) 줄이다

---

37 ★★

问：创伤后应激障碍有什么症状？

　　A 行动缓慢
　　B 麻木无感
　　C 常常感到自卑
　　D 无法控制冲动

질문: 외상 후 스트레스 장애는 어떤 증상이 있는가?

　　A 행동이 느리다
　　B 둔하고 무감각하다
　　C 종종 열등감을 느낀다
　　D 충동을 제어할 수 없다

行动 xíngdòng 图 행동 | 缓慢 huǎnmàn 图 느리다 | 自卑* zìbēi 图 열등감을 가지다 | 控制 kòngzhì 图 제어하다 | 冲动* chōngdòng 图 충동

외상 후 스트레스 장애는 '사람과 일을 대하는 데 둔해지고 심지어 아무런 반응도 없을 수 있다(对人对事会变得麻木，甚至毫无反应)'고 했으므로 정답은 B입니다.

---

38 ★★★

问：大海疗法主要通过哪种方式来进行治疗？

　　A 在海边做日光浴
　　B 利用海浪冲刷身体
　　C 闭眼倾听海浪的声音
　　D 尝试富有刺激性的运动

질문: 바다 요법은 주로 어떤 방식을 통하여 치료하는가？

　　A 해변에서 일광욕을 한다
　　B 파도를 이용하여 몸을 씻는다
　　C 눈을 감고 파도 소리를 귀기울여 듣는다
　　D 자극이 강한 운동을 시도한다

日光浴 rìguāngyù 图 일광욕 | 倾听* qīngtīng 图 경청하다

'파도를 이용하여 몸을 씻으면 그로 인한 감각기관의 자극이 증상을 완화(借助海浪冲刷人体，所带来的感官刺激来缓解症状)'하는 것이 바다 요법이라고 했으므로 정답은 B입니다. 녹음 앞부분에서 파도 소리를 들으면 편안함과 기쁨을 느낄 수 있다고 한 것은 바다의 위로 효과를 설명하는 것일 뿐 바다 요법은 아니므로 C는 정답이 아닙니다.

---

39 ★★★

问：关于流动理论，可以知道什么？

　　A 专注使人感到平静
　　B 需与药物并行治疗

질문: 유동 이론에 관하여 알 수 있는 것은?

　　A 전념하면 사람은 평온함을 느낀다
　　B 약물과 병행 치료가 필요하다

C 安逸状态可延缓衰老   C 편안한 상태는 노화를 늦출 수 있다
D 创伤后应激障碍无法根治   D 외상 후 스트레스 장애는 완치가 불가능하다

专注 zhuānzhù 图 집중하다, 전념하다 | 并行 bìngxíng 图 병행하다 | 延缓 yánhuǎn 图 늦추다 | 衰老* shuāilǎo 图 노쇠하다 |
根治 gēnzhì 图 완치하다, 근절하다

'한 사람이 어떤 활동에 집중하고 빠지면 그는 평온과 편안함을 느낄 수 있다(当一个人专注并沉浸于某项活动时，他就会感觉到平静和安逸)'고 했으므로 정답은 A입니다. 이런 상황에서 형성된 '신경 화학 물질은 항우울제와 성분과 비슷하다(这些神经化学物质与抗抑郁的药物成分相似)'고 했지만 약물을 써야 하는 것은 아니므로 B는 정답이 아닙니다.

40-43

前不久，某科技公司推出了一款花草检测仪，能帮助用户种植物。40 它的造型看上去像一个叉子，整体由白色的塑料和黑色金属组成。白色部分，包括芯片、电池、光照感应器。黑色部分则是湿度感应器，它的顶端还有两个接触点，用来检测土壤的状况。花草检测仪的操作很简单，用户首先需要下载一个手机应用软件，通过蓝牙将检测仪和手机连接起来。在应用软件上，添加此款植物，然后将检测仪插入植物花盆中，41 就能随时检测植物的生长情况了。这个应用软件上，植物的实时的光照、水分、温度和肥力等信息一目了然，42 如果出现不达标的项目它会通过手机震动提醒用户。这个应用软件里有3000多种植物的档案，而且还会定期地更新。不仅如此，每种植物的养护方法都有详细的介绍，被用户称为植物种植教学百科全书。不过，尽管这款花草检测仪很智能，43 但售价不低，如果是种植很多种植物的用户，会带来一些经济上的负担，因此推出廉价版的花草检测仪呼声很高。

얼마 전 한 IT 회사는 화초 측정기를 출시하여 사용자들을 도와 식물을 재배할 수 있게 하였다. 40 그 외형은 포크 같은데 흰색 플라스틱과 검은색 금속으로 구성되어 있었다. 흰색 부분은 칩, 배터리, 일조량 센서가 포함되어 있다. 검은색 부분은 습도 센서이고 상단에는 두 개의 접촉점이 있어 토양의 상황을 감지할 수 있다. 화초 측정기의 사용법은 아주 간단하다. 사용자는 먼저 휴대폰에 앱을 하나 다운로드하고 블루투스를 이용해서 측정기와 휴대폰을 연결한다. 앱에 그 식물을 추가하고 측정기를 식물 화분에 꽂으면 41 언제든 식물의 성장 상황을 모니터링할 수 있다. 이 앱에는 식물의 실시간 일조, 수분, 온도와 비옥도 등 정보가 일목요연하게 있다. 42 만약에 기준 미달인 항목이 있으면 휴대폰 진동으로 사용자에게 알려준다. 이 앱에는 3,000종 이상의 식물 정보가 들어 있고 또 정기적으로 업데이트된다. 이뿐만 아니라 식물마다 키우는 방법이 상세하게 소개되어 있어 사용자들은 식물 재배의 백과사전이라고 부른다. 그러나 이 화초 측정기는 아주 스마트하지만 43 가격이 비싸서 많은 식물을 재배하는 사용자에게는 경제적으로 부담이 되기 때문에 저렴한 화초 측정기를 출시해 달라는 요구가 잇따르고 있다.

推出 tuīchū 图 내놓다, 출시하다 | 检测仪 jiǎncèyí 图 측정기 | 种植* zhòngzhí 图 재배하다 | 叉子 chāzi 图 포크, 갈퀴 |
整体 zhěngtǐ 图 전체, 총체 | 塑料 sùliào 图 플라스틱, 합성수지 | 金属 jīnshǔ 图 금속 | 芯片 xīnpiàn 图 칩 | 电池 diànchí
图 건전지 | 感应器 gǎnyìngqì 图 센서 | 则 zé 图 바로, 곧 | 检测 jiǎncè 图 검사하다, 측정하다 | 土壤* tǔrǎng 图 토양, 흙 |
操作* cāozuò 图 조작하다, 다루다 | 下载 xiàzài 图 다운로드하다 | 应用软件 yìngyòng ruǎnjiàn 图 응용 프로그램, 앱(app) |
蓝牙 lányá 图 블루투스 | 添加 tiānjiā 图 첨가하다 | 花盆 huāpén 图 화분 | 随时 suíshí 图 수시로, 언제나 | 肥力 féilì 图
(토양의) 비옥도 | 信息 xìnxī 图 정보 | 一目了然 yímù-liǎorán 图 일목요연하다 | 达标 dábiāo 图 기준에 도달하다 | 震动
zhèndòng 图 진동하다 | 档案* dàng'àn 图 파일 | 更新* gēngxīn 图 갱신하다, 업그레이드하다 | 养护 yǎnghù 图 키우다 |
百科全书 bǎikē quánshū 图 백과사전 | 廉价 liánjià 图 저렴하다 | 呼声 hūshēng 图 대중의 목소리, 사람들의 요구와 바람

40 ★★

问：那款花草检测仪的造型怎么样？	질문: 화초 측정기의 외형은 어떠한가?
A 呈针形	A 바늘모양이다
B 像铃铛	B 방울 같다
C 整体为黑色	C 전체가 검은색이다
D 类似于叉子	D 포크와 유사하다

呈 chéng 图 (어떤 형태를) 갖추다 | 针 zhēn 图 바늘 | 铃铛 língdang 图 방울 | 类似* lèisì 图 유사하다, 비슷하다

'화초 측정기의 외형은 포크 같다(它的造型看上去像一个叉子)'고 했으므로 정답은 D입니다. 한편 '흰색 플라스틱과 검은색 금속으로 구성되어 있다(由白色的塑料和黑色金属组成)'고 했기 때문에 C는 정답이 아닙니다.

41 ★★

问：关于花草检测仪，可以知道什么？	질문: 화초 측정기에 관하여 무엇을 알 수 있는가?
A 还没有正式推出	A 아직 정식으로 출시되지 않았다
B 附赠植物百科全书	B 식물 백과사전을 증정한다
C 可提高植物吸收效果	C 식물의 흡수력을 높일 수 있다
D 能检测植物生长情况	D 식물의 성장 상황을 모니터링할 수 있다

正式 zhèngshì 图 정식의, 공식의 | 附赠 fùzèng 图 증정하다 | 吸收 xīshōu 图 흡수하다

화초 측정기를 식물 화분에 꽂으면 '언제든 식물의 성장 상황을 모니터링할 수 있다(能随时检测植物的生长情况了)'고 했으므로 정답은 D입니다. 한편 사용자들이 화초 측정기를 '식물 재배의 백과사전이라고 부른다(被用户称为植物种植教学百科全书)'고 했을 뿐 실제로 백과사전을 증정하는 것이 아니므로 B는 정답이 아닙니다.

42 ★★★

问：那款手机应用软件有什么特点？	질문: 이 휴대폰 앱은 어떤 특징이 있는가?
A 提醒未达标项目	A 기준 미달인 항목을 알려 준다
B 有2000种植物存档	B 2,000가지의 식물의 자료가 저장되어 있다
C 通过蓝牙连接服务器	C 블루투스로 서버와 연결한다
D 需通过应用商城购买	D 앱 스토어를 통해 구매해야 한다

存档 cúndàng 图 저장하다 | 应用商城 yìngyòng shāngchéng 图 앱 스토어

화초 측정기를 사용하면 '만약에 기준 미달인 항목이 있으면 휴대폰 진동으로 사용자에게 알려 준다(如果出现不达标的项目它会通过手机震动提醒用户)'고 했으므로 정답은 A입니다. 그리고 앱에는 3,000종 이상의 식물 정보가 들어 있다고 했으므로 B도 정답이 아닙니다. 또 블루투스를 이용해서 휴대폰과 측정기를 연결하는 것이지, 서버와 연결하는 것이 아니므로 C는 함정입니다.

43 ★★

问：花草检测仪有什么不足之处？	질문: 화초 측정기는 부족한 점이 무엇인가?
A 不够精确	A 정밀하지 못하다
B 价格过高	B 가격이 너무 높다
C 外形不够时尚	C 외형이 세련되지 않다
D 没有更新功能	D 업데이트 기능이 없다

精确* jīngquè ⑱ 정밀하다, 정확하다 │ 时尚 shíshàng ⑱ 세련되다

'가격이 비싸기(售价不低)' 때문에 '저렴한 화초 측정기를 출시해 달라는 요구가 잇따르고 있다(推出廉价版的花草检测仪呼声很高)'고 했으므로 정답은 B입니다. 화초 측정기의 외형이 포크와 같다고 해서 '세련되지 않다(外形不够时尚)'고 유추해서 답하면 안 됩니다. 녹음에 드러난 화자의 관점대로 답해야 됩니다.

44-47

44 溶洞是一个黑暗安静，恒温潮湿，环境相对稳定独立的地下世界。那它怎么调节自己的小气候呢？溶洞不受太阳直接辐射和天空散射的影响，其内部的气候变化，主要是通过洞内空气的运动来实现的。一般情况下洞口地带的气温，受外部环境影响较大，其变化与当地的地表气温相近，进入洞口越深，气温的波动越小，直至不受外界影响。45 洞内气温基本稳定在当地平均气温上下，大部分洞穴中都会有空气的流动，46 空气会周期性地吸进和吹出，通常在夏季向洞外吹凉风，在冬季向洞外喷热气，形成呼吸洞。洞口越多与外界空气的交换就越频繁，气候波动的幅度就越大。47 如洞穴所在地的年温差和日温差大，溶洞就会因洞内外温差较大而产生空气流动。因此在夏季或午间空气多往洞外流动，而在冬季或夜间，空气则多往洞内流动。

44 석회 동굴은 어둡고 조용하고, 온도는 일정하고 습하고, 환경이 상대적으로 안정적인 지하 세계이다. 그러면 그곳은 어떻게 자신의 소기후를 조절하는가? 석회 동굴은 태양의 직접적인 복사와 하늘의 산란의 영향을 받지 않아 내부의 기후 변화는 주로 동굴 내의 공기 움직임으로 인해 일어난다. 일반적으로 동굴 입구 일대의 기온은 외부 환경의 영향을 많이 받는 편이라 그곳의 변화는 현지의 지표면의 기온과 비슷하다. 동굴 안으로 깊이 들어갈수록 기온의 (변화) 파동이 작아지며 외부의 영향을 받지 않는 수준까지 간다. 45 동굴 안 기온은 기본적으로 현지의 평균 기온과 비슷한 온도로 안정되어 있고 대부분 동굴 속에는 공기의 흐름이 있다. 46 공기는 주기적으로 빨려 들어가고 불어 나오는데 보통은 여름에 동굴 밖으로 차가운 바람을 불어 내고 겨울에 동굴 밖으로 따뜻한 바람을 불어 내는 숨 쉬는 동굴로 변한다. 동굴 입구가 많고 외부 공기와의 교환이 빈번할수록 기후의 (변화) 파동 폭이 커진다. 47 만약에 동굴이 있는 지역의 연교차와 일교차가 크면 동굴 안팎의 온도차가 크기 때문에 석회 동굴이 공기의 흐름을 만들어 낸다. 이 때문에 여름 혹은 낮에는 공기가 동굴 바깥으로 흐르고 겨울 혹은 밤에는 공기가 동굴 안으로 흐른다.

溶洞 róngdòng ⑲ 석회 동굴, 종유동 │ 安静 ānjìng ⑱ 조용하다, 고요하다 │ 恒温 héngwēn ⑲ 상온 │ 稳定 wěndìng ⑱ 안정적이다 │ 独立 dúlì ⑱ 독립적이다 │ 气候 qìhòu ⑲ 기후 │ 辐射* fúshè ⑲ 방사, 복사 ⑧ 방사하다, 복사하다 │ 散射 sǎnshè ⑲ (빛, 소리 등의) 난반사, 산란 │ 地带 dìdài ⑲ 지대, 지역 │ 气温 qìwēn ⑲ 기온 │ 地表 dìbiǎo ⑲ 지표 │ 波动 bōdòng ⑲ 파동 │ 外界* wàijiè ⑲ 외부, 바깥 세계 │ 平均 píngjūn ⑲ 평균 │ 洞穴 dòngxué ⑲ 동굴 │ 周期* zhōuqī ⑲ 주기 │ 喷 pēn ⑧ 내뿜다 │ 频繁* pínfán ⑱ 빈번하다 │ 幅度* fúdù ⑲ 정도, 폭 │ 如 rú ⑳ 만약에 [주로 那么, 就 등과 호응함] │ 温差 wēnchā ⑲ 온도차

44 ★★

问: 溶洞有什么特征？

A 温度波动较大
B 内部潮湿阴暗
C 常受太阳辐射影响
D 适合野生动物居住

질문: 석회 동굴은 어떤 특징이 있는가?

A 온도 파동이 비교적 크다
B 내부가 습하고 어둡다
C 태양 복사의 영향을 자주 받는다
D 야생 동물이 거주하기 적합하다

特征 tèzhēng ⑲ 특징 │ 适合 shìhé ⑧ 적합하다 │ 居住* jūzhù ⑧ 거주하다

석회 동굴은 '어둡고 조용하고, 온도는 일정하고 습하다(黑暗安静，恒温潮湿)'고 했으므로 정답은 A가 아닌 B입니다. 더불어 '석회 동굴은 태양의 직접적인 복사와 하늘의 산란의 영향을 받지 않는다(溶洞不受太阳直接辐射和天空散射的影响)'고 했기 때문에 C도 정답이 아닙니다.

45 ★★

问：关于溶洞的气温，下列哪项正确?	질문: 석회 동굴의 기온에 관하여 다음 올바른 것은 무엇인가?
A 低于洞外温度	A 동굴 밖 온도보다 낮다
B 高于体感温度	B 체감 온도보다 높다
C 日内波动较大	C 하루 중 파동이 비교적 크다
D 与当地平均气温相似	D 현지 평균 기온과 비슷하다

体感 tǐgǎn 동 체감하다

'동굴 안 기온은 기본적으로 현지의 평균 기온과 비슷한 온도로 안정되어 있다(洞内气温基本稳定在当地平均气温上下)'고 했으므로 정답은 D입니다.

46 ★★

问：呼吸洞是如何形成的?	질문: 숨 쉬는 동굴은 어떻게 만들어지는가?
A 周边受到污染	A 주변이 오염되어서
B 空气周期性流动	B 공기가 주기적으로 흘러서
C 洞穴内微生物繁殖	C 동굴 내 미생물이 번식해서
D 洞穴外部风向影响	D 동굴 외부 풍향의 영향으로

周边* zhōubiān 명 주변, 주위 | 繁殖* fánzhí 동 번식하다 | 风向 fēngxiàng 명 풍향

'공기는 주기적으로 빨려 들어가고 불어 나온다(空气会周期性地吸进和吹出)'는 내용에서 정답이 B임을 알 수 있습니다.

47 ★★

问：在哪种情况下，溶洞内的气候波动会变大?	질문: 어떤 상황에서 석회 동굴 안의 기후 파동이 커지는가?
A 昼夜温差大	A 일교차가 클 때
B 人为进行干扰	B 인위적으로 간섭할 때
C 臭氧层发生变化	C 오존층에 변화가 발생할 때
D 二氧化碳含量增加	D 이산화탄소 함량이 증가할 때

昼夜* zhòuyè 명 주야, 밤낮 | 人为* rénwéi 형 인위적이다 | 干扰* gānrǎo 동 방해하다, 지장을 주다 | 臭氧层 chòuyǎngcéng 명 오존층 | 二氧化碳* èryǎnghuàtàn 명 이산화탄소 | 含量 hánliàng 명 함량 | 增加 zēngjiā 동 증가하다

동굴 입구가 많거나 외부 공기와의 교환이 빈번할 때 석회 동굴의 기후 파동 폭이 커집니다. '만약에 동굴이 있는 지역의 연교차와 일교차가 크면 동굴 안팎의 온도차가 크기 때문에 석회 동굴이 공기의 흐름을 만들어 낸다(如洞穴所在地的年温差和日温差大，溶洞就会因洞内外温差较大而产生空气流动)'고 했으므로, 정답은 A입니다.

螃蟹会因季节变化、觅食、繁殖等原因，周期性地进行长距离定向移动。不过，螃蟹为什么要横着走呢？关于这个疑问，⁵⁰有好几种解释。⁴⁸首先从生物学的角度来看，螃蟹的胸部横向比纵向宽，八只步足位于身体两侧，并且它的前足关节只能向下弯曲。这些结构特征，都是使得螃蟹只能横着走。而地磁学专家则认为，螃蟹耳内中用来判定方向的小磁体，对地磁非常敏感，但在地球形成后的漫长岁月中，⁴⁹地磁南北极发生过多次倒转，这使得螃蟹耳内的小磁体，失去了原来的定向作用，为了适应环境，螃蟹便采取折中的策略，既不前进，也不后退，而是横着走。

게는 계절 변화, 먹이 찾기, 번식 등의 이유로 주기적으로 일정한 방향으로 장거리 이동을 한다. 그런데 게는 왜 옆으로 걷는가? 이 질문에 관해서는 ⁵⁰몇 가지 가설이 있다. ⁴⁸먼저 생물학적 관점에서 볼 때 게의 가슴 부위는 가로가 세로보다 넓어 여덟 개의 발이 몸의 양측에 있고 앞발의 관절을 아래로만 구부릴 수 있는데, 이런 구조적 특징으로 인해 게는 옆으로만 걸을 수 있다는 것이다. 또 지구 자기학 전문가들은 게의 귓속에 방향을 판단하는 작은 자성체가 있어 지자기에 아주 민감한데, 지구가 만들어지고 긴 세월 동안 ⁴⁹지자기의 남북극이 뒤집히는 일이 여러 번 있었기 때문에 게의 귓속에 있는 작은 자성체가 원래의 방향 판단 기능을 잃었고 환경에 적응하기 위해서 게는 절충한 전략을 취해 앞으로도 가지 않고 뒤로도 가지 않고 옆으로 걷게 된 것이라고 여긴다.

螃蟹 pángxiè 명 게 | 觅食 mìshí 통 먹이를 구하다 | 定向 dìngxiàng 통 방향을 정하다 | 横* héng 통 가로지르다 | 疑问 yíwèn 명 의문 | 解释 jiěshì 통 해설하다, 설명하다 | 横向 héngxiàng 형 가로의 | 纵向 zòngxiàng 형 세로의 | 关节 guānjié 명 관절 | 弯曲 wānqū 형 구불구불하다 | 结构 jiégòu 명 구조, 구성 | 地磁 dìcí 명 지자기, 지구 자기 | 判定 pàndìng 통 판정하다 | 磁体 cítǐ 명 자성체 | 敏感 mǐngǎn 형 민감하다 | 岁月* suìyuè 명 세월 | 采取 cǎiqǔ 통 채택하다, 취하다 | 折中 zhézhōng 통 절충하다

---

48 ★★

问: 说话人首先从哪个角度分析了螃蟹横着走的原因?

A 生物学角度
B 地磁学观点
C 进化论法则
D 优胜劣汰原则

질문: 화자는 먼저 어떤 관점에서 게가 옆으로 걷는 원인을 분석했는가?

A 생물학적 관점
B 지구 자기학적 관점
C 진화론 법칙
D 적자생존 원칙

观点 guāndiǎn 명 관점, 입장 | 进化* jìnhuà 통 진화하다 | 法则 fǎzé 명 규율, 법칙 | 优胜劣汰* yōushèng-liètài 성 우승열패하다, 강한 자는 번성하고 약한 자는 쇠하다 | 原则 yuánzé 명 원칙

게가 옆으로 걷는 원인을 보기의 A, B 두 가지 관점에서 설명했습니다. 이 중 먼저 언급한 것은 생물학적 관점이므로 정답은 A입니다.

---

49 ★★

问: 螃蟹耳内的小磁体为什么失去了作用?

A 功能逐渐退化
B 增生新的细胞
C 遗传因子演变
D 南北极磁场变化

질문: 게의 귓속에 있는 작은 자성체는 왜 기능을 잃었는가?

A 기능이 점차 퇴화해서
B 새로운 세포가 증식해서
C 유전자가 변형돼서
D 남북극 자기장이 변해서

退化 tuìhuà 통 퇴화하다 | 细胞* xìbāo 명 세포 | 遗传* yíchuán 통 (생물학적으로) 유전하다 | 演变* yǎnbiàn 통 변천하다 | 磁场 cíchǎng 명 자장, 자기장

95

지구 자기학 전문가에 따르면, 게의 귓속에 있는 작은 자성체는 '지자기에 아주 민감(对地磁非常敏感)'한데 '지자기의 남북극이 뒤집히는 일이 여러 번 있었다(地磁南北极发生过多次倒转)'고 했으므로 이로 인해 자성체가 방향을 판단하는 기능을 잃었음을 알 수 있습니다. 정답은 D입니다.

50 ★★★

问: 关于螃蟹，下列哪项正确？	질문: 게에 관하여 다음 중 올바른 것은 무엇인가?
A 关节很灵活	A 관절이 유연하다
B 可以直线前进	B 앞으로 직진할 수 있다
C 胸部的横向比纵向窄	C 가슴 부위는 가로가 세로보다 좁다
D 横着走并没有唯一答案	D 옆으로 걷는 원인은 하나의 답이 나오지 않았다

唯一 wéiyī 형 유일하다

화자는 게가 왜 옆으로 걷는지에 대해 '이 질문에 관하여 몇 가지 가설이 있다(关于这个疑问，有好几种解释)'고 설명하며 생물학점 관점과 지구 자기학점 관점의 가설을 소개합니다. 따라서 정답은 D입니다. 한편 게의 관절은 아래로만 구부릴 수 있으므로 A는 정답이 아니고, 게의 가슴 부위는 가로가 세로보다 넓다고 했으므로 C도 정답이 아닙니다.

二、阅读 독해

제1부분 51~60번은 문법적인 오류가 있는 문장을 선택하는 문제입니다.

51 ★★★

A 请严格按照使用说明来操作机器。	A 사용 설명을 철저히 지켜 기계를 조작하세요.
B 您放心，我们会尽快给您一个答复的。	B 걱정 마세요. 가능한 한 빨리 당신에게 답변을 드리겠습니다.
C 第17届中国国际软件博览会将在本周四举办。	C 제17회 중국 국제 소프트웨어 박람회가 이번 주 목요일에 열린다.
D 昨天听了杨志勋老师的高论以后，对我的启发很大。	D 어제 양즈쉰 선생님의 훌륭한 말씀을 들었는데, 나에게 큰 깨달음을 주었다.

答复* dáfù 통 (요구나 문제에) 회답하다, 답변하다 │ 届 jiè 양 회, 기, 차 [정기적으로 열리는 큰 규모의 행사를 세는 단위] │ 软件 ruǎnjiàn 명 소프트웨어 │ 博览会* bólǎnhuì 명 박람회 │ 高论 gāolùn 명 훌륭한 의견 │ 启发 qǐfā 명 깨우침, 깨달음

│ **주어 불일치** │ 昨天听了杨志勋老师的高论以后，对我的启发很大。

　　➡ 昨天(我)听了杨志勋老师的高论以后，我得到了很大的启发。

앞 절과 뒤 절의 주어가 같은 경우 한쪽의 주어는 생략될 수 있습니다. D에서 앞 절은 시간절로서 주어 '我'가 생략되어 있습니다. 따라서 뒤 절의 주어 또한 '我'가 되어야 합니다.

시간절인 앞 절의 주어 '我'가 생략되어 있으므로 뒤 절에는 '让'을 빼고 '我'가 주어가 되어야 합니다.

看到他在网上给我的留言后，让我深受鼓舞。(X)

➡ (我)看到他在网上给我的留言后，我深受鼓舞。 그가 인터넷에서 나에게 보낸 메시지를 보고서 나는 고무되었다.

---

52 ★★

A 火龙果热量低、纤维高，深受减肥人士的喜爱。

B 请大家尽量不要和流感患者接触，免得不被传染。

C 竹楼是傣族传统的建筑形式，有利于防酷热和湿气。

D 时间如同一位慈母，可以帮助我们抚平心灵的创伤。

A 용과는 칼로리가 낮고 섬유질이 풍부하여 다이어트를 하는 사람들에게 사랑받고 있다.

B 전염되는 것을 피하기 위해서 독감 환자와는 최대한 접촉하지 마십시오.

C 죽루는 다이족의 전통 건축 양식으로, 무더위와 습기를 방지하는 데 도움이 된다.

D 시간은 자상한 어머니와 같아서 우리가 마음의 상처를 치유하는 데 도움을 줄 수 있다.

火龙果 huǒlóngguǒ 명 용과 | 热量 rèliàng 명 열량, 칼로리 | 纤维* xiānwéi 명 섬유, 섬유질 | 减肥 jiǎnféi 통 살 빼다, 다이어트하다 | 人士* rénshì 명 인사 | 尽量 jǐnliàng 부 가능한 한, 되도록 | 流感 liúgǎn 명 유행성 감기, 독감 | 免得* miǎnde 접 ~하지 않도록 | 傣族 Dǎizú 명 다이족 [중국 소수 민족의 하나, 주로 윈난성에 분포] | 建筑 jiànzhù 명 건축 | 酷热 kùrè 형 몹시 무덥다 | 如同 rútóng 통 마치 ~같다, 흡사하다 | 慈母 címǔ 명 자상한 어머니 | 抚平 fǔpíng 통 달래다, 치유하다 | 心灵* xīnlíng 명 심령, 영혼, 마음

의미 중복 | 请大家尽量不要和流感患者接触，免得不被传染。

　　　　　➡ 请大家尽量不要和流感患者接触，免得被传染。

'免得'는 '~하지 않기 위해서'라는 뜻으로 부정의 의미가 있습니다. 부정부사 '不'와 함께 쓰면 부정의 의미가 중복되어 어색하기 때문에 '不'를 삭제해야 합니다.

고독점 Tip

부정의 의미가 있는 단어와 부정부사가 같이 쓰여 의미상 틀린 문장으로 제시되는 문제가 꾸준히 출제되고 있습니다. 부정의 의미가 있는 빈출 단어는 다음과 같은 것이 있습니다.

避免 bìmiǎn 피하다, 모면하다	禁止 jìnzhǐ 금지하다
免得 miǎnde ~하지 않도록	阻止 zǔzhǐ 저지하다
以免 yǐmiǎn ~하지 않도록	劝阻 quànzǔ 그만두도록 충고하다
以防 yǐfáng 방지하다	切忌 qièjì 절대 삼가다
防止 fángzhǐ 방지하다	切勿 qièwù 절대 ~하지 마라

为了避免不发生类似的事故，他即时采取了相应的措施。(X)

➡ 为了避免发生类似的事故，他即时采取了相应的措施。

유사한 사고가 발생하는 걸 막기 위해, 그는 즉시 상응하는 조치를 취했다.

练习轮滑需要宽敞的场地，以免不受其他障碍物的干扰。(X)

➡ 练习轮滑需要宽敞的场地，以免受其他障碍物的干扰。

다른 장애물의 방해를 받지 않으려면 롤러스케이트 연습에 넓은 장소가 필요하다.

53 ★★

A 四川省计划今年新增三条国际直飞航线。	A 쓰촨성은 올해 3개의 국제 직항 노선을 추가할 계획이다.
B 您好，您拨打的电话正在通话中，请稍后再拨。	B 안녕하세요. 지금 거신 전화는 통화 중입니다. 잠시 후에 다시 걸어 주십시오.
C 专家建议，两岁以下的儿童尽量不要接触电子产品。	C 전문가들은 두 살 이하의 어린이는 최대한 전자 제품을 접하지 않을 것을 건의한다.
D 即便在哪个时代，青年群体的力量始终同国家的命运紧密相连。	D 어느 시대에서든 청년 그룹의 힘은 늘 국가의 운명과 밀접하게 관련되어 있다.

直飞 zhífēi 图 직항하다 | 航线 hángxiàn 图 (비행기나 배의) 항로 | 拨打 bōdǎ 图 전화를 걸다 | 稍后 shāohòu 图 잠시 후, 조금 뒤 | 儿童 értóng 图 어린이 | 即便* jíbiàn 젭 설령 ~하더라도 [주로 也, 都 등과 호응함] | 群体 qúntǐ 图 단체, 집단 | 始终 shǐzhōng 图 시종일관, 줄곧 | 命运 mìngyùn 图 운명 | 紧密 jǐnmì 图 긴밀하다, 밀접하다 | 相连 xiānglián 图 인접하다, 서로 연결되다

│접속사 사용 오류│ 即便在哪个时代，青年群体的力量始终同国家的命运紧密相连。
→ 即便在21世纪，青年群体的力量始终同国家的命运紧密相连。
→ 不管在哪个时代，青年群体的力量始终同国家的命运紧密相连。

'即便' '即使' '哪怕'는 '설령 ~하더라도', '설사 ~하더라도'라는 뜻이고, '不管' '不论' '无论'은 '~하든 간에'라는 뜻으로 모두 '也' '都' '总是' '始终' 등과 함께 쓰입니다. 다만 전자의 경우 평서문과 쓰이고 후자의 경우 의문문이나 선택문과 씁니다. 따라서 '即便'과 의문문 '在哪个时代'가 함께 쓰인 D는 틀린 문장입니다.

54 ★★

A 生长在野外的长尾鸡，尾羽每年能增长一米左右。	A 야생에서 자라는 긴꼬리닭은 꼬리 깃털이 매년 1m 정도 자랄 수 있다.
B 行书是介于楷书和草书之间的一种字体，工整清晰，实用性高。	B 행서는 해서와 초서 사이의 글씨체로, 가지런하고 깔끔하고 실용성이 뛰어나다.
C 我们如果把国内的事情不努力搞好，那么在国际上就很难有发言权了。	C 우리가 만일 국내 사안을 노력해서 처리하지 않는다면 국제적으로 발언권을 갖기 어렵다.
D 据统计，人类常见的疾病有135种，其中106种与维生素摄取不足有关。	D 통계에 따르면 인간에게 흔히 생기는 질병의 수는 135가지인데, 그중 106가지는 비타민 섭취 부족과 관련이 있다.

尾羽 wěiyǔ 图 꼬리 깃털 | 增长 zēngzhǎng 图 증가하다, 늘어나다 | 行书 xíngshū 图 행서 [서체의 종류] | 介于 jièyú 图 ~의 사이에 있다 | 楷书 kǎishū 图 해서 [서체의 종류] | 草书 cǎoshū 图 초서 [서체의 종류] | 工整 gōngzhěng 图 (글씨 등이) 반듯하고 깔끔하다 | 清晰* qīngxī 图 또렷하다, 분명하다 | 实用 shíyòng 图 실용적이다 | 发言权 fāyánquán 图 발언권 | 统计* tǒngjì 图 통계 | 常见 chángjiàn 图 흔하다 | 维生素* wéishēngsù 图 비타민 | 摄取 shèqǔ 图 섭취하다, (영양 등을) 흡수하다

│어순 오류│ 我们如果把国内的事情不努力搞好，那么在国际上就很难有发言权了。
→ 我们如果不把国内的事情努力搞好，那么在国际上就很难有发言权了。

개사구가 들어간 문장은 술어가 아닌 개사구 앞에 부정부사를 써야 합니다. 왜냐하면 부사어는 '시간사 + 부사 + 조동사 + [개사구/地가 쓰인 부사어]'의 순으로 써야 하기 때문입니다. 따라서 부정부사 '不'가 개사 '把' 앞에 위치해야 합니다.

55

A 全球超过8亿人没有充足的食物，饥饿人口陆续三年出现增长。

B 室内色彩除了会对视觉产生影响，还会影响人们的情绪和心理。

C 吴起变法虽然失败了，但它却在楚国贵族政治中激起了巨大的波澜。

D 中暑时应到阴凉通风处休息，或用冷水、酒精降温，必要时应尽快就医。

A 전 세계 8억 명이 넘는 사람들이 식량이 부족해 기아 인구가 3년 연속 증가했다.

B 실내의 색깔은 시각에 영향을 줄 뿐만 아니라 사람들의 감정과 심리에도 영향을 줍니다.

C 오기의 개혁은 비록 실패했지만, 초나라의 귀족 정치에 큰 파란을 일으켰다.

D 더위를 먹은 경우 바람이 부는 응달에서 휴식을 취하거나 찬물이나 알코올로 체온을 낮추어야 하며 필요한 경우 최대한 빨리 병원에 가야 한다.

充足* chōngzú 형 충분하다 | 饥饿 jī'è 형 배고프다, 굶주리다 | 陆续 lùxù 부 속속, 번갈아 | 情绪 qíngxù 명 정서, 기분 | 吴起 Wúqǐ 고유 오기 [전국 시대의 유명한 전략가, 정치가] | 变法 biànfǎ 동 (법제·제도 등의) 개혁 | 贵族* guìzú 명 귀족 | 政治 zhèngzhì 명 정치 | 激起 jīqǐ 동 (물결 등을) 일으키다 | 波澜 bōlán 명 ① 파도, 물결 ② (세상일·정세 등의) 파란 | 中暑 zhòngshǔ 명 일사병 동 더위를 먹다 | 酒精* jiǔjīng 명 알코올 | 就医 jiùyī 동 진찰을 받다, 치료를 받다

어휘 용법 오류 全球超过8亿人没有充足的食物，饥饿人口陆续三年出现增长。

→ 全球超过8亿人没有充足的食物，饥饿人口连续三年出现增长。

'陆续'는 '속속' '번갈아'라는 뜻으로 복수의 주어가 번갈아서 같은 행동을 할 때 씁니다. 예를 들어 '同学们陆续发表了自己的想法。(학우들이 번갈아서 자신의 생각을 발표했다.)'처럼 주어가 복수인 경우에 사용합니다. 반면에 하나의 주어가 같은 행동을 연이어 반복할 때는 '연이어' '연달아'라는 뜻의 '连续'를 써야 합니다. 예를 들어 '小龙连续拿到了大奖。(샤오룽은 연달아 대상을 수상했다.)'와 같이 사용합니다. A의 경우 '饥饿人口'가 3년간 연속 증가한 것이므로 '陆续' 대신 '连续'를 써야 합니다.

56

A 严宏昌的名字写着最上面，下面依次是其他17户户主的名字。

B 好的摄影师能够把日常生活中稍纵即逝的平凡事物转化为不朽的视觉图像。

C 现实是此岸，理想是彼岸，中间隔着湍急的河流，行动则是架在河上的桥梁。

D 卧室里浓烈的色彩会刺激人的神经，让人过度兴奋，不利于人较快地进入深度睡眠状态。

A 옌홍창의 이름이 맨 위에 적혀 있고, 그 아래에는 다른 17가구의 가구주 이름이 차례로 적혀 있다.

B 좋은 사진작가는 일상생활에서 쉽게 사라질 수 있는 평범한 것들을 영원한 시각적 이미지로 바꿀 수 있다.

C 현실이 강물 이쪽에 있고 이상이 강물 건너편에 있으며 그 중간을 급류가 가로지르고 있다면, 행동은 바로 그 강에 걸쳐진 다리입니다.

D 침실의 강렬한 색채는 사람의 신경을 자극하고 과도한 흥분을 유발해서 빨리 깊은 잠에 드는 데 방해가 된다.

依次 yīcì 부 순서에 따라, 차례대로 | 户 hù 양 가구, 세대 | 户主 hùzhǔ 명 호주, 가장, 세대주 | 摄影师 shèyǐngshī 명 사진사, 사진작가 | 稍纵即逝 shāozòng-jíshì 성 (시간·기회 등이) 조금만 방심하면 바로 사라지다 | 平凡* píngfán 형 평범하다 | 转化 zhuǎnhuà 동 바꾸다, 전환하다 | 不朽 bùxiǔ 형 영구하다, 불후하다 | 此岸 cǐ'àn 명 이쪽, 현실, 현세 | 彼岸 bǐ'àn 명 저쪽, 건너편, 피안 | 隔 gé 동 막다, 막히다 | 湍急 tuānjí 형 물살이 급하다 | 架 jià 동 (다리 등을) 가설하다, 놓다 | 桥梁* qiáoliáng 명 교량, 다리 | 卧室 wòshì 명 침실 | 浓烈 nóngliè 형 (냄새·맛·의식 등이) 강하다, 짙다 | 刺激 cìjī 동 자극하다 | 睡眠 shuìmián 명 수면, 잠

존현문 오류 严宏昌的名字写着最上面，下面依次是其他17户户主的名字。

→ 最上面写着严宏昌的名字，下面依次是其他17户户主的名字。

→ 严宏昌的名字写在最上面，下面依次是其他17户户主的名字。

중국어에서 어떠한 장소에 어떤 사물이 존재, 출현, 소실된 것을 나타내는 문장을 '존현문'이라고 합니다. A 또한 존현문으로서 문장 속의 '着'는 동작의 지속이 아닌 존재를 나타냅니다. 존현문은 일반적으로 '장소·시간 + 동사 + 존재대상'의 형식으로 쓰기 때문에 장소인 '最上面'이 '写着' 앞에 쓰여야 합니다. 또는 존재를 나타내는 '着' 대신 '在'로 바꿔서 평서문으로 쓸 수도 있습니다.

57 ★★★

A 一个人最难得的是平常心，得而不喜，失而不忧，内心宁静，则幸福常在。

B 研究表明，当沙漠地表植物覆盖率达到40%的时候，就不会出现扬沙天气了。

C 中国自古就有"以茶治病"的历史，古代民间用茶治疗糖尿病、伤风等疾病的记载甚多。

D 当你真正爱上一个人，你会觉得一种很亲切的感觉，他让你觉得很舒服，你可以信任他。

A 사람이 가장 가지기 힘든 것은 평정심이다. 얻고서도 기뻐하지 않고, 잃고서도 근심하지 않으며 마음이 고요하면 행복이 늘 함께한다.

B 연구에 따르면 사막 지면에 식물이 덮인 비율이 40%에 이르면 황사 날씨가 나타나지 않는다.

C 중국에는 예로부터 '차로 병을 치료해 온' 역사가 있다. 고대에 민간에서 당뇨병이나 감기 등의 질병을 치료하는 데 차를 사용한 기록이 아주 많다.

D 당신이 누군가를 정말 사랑하게 되면, 당신은 매우 친근감을 느끼게 되고, 그는 당신을 편안하게 하고, 당신은 그를 믿을 수 있게 된다.

難得* nándé 형 얻기 어렵다, (출현이나 발생이) 드물다 ┃ 平常心 píngchángxīn 명 평정심 ┃ 忧 yōu 동 근심하다 ┃ 宁静 níngjìng 형 (환경·마음 따위가) 조용하다, 평온하다 ┃ 则 zé 접 그러면 ┃ 表明 biǎomíng 동 표명하다 ┃ 沙漠 shāmò 명 사막 ┃ 覆盖率 fùgàilǜ 복개율, 지표면에서 차지하는 비율 ┃ 扬沙 yángshā 동 모래가 날리다, 황사가 날리다 ┃ 自古 zìgǔ 부 자고로, 예로부터 ┃ 糖尿病 tángniàobìng 명 당뇨병 ┃ 伤风 shāngfēng 명 감기 ┃ 甚 shèn 부 몹시, 매우 ┃ 真正 zhēnzhèng 형 진정한 ┃ 亲切 qīnqiè 형 친절하다, 친밀하다 ┃ 信任 xìnrèn 동 신임하다, 신뢰하다

|술+목 불호응| 当你真正爱上一个人，你会觉得一种很亲切的感觉，他让你觉得很舒服，你可以信任他。
→ 当你真正爱上一个人，你会产生一种很亲切的感觉，他让你觉得很舒服，你可以信任他。
'觉得(느끼다)'와 '感觉(느낌)'는 함께 쓰이면 호응이 어색합니다. '感觉'를 목적어로 쓸 수 있는 동사는 '产生'입니다.

58 ★★★

A 据记载，世界上第一盏红黄绿三色、四方向的交通信号灯是在1920年投入使用的。

B 小提琴音色优美，音域宽广，表现力强，为人们所钟爱，被称为西洋乐器中的"王后"。

C 成语是人们长期以来习用的、简洁精辟的固定短语，它承载着博大精深的中华传统文化。

D 乌相滩，位于漓江西岸，每逢秋冬时节，树叶红透，倒影在碧水中，素有"桂林小九寨沟"。

A 기록에 따르면 세계 최초의 빨강, 노랑, 초록 삼색의 4방향 신호등은 1920년에 사용되기 시작했다고 한다.

B 바이올린은 음색이 아름답고, 음역이 넓고, 표현력이 뛰어나 사람들에게 유독 사랑받으며, 서양 악기의 '여왕'이라고 불린다.

C 성어란 사람들이 오랫동안 습관적으로 사용해 온 간결하고 정교한 관용어로 방대한 중국 전통 문화를 담고 있다.

D 우지우탄은 리장강 서안에 위치하고 있으며, 매번 가을, 겨울이면 단풍이 붉게 물들고 거꾸로 선 그림자가 푸른 물에 비친다. 예로부터 '구이린의 작은 구채구'라는 칭호를 가지고 있다.

盏 zhǎn 양 [등불을 세는 양사] ┃ 信号 xìnhào 명 신호 ┃ 投入 tóurù 동 투입하다, 돌입하다 ┃ 小提琴 xiǎotíqín 명 바이올린 ┃ 优美 yōuměi 형 우아하고 아름답다 ┃ 为……所…… wéi……suǒ…… ~에 의해 ~되다 ┃ 钟爱 zhōng'ài 동 특별히 사랑하다 ┃ 简洁 jiǎnjié 형 (언행·문장 등이) 깔끔하다, 간결하고 명료하다 ┃ 精辟 jīngpì 형 통찰력이 있다, 날카롭다 ┃ 承载 chéngzài 동 (무게를)

지탱하다, (안에) 담다 | **博大精深*** bódà-jīngshēn 성 사상, 학식 등이 넓고 심오하다 | **逢*** féng 동 만나다, 마주치다 | **倒影** dàoyǐng 명 거꾸로 선 그림자, 수면에 비친 그림자 | **碧水** bìshuǐ 명 푸른 물, 밝은 물 | **素** sù 부 전부터, 예전부터

| 목적어 누락 | 乌桕滩，位于漓江西岸，每逢秋冬时节，树叶红透，倒影在碧水中，素有"桂林小九寨沟"。

→ 乌桕滩，位于漓江西岸，每逢秋冬时节，树叶红透，倒影在碧水中，素有"桂林小九寨沟"之称。

D의 주어는 '乌桕滩'인데 '乌桕滩素有"桂林小九寨沟"'라고 하면 '우지우탄은 예로부터 구이린의 작은 구채구를 갖고 있다'라는 뜻이기 때문에 어색합니다. 따라서 '之称(~의 칭호)'을 덧붙여 '~라는 칭호를 갖고 있다'라고 써야 합니다. '素有(예로부터 ~이 있다)'는 '之称' 외에도 '的名声(~라는 명성)' '的美称(~라는 미칭)' '的美名(~라는 미명)' '的美誉(~라는 찬사)' 등과 함께 쓰이는 경우가 많습니다.

독해

---

59 ★★

A 南京林业大学的一名学生设计了一种自动穿衣架，可帮那些手脚不便的人轻松穿上衣服。	A 난징임업대학교의 한 학생은 손발이 불편한 사람들이 쉽게 옷을 입을 수 있도록 돕는 자동 옷걸이를 설계했다.
B 有时，很多散户投资者实际上比很多大型机构投资者拥有特别深刻、非常准确的见解。	B 때로는 많은 개인투자자들이 실제로 많은 대형 기관투자가들보다 심오하고 정확한 견해를 갖고 있다.
C 南锣鼓巷全长786米。以南锣鼓巷为主干，向东西各伸出对称的八条胡同，俗称蜈蚣街。	C 난뤄구샹은 전체 길이가 786m로, 난뤄구샹을 중심으로 동서로 각각 대칭을 이루는 8개의 골목이 뻗어 있어 속칭 지네거리라고 한다.
D 凡是妨碍到人们正常休息、学习和工作的声音，以及对人们要听的声音产生干扰的声音，都属于噪声。	D 사람들이 정상적으로 쉬고, 공부하고, 일하는 것을 방해하는 소리와 사람들이 듣고 싶은 소리를 방해하는 소리는 모두 소음에 속한다.

衣架 yījià 명 옷걸이 | **散户** sǎnhù (주식 시장 등에서) 개인 투자자 | **大型** dàxíng 형 대형의 | **拥有*** yōngyǒu 동 보유하다, 소유하다 | **准确** zhǔnquè 형 정확하다 | **见解*** jiànjiě 명 견해, 의견 | **主干** zhǔgàn 명 ① (식물의) 줄기 ② (도로, 철도 등의) 간선 | **对称*** duìchèn 형 (도형이나 물체가) 대칭이다 | **胡同** hútòng 명 골목, 골목길 | **俗称** súchēng 동 속칭하다, 흔히 칭하다 | **蜈蚣** wúgōng 명 지네 | **凡是*** fánshì 대강, 대체로, 무릇, 모든, 다 | **噪声** zàoshēng 명 소음, 잡음

| 비교문 오류 | 有时，很多散户投资者实际上比很多大型机构投资者拥有特别深刻、非常准确的见解。

→ 有时，很多散户投资者实际上比很多大型机构投资者拥有深刻、准确的见解。

'比' 비교문에서 비교 정도를 강조할 때는 '更'이나 '还'를 씁니다. '很' '挺' '非常' '特别' '相当' '最' 등 대부분의 정도부사를 쓸 수 없고 정도보어, 형용사 중첩 형식도 쓸 수 없습니다. 따라서 B에서 '特别'와 '非常'을 삭제해야 합니다.

---

60 ★★★

A 粮农组织总干事呼吁改革现有粮食系统，他也说，未来的粮食系统必须所有人提供健康、优质的食物。	A 식량농업기구(FAO) 사무총장은 기존의 식량 시스템을 개혁할 것을 호소했다. 그는 또한 미래의 식량 시스템은 모든 이에게 건강하고 품질 좋은 음식을 제공해야 한다고 말했다.
B 孩子们喜欢探寻这个世界，而且总能提出千奇百怪的问题，这些问题看似天真，却闪烁着智慧的光芒。	B 아이들은 이 세상을 탐험하길 좋아하며, 항상 기상천외한 질문을 하곤 한다. 이런 질문들은 순진한 것 같지만 또 지혜로 빛난다.

C 千岛湖景区总面积达982平方公里，其中湖区面积573平方公里，因湖内拥有星罗棋布的1078个岛屿而得名。	C 첸다오호 관광 지구는 총면적이 982㎢에 달하며 그중 호수 면적은 573㎢이다. 호수 안에 1,078개의 섬이 별처럼 흩어져 있어서 이런 이름을 얻었다.
D "穿越小说"是网络文学的一种，其主人公由于某种原因从自己所在的时空转换到另外的时空，故事情节也由此展开。	D '이세계 판타지'는 인터넷 문학의 일종이다. 주인공은 모종의 이유로 자신의 시간과 공간에서 다른 시간과 공간으로 전생하고 이로부터 이야기의 줄거리가 전개된다.

粮农组织 Liángnóng Zǔzhī 고유 식량농업기구(FAO) | 总干事 zǒnggànshì 명 사무총장 | 呼吁* hūyù 통 (동정이나 지지를) 구하다, 호소하다 | 改革 gǎigé 통 개혁하다 | 探寻 tànxún 통 탐구하다, 찾다 | 提出 tíchū 통 제출하다, 제기하다 | 千奇百怪 qiānqí-bǎiguài 성 기이하고 다양하다 | 看似 kànsì 통 겉으로는 ~처럼 보이다 | 闪烁* shǎnshuò 통 번쩍번쩍하다, 반짝이다 | 光芒* guāngmáng 명 빛살, 빛 | 景区 jǐngqū 명 관광 지구 | 面积 miànjī 명 면적 | 星罗棋布 xīngluó-qíbù 성 넓은 공간에 촘촘하게 분포되어 있다 | 穿越* chuānyuè 통 (시간, 공간 등을) 넘다, 통과하다 | 情节* qíngjié 명 줄거리, 스토리

|개사 누락| 粮农组织总干事呼吁改革现有粮食系统，他也说，未来的粮食系统必须所有人提供健康、优质的食物。

→ 粮农组织总干事呼吁改革现有粮食系统，他也说，未来的粮食系统必须 **为** 所有人提供健康、优质的食物。

술어 앞에 명사가 단독으로 쓰이는 경우는 주어와 시간사뿐입니다. A에서 '未来的粮食系统'이 문장의 주어이고 '提供'이 술어이기 때문에 '所有人' 앞에 개사 '为'를 추가해서 개사구로 만들어야 합니다.

✦ 고득점 Tip

주어와 술어 사이에 개사 없이 명사나 명사구가 쓰여 틀린 다른 예시입니다.

面试官谨慎的态度看待这个问题。(×)
➡ 面试官 **以** 谨慎的态度看待这个问题。
면접관은 신중한 태도로 이 문제를 대했다.

"太师椅"是中国唯一官职命名的椅子。(×)
➡ "太师椅"是中国唯一 **用** 官职命名的椅子。
'태사의'는 중국에서 유일하게 관직으로 이름을 붙인 의자이다.

제2부분 61~70번은 문장 속 빈칸에 들어갈 표현을 선택하는 문제입니다.

61 ★★

"匠"的偏旁"匚"象征的是木工的工具箱，"斤"在<u>古代</u>指的是斧头，所以，"匠"的本意是木工。后来，"匠"逐渐成为<u>具有</u>专门手工技艺的人的代称，<u>只要</u>是巧手的手工艺人都被称为"匠"。中国的历史长河中从不缺少匠人精神。	'匠'의 편방 '匚'은 목공의 공구함을 상징하고 '斤'은 고대에는 도끼를 가리키는 것이었기 때문에 '匠'의 원래 의미는 목수였다. 이후 '匠'은 점차 전문 수공 기술을 <u>갖춘</u> 사람의 대명사가 되었으며, 솜씨 좋은 수공예가<u>이기만 하면</u> 모두 '匠'이라고 불렸다. 중국의 오랜 역사에서 장인 정신이 부족한 적은 없었다.

A	最初(✓)	拥有	不管	A 최초	보유하다	~하든 간에
B	以往(✓)	排练	即使	B 이전	리허설하다	설령 ~하더라도
C	当初(✓)	练就(✓)	只有	C 애초	연마하다	~해야만
D	古代(✓)	具有(✓)	只要(✓)	D 고대	갖추다	~하기만 하면

最初 zuìchū 圐 최초, 처음 | 以往* yǐwǎng 圐 이전, 과거 | 当初* dāngchū 圐 당초, 애초 | 古代 gǔdài 圐 고대, 옛날 | 拥有* yōngyǒu 圐 보유하다, 소유하다 | 排练* páiliàn 圐 무대 연습을 하다, 리허설을 하다 | 练就 liànjiù 圐 연마해 익히다, 연마하다 | 具有 jùyǒu 圐 구비하다, 가지다 | 不管 bùguǎn 圙 ~하든 간에 [주로 也, 都 등과 호응함] | 即使 jíshǐ 圙 설령 ~하더라도 [주로 也, 都 등과 호응함] | 只有 zhǐyǒu 圙 ~해야만 [주로 才, 方 등과 호응함] | 只要 zhǐyào 圙 ~하기만 하면 [주로 就, 便 등과 호응함]

| 빈칸 1 | '最初' '以往' '当初' '古代'는 모두 과거를 가리키는 말로 시간의 전후를 대비하는 문장에 쓸 수 있습니다. '开始(처음)' '以前(이전)' '原来(원래)' '本来(원래)' '原先(원래)' '起先(최초)' '起初(최초)'도 과거를 뜻하는 단어입니다.

| 빈칸 2 | '拥有' '具有'는 둘 다 '갖고 있다'라는 뜻이지만 '拥有'는 '财富(부)' '荣誉(명예)' 등 후천적으로 획득하여 잃을 수 있는 대상에 쓰고, '具有'는 '个性(개성)' '特点(특징)' 등 선천적이거나 잃을 수 없는 대상에 씁니다. 여기서 '技艺'는 일단 습득하면 자신의 것이 되어 사라지지 않기 때문에 '具有'가 빈칸에 적합합니다. '练就'는 '연마해 익히다'라는 뜻으로 역시 두 번째 빈칸에 적합합니다.

| 빈칸 3 | 독해 영역은 시간 관리가 중요하기 때문에 확실한 한두 개의 빈칸에 집중하는 것이 좋습니다. '不管'은 의문문이나 선택문 앞에 쓰는 접속사이므로 빈칸에 들어갈 수 없습니다. '即使'는 맥락상 어울리지 않고, '只有'는 '只有……才……'의 형식으로 쓰이므로 빈칸에 적합하지 않습니다. '只要'는 보통 '只要……, 就……'의 형식으로 가장 많이 쓰이지만 '只要……, 都/也……'로도 쓸 수 있기 때문에 전체 문장의 해석으로 확인하는 게 좋습니다.

62 ★★

　　囤积强迫症的核心症状其实不是收集和节省，而是害怕把东西丢掉。对于爱囤积东西的人们来说，对丢弃物品的顾虑会触发焦虑心理，所以为了防止焦虑，他们可能会一直保留该物品不丢弃。

　　저장강박증의 핵심 증상은 사실 수집과 절약이 아니라 물건을 버리는 것을 두려워하는 것이다. 물건을 쌓아 두는 것을 좋아하는 사람들에게는 물건을 버리는 것에 대한 우려가 불안감을 불러일으킬 수 있다. 따라서 불안을 막기 위해 그들은 물건을 계속 남겨 두고 버리지 않을 것이다.

A	特征(✓)	事件	保养	A 특징	사건	정비하다
B	疾病	遏制	保存	B 질병	억제	보존하다
C	症状(✓)	顾虑(✓)	保留(✓)	C 증상	걱정	남기다
D	病毒	鉴别	保护	D 바이러스	감별	보호하다

特征 tèzhēng 圐 특징 | 疾病* jíbìng 圐 질병 | 症状* zhèngzhuàng 圐 증상 | 病毒 bìngdú 圐 (컴퓨터) 바이러스, (병원체) 바이러스 | 事件* shìjiàn 圐 사건 | 遏制* èzhì 圐 억제하다 | 顾虑* gùlù 圐 걱정하다, 우려하다 | 鉴别* jiànbié 圐 감별하다, 식별하다 | 保养* bǎoyǎng 圐 보양하다, (기계, 전자장치 등) 정비하다 | 保存 bǎocún 圐 보존하다, 간직하다 | 保留 bǎoliú 圐 보존하다, 남기다 | 保护 bǎohù 圐 보호하다

| 빈칸 1 | 빈칸 다음에 저장강박증에 대해 설명하고 있으므로, '疾病'과 '病毒'는 맥락상 어울리지 않습니다.

| 빈칸 2 | 빈칸에 들어갈 어휘는 저장강박증이 있는 사람들이 불안을 느끼게 하는 원인과 관련되어야 하므로 '顾虑'가 적합합니다.

| 빈칸 3 | '保养'은 '(신체 기능을) 보양하다' 혹은 '(기계, 전자장치의 성능을) 관리하다'라는 뜻이므로 빈칸에 들어갈 수 없습니다. '保存'과 '保留'는 뜻이 비슷하지만 세부적으로는 차이가 있으니 아래 고득점 Tip을 참고하세요.

✦ 고득점 Tip | '保存'과 '保留'

'保存'은 '보호하기 위해 원형 그대로 남기다/남다'라는 뜻이고, '保留'는 '활용하기 위해 일부를 남기다/일부가 남다'는 뜻입니다.

天一阁里一个保存完好的木质古戏台。
천일각에는 완벽하게 보존된 목재 연극 무대가 있다. [무대가 원형 그대로 남아 있음]

蒸制的方法让鱼头的鲜香被尽量保留在肉质之内。
찌는 방법으로 생선 머리의 감칠맛을 최대한 육질 속에 남겼다. [비린 맛 등은 없애고 감칠맛은 남김]

63

福字现在的解释是"幸福"，而在过去<u>则</u>指"福气"。春节贴"福"字，无论是现在还是过去，都寄托了人们对幸福生活的<u>向往</u>，也是对美好未来的祝愿。每逢新春佳节，<u>家家户户</u>都要在屋门上、墙壁上、门楣上贴上大大小小的"福"字。

'福'자의 현재 해석은 '행복'이지만 과거에는 <u>오히려</u> '행운'을 의미했다. 설날에 '福'자를 붙이는 것은 현재든 과거든 모두 행복한 생활에 대한 <u>바람</u>을 담았고, 아름다운 미래에 대한 축원이기도 했다. 매번 설이 되면 <u>집집마다</u> 현관, 벽, 상인방에 크고 작은 '福'자를 붙였다.

				A		
A	则(✓)	向往(✓)	家家户户(✓)	A 오히려	바람	집집마다
B	皆	心态	门当户对	B 모두	마음가짐	두 집안의 형편이 엇비슷하다
C	亦	心愿(✓)	家喻户晓	C 또한	바람	집집마다 다 알다
D	方	倾向	日新月异	D 비로소	경향	나날이 새로워지다

则 zé ⓤ 반면에, 오히려 | 皆* jiē ⓤ 모두, 전부, 다 | 亦* yì ⓤ ~도 역시, 또한 | 方 fāng ⓤ 비로소 | 向往* xiàngwǎng ⓥ 바람 | 心态* xīntài ⓥ 심리 상태, 마음가짐 | 心愿 xīnyuàn ⓥ 심원, 바람 | 倾向 qīngxiàng ⓥ 경향 | 家家户户 jiājiāhùhù ⓥ 가가호호, 집집마다 | 门当户对 méndāng-hùduì ⓢ (혼인 관계에 있어서) 두 집안의 사회적 지위와 경제적 형편이 걸맞다 | 家喻户晓* jiāyù-hùxiǎo ⓢ 집집마다 다 알다, 사람마다 모두 알다 | 日新月异* rìxīn-yuèyì ⓢ 나날이 새로워지다, 변화와 발전이 빠르다

| 빈칸 1 | '则' '皆' '亦'는 6급 필수 단어로 빈출 단어입니다. '则'는 '오히려'라는 뜻으로 '却'의 동의어입니다. 문장의 내용을 살펴보면 과거와 현재가 대비되고 있으므로 빈칸에 적합합니다. '皆'는 '모두'라는 뜻으로 '都'의 동의어입니다. '亦'는 '~도 역시' '또한'이라는 뜻으로 '也'의 동의어입니다. '方'은 5급 필수 단어로 '只有……, 才/方/才오……'의 형식으로 주로 쓰입니다.

| 빈칸 2 | '向往'은 '바라다' '동경하다'라는 뜻의 동사이지만 명사로 쓰이면 '바람' '동경'이라는 뜻을 나타내므로 빈칸에 적합합니다. '心愿'도 역시 '바람' '소원'이라는 뜻의 명사로 빈칸에 적합합니다. '心态'와 '倾向'은 맥락상 적합하지 않습니다.

| 빈칸 3 | '家家户户'는 '집집마다' '가가호호'라는 뜻입니다. 일부 명사는 중첩해서 사용할 수 있는데 중첩하면 '모든'이라는 뜻이 더해집니다. 예를 들어 '时时刻刻(시시각각, 모든 시각에)' '方方面面(모든 면에서)' '口口声声(말끝마다, 모든 말에)'와 같이 씁니다.

64

行走被<u>誉</u>为21世纪最好的锻炼方法之一，它之所以重新受到了世界的<u>瞩目</u>，不但是因为它不受时间、空间的限制，而且也是因为行走速度可快可慢，从而<u>达到</u>不同的健身效果。速度可分为缓慢、中度、快走和疾走，不同的速度<u>对应</u>不同的代谢速率和脂肪燃烧的量。

걷기는 21세기 최고의 운동 방법 중 하나로 <u>꼽힌다</u>. 걷기가 다시 세계의 <u>주목</u>을 받은 것은 시간과 공간에 구애받지 않기 때문만이 아니라, 걷기 속도가 빠르면 빠른 대로 느리면 느린 대로 각각 다른 헬스 효과를 <u>달성할</u> 수 있기 때문이기도 하다. 속도는 천천히, 중간 속도, 빠르게, 질주하기로 나눌 수 있으며, 속도에 따라 대사율과 지방 연소의 양이 <u>대응한다</u>.

					A			
A	列(✓)	关心	达成	应付	A 배열하다	관심	달성하다	대처하다
B	举	关注(✓)	抵达	应酬	B 들어 올리다	관심	도착하다	접대하다
C	成	注目(✓)	到达	相应	C 되다	주목	도착하다	상응하다
D	誉(✓)	瞩目(✓)	达到(✓)	对应(✓)	D 칭찬하다	주목	달성하다	대응하다

列 liè ⓔ 배열하다, 늘어놓다 | 举 jǔ ⓔ (머리 위로) 들다, 들어 올리다 | 成 chéng ⓔ 되다 | 誉 yù ⓔ 칭찬하다, 찬양하다 | 关心 guānxīn ⓔ 관심을 기울이다 | 关注 guānzhù ⓔ 관심을 가지다 | 注目 zhùmù ⓔ 주목하다, 주시하다 | 瞩目 zhǔmù ⓔ 주목하다, 주시하다 | 达成* dáchéng ⓔ (둘 이상이 함께 협의, 의견 일치 등을) 달성하다 | 抵达 dǐdá ⓔ (장소에) 도착하다 | 到达 dàodá ⓔ (장소에) 도달하다, 도착하다 | 达到 dádào ⓔ (목표, 계획 등을) 달성하다, (일정한 수치에) 도달하다 | 应付 yìngfu ⓔ ① 대처하다 ② 대충 하다 | 应酬* yìngchou ⓔ 응대하다, 접대하다 | 相应* xiāngyìng ⓔ 상응하다, 서로 맞다 | 对应* duìyìng ⓔ 대응하다

| 빈칸 1 | '成'은 피동형 '被成为'라고 쓸 수 없습니다. A와 D는 각각 '被列为(~으로 손꼽히다)'와 '被誉为(~이라고 불리다)'로 자주 쓰입니다.

| 빈칸 2 | '关心'은 '(따뜻한) 관심을 주다'라는 뜻으로 맥락상 어울리지 않습니다.

| 빈칸 3 | '达成' '抵达' '到达' '达到'는 뜻이 비슷하여 헷갈릴 수 있는 단어입니다. 자주 출제되므로 하단의 고득점 Tip을 통해 단어의 의미와 쓰임을 숙지하도록 합니다.

| 빈칸 4 | '相应'은 목적어를 쓸 수 없기 때문에 빈칸에 적합하지 않습니다. '相应'을 포함해 '相同(똑같다)' '相反(상반되다)' '相似(비슷하다)' '相当(맞먹다)' 등과 같이 '相○' 형태의 동사는 목적어를 바로 쓸 수 없고 뒤에 개사 '于'를 붙여야만 목적어를 쓸 수 있습니다. 예를 들어 '他的魅力相反于你的魅力。(그의 매력은 너의 매력과는 상반된다.)' '一斤相当于500克。(한 근은 500g에 맞먹는다.)'와 같이 씁니다. '应付'와 '应酬'는 맥락상 빈칸에 들어갈 수 없습니다.

✦ **고득점 Tip** | 达成 / 到达 / 抵达 / 达到 비교

	뜻	예
达成	(둘 이상이 협의, 공감대 등을) 달성하다	达成协议 합의를 이루다
到达 = 抵达	(장소에) 도착하다, 도달하다	到达北京 베이징에 도착하다
达到	(꿈, 목적, 계획을) 달성하다, (수치에) 도달하다	达到目标 목표를 달성하다 达到三万美元 3만 달러에 도달하다

65 ★★★

中国是书籍的王国，历代典籍<u>汗牛充栋</u>，一册一册的书<u>堆叠</u>在一起，翻找起来非常不方便。这时候书签就派上了大用场，成为书籍的重要组成<u>部分</u>。据传，唐代集贤院藏书以红、绿、碧、白四色书签<u>区分</u>经、史、子、集，学子找书之前先读"签"，大大减少了查检的麻烦。

중국은 책의 왕국이다. 역사적으로 책이 <u>짐으로 실으면 소가 땀을 흘리고, 쌓으면 들보까지 찰 정도로 많다</u>. 한 권 한 권의 책이 한데 <u>쌓여 있으면</u> 책을 찾기가 매우 불편하다. 이때 책갈피는 큰 도움이 되어 책을 구성하는 중요한 <u>부분</u>이 되었다. 당나라 집현원 장서는 홍색, 녹색, 옥색, 백색 네 가지 색의 책갈피로 경서, 사서, 제자, 문집을 <u>구분하고</u>, 학생이 책을 찾기 전에 먼저 '책갈피'를 읽어 봄으로써 뒤적여서 찾는 수고로움을 크게 줄였다고 전해진다.

A 任重道远　　摆放(✓)　　元素　　分辨
B 汗牛充栋(✓)　堆叠(✓)　部分(✓)　区分(✓)
C 驷马难追　　排放　　　素质　　处分
D 举足轻重　　配备　　　因素　　分析

A 목표 달성이 쉽지 않다　진열하다　요소　분별하다
B 장서가 매우 많다　　겹겹이 쌓다　부분　구분하다
C 말조심해야 한다　　배출하다　소양　처분하다
D 영향력이 크다　　　배치하다　요인　분석하다

任重道远* rènzhòng-dàoyuǎn 성 책임은 무겁고 갈 길은 멀다 | 汗牛充栋 hànniú-chōngdòng 성 장서가 매우 많다 | 驷马难追 sìmǎ-nánzhuī 성 한번 뱉은 말은 사두마차도 따라잡지 못한다, 말조심해야 한다 | 举足轻重* jǔzú-qīngzhòng 성 중요한 지위에 있어 영향력이 크다 | 摆放 bǎifàng 동 진열하다, 배열하다 | 堆叠 duīdié 동 겹겹이 쌓다 | 排放* páifàng 동 (폐기·폐수·고형 폐기물 등을) 배출하다, 방류하다 | 配备* pèibèi 동 (인력, 장비 등을) 배치하다, 갖추다 | 元素* yuánsù 명 요소, 원소 | 部分 bùfen 명 부분, 일부 | 素质* sùzhì 명 소양, 자질 | 因素 yīnsù 명 요소, 요인 | 分辨* fēnbiàn 동 분별하다, 분간하다 | 区分* qūfēn 동 구분하다, 분별하다 | 处分* chǔfèn 동 처분하다, 처벌하다 | 分析 fēnxī 동 분석하다

| 빈칸 1 | 6급 필수 단어인 '任重道远'과 '举足轻重'은 맥락상 빈칸에 적합하지 않습니다. 보기 중 책과 관련된 성어는 '汗牛充栋'뿐입니다.

| 빈칸 2 | '排放'과 '配备'는 맥락상 빈칸에 어울리지 않습니다.

| 빈칸 3 | '元素'는 눈에 보이지 않는 화학 원소나 구성 요소 등을 뜻하기 때문에 빈칸에 어울리지 않습니다. '素质'와 '因素'는 맥락상 빈칸에 적합하지 않습니다.

66 ★★

舞蹈是一种以人体的动态形象反映人类社会生活的最古老的艺术形式之一。舞蹈有许多艺术特性：律动性、动态性、抒情性、造型性等等。通过人的肢体来进行各种姿态和造型形象的活动，挖掘其身体美的千姿百态，发挥身体无穷的表现魅力。

춤은 인체의 역동적인 이미지로 인류 사회 생활을 반영하는 가장 오래된 예술 형식 가운데 하나이다. 춤에는 율동성, 역동성, 서정성, 조형성 등 많은 예술적 특징이 있다. 사람의 몸을 통해 다양한 자세와 조형적 이미지의 움직임을 만들어 몸의 다양한 아름다움을 발굴하며 몸의 무한한 표현의 매력을 발휘한다.

A	悠久	特色(✓)	经过	品德
B	古老(✓)	特性(✓)	通过(✓)	魅力(✓)
C	长久	色彩	利用(✓)	杂技
D	古怪	特点(✓)	应用	策略

A	유구하다	특색	(과정을) 통하여	품성
B	오래되다	특성	(수단을) 통하여	매력
C	장구하다	색채	(수단을) 이용해서	서커스
D	괴상하다	특징	(방법을) 응용해서	전략

悠久 yōujiǔ 혱 유구하다 | 古老 gǔlǎo 혱 오래되다 | 长久 chángjiǔ 혱 장구하다 | 古怪* gǔguài 혱 괴상하다, 괴이하다 | 特色 tèsè 몡 특색 | 特性 tèxìng 몡 특성 | 色彩 sècǎi 몡 색채, 색깔, 빛깔 | 特点 tèdiǎn 몡 특징 | 经过 jīngguò 깨 (과정 등을) 통하여, 거쳐서 통 ① (장소를) 경유하다, 통과하다 ② (시간이) 걸리다, 흐르다 | 通过 tōngguò 깨 (방법, 수단 등을) 통하여, 이용하여 통 ① 건너가다, 통과하다 ② (의안·법안 등이) 통과되다, 가결되다 | 利用 lìyòng 통 이용하다 | 应用 yìngyòng 통 응용하다 | 品德* pǐndé 몡 품성, 인성 | 魅力 mèilì 몡 매력 | 杂技* zájì 몡 잡기, 곡예, 서커스 | 策略* cèlüè 몡 전략, 전술

| 빈칸 1 | 첫 번째 빈칸에는 시간이 오래됨을 나타내는 표현이 들어가야 하는데, '长久'는 '(앞으로) 오래다, 장구하다'라는 뜻으로 맥락에 맞지 않습니다.

| 빈칸 2 | '特色' '特性' '特点'이 빈칸에 어울립니다. 다만 '特色'는 다른 명사를 수식하여 '特色菜(특이한 요리)' '特色产品(특산품)'처럼 쓸 수 있습니다. 한편 '色彩'는 맥락상 빈칸에 어울리지 않습니다.

| 빈칸 3 | 세 번째 빈칸에는 '人的肢体(사람의 몸)'와 함께 쓰여 수단을 나타내는 표현이 필요하므로 '通过'와 '利用'이 적합합니다. '经过'는 '(과정을) 거쳐서'라는 뜻이고 '应用'은 '(방법 등을) 응용하다'라는 뜻으로 '人的肢体'라는 목적어와 맥락상 어울리지 않습니다.

| 빈칸 4 | 춤의 아름다움에 대해 이야기하고 있으므로 '品德' '杂技' '策略'는 맥락상 빈칸에 적합하지 않습니다.

67 ★★

琵琶是中国传统的拨弹式乐器，所以它属于弦乐器。经历代演奏者的改进，至今形制已经趋于统一，成为四弦琵琶。琵琶由手指对琴弦进行拨弹，引起琴弦振动，在音箱配合作用下发出声音。早在古代就有文人墨客对琵琶的音色称赞不已，唐代诗人白居易的著名诗句"大珠小珠落玉盘"，形象地说明了琵琶的音质特点。

비파는 뜯어서 소리를 내는 중국의 전통 악기로 현악기에 속한다. 역대 연주자들의 개선을 거쳐 형태가 통일되어 지금의 4현 비파가 되었다. 비파는 손가락으로 현을 튕겨 현의 진동을 일으키고 공명통의 협조로 소리를 낸다. 일찍이 고대에 문인 묵객들은 비파의 음색에 대해 칭찬을 아끼지 않았다. 당나라 시인 백거이의 유명한 시구 '크고 작은 구슬이 옥쟁반에 떨어진다'는 비파의 음질 특징을 생생하게 설명했다.

106

A 属于(✓)	由(✓)	配合(✓)	形象(✓)	A ~에 속하다	~이	협조하다	생생하다
B 等于	凭	强化	生动(✓)	B ~이나 다름없다	~에 근거하여	강화하다	생생하다
C 位于	以(✓)	调整	激动	C ~에 위치하다	~을 가지고	조정하다	흥분하다
D 处于	将	调节	精确	D ~에 처하다	~을	조절하다	정확하다

属于 shǔyú 통 ~에 속하다, ~의 소유이다 | 等于 děngyú 통 ~이나 다름없다 | 位于 wèiyú 통 (장소 등에) 위치하다 | 处于 chǔyú 통 (지위·상태·환경·시간에) 처하다, 놓이다 | 由 yóu 개 ① ~이 ② ~으로부터 ③ ~ 때문에 | 凭 píng 개 ~에 근거하여 | 以 yǐ 개 ① ~을 가지고 ② ~ 때문에 | 将 jiāng 개 ~을 | 配合 pèihé 통 협조하다, 배합하다 | 强化 qiánghuà 통 강화하다 | 调整 tiáozhěng 통 조정하다, 조절하다 | 调节 tiáojié 통 조절하다 | 形象 xíngxiàng 형 생동감 있다, 생생하다 | 生动 shēngdòng 형 생동감 있다, 생생하다 | 激动 jīdòng 통 (감정 등이) 격하게 움직이다, 감격하다, 흥분하다 | 精确 jīngquè 형 정밀하다, 정확하다

| 빈칸 1| '属于'는 '~에 속하다'라는 뜻으로 빈칸에 잘 어울립니다. '等于' '位于' '处于'는 맥락상 빈칸에 적합하지 않습니다.

| 빈칸 2| '手指(손가락)'와 쓰일 수 있는 표현을 찾아야 합니다. 개사 '由'는 뜻과 용법이 다양한데 여기서는 손가락이 현을 튕기는 '주체'임을 나타냅니다. 개사 '以'는 '~을 가지고'라는 뜻으로 빈칸에 들어갈 수 있습니다. '凭'은 '凭感觉(감각에 기대어)' '凭运气(운에 기대어)'와 같이 쓰며 빈칸에 어울리지 않습니다. 개사 '将'은 '把'의 동의어로 빈칸에 쓸 수 없습니다.

| 빈칸 3| '配合'는 '배합하다'라는 뜻 외에 '협조하다'라는 뜻이 있어서 빈칸에 어울립니다.

| 빈칸 4| '说明(설명하다)'을 수식하는 표현을 찾아야 합니다. '形象'은 명사로 쓰이면 '형상' '모양'이라는 뜻이지만 형용사로 쓰이면 '(묘사 등이) 생생하다'라는 뜻이므로 빈칸에 들어갈 수 있습니다.

68 ★★

无论有多困难，都要坚强地抬头挺胸。有人活了一辈子都不明白什么才算是有意义的事情，在很多人看来，自己实在太渺小了，干不了什么惊天动地的大事。其实一件事有没有意义并不在于这件事的大小。任何一件事情，哪怕再小，只要是你该做的，你用心把它做好了，这就是有意义的。

아무리 어려운 일이 있어도 꿋꿋하게 고개를 들고 가슴을 펴라. 어떤 사람들은 평생 살면서 무엇이 의미 있는 일인지 알지 못한다. 많은 사람들의 눈에는 자신이 너무 보잘것없어서 세상을 놀라게 하는 큰일을 할 수 없을 것 같다. 사실 어떤 일이 의미가 있는지 없는지는 그 일의 크기에 달려 있지 않다. 어떤 일이든, 설령 아무리 작은 것이라도 해야 할 일을 열심히 잘 해 내는 것만으로 의미가 있다.

A 坚强(✓)	渺小(✓)	A 굳세다	보잘것없다
惊天动地(✓)	哪怕(✓)	세상을 놀라게 하다	설령 ~하더라도
B 坚定	稍微	B 확고하다	약간
莫名其妙	无论	매우 오묘하다	~하든 간에
C 勉强	微观	C 마지못하다	미시적이다
博大精深	即便(✓)	사상, 학식 등이 넓고 심오하다	설령 ~하더라도
D 强制	美妙	D 강제하다	아름답다
兢兢业业	倘若	맡은 일에 성실하다	만약 ~하면

坚强 jiānqiáng 형 굳세다, 강인하다 | 坚定* jiāndìng 형 (입장·주장·의지 등이) 확고하다, 결연하다 | 勉强* miǎnqiǎng 형 마지못하다, 억지스럽다 | 强制* qiángzhì 통 강제하다, 강요하다 | 渺小* miǎoxiǎo 형 매우 작다, 보잘것없다 | 稍微 shāowēi 부 조금, 약간 | 微观* wēiguān 형 미시적이다 | 美妙* měimiào 형 아름답다, 훌륭하다 | 惊天动地 jīngtiān-dòngdì 성 하늘을 놀라게 하고 땅을 뒤흔들다, 세상을 놀라게 하다 | 莫名其妙* mòmíngqímiào 성 영문을 모르다, 매우 오묘하다 | 博大精深* bódà-jīngshēn 성 사상, 학식 등이 넓고 심오하다 | 兢兢业业* jīngjīngyèyè 성 맡은 일에 성실하다 | 哪怕 nǎpà 접 설령 ~하더라도 [주로 也, 都 등과 호응함] | 无论 wúlùn 접 ~하든 간에 [주로 也, 都 등과 호응함] | 即便* jíbiàn 접 설령 ~하더라도 [주로 也, 都 등과 호응함] | 倘若* tǎngruò 접 만약 ~하면 [주로 那么, 就 등과 호응함]

| 빈칸 1 | '抬头挺胸(고개를 들고 가슴을 펴다)'을 수식하는 표현을 찾아야 합니다. 어떤 일이든 잘 해 내야 한다는 내용이므로 '坚强'이 적절합니다. '坚强'은 '굳세다, 강인하다'라는 뜻으로 '抬头挺胸' 같은 구체적인 행동과 잘 어울립니다. 반면 '坚定'은 '(생각, 태도 등이) 확고하다'라는 뜻으로 행동을 수식할 수 없습니다.

| 빈칸 2 | 문장의 술어를 찾아야 하는데 '稍微'는 부사이기 때문에 술어로 쓸 수 없으며, '微观'과 '美妙'는 맥락상 빈칸에 어울리지 않습니다.

| 빈칸 3 | '大事(큰일)'를 꾸미는 말을 찾아야 하는데, 맥락상 '큰일'과 어울리는 표현은 '惊天动地'입니다.

| 빈칸 4 | '哪怕'와 '即便'은 '설령 ~하더라도'라는 뜻의 동의어로 모두 빈칸에 들어갈 수 있습니다. '无论'은 의문문이나 선택문과 함께 쓰이는데 '再小(아무리 작다)'는 평서문이므로 빈칸에 들어갈 수 없습니다. 접속사는 1~6급 필수 단어를 통틀어 30여 개뿐이라 출제 빈도가 높으니 꼭 암기해 두어야 합니다.

---

69 ★★★

不知道从什么时候开始，女司机与"马路杀手"划上了等号。在这种情况之下，很多女司机都觉得自己驾驶技术不够娴熟，于是想了很多办法来提醒后面的车辆，在自己的车窗后面贴上标语等。但有关部门发布的数据显示，这可能是对女性驾驶员的一种偏见。

언제부터 여성 운전자와 '도로 위의 킬러'를 등호를 그었는지(똑같이 생각하게 되었는지) 모르겠다. 이러다 보니 많은 여성 운전자들마저 자신의 운전 기술이 능숙하지 못하다고 생각하게 되었고 자신의 차창 뒤에 문구를 붙이는 등 뒤에 오는 차에게 경고하는 여러 가지 방법을 생각해 냈다. 그러나 관련 부처에서 발표한 데이터에 따르면 이는 여성 운전자에 대한 편견일 수 있다.

A 扎	熟悉	发言	成见(✓)
B 刻	熟练(✓)	发表(✓)	意见
C 划(✓)	娴熟(✓)	发布(✓)	偏见(✓)
D 签	成熟	发誓	短见

A 찌르다	익숙하다	발언하다	선입견
B 새기다	능숙하다	발표하다	의견
C 긋다	능숙하다	발표하다	편견
D 서명하다	성숙하다	맹세하다	짧은 생각

扎* zhā 통 찌르다 zā 통 (머리를) 묶다 | 刻 kè 통 새기다, 조각하다 | 划 huà 통 (선을) 긋다, 가르다 huá 통 (노를) 젓다 | 签 qiān 통 서명하다, 사인하다 | 熟悉 shúxī 통 익숙하다 | 熟练 shúliàn 형 능숙하다, 숙련되다 | 娴熟 xiánshú 형 능숙하다, 숙련되다 | 成熟 chéngshú 형 성숙하다, 숙련되다 | 发言 fāyán 통 발언하다 | 发表 fābiǎo 통 발표하다 | 发布* fābù 통 발표하다, (인터넷 등에 글을) 올리다 | 发誓* fāshì 통 맹세하다 | 成见 chéngjiàn 명 선입견 | 意见 yìjiàn 명 의견 | 偏见* piānjiàn 명 편견 | 短见 duǎnjiàn 명 짧은 생각, 좁은 소견

| 빈칸 1 | '等号(등호)'와 쓰일 수 있는 표현을 찾아야 합니다. '扎'는 '(침이나 가스 등으로) 찌르다' '(머리를) 땋다', '刻'는 '(칼 등으로) 조각하다, 새기다', '签'은 '(계약서 등에) 서명하다'라는 뜻으로 빈칸에 들어갈 수 없습니다. '划'는 '(칼 등으로) 긋다' '(노 등으로) 젓다'라는 뜻으로 '等号'와 어울리므로 빈칸에 들어갈 수 있습니다.

| 빈칸 2 | '熟练'과 '娴熟'는 '능숙하다' '숙련되다'라는 뜻의 동의어로 '驾驶(운전하다)'와 쓰일 수 있습니다. 그러나 '熟悉'는 '(사람, 상황 등에) 익숙하다'라는 뜻으로 빈칸에 쓸 수 없습니다. '成熟'는 '성숙하다'라는 뜻으로 '技术成熟'라는 표현은 '기술이 성숙했다' 즉 '충분한 수준까지 발전하였다'라는 의미이기 때문에 이 문제에서는 맥락상 어울리지 않습니다.

| 빈칸 3 | '发布'는 '(공적으로) 발표하다, 공표하다'라는 뜻으로 주로 법률, 통계, 뉴스 등을 발표할 때 쓰이며 빈칸의 목적어인 '数据(데이터, 통계)'와 잘 어울립니다. '发表'도 '发布'와 의미가 일맥상통하여 빈칸에 어울립니다. 다만 '(사적으로) 발표하다'라는 뜻이 강합니다.

| 빈칸 4 | 맥락상 앞의 내용과 상반된 내용이 나와야 하므로 빈칸에는 '成见'과 '偏见'이 어울립니다.

<u>不论</u>时代是好或是坏，仅就内容行业本身而言，从未像今天这般繁荣：创作者热情高涨，媒体平台成熟，变现渠道便捷等等。然而，令人<u>眼花缭乱</u>的生态格局背后，似乎又总是<u>流露</u>出些许焦虑与不和谐。比如，个人创作者在<u>连同</u>媒体平台合作过程中，由于后者主导着合作规则、算法逻辑及分账模式，前者往往处于弱势<u>地位</u>。

A 不论(✓)　　眼花缭乱(✓)
　　流露(✓)　　连同(✓)　　　　地位(✓)
B 非但　　　　有条不紊
　　暴露　　　　连续　　　　　　地步
C 除非　　　　热泪盈眶
　　泄露　　　　连锁　　　　　　岗位
D 无论(✓)　　绚丽多彩(✓)
　　透露　　　　接连　　　　　　位置(✓)

시대가 좋고 나쁘고를 <u>막론하고</u> 콘텐츠 업계 자체만 말하자면 오늘날처럼 번영한 적이 없다. 창작자의 열정이 고조되고, 미디어 플랫폼이 성숙해지고, 수익 현금화 경로가 편리하고 빠르다. 그러나 <u>눈부시도록 현란한</u> (콘텐츠) 생태 구도 뒤에는 늘 약간의 불안과 불협화음이 <u>드러나기</u> 마련이다. 예를 들어, 개인 창작자가 미디어 플랫폼<u>과 함께</u> 협력하는 과정에서 후자가 협력 규칙, 알고리즘 논리 및 수익 분배 모델을 주도하기 때문에 전자는 종종 약자의 <u>위치</u>에 있다.

A ~하든 간에　　　　눈을 현혹시키다
　　무심코 드러내다　~과 함께　　　지위
B 비단 ~뿐 아니라　조리 있고 질서 정연하다
　　폭로하다　　　　연속하다　　　지경
C 오직 ~하여야　　　매우 감격하다
　　누설하다　　　　연쇄적이다　　직장
D ~하든 간에　　　　현란하다
　　토로하다　　　　연속해서　　　위치

不论 bùlùn 웹 ~하든 간에 [주로 也, 都 등과 호응함] ┃ 非但 fēidàn 웹 ~뿐만 아니라 [주로 而且, 并且, 也, 又, 还 등과 호응함] ┃ 除非 chúfēi 웹 오직 ~하여야 [주로 才 등과 호응함] ┃ 无论 wúlùn 웹 ~하든 간에 [주로 也, 都 등과 호응함] ┃ 眼花缭乱 yǎnhuā-liáoluàn 성 눈을 현혹시키다 ┃ 有条不紊* yǒutiáo-bùwěn 성 (말, 행동 등이) 조리 있고 질서 정연하다 ┃ 热泪盈眶* rèlèi-yíngkuàng 성 뜨거운 눈물이 눈에 그렁그렁하다, 매우 감격하다 ┃ 绚丽多彩 xuànlì-duōcǎi 성 화려하고 다채롭다, 현란하다 ┃ 流露* liúlù 통 (생각·감정을) 무의식 중에 나타내다, 무심코 드러내다 ┃ 暴露* bàolù 통 (비밀 등을) 폭로하다 ┃ 泄露* xièlòu 통 (비밀 등을) 누설하다 ┃ 透露* tòulù 통 (생각, 정보 등을) 토로하다, 누설하다 ┃ 连同* liántóng 웹 ~과 함께, ~과 같이 ┃ 连续 liánxù 통 연속하다, 반복하다 ┃ 连锁* liánsuǒ 형 연쇄적이다 ┃ 接连* jiēlián 부 연속해서, 연거푸, 연이어 ┃ 地位 dìwèi 명 (사회적) 지위, 위치 ┃ 地步* dìbù 명 (주로 부정적인 의미로) 지경, 정도 ┃ 岗位* gǎngwèi 명 직장, 부서, 근무처 ┃ 位置 wèizhì 명 (지리적·사회적) 위치

| 빈칸 1 | '不论'과 '无论'은 '~하든 간에 (막론하고)'라는 뜻의 동의어로 의문문이나 선택문과 함께 쓰입니다. 빈칸 뒤의 '时代是好或是坏'는 선택문이기 때문에 '不论'과 '无论'은 빈칸에 들어갈 수 있습니다. '非但'은 '不但' '不仅'의 동의어이고, '除非'는 '只有'의 동의어입니다.

| 빈칸 2 | '眼花缭乱'과 '绚丽多彩'는 '눈부시게 화려하다'라는 뜻으로는 일맥상통하지만 '眼花缭乱'를 직역하면 '눈이 어지럽다'라는 뜻으로 빈칸 앞의 '令人'과 잘 어울리지만, '绚丽多彩'는 어울리지 않습니다. '有条不紊'과 '热泪盈眶'은 맥락상 빈칸에 들어갈 수 없습니다.

| 빈칸 3 | '流露'는 '(무의식 중에) 드러내다', '透露'는 '(의도적으로) 드러내다, 토로하다'라는 뜻이므로 '流露'가 빈칸에 적합합니다.

| 빈칸 4 | '连同'은 '~과 함께'라는 뜻의 접속사로 '和' '与' '同'과 같이 명사를 연결하는 역할을 합니다.

| 빈칸 5 | 이 문장에서는 '약자의 위치'를 가리키므로 '地位'와 '位置'가 빈칸에 들어갈 수 있습니다. '地步'는 '지경'이라는 뜻으로 좋지 않은 상황에 씁니다. 예를 들어 '没想到他们会流落到今天的地步。(그들이 오늘 같은 지경이 될 줄 몰랐다.)'와 같이 씁니다. '岗位'는 직업으로서의 '자리'를 가리킵니다. 예를 들어 '他们都坚守了自己的岗位。(그들은 모두 자신의 자리를 지켰다.)'와 같이 씁니다.

71-75

有一年，宋太宗想在京城建造一座大型的宝塔，命令一个建筑大师主持建造这座塔。跟现在建造楼房一样，**71 D 他也事先建造了一个小的模型**，然后进行非常严格的测量后，才开始施工。

短短一年的时间，这座十三层宝塔就建成了。这座塔非但是当地最高的一座塔，**72 E 并且装饰华丽宏大**，不由得引来很多人参观。可是人们却惊讶地发现，这座塔似乎有一点瑕疵，**73 A 南端比北端十分明显地矮一些**，整个塔是倾斜的，大家疑惑不解。

有人禁不住好奇当面问大师，他听了就哈哈大笑，解释道："这座塔这样倾斜是故意设计的，**74 C 因为我发现离塔不远的地方有一条河**，河水长年累月冲刷着河床，肯定会造成河岸的地质的变化，到时候靠近河边的地面会下陷，肯定会导致塔的地基的不稳定。并且这里经常刮西北风，也是会对塔造成影响的，在这两方面自然环境的影响下，日积月累，会使得塔慢慢地矫正变直。"

大家听了之后，没有一个不佩服大师，他的名气也越来越大。**75 B 他还写过一本专门传授木工经验的书籍**，可惜现在这本书已经失传了。而他建造的这座斜塔，在南宋仁宗期间，被一场大火烧毁了。

A 南端比北端十分明显地矮一些
B 他还写过一本专门传授木工经验的书籍
C 因为我发现离塔不远的地方有一条河
D 他也事先建造了一个小的模型
E 并且装饰华丽宏大

어느 해, 송 태종은 도성에 큰 보탑을 짓고 싶어 한 건축의 대가에게 이 탑을 건설하도록 명령했다. 지금 빌딩을 짓는 것과 마찬가지로, **71 D 그도 작은 모형을 먼저 만들고**, 그다음 매우 꼼꼼하게 측량을 한 후에 비로소 공사를 시작했다.

고작 1년 만에 이 13층의 보탑이 완공되었다. 이 탑은 현지에서 가장 높은 탑일 뿐만 아니라 **72 E 장식도 화려하고 웅장하여** 어느새 많은 참관객들을 끌어모았다. 그러나 사람들은 놀랍게도 이 탑에 작은 문제가 있음을 발견했다. **73 A 남쪽이 북쪽보다 눈에 띄게 낮아** 전체 탑이 기울어진 것이었다. 모두들 의아해했다.

어떤 사람이 궁금증을 참지 못하고 면전에서 건축가에게 물었고 그는 껄껄 웃으며 설명했다. "이 탑이 이렇게 기울어진 것은 일부러 설계한 것입니다. **74 C 왜냐하면 나는 탑에서 멀지 않은 곳에 강이 하나 있는 것을 발견했는데** 강물이 오랜 세월 동안 강바닥을 쓸어 내면 반드시 강가의 지질 변화를 초래할 수 있고, 그때 강변 근처의 지면이 내려 앉으면 탑의 지반이 불안정해질 것이기 때문이죠. 게다가 이곳에 북서풍이 자주 부는 것도 탑에 영향을 미칠 수 있습니다. 이 두 가지 자연환경의 영향으로 시간이 흐르다 보면 탑이 서서히 바르게 고쳐질 것입니다."

모두들 듣고 나서 건축가에게 감탄하지 않은 사람이 없었고 그의 명성도 점점 대단해졌다. **75 B 그는 또한 목공의 노하우를 전수하는 책도 한 권 썼지만** 아쉽게도 지금 이 책은 이미 실전되었다. 그리고 그가 지은 이 사탑은 남송 인종 때 큰 화재로 소실되었다.

A 남쪽이 북쪽보다 눈에 띄게 낮아
B 그는 또한 목공의 노하우를 전수하는 책도 한 권 썼지만
C 왜냐하면 나는 탑에서 멀지 않은 곳에 강이 하나 있는 것을 발견했는데
D 그도 작은 모형을 먼저 만들고
E 장식도 화려하고 웅장하여

京城 jīngchéng 명 수도 | 宝塔 bǎotǎ 보탑, 절에 있는 탑 | 主持 zhǔchí 동 주관하다, 사회를 보다 | 塔* tǎ 명 탑 | 模型* móxíng 명 모형, 견본, 모델 | 测量* cèliáng 동 측량하다 | 施工 shīgōng 동 시공하다, 공사하다 | 装饰 zhuāngshì 명 장식, 장식품 | 华丽* huálì 형 화려하다 | 宏大 hóngdà 웅대하다, 장대하다, 방대하다 | 不由得* bùyóude 부 저절로, 자연히, 저도 모르게 | 惊讶* jīngyà 형 놀랍고 의아하다 | 似乎 sìhū 부 마치, 흡사 | 瑕疵 xiácī 명 하자, 흠 | 端* duān 명 끝부분, 단 | 倾斜* qīngxié 형 기울다, 경사지다 | 疑惑不解 yíhuò-bùjiě 성 의혹이 풀리지 않다 | 禁不住 jīnbúzhù 참지 못하다, 금치 못하다 | 当面* dāngmiàn 부 맞대면하여, 직접, 그 자리에서 | 故意 gùyì 부 고의로, 일부러 | 长年累月 chángnián-lěiyuè 성 오랜 세월 동안 | 冲刷 chōngshuā 동 (흐르는 물에) 침식되다 | 河床 héchuáng 명 하상, 강바닥 | 地质* dìzhì 명 지질 | 陷 xiàn 동 움푹 꺼지다, 내려앉다 | 地基 dìjī 명 기초, 토대, 지반 | 日积月累 rìjī-yuèlěi 성 날마다 조금씩 쌓이다, 갈수록 더해 가다 | 矫正 jiǎozhèng 동

교정하다 | 专门 zhuānmén 휑 전문적이다 | 传授* chuánshòu 통 (학문·기예 등을 다른 사람에게) 전수하다 | 经验 jīngyàn 몡 경험 | 书籍* shūjí 몡 서적, 책 | 失传 shīchuán 통 실전하다 | 斜塔 xiétǎ 몡 사탑, 기울어진 탑 | 烧毁 shāohuǐ 통 불태워 없애다, 소각하다

71 ★★

D의 '事先'과 빈칸 뒤의 '然后'가 호응하여 '事先……, 然后……(먼저 ~하고, 그다음에 ~하다)'의 복문 구조를 이루고, 맥락상으로도 D가 적합합니다.

72 ★★

빈칸 앞의 '非但'과 E의 '并且'가 호응하여 '非但……, 并且……(비단 ~뿐만 아니라, 또한 ~하다)'의 복문 구조를 이룹니다. '非但'은 필수 단어는 아니지만 '不但' '不仅'의 동의어로 6급에 자주 출제되는 단어이니 꼭 암기하세요. '非但……反而不……(~하기는커녕 오히려 ~하다)'의 복문 구조로도 출제된 적이 있습니다.

73 ★★

빈칸 앞에 '사람들은 놀랍게도 이 탑에 작은 문제가 있음을 발견했다'라는 내용이 나왔으므로 문제점에 대한 구체적인 설명인 A가 빈칸에 가장 잘 어울립니다.

74 ★★

C에 있는 1인칭 대사 '我'가 힌트입니다. HSK 독해 지문은 설명문이 90%이기 때문에 1인칭 대명사 '我'나 2인칭 대명사 '你' 등은 제한적으로 쓰이는데 그중에서도 인용을 하거나 등장 인물이 말하거나 또는 작가가 독자에게 말하는 경우에 쌍따옴표 안에 등장합니다. 이 문제에서는 74번의 빈칸 앞에 유일하게 쌍따옴표가 있기 때문에 C를 우선적으로 정답으로 생각해 볼 수 있고, 해석을 해 봐도 자연스럽다는 것을 알 수 있습니다.

75 ★★

B의 관계부사 '还'는 '또한'이라는 뜻으로 빈칸 앞의 '그의 명성은 점점 대단해졌다'라는 내용과 '그는 책을 한 권 썼다'라는 내용을 연결합니다. 그리고 빈칸 뒤의 '这本书'가 가리키는 것이 B의 '一本专门传授木工经验的书籍'인 것으로도 C가 정답임을 알 수 있습니다.

76-80

　　"剧透"，指的是在他人看完某个艺术作品之前告诉其核心内容及线索。

　　很多人痛恨剧透，但还是有很多人喜欢做这种行为。这是因为剧透者能得到某种心理满足。首先，从心理根源上来说，几乎每个人都愿望被人关注。剧透能吸引他人留意，**76 D** 显然可以从中得到足够的关注。其次，剧透能让你获得信息上的优越感。尤其是看到对方的反应，**77 E** 无论对方是兴致大发或者哑口无言，都会激发你的成就感。

　　'스포'는 다른 사람이 어떤 예술 작품을 다 보기 전에 핵심 내용과 단서를 알려 주는 것을 말한다.

　　많은 사람들이 스포를 아주 싫어하지만, 여전히 이런 행동을 하는 것을 좋아하는 사람들이 많다. 이는 스포일러가 어떤 심리적 만족을 얻을 수 있기 때문이다. 첫째, 심리적 근원에서 말하자면 거의 대부분의 사람들은 주목받기를 원한다. 스포는 다른 사람을 주의를 끌 수 있으며, **76 D** 분명히 이를 통해 충분한 관심을 얻을 수 있다. 둘째, 스포는 정보에서의 우월감을 얻게 할 수 있다. 특히 상대방의 반응을 보고 **77 E** 상대방이 큰 관심을 보이든 놀라서 말문이 막히든 간에 당신의 성취감을 불러일으킬 수 있다.

这些心理满足让一些人不能自休，甚至是以把剧透当成了一种习惯。但相对的，**78 C 一部分被剧透者却饱受煎熬**。在无"剧透"的观影过程中，观众能轻松按照情节成长对主人公产生"移情"，将自己带入到剧情中。此时，成功猜对了剧情走向，就能获得仿佛战胜了命运的快感，即使猜错了剧情走向，也会由此发出对生活和命运的感慨，这些都能让观众获得观影的乐趣。恰是这样的乐趣，让观众在如此方便"被剧透"的时代，选择尽量避开剧透。

一旦"被剧透"，**79 B 不仅这种乐趣便荡然无存**，还会有优越感被剥夺、享受的过程被阻断、美满感遭到破坏等等不悦的心理体验。有人开玩笑说："**80 A 被剧透并不是一无是处**，就是你不会再怕被剧透。"

A 被剧透并不是一无是处
B 不仅这种乐趣便荡然无存
C 一部分被剧透者却饱受煎熬
D 显然可以从中得到足够的关注
E 无论对方是兴致大发或者哑口无言

이러한 심리적 만족은 일부 사람들이 (스포를) 스스로 멈출 수 없게 하고, 심지어 스포를 습관처럼 하게도 한다. 그러나 반대로 **78 C 일부 사람들은 스포일러에 의해 고통을 받기도 한다**. '스포'가 없이 작품을 감상하는 과정에서 시청자들은 스토리 흐름에 따라 마음 편하게 주인공에게 '감정 이입'을 하여 자신을 스토리에 대입할 수 있다. 이때 스토리의 흐름을 맞게 예측하면 운명을 이겨 낸 듯한 쾌감을 얻을 수 있고, 스토리의 흐름을 잘못 예측해도 이로 인해 인생과 운명에 대한 감동을 느끼게 된다. 이는 모두 시청자들에게 작품 감상의 즐거움을 얻을 수 있게 한다. 바로 이런 즐거움 때문에 시청자들은 이렇게 '스포 당하기' 쉬운 시대에 최대한 스포를 피하는 것을 선택한다.

일단 '스포를 당하면' **79 B 이런 즐거움이 완전히 사라질 뿐만 아니라**, (스토리를 예측했다는) 우월감이 박탈당하고 즐기는 과정이 차단되고 행복감이 훼손되는 등 불쾌한 심리 경험이 생긴다. 어떤 사람들은 이런 농담도 한다. "**80 A 스포가 장점이 없는 것은 아니다**. 바로 더 이상 스포를 두려워하지 않게 되는 것이다."

A 스포가 장점이 없는 것은 아니다
B 이런 즐거움이 완전히 사라질 뿐만 아니라
C 일부 사람들은 스포일러에 의해 고통을 받기도 한다
D 분명히 이를 통해 충분한 관심을 얻을 수 있다
E 상대방이 큰 관심을 보이든 놀라서 말문이 막히든 간에

剧透 jùtòu 图 스포일을 하다 | 艺术 yìshù 몡 예술 | 线索* xiànsuǒ 실마리, 단서 | 痛恨 tònghèn 图 (남을) 몹시 증오하다, (스스로) 뼈저리게 뉘우치다 | 几乎 jīhū 图 거의, 거의 모두 | 愿望 yuànwàng 몡 희망, 소망, 바람 | 留意 liúyì 몡 주의, 관심 | 足够 zúgòu 图 충분하다 | 优越* yōuyuè 혱 우월하다 | 尤其 yóuqí 图 특히 | 兴致大发 xìngzhì-dàfā 젱 한껏 신이 나다, 큰 흥미를 느끼다 | 哑口无言 yǎkǒu-wúyán 젱 (당황하거나 어이가 없어서) 아무 말도 못하다 | 激发 jīfā 图 (감정을) 불러일으키다 | 成就感 chéngjiùgǎn 몡 성취감 | 自休 zìxiū 图 스스로 멈추다 | 饱受煎熬 bǎoshòu jiān'áo 괴로움에 시달리다 | 移情 yíqíng 图 감정 이입하다 | 剧情 jùqíng 图 줄거리 | 战胜 zhànshèng 图 싸워 이기다 | 感慨* gǎnkǎi 图 만감이 교차하다, 감개무량하다 | 乐趣* lèqù 몡 즐거움, 재미 | 恰 qià 图 마침, 공교롭게도 | 荡然无存 dàngránwúcún 젱 하나도 남지 않고 완전히 없어지다 | 剥夺 bōduó 图 박탈하다 | 享受 xiǎngshòu 图 누리다, 즐기다 | 阻断 zǔduàn 图 막다, 차단하다 | 美满* měimǎn 혱 (인생이) 아름답다, 행복하다 | 破坏 pòhuài 图 파괴하다 | 一无是处 yìwúshìchù 젱 하나도 옳은 게 없다, 장점이라고는 하나도 없다

---

76 ★★★

빈칸 앞에서 관심받길 원해서 스포를 한다고 언급했으므로, 해석으로 D를 고를 수 있습니다.

---

77 ★★

E의 '无论'과 빈칸 뒤의 관계부사 '都'가 '无论……, 都……(~을 막론하고 ~하다)'의 복문 구조를 이룹니다. '상대방이 큰 관심을 보이든 놀라서 말문이 막히든 간에 당신의 성취감을 불러일으킬 수 있다'라는 해석으로도 E가 정답임을 알 수 있습니다.

78 ★★

빈칸 앞의 접속사 '但'과 C의 '却'가 '(虽然……,)但(是)……却……(비록 ~하지만, 오히려 ~하다)'의 복문 구조를 이루고, 빈칸 앞에는 스포를 하는 사람의 심리가 나타나 있는데 C에는 스포를 당하는 사람의 심리가 대비를 이루고 있어 맥락상으로도 적합합니다.

79 ★★

B의 '不仅'과 빈칸 뒤의 관계부사 '还'가 '不仅……, 还……(~할 뿐만 아니라 또한 ~하다)'의 복문 구조를 이루고, 스포당했을 때의 부정적 결과가 B와 빈칸 뒤에 제시되어 있으므로 맥락상으로도 B가 정답입니다.

80 ★★★

빈칸 뒤의 '就是'는 '다시 말해' '바로'라는 뜻의 접속사로 부연 설명을 할 때 씁니다. 빈칸 뒤에 '더 이상 스포를 두려워하지 않게 된다'는 것이 스포의 장점으로 부연 설명되고 있으므로 A가 맥락상 정답입니다.

제4부분 81~100번은 장문을 읽고 질문에 알맞은 보기를 선택하는 문제입니다.

81-84

　　欧阳修，号醉翁，晚年又号六一居士。他是宋代闻名遐迩的文学大师，是当时文坛盟主，诗、词、文均有很高的成就。

　　⁸¹欧阳修的创作态度十分严谨，每一篇文章，他都要反复锤炼推敲，精益求精，一丝不苟。这也正是他创作上取得巨大成就的一个主要原因。

　　在宋代，一些达官贵人在亭台楼阁建成时，总喜欢请文坛大家作文或题字。欧阳修有一位老朋友韩琦，当时在相州任职，曾建造了一座别墅。⁸²他便请欧阳修帮忙写一篇文章，以纪念建造别墅之事。并请欧阳修在文章写成后立即交给来人带回，以便在重阳节前镂刻堂上。

　　⁸³欧阳修计算了一下日程，立即闭门谢客，拟好了文章内容后，马上写出来了一篇文章，然后交给来人，来人则立即带文章走了。

　　可到了晚上，欧阳修重读白天写的文章，读到"仕宦至将相，锦衣归故乡"时停住了。⁸⁴他觉得这两句意思过直，与上下文衔接也不够和谐，读起来气短而促。原来是白天成文时，因来人再三催促，没有来得及仔细斟酌所致。他经过仔细推敲，决定各加一个"而"字，从而使文句上下连贯顺畅，意思也较深刻。

구양수의 호는 취옹으로 만년에는 육일거사라고도 불렸다. 그는 송나라 때 명성이 자자한 문학의 대가였으며 당시 문단의 맹주로 시사, 산문 모두에서 높은 성취를 거두었다.

⁸¹구양수의 창작 태도는 매우 엄격하여 글마다 그는 반복해서 퇴고했고 완벽을 추구하여 조금도 빈틈이 없었다. 이것이 바로 그가 창작에서 큰 성취를 거둔 주된 원인이었다.

송나라 때 고관 귀족들은 정자와 누각을 짓고 나서 문단의 대가에게 글을 짓거나 글귀를 달아 달라고 부탁하곤 했다. 구양수의 오랜 친구 한기가 당시 상주에 직을 맡으면서 별장을 지었다. ⁸²그는 구양수에게 별장을 지은 일을 기념하기 위해 글을 한 편 써 달라고 부탁했다. 그리고 구양수에게 문장이 다 써지면 바로 심부름꾼이 가지고 오도록 넘겨 달라고 했다. 그래야 중양절 이전에 건물에 새길 수 있었기 때문이다.

⁸³구양수는 일정을 계산해 보고는 즉시 대문을 닫고 손님들을 만나길 거부했다. 그는 글의 내용을 대강 정리하고 바로 한 편의 글을 써 냈다. 그러고 나서 심부름꾼에게 넘겨 주었고 심부름꾼은 바로 글을 가지고 출발했다.

하지만 밤이 되어 구양수는 낮에 쓴 글을 다시 읽다가 "벼슬을 하여 장군과 승상에 이르렀고, 비단옷을 입고 고향에 돌아왔다."라는 문구에 이르러 멈추었다. ⁸⁴그는 이 두 문장의 의미가 너무 직설적이고 문맥의 연결도 조화롭지 못하여 낭독할 때 호흡이 너무 짧고 촉박하다고 느꼈다. 원래 낮에 글을 완성했을 때, 심부름꾼이 거듭 재촉했기 때문에 꼼꼼하게 따져보지 못했기 때문이었다. 그는 꼼꼼한 퇴고 끝에 '而(그리고)'이라는 글자를 하나

欧阳修马上出门，唤醒书童，又牵出一匹快马，交代一番后，书童便快马加鞭，向相州路上飞奔而去。到第二天日落西山时，才赶上了韩琦派来的人，把"而"字补上。从此，欧阳修"快马追字"的故事便不胫而走，为许多人传诵。

더 추가하여 구절의 앞뒤 연결이 매끄럽게 했고 뜻도 더욱 깊어지게 했다.

구양수는 즉시 나가 시동을 깨우고 빠른 말을 끌어내고 (수정한 내용을) 설명했다. 시동은 말을 채찍질하여 상주로 가는 길을 질주했다. 이튿날 해가 서산으로 지려고 할 때에 이르러서야 한기가 보낸 심부름꾼을 따라잡아 '而'자를 보충하게 했다. 그 이후로 구양수가 '빠른 말을 보내 글자를 더했다'는 이야기가 빠르게 퍼져 많은 사람들에게 전해졌다.

居士 jūshì 몡 거사, 벼슬을 하지 않고 은거해 있는 학자 | 闻名遐迩 wénmíng-xiá'ěr 솅 명성이 두루 알려져 있다 | 文坛 wéntán 몡 문단, 문학계 | 盟主 méngzhǔ 몡 맹주, 우두머리 | 均 jūn 뮈 모두, 다 | 创作* chuàngzuò 동 창작하다 | 严谨 yánjǐn 혱 엄격하다, 신중하다 | 反复 fǎnfù 동 반복하다 | 锤炼 chuíliàn 동 ①(금속을) 제련하다 ② 갈고 닦다, 다듬다 | 推敲 tuīqiāo 동 퇴고하다, 윤문하다 | 精益求精* jīngyìqiújīng 솅 훌륭하지만 더욱 더 완벽을 추구하다 | 一丝不苟* yìsī-bùgǒu 솅 (일을 함에 있어서) 조금도 소홀히 하지 않다, 조금도 빈틈이 없다 | 达官贵人 dáguānguìrén 몡 고관과 귀족 | 亭台楼阁 tíngtáilóugé 몡 정자, 누각 | 大家 dàjiā 몡 대가, 권위자 | 别墅* biéshù 몡 별장 | 以便 yǐbiàn 젭 ~하기 위하여 | 重阳节 Chóngyángjié 몡 중양절 [중국의 전통 명절, 음력 9월 9일] | 镌刻 juānkè 동 파다, 새기다, 조각하다 | 拟 nǐ 동 (어떤 일을 하기 전에 대략의 계획을) 입안하다 | 故乡* gùxiāng 몡 고향 | 衔接* xiánjiē 동 맞물리다, 이어지다 | 和谐* héxié 혱 잘 어울리다, 조화롭다 | 气短而促 qìduǎn'ércù 숨이 짧고 급하다, (말, 글 등이) 여유롭지 못하다 | 再三 zàisān 뮈 재삼, 거듭, 여러 번 | 催促 cuīcù 동 재촉하다 | 斟酌* zhēnzhuó 동 헤아리다, 심사숙고하다 | 所致 suǒzhì 몡 소치, 빚어진 결과 | 顺畅 shùnchàng 혱 (생각·말·글 등이) 매끄럽다, 순탄하다 | 书童 shūtóng 몡 (먹을 가는 등 서재에서 일을 돕던) 시동 | 交代* jiāodài 동 설명하다, 알려 주다 | 番* fān 양 [말의 양사] | 快马加鞭 kuàimǎ-jiābiān 솅 더욱 속도를 내다, 박차를 가하다 | 赶上 gǎnshàng 동 따라잡다 | 派 pài 동 파견하다 | 不胫而走 bújìng'érzǒu 솅 발 없는 소문이 천리를 간다 | 传诵 chuánsòng 동 널리 전하고 칭송하다

---

81 ★★

欧阳修在文学方面成就很高是因为：	구양수가 문학적으로 높은 성과를 거둔 이유는?
A 善于饮酒作诗	A 술 마시고 시를 짓는 데 능해서
B 文章写前深思熟虑	B 글을 쓰기 전에 심사숙고해서
C 有一个很严格的老师	C 매우 엄격한 선생님이 있어서
D 对自己作品要求很高	D 자신의 작품에 대한 요구치가 높아서

饮酒 yǐnjiǔ 동 술을 마시다, 음주하다 | 深思熟虑 shēnsī-shúlǜ 솅 심사숙고하다

두 번째 단락에서 '그가 창작에서 큰 성취를 거둔 주된 원인(这也正是他创作上取得巨大成就的一个主要原因)'이 나타납니다. 스스로에게 엄격한 것이지 엄격한 선생님이 있었던 것은 아니므로 C는 정답이 아닙니다. '推敲'는 '퇴고하다'라는 뜻으로 글을 쓴 다음 재검토를 하는 것이므로 B는 함정입니다.

---

82 ★★

韩琦请欧阳修做什么？	한기는 구양수에게 무엇을 부탁했는가?
A 帮他设计别墅	A 별장 설계를 도와줄 것을
B 资助他搭建别墅	B 별장을 건축할 자금을 지원해 줄 것을
C 写文章纪念此事	C 글을 써서 그 일을 기념해 줄 것을
D 参加重阳节的宴会	D 중양절 잔치에 참석해 줄 것을

資助* zīzhù 圖 자금을 지원하다 | 搭建 dājiàn 圖 짓다, 세우다 | 宴会 yànhuì 圄 연회, 잔치, 파티

한기는 구양수에게 '별장을 지은 일을 기념하기 위한 글을 한 편 써 달라고 부탁(他便请欧阳修帮忙写一篇文章，以纪念建造别墅之事)'했습니다. 정답은 C입니다. C의 '그 일(此事)'은 '별장을 지은 일(建造别墅之事)'을 가리킵니다.

---

83 ★★

听了韩琦的邀请，欧阳修是怎么做的?	한기의 부탁을 듣고 구양수는 어떻게 했는가?
A 拒绝接见来客	A 손님들을 만나길 거절했다
B 以日程满为借口拒绝	B 일정이 꽉 찼다는 핑계로 거절했다
C 催促家人准备办宴会	C 가족들에게 잔치 준비를 재촉했다
D 关闭家门深思了好几天	D 문을 닫고 며칠을 심사숙고했다

'구양수는 일정을 계산해 보고는 즉시 대문을 닫고 손님들을 만나길 거부했다(欧阳修计算了一下日程，立即闭门谢客)'고 했습니다. 정답은 A입니다. '闭门谢客'는 필수 단어는 아니지만 필수 단어로만 구성되었으므로 '문을 닫고 손님을 사절하다'라는 뜻을 유추할 수 있습니다.

---

84 ★★

原来的文章有什么问题?	원래의 글에는 무슨 문제가 있었는가?
A 内容没意思	A 내용이 재미없다
B 字数不够多	B 글자 수가 모자라다
C 上下文互相矛盾	C 앞뒤 문맥이 서로 모순이다
D 两句话不够顺畅	D 두 문장이 매끄럽지 않다

矛盾 máodùn 圖 모순되다

'그는 이 두 문장의 뜻이 너무 직설적이고 문맥의 연결도 조화롭지 못하여 낭독할 때 호흡이 너무 짧고 촉박하다고 느꼈다(他觉得这两句意思过直，与上下文衔接也不够和谐，读起来气短而促)'고 했으므로 정답은 D입니다.

85-88

要在太空杜绝使用所有的可燃性材料几乎是不可能的，例如写飞行计划和程序要用到纸张，几乎每样东西都要用到塑料。[85] 同时，航天器到处布满了电子设备，这些电子设备有可能短路，产生火花，引起火灾。因此，在火灾发生前，通过热量增加时释放出的各种各样信号，提前预告航天员，将可以防止灾难的发生。但是，人感受这些物质的敏感度是很低的，只有在它浓度很高时才能感觉到。

如果航天员有一个灵敏的"鼻子"，可以很早就"闻"到座舱中气体异常的变化多好！为此，美国宇航局正在进行电子鼻的研制和改进工作。电子鼻是一种能够学会辨别几乎所有的

우주에서 모든 가연성 재료를 없애는 것은 거의 불가능하다. 예를 들면 비행 계획과 절차를 쓰려면 종이를 사용해야 하고, 거의 모든 물건에는 플라스틱을 사용해야 한다. [85] 또 우주선은 온통 전자 장비로 가득 차 있는데, 이 전자 장비들은 합선되어 불꽃을 일으키고 화재를 일으킬 수 있다. 그러므로 화재가 발생하기 전에 열이 증가할 때 방출되는 각종 신호를 통해 우주 비행사에게 미리 알려 준다면 재난의 발생을 막을 수 있다. 그러나 인간이 이러한 물질들을 느끼는 민감도는 매우 낮으며, 농도가 높아야만 느낄 수 있다.

만약 우주 비행사가 예민한 '코'를 가지고 있어서 조종석 내 공기의 비정상적인 변화를 일찍 '냄새 맡을' 수 있다면 얼마나 좋을까! 이를 위해 나사(NASA)는 전자코 개발과 개선 작업을 진행하고 있다. 전자코는 거의 모든 화

化合物的小装置。[88] 它比人的鼻子灵敏得多，我们甚至可以训练它区别百事可乐和可口可乐。美国宇航局对电子鼻的要求更高，要求它能够探测出更低浓度的物质，目前正在继续研制第二代电子鼻。这种电子鼻将所有的功能都组合到一个装置内，它包括：高分子膜、一台抽取空气样本的泵、分析数据的计算机和能源。[86] 它的体积会很小，只有760立方厘米，约是原有电子鼻的35%，使用起来更方便，只要将电子鼻像传统的烟雾探测器一样固定到乘员舱的四周就可以了。

可以想象这样一个情景：空间站里一个隐蔽地方发生短路了，打出火花，附近的电子鼻闻到它散发的"异味"，立即传到电脑，电脑经过分析，便知道它的性质、位置和危险程度，立即发出警报。[87] 航天员按照电子鼻的报告，很快到达出事地点，排除隐患并按照计算机的提示，打开通风机，改变空气流动的方向或打开过滤器，或者将隐患区域封闭起来。

학 합성물질을 분별할 수 있는 작은 장치이다. [88] 사람의 코보다 훨씬 예민해서 심지어 펩시 콜라와 코카 콜라를 구별하도록 훈련시킬 수도 있다. 전자코에 대한 나사의 요구치는 더 높아 훨씬 낮은 농도의 물질을 감지할 수 있을 것을 요구하고 있으며, 현재 2세대 전자코를 계속해서 개발하고 있다. 이 전자코는 모든 기능을 하나의 장치 안에 담는다. 이 장치에는 고분자 필름, 공기 샘플을 추출하는 펌프, 데이터를 분석하는 컴퓨터, 에너지원 등이 들어 있다. [86] 그 부피는 매우 작아 760㎤로 기존 전자코의 약 35%에 불과하며 사용하기에 더 편리하다. 전자코를 기존의 연기탐지기처럼 기내 사방에 설치하기만 하면 된다.

이런 상황을 상상해 보자. 우주 정거장의 한 외진 곳에 합선으로 불꽃이 튀는데 근처에 있던 전자코가 그곳에서 나는 '이상한 냄새'를 맡아 즉시 컴퓨터로 전달하고, 컴퓨터는 그 성질, 위치, 위험 수준을 분석하여 알아내고 즉시 경보를 발령한다. [87] 우주 비행사는 전자코의 보고에 따라 사고 지점에 빠르게 도착하여 잠재 위험을 제거하고 컴퓨터의 지시에 따라 환풍기를 켜고 공기 흐름의 방향을 바꾸거나 (공기) 필터를 켜거나 위험한 구역을 폐쇄한다.

杜绝* dùjué 통 근절하다, 철저히 막다 | 例如 lìrú 접 예를 들면, 예컨대 | 程序 chéngxù 명 순서, 절차, 단계 | 样 yàng 명 종, 개 [종류를 세는 단위] | 同时 tóngshí 접 또한, 동시에 | 航天器 hángtiānqì 명 우주 비행체, 우주선 | 短路 duǎnlù 명 합선 | 火花 huǒhuā 명 불꽃, 불똥 | 释放 shìfàng 통 방출하다, 내보내다 | 防止 fángzhǐ 통 방지하다 | 灾难* zāinàn 명 재난, 재해 | 浓度 nóngdù 명 농도 | 灵敏* língmǐn 영민하다, 예민하다, 민감하다 | 座舱 zuòcāng 명 조종실, (여객기의) 객실 | 异常* yìcháng 형 이상하다, 정상이 아니다 부 매우, 몹시 | 美国宇航局 Měiguó Yǔhángjú 고유 미국항공우주국, 나사(NASA) | 研制 yánzhì 통 연구 제작하다 | 辨别 biànbié 통 분별하다, 분간하다 | 探测* tàncè 통 관측하다, 탐지하다 | 继续 jìxù 통 이어서 계속하다 | 膜* mó 명 막, 필름 | 抽取 chōuqǔ 통 추출하다, 뽑다 | 样本 yàngběn 명 견본, 샘플 | 泵 bèng 명 펌프 | 体积* tǐjī 명 체적, 부피 | 立方 lìfāng 명 세제곱, 삼승 | 约 yuē 형 약, 대략 | 烟雾 yānwù 명 연기, 스모그 | 探测器 tàncèqì 명 탐지기 | 空间站 kōngjiānzhàn 명 우주 정거장 | 隐蔽* yǐnbì 통 은폐하다, 가리다 | 散发 sànfā 통 발산하다, 내뿜다 | 排除* páichú 통 ① 배제하다, 제거하다 ② 극복하다 | 隐患* yǐnhuàn 명 잠재 위험, 후환, 우환 | 提示* tíshì 통 제시하다 | 过滤 guòlǜ 여과하다, 거르다 | 区域* qūyù 명 구역 | 封闭 fēngbì 통 봉쇄하다, 폐쇄하다

---

85 ★★★

根据上文，下列哪项是太空火灾的隐患？	윗글에 따르면 다음 중 우주 화재의 잠재 위험은 무엇인가？
A 电子设备可能短路	A 전자 장비가 합선될 수 있다
B 灭火系统不够完善	B 소화 시스템이 완벽하지 못하다
C 火灾没有任何信号	C 화재에 아무런 신호도 없다
D 在航天器上不使用纸张	D 우주선에서 종이를 사용하지 않는다

完善 wánshàn 형 (제도 등이) 완벽하다

종이, 플라스틱 등 가연성 재료와 '전자 장비의 합선(这些电子设备有可能短路，产生火花，引起火灾)'이 우주 화재의 위험 요소로 꼽히고 있으므로 정답은 A입니다. 종이도 위험 요소 중 하나이므로 D는 오답입니다. 인간이 냄새 등 화재의 신호에 민감하지 않다고 했고 화재에 아무런 신호가 없는 것은 아니기 때문에 C는 정답이 아닙니다.

86 ★★

第二代电子鼻有什么特点?	2세대 전자코의 특징은 무엇인가?
A 不需要能源供给	A 에너지 공급이 필요 없다
B 体积比第一代更小	B 부피가 1세대보다 작다
C 只闻到低浓度物质	C 낮은 농도의 물질만 냄새 맡을 수 있다
D 可以分辨可口和百事	D 코카 콜라와 펩시 콜라를 구별할 수 있다

供给* gōngjǐ 통 공급하다 | 分辨* fēnbiàn 통 분별하다, 분간하다

'2세대 전자코의 부피는 760㎤로 기존 전자코의 약 35%에 불과하며 사용하기에 더 편리하다(它的体积会很小，只有760立方厘米，约是原有电子鼻的35%，使用起来更方便)'고 한 것에서 1세대 전자코보다 부피가 작아졌다는 것을 알 수 있습니다. 코카 콜라와 펩시 콜라를 구별하는 것은 1세대 전자코에 대한 이야기이므로 D는 정답이 아닙니다.

87 ★★

最后一段主要讲的是：	마지막 단락이 주로 말하고 있는 것은?
A 电子鼻面对的课题	A 전자코가 직면한 과제
B 未来航天技术的想象图	B 미래 우주 비행 기술의 상상도
C 空间站火灾的危险程度	C 우주 정거장 화재의 위험 수준
D 电子鼻排除火险的过程	D 전자코가 화재 위험을 없애는 과정

课题 kètí 명 과제, 프로젝트

마지막 단락의 전체적인 내용은 '합선으로 화재 발생 → 전자코가 신호(냄새) 파악 → 컴퓨터가 분석 → 경보 발령 → 비행사의 조치'의 일련의 과정입니다. 마지막 단락 첫 문장 '可以想象这样一个情景'에서 '想象'이 나왔다고 B를 골라서는 안 됩니다.

88 ★★

根据上文，下列哪项正确?	윗글에 근거하면 다음 중 올바른 것은 무엇인가?
A 已研发出第二代电子鼻	A 이미 2세대 전자코를 개발했다
B 电子鼻会自动消灭火灾	B 전자코는 자동으로 화재를 진압한다
C 电子鼻比人的鼻子灵敏	C 전자코는 사람의 코보다 민감하다
D 电子鼻装在航天服里面	D 전자코는 우주복 안에 장착되어 있다

研发 yánfā 통 연구 개발하다 | 消灭* xiāomiè 통 소멸하다

두 번째 단락에서 전자코는 '사람의 코보다 훨씬 예민하다(它比人的鼻子灵敏得多)'고 제시되었으므로 정답은 C입니다. 앞의 85~87번 문제를 풀면서 지문의 전체적인 내용을 이해했다면 처음부터 다시 검토하지 않아도 답을 고를 수 있습니다.

生物学家称壁虎是"最能爬墙的动物"。它能够自如攀墙，几乎能攀附在各式各样的材料上面，甚至在水里、真空环境及太空中都能行走自如，[89]所经之处不留任何痕迹，脚下干净利落。壁虎脚上的"功夫"真可称得上是"自然的杰作"。

最近几年，科学家在显微镜下发现，壁虎脚趾上约有650万根细毛，每根细毛直径约为人类毛发直径的十分之一。壁虎脚上的细毛全部附着在物体表面上时，可吸附住133千克的物体，相当于两个成人的重量。既然壁虎的脚上有如此强大的吸附力，那么它如何能抬起脚来移动呢？[90]科学家发现，壁虎脚上的细毛可以调节，当壁虎将细毛与物体表面的角度增加到30度时，两者的作用力大大降低，壁虎就可以顺利抬脚。壁虎的任何一只脚都可以随时移动。[92]当然，一次只能移动一只脚，其他脚得作为支撑点。

以现在的科技，人类还没有办法研制出如壁虎脚一模一样的东西。不过，科学家正在模仿壁虎脚的结构研制新的黏性材料。2003年年底，科学家推出一项可令许多孩子兴奋得睡不着觉、同时令父母们担心不已的新发明。这就是利用仿生学原理研制出来的"壁虎胶带"。它是可以让你在墙上如履平地的法宝。这种胶带所具有的黏性足以支撑一个成人的体重。由于壁虎胶带是利用细毛的黏性，[91]它比其他胶带有一个突出的优点，就是可以重复利用，而不像其他胶带那样用一次就失效了。科学家指出，这个研究还可以应用在航天、航海、水下探测、医学等重要领域。

壁虎胶带——这一来自幻想中的新技术，已经被专家们评为"最具市场冲击力的十大新技术"之一。然而，要利用壁虎胶带真正实现飞檐走壁的梦想，可能还需要科学家在未来对这个产品做进一步的改进了。

생물학자들은 도마뱀붙이를 '벽을 가장 잘 오르는 동물'이라고 부른다. 도마뱀붙이는 벽을 자유롭게 오를 수 있고, 거의 모든 종류의 재료에 붙을 수 있다. 심지어 물속, 진공 상태, 우주에서도 자유롭게 다닐 수 있으며, [89]지나간 곳에 어떤 흔적도 남기지 않아 깨끗하다. 도마뱀붙이의 발에 있는 '능력'은 정말 '자연의 걸작'이라고 할 수 있다.

최근 몇 년 동안 과학자들은 현미경으로 도마뱀붙이의 발가락에 약 650만 개의 가는 털이 있으며, 가는 털 하나하나의 지름은 인간의 머리카락 지름의 약 10분의 1이라는 것을 발견했다. 도마뱀붙이의 발에 있는 가는 털이 모두 물체 표면에 부착되어 있을 때 133kg의 물체를 흡착할 수 있는데, 이는 어른 두 명의 체중과 맞먹는다. 도마뱀붙이의 발에 이렇게 강한 흡착력이 있다면, 어떻게 발을 들어 올려 이동할 수 있을까? [90]과학자들은 도마뱀붙이의 발에 있는 가는 털을 조절할 수 있다는 것을 발견했는데, 도마뱀붙이가 가는 털과 물체 표면의 각도를 30도로 늘리면 털과 물체 간에 작용하는 힘이 크게 줄어들어 도마뱀붙이가 발을 쉽게 들어 올릴 수 있다는 것을 알게 되었다. 도마뱀붙이의 어떤 발도 수시로 움직일 수 있다. [92]물론 한 번에 한 발만 움직일 수 있고 다른 발은 지지점이 되어야 한다.

현재의 기술로는 인간이 아직 도마뱀붙이의 발과 똑같은 것을 개발할 방법이 없다. 하지만 과학자들은 도마뱀붙이의 발 구조를 모방하여 새로운 점성 재료를 개발하는 중이다. 2003년 말, 과학자들은 많은 아이들을 잠 못 이룰 만큼 흥분시키는 동시에 부모들을 걱정시키는 새로운 발명품을 내놓았다. 바로 생체 공학 원리를 이용하여 개발한 '도마뱀붙이 테이프'이다. 그것은 벽을 평지 걷든 걷게 할 수 있는 마법 도구이다. 이런 테이프는 어른 한 명의 체중을 지탱하기에 충분한 점성이 있다. 도마뱀붙이 테이프는 가는 털의 점성을 이용했기 때문에 [91]다른 테이프보다 뛰어난 장점이 있는데 바로 재사용할 수 있다는 것이다. 다른 테이프들처럼 한 번 쓰면 효과가 사라지는 것이 아니다. 과학자들은 이 연구가 우주 비행, 항해, 수중 탐사, 의학 등 중요한 분야에도 적용될 수 있다고 말한다.

도마뱀붙이 테이프라는 환상적인 신기술은 이미 전문가들로부터 '시장에 가장 큰 충격을 줄 10대 신기술' 중 하나로 평가되었다. 하지만 도마뱀붙이 테이프를 이용하여 추녀와 담벼락을 넘나드는 꿈을 이루기 위해서는 과학자들이 앞으로 이 제품을 더욱 개선해야 할 것이다.

自如 zìrú 웹 자유롭다, 능숙하다 ｜ 攀 pān 동 기어 오르다 ｜ 攀附 pānfù 동 (딱 붙어) 기어 오르다 ｜ 痕迹* hénjì 명 흔적, 자취 ｜ 功夫 gōngfu 명 ① 능력, 재주 ② 쿵후 ③ 시간과 노력 ｜ 杰作 jiézuò 명 걸작 ｜ 显微镜 xiǎnwēijìng 명 현미경 ｜ 脚趾 jiǎozhǐ 명 발가락 ｜ 根 gēn 양 개 [길고 생물과 관련된 물건을 세는 양사] ｜ 直径* zhíjìng 명 직경, 지름 ｜ 附着 fùzhuó 동 부착하다 ｜ 表面 biǎomiàn 명 표면 ｜ 吸附 xīfù 동 흡착하다 ｜ 千克 qiānkè 양 킬로그램(kg) [=公斤] ｜ 相当于 xiāngdāngyú ~에 맞먹다 ｜ 既然 jìrán 접 기왕 ~한 바에, ~한 만큼 [주로 那么……就 등과 호응함] ｜ 办法 bànfǎ 명 (해결) 방법 ｜ 一模一样 yìmú-yíyàng 성 모양이 완전히 같다 ｜ 模仿 mófǎng 동 모방하다, 흉내 내다 ｜ 黏性 niánxìng 명 점성 ｜ 不已 bùyǐ 동 ~해 마지않다, 멈추지 않다 ｜ 仿生学 fǎngshēngxué 명 생체 공학, 바이오닉스 ｜ 原理* yuánlǐ 명 원리 ｜ 胶带 jiāodài 명 테이프 ｜ 如履平地 rúlǚpíngdì 성 평지를 달리듯 하다, 어떤 일을 하기가 매우 쉽다 ｜ 法宝 fǎbǎo 명 ① 신화에서 요괴를 제압하거나 죽일 수 있는 보물, 마법 도구 ② 신기한 효능이 있는 물건 ｜ 足以* zúyǐ 동 ~하기 충분하다 ｜ 突出 tūchū 형 돋보이다, 두드러지다 ｜ 幻想 huànxiǎng 명 공상, 환상 ｜ 冲击* chōngjī 동 세차게 부딪치다 ｜ 飞檐走壁 fēiyán-zǒubì 성 추녀와 담벼락을 나는 듯이 넘나들다, 동작이 몹시 날쌔다

독해

89 ★★★

根据第一段，可以知道壁虎：	첫 번째 단락에 근거하면 도마뱀붙이는?
A 天生爱干净	A 천성적으로 깨끗함을 좋아한다
B 爬墙速度很慢	B 벽을 오르는 속도가 매우 느리다
C 爬墙毫无痕迹	C 벽을 기어 다니는 데 흔적이 없다
D 主要栖息在水中	D 주로 물속에 서식한다

栖息 qīxī 동 서식하다

첫 번째 단락에 '지나간 곳에 어떤 흔적도 남기지 않아 깨끗하다(所经之处不留任何痕迹，脚下干净利落)'고 제시되어 있으므로 C가 정답입니다.

90 ★★★

壁虎如何能墙上抬起脚？	도마뱀붙이는 어떻게 벽에서 발을 들어 올릴 수 있는가?
A 用尾巴支撑体重	A 꼬리로 몸무게를 지탱한다
B 脚趾上长着很多细毛	B 발가락에 가는 털이 많이 자라 있다
C 脚上有很强大的吸附力	C 발에는 강한 흡착력이 있다
D 可以调节脚上细毛的角度	D 발에 있는 가는 털의 각도를 조절할 수 있다

두 번째 단락의 첫 번째 밑줄에서 정답을 알 수 있습니다. 설명문에서 질문을 한 후 답을 제시하는 자문자답은 내용을 강조하는 효과가 있는데 문제가 자주 출제되는 부분입니다. '那么它如何能抬起脚来移动呢？'가 바로 그런 부분입니다. 어떻게 벽에 붙어 있는지 묻는 것이 아니라 어떻게 강한 흡착력이 있는데도 발을 벽에서 뗄 수 있는지를 묻는 문제이기 때문에 B와 C는 함정입니다.

91 ★★

关于“壁虎胶带”，下列正确的是：	'도마뱀붙이 테이프'와 관련하여 다음 중 올바른 것은?
A 可以重复利用	A 재사용이 가능하다
B 让人能自如攀墙	B 사람이 자유롭게 벽을 오르게 한다
C 将来会被当做玩具	C 앞으로 장난감으로 취급될 것이다
D 吸附力比壁虎的脚更大	D 도마뱀붙이의 발보다 흡착력이 더 크다

세 번째 단락에서 도마뱀붙이 테이프의 장점으로 '재사용(可以重复利用)'이 제시되었으므로 정답은 A입니다. 문제에 쌍따옴표로 강조된 단어는 90%의 경우 지문에서도 쌍따옴표로 강조되어 있으므로 문제가 출제된 부분을 지문에서 쉽게 찾을 수 있습니다.

根据上文，下列哪项正确？	윗글에 근거하면 다음 중 올바른 것은 무엇인가?
A 壁虎胶带还只是个幻想	A 도마뱀붙이 테이프는 아직 환상에 불과하다
B 壁虎每次只能抬一只脚	B 도마뱀붙이는 한 번에 한 발만 들어 올릴 수 있다
C 人们实现了飞檐走壁的梦想	C 사람들은 추녀와 담벼락을 넘나드는 꿈을 이루었다
D 壁虎能爬墙是因为脚上有吸盘	D 도마뱀붙이가 벽을 오를 수 있는 이유는 발에 빨판이 있기 때문이다

吸盘 xīpán 圐 흡반, 빨판

두 번째 단락의 두 번째 밑줄에서 정답을 알 수 있습니다. 전체 지문에 대한 OX 문제가 앞의 세 문제를 풀면서 얻은 정보로 자연스럽게 풀리지 않는다면 전체 내용을 처음부터 재검토해야 합니다. 독해 영역의 성패를 가르는 시간 관리에 신경 쓰기 바랍니다. 도마뱀붙이 테이프가 발명되었지만 추녀와 담벼락을 넘나들기 위해서는 제품에 개선이 필요하므로 A와 C는 정답이 아닙니다.

93-96

天一阁是中国现存历史最悠久的私家藏书楼，也是世界上最古老的三大家族图书馆之一，位于浙江省宁波市的月湖畔，现藏各类古籍近30万卷。[93]如今，天一阁已由一座私家藏书楼发展成为一座以藏书文化为核心，集研究、保护、管理、陈列、社教、旅游于一体的专题性博物馆。在天一阁北书库旁，有一个安静的别院。[96]在这里，那些出现虫蛀、发霉、破损的古籍，经过古籍修复师的手再次"重获新生"。

王金玉是天一阁的藏品修复部主任，四十年来，她参与修复的古籍已经记不清到底有多少册了。她说，书籍最大的敌人是时间。数百年过去，如今馆藏古籍中约有40%因为种种原因而损毁。以王金玉为代表的修书人，工作就是与时间赛跑，把古籍抢救回来。[94]修复破损的古籍，首先要对文物存档，之后是无损检测，就是在对古籍不造成损害的情况下，检测纸张的酸碱度、白度、纤维成分等，然后根据破损情况制定修复方案。最后才是正式修复。修复阶段有拆书、洗书、补书等10余道工序，每道工序的细节关乎修复质量的优劣，修复一页纸有时要耗费几个小时，而修复一册古籍，需耗时一两个月甚至更久。

천일각은 중국에 현존하는 역사가 가장 오래된 개인 장서루이자 세계에서 가장 오래된 3대 개인 도서관 중 하나로 저장성 닝보시의 위에호반에 위치해 있다. 현재 소장하고 있는 각종 고서가 30만 권에 육박한다. [93]오늘날 천일각은 개인 장서루에서 장서 문화를 중심으로 연구, 보호, 관리, 전시, 사회교육, 관광을 하나로 묶은 전문 박물관으로 발전하였다. 천일각 북서고 옆에는 조용한 별원이 있다. [96]여기서 좀먹고, 곰팡이가 피고, 파손된 고서들이 고서 복원가의 손을 거쳐 다시 '새 삶을 얻는다'.

왕진위는 천일각의 소장품 복원팀 팀장으로, 40년 동안 그녀가 복원에 참여한 고서는 대체 몇 권인지 이미 기억도 못할 정도이다. 그녀는 책의 가장 큰 적은 시간이라고 말했다. 수백 년이 지나면서 오늘날 소장된 고서 중 약 40%가 여러 가지 이유로 훼손되었다. 왕진위로 대표되는 고서 복원가들의 일은 시간과 시합하며 고서를 복원하는 것이다. [94]파손된 고서를 복원하려면 먼저 고서를 (디지털) 보관하고, 그다음에는 무손실 검사를 해야 한다. 즉 고서를 손상시키지 않으면서 종이의 산성도, 백색도, 섬유 성분 등을 검사한 다음, 파손 상황에 따라 복원 방안을 마련해야 한다. 마지막이 비로소 정식 복원이다. 복원 단계에는 해체, 세척, 보완 등 10여 개의 공정이 있으며, 각 공정의 세부 사항은 복원 품질의 우열에 직접 영향을 미친다. 종이 한 장을 복원하는 데 몇 시간이 걸리기도 하고, 고서 한 권을 복원하는 데 한두 달 혹은 그 이상이 걸린다.

修书有一个原则，叫"修旧如旧"，即不允许在原物上创新，⁹⁵ 如果你达不到让它保持原样的要求，就不要动它。这也是古籍修复者的基本职业操守。王金玉的古籍修复成功率高达100%，她对自己的要求极为严苛，也以高标准要求团队。自2012年至今，王金玉和她的团队共完成书页修复5万页、古籍基础维护3054册、书画装裱374幅、碑帖传拓与修复11889张。"择一事，终一生"，一群在日复一日中默默坚守的修书人，让古老技艺得以传承和发扬，演绎着令人赞叹的"工匠精神"。

고서 복원에는 '옛것은 옛것답게'라는 원칙이 있다. 즉, 원래의 고서에 혁신을 허용하지 않는 것이다. ⁹⁵ 만약 원래 모습을 그대로 유지한다는 목적을 달성할 수 없다면 그것을 건드리면 안 된다. 이것은 또한 고서 복원가의 기본적인 직업 윤리이기도 하다. 왕진위의 고서 복원 성공률은 100%에 달한다. 그녀는 자신에게 매우 가혹할 정도의 수준을 요구했고 또 팀에게도 높은 기준치를 요구했다. 2012년부터 지금까지 왕진위과 그의 팀은 5만 페이지를 복원했고, 고서 3,054권, 서화 374장에 대해 기초적인 보호 조치를 했으며, 비석 11,889장의 탁본과 복원을 완료했다. '한 가지 일을 골라 평생 하는' 매일 같이 묵묵히 자기 자리를 지켜 온 고서 복원가들 덕에 고대의 기술과 예술이 전승되고 발양될 수 있고, 사람들을 감탄시키는 '장인 정신'을 펼쳐 낼 수 있었다.

藏书 cángshū 图 책을 소장하다 图 장서 | 湖畔 húpàn 图 호반, 호숫가 | 古籍 gǔjí 图 고서 | 卷* juàn 图 권, 책 [책을 세는 양사, 문어체] | 集……于一体 jí……yú yìtǐ ~을 하나로 묶다, ~을 하나에 넣다 | 陈列* chénliè 图 진열하다 | 专题* zhuāntí 图 특정 주제, 전문테마 | 虫蛀 chóngzhù 좀먹다 | 发霉 fāméi 곰팡이가 피다 | 破损 pòsǔn 图 파손하다 | 修复* xiūfù 图 수리하여 복원하다, 원상 복구하다 | 册 cè 图 권, 책 [책을 세는 양사, 문어체] | 损毁 sǔnhuǐ 图 훼손하다 | 抢救* qiǎngjiù 图 구출하다, 구조하다, 응급 처치하다 | 文物* wénwù 图 문물, 문화재 | 酸碱度 suānjiǎndù 图 수소 이온 농도 지수 | 方案 fāng'àn 图 방안 | 拆 chāi 图 뜯다, 해체하다 | 道 dào 图 [코스나 과정을 구성하는 단위를 세는 양사] | 工序 gōngxù 图 제조 공정 | 关乎 guānhū 图 ~에 관계되다, ~에 관련되다 | 优劣 yōuliè 图 우열 | 耗费* hàofèi 图 소모하다, 낭비하다 | 耗时 hàoshí 시간이 걸리다 | 职业操守 zhíyè cāoshǒu 직업 윤리, 프로 정신 | 极为 jíwéi 图 아주, 극히 | 严苛 yánkē 图 가혹하다, 냉혹하다 | 基础 jīchǔ 图 기초, 기반, 토대 | 维护* wéihù 图 유지하고 보호하다 | 装裱 zhuāngbiǎo 图 (그림·글씨를) 표구하다 | 碑帖传拓 bēitiè chuántà 비석을 탁본하다 | 日复一日 rìfùyírì 图 연일, 하루 또 하루 | 默默* mòmò 图 묵묵히 | 坚守 jiānshǒu 图 결연히 지키다, 떠나지 않다 | 得以 déyǐ 图 ~할 수 있다 | 传承 chuánchéng 图 전승하다, 전수하고 계승하다 | 发扬* fāyáng 图 (전통 등을) 계승 발전시키다 | 演绎* yǎnyì 图 벌여 놓다, 풀어 내다, 재해석하다 | 赞叹* zàntàn 图 찬탄하다, 감탄하며 찬미하다 | 工匠 gōngjiàng 图 장인, 공인

93 ★★★

关于天一阁，下面哪项正确？	천일각에 관하여 다음 중 올바른 것은 무엇인가？
A 建于宁波市的海边	A 닝보시의 바닷가에 건설되었다
B 现在藏品有30多万卷	B 현재 소장품이 30만 권이 넘는다
C 是历史最悠久的藏书楼	C 역사가 가장 오래된 장서루이다
D 是一所功能众多的博物馆	D 다양한 기능의 박물관이다

众多 zhòngduō 图 (사람 등이) 아주 많다

'오늘날 천일각은 개인 장서루에서 장서 문화를 중심으로 연구, 보호, 관리, 전시, 사회교육, 관광을 하나로 묶은 전문 박물관으로 발전하였다(如今，天一阁已由一座私家藏书楼发展成为一座以藏书文化为核心，集研究、保护、管理、陈列、社教、旅游于一体的专题性博物馆)'고 했으므로 정답은 D입니다. 첫 번째 단락 첫 문장에서 '중국에 현존하는 역사가 가장 오래된 개인 장서루(中国现存历史最悠久的私家藏书楼)'라고 했는데, 가장 오래된 '개인' 장서루이기 때문에 C는 함정입니다. 또 '현재 소장하고 있는 각종 고서가 30만 권에 육박한다(现藏各类古籍近30万卷)'는 것은 30만에 못 미친다는 뜻이므로 B 역시 함정입니다.

下面哪个不属于修书的程序？	다음 중 책을 복원하는 과정에 속하지 않는 것은 무엇인가?
A 将古籍进行存档	A 고서를 (디지털) 보관한다
B 对古籍进行拆开分解	B 고서를 해체한다
C 根据情况制定修复方案	C 상황에 따라 복원 방법을 정한다
D 调查对古籍造成损害的原因	D 고서에 손상이 생긴 원인을 조사한다

分解* fēnjiě 통 분해하다 | 调查 diàochá 통 조사하다

책을 복원하는 과정으로 '고서를 (디지털) 보관(对文物存档)' '무손실 검사(无损检测)' '파손 상황에 따라 복원 방안 마련(根据破损情况制定修复方案)' '정식 복원(正式修复)' '해체, 세척, 보완 등(拆书、洗书、补书等)'이 제시되었으므로 보기 중 언급되지 않은 D가 정답입니다.

王金玉从事修复工作，有什么原则？	왕진위가 복원 작업에 임하는 원칙은 무엇입니까?
A 没有把握就不动手	A 자신이 없으면 손대지 않는다
B 尽量减少修复步骤	B 복원 단계를 최소화한다
C 选择最为耐久的材料	C 가장 내구성이 뛰어난 재질을 선택한다
D 保持传统的基础上创新	D 전통을 유지하는 것을 바탕으로 혁신한다

把握 bǎwò 명 자신감 | 动手* dòngshǒu 통 시작하다, 착수하다 | 步骤 bùzhòu 명 순서, 절차

세 번째 단락에서 '만약 원래 모습을 그대로 유지한다는 목적을 달성할 수 없다면 그것을 건드리면 안 된다(如果你达不到让它保持原样的要求，就不要动它)'고 했으므로 정답은 A입니다. '원래의 고서에 혁신을 허용하지 않는다(即不允许在原物上创新)'고도 했으므로 D는 정답이 아닙니다.

最适合做上文标题的是：	윗글의 제목으로 가장 적합한 것은?
A 让古籍重获新生	A 고서를 다시 태어나게 하다
B 天一阁的历史价值	B 천일각의 역사적 가치
C 王金玉的伟大成就	C 왕진위의 위대한 업적
D "工匠精神"总让人赞叹	D '장인 정신'은 언제나 놀랍다

标题* biāotí 명 표제, 제목

논설문은 주로 첫 단락이나 마지막 단락에 드러나 주제와 주장이 담긴 제목을 골라야 하지만 설명문은 전체 내용을 포괄하는 제목을 골라야 합니다. 첫 번째 단락은 천일각과 그곳에 있는 고서 복원 센터, 두 번째 단락은 천일각 복원팀 팀장 왕진위와 고서 복원 과정, 세 번째 단락은 고서 복원의 원칙과 복원팀의 업적을 소개하고 있습니다. 이를 포괄할 수 있는 제목은 A뿐입니다. 마지막 문제라고 마지막 문장에서 눈에 띄는 '工匠精神'만으로 D를 골랐다면 함정에 빠진 겁니다.

放眼机场航站楼外，一架架飞机忙碌地起飞降落，蓝天与白色的飞机交相呼应。[100] 可为什么在讲究个性的今天，大部分客机都是白色的呢？

白色比其他颜色更能保证飞机的安全。[97] 飞机在飞行时需要保持较低的机身温度，白色能反射所有波段的光线，使得光能无法转化成热能。飞机的机身上可能存在锈蚀、裂纹、机油泄漏等高危问题，白色则是显示这些危险信号的最佳底色。而且白色飞机的辨识度很高，如果发生坠机事故，不管是在地面或海上，白色飞机都更容易被发现。而在夜晚，白色飞机相较于深色飞机，更容易避免相撞事故。

从经济上考虑，白色飞机更省钱。[98] 对飞机进行彩色喷涂，意味着要增加重量，以波音747型飞机为例，整机喷涂需要耗费250~300公斤的涂料，会增加额外的燃油费用支出。此外，喷涂时间大约是一周。喷涂期间，飞机停飞的场地租金和机票损失也十分可观。彩色涂料在强光照射及复杂的气候条件下，比白色更容易褪色，而飞机在高空受到的紫外线辐射强度更大、时间更长，颜料褪色也会更快。但白色即使历经长年累月的风吹日晒后，仍然可以保持良好的外观。因此，给飞机喷涂白色油漆，可以延长喷漆的时间间隔，节省成本。此外，航空公司运营的飞机中有很多是租借的，相比于给整架飞机重绘图案，还不如将白色飞机上的标识修改一下，这样更经济实惠。公司也能将自己的飞机转卖，买家无需对白色飞机进行重新喷涂，也就不会影响飞机的售价和性价比。

最后，从文化上考虑，白色飞机更有利于跨国界、跨地区之间的航空交流。[99] 同一种颜色在不同国家和民族的文化中含义差别巨大。比如红色，在东方文化中代表吉祥、喜庆，但在西方文化中表示暴力、危险；绿色，在中国文化中意味着生命和希望，在欧美文化中代表幼稚、妒忌。而白色不易惹人产生误会，在各种文化中不会受到排斥。

공항 터미널 밖을 내다보면 비행기 한 대 또 한 대가 바쁘게 이착륙하고 푸른 하늘과 하얀 비행기가 서로 어울린다. [100]그런데 왜 개성을 중시하는 오늘날 대부분의 여객기는 모두 하얀색일까?

흰색은 다른 색보다 비행기의 안전을 더 잘 지킬 수 있다. [97] 비행기는 비행할 때 낮은 기체 온도를 유지해야 하는데 흰색은 모든 파장의 빛을 반사하여 빛에너지가 열에너지로 바뀌지 못하게 한다. 기체에는 부식, 균열, 기름 유출 등의 위험이 있을 수 있는데 흰색은 이러한 위험 신호를 보여 주는 최적의 바탕색이다. 그리고 흰색 비행기는 식별도가 높아서 만일 비행기 추락 사고가 발생하면 지상에서든 바다에서든 흰색 비행기는 더 쉽게 발견될 수 있다. 그리고 밤에 흰색 비행기가 어두운 비행기보다 충돌 사고를 피하기 쉽다.

경제적인 측면에서 생각해 봐도 흰색 비행기는 돈을 더 아낄 수 있다. [98] 비행기에 컬러 페인트를 칠하는 것은 무게가 증가한다는 것을 의미한다. 보잉 747형 비행기를 예로 들면, 기체 전체에 뿌리면 250~300kg의 페인트를 소비하고, 연료비 지출이 추가적으로 증가한다. 또한 칠하는 시간은 약 1주인데 그 기간 동안 비행기가 휴항하는 장소 임대료와 항공권 손실도 상당하다. 컬러 페인트는 강한 빛과 복잡한 기후 조건에서 흰색보다 퇴색하기 더 쉬우며, 비행기가 고공에서 받는 자외선 복사의 강도가 더 크고 시간이 더 길면 더 빨리 퇴색된다. 그러나 흰색은 오랜 세월 바람을 쐬고 햇볕을 쐬어도 괜찮은 외관을 유지할 수 있다. 따라서 비행기에 흰색 페인트를 칠하면 페인트칠의 시간 간격을 연장하여 비용을 절감할 수 있다. 이 밖에 항공사가 운영하는 항공기 중 상당수는 임대한 것인데 비행기 전체에 다시 페인트칠을 하는 것보다 흰색 비행기에 로고만 한 번 수정하는 것이 더 경제적이다. 항공사는 자사의 비행기를 팔기도 하는데 흰색 비행기는 구매자가 다시 페인트칠할 필요가 없어서 비행기 판매 가격과 가성비에도 영향을 주지 않는다.

마지막으로, 문화적인 측면에서 생각해 볼 때 흰색 비행기는 국경 간, 지역 간 항공 교류에 더 유리하다. [99] 같은 색이라도 각 국가와 민족 문화에서 의미 차이가 크다. 예를 들어 붉은색은 동양 문화에서 상서로움과 경사스러움을 상징하지만, 서양 문화에서는 폭력과 위험을 나타낸다. 녹색은 중국 문화에서 생명과 희망을 의미하지만, 유럽과 미국 문화에서는 유치함과 질투심을 상징한다. 반면에 흰색은 오해를 불러일으키기 쉽지 않아 각종 문화에서 배척받지 않는다.

放眼 fàngyǎn 图 보다, 시선을 두다 | 航站楼 hángzhànlóu 터미널 | 架 jià 앙 대 [비행기를 세는 양사] | 忙碌* mánglù 웹 바쁘다 | 起飞 qǐfēi 图 이륙하다 | 交相 jiāoxiāng 图 상호, 서로 | 呼应 hūyìng 图 호응하다 | 讲究 jiǎngjiu 图 중시하다 | 反射* fǎnshè 图 반사하다 | 波段 bōduàn 图 (음파, 전파 등의) 대역 | 锈蚀 xiùshí 图 (금속에) 녹이 슬어 부식되다 | 裂纹 lièwén 图 (갈라진) 금, 틈 | 机油 jīyóu 图 항공유 | 泄漏 xièlòu 图 (액체·기체 등이) 새다, (비밀·기밀 등이) 누설되다 | 最佳 zuìjiā 웹 최적이다, 최고이다 | 辨识 biànshí 图 식별하다, 판별하다 | 坠机 zhuìjī 图 (비행기가) 추락하다 | 事故* shìgù 图 사고 | 相较 xiāngjiào 图 비교하다 | 避免 bìmiǎn 图 (나쁜 상황을) 피하다, 모면하다 | 相撞 xiāngzhuàng 图 충돌하다 | 考虑 kǎolǜ 图 고려하다 | 喷涂 pēntú 图 도료를 뿜어 칠하다 | 意味着* yìwèizhe 图 의미하다, 뜻하다 | 涂料 túliào 图 도료, 페인트 | 额外* éwài 웹 별도의, 그 밖의 | 支出* zhīchū 图 지출 | 场地 chǎngdì 图 장소 | 租金 zūjīn 图 임대료 | 可观* kěguān 웹 대단하다, 엄청나다, 상당하다 | 照射 zhàoshè 图 (빛이) 비치다, (빛을) 비추다 | 褪色 tuìsè·tuìshǎi 图 색이 바래다, 퇴색하다 | 紫外线 zǐwàixiàn 图 자외선 | 风吹日晒 fēngchuī-rìshài 图 바람이 불고 햇볕이 내리쬐다 | 油漆* yóuqī 图 페인트, 도료 | 间隔* jiàngé 图 간격을 두다, 사이를 띄우다 | 节省 jiéshěng 图 아끼다, 절약하다 | 成本* chéngběn 图 원가, 비용 | 航空* hángkōng 图 비행하다 | 运营 yùnyíng 图 운영하다 | 租借 zūjiè 图 조차하다, 임차하다 | 图案* tú'àn 图 도안 | 标识 biāozhì 图 표지, 로고 | 实惠* shíhuì 웹 실속 있다 | 转卖 zhuǎnmài 图 전매하다, 되팔다 | 买家 mǎijiā 图 구매자, 바이어 | 性价比 xìngjiàbǐ 图 가성비 | 跨* kuà 图 뛰어넘다, 가로지르다 | 含义 hányì 图 함의, 내포된 뜻, 담겨진 의미 | 差别* chābié 图 차이, 격차 | 吉祥* jíxiáng 웹 상서롭다 | 喜庆 xǐqìng 웹 경사스럽다 | 暴力* bàolì 图 폭력 | 幼稚* yòuzhì 웹 유치하다 | 妒忌 dùjì 图 질투하다, 샘내다 | 惹 rě 图 (안 좋은 결과를) 불러 일으키다 | 排斥* páichì 图 배척하다

---

97 ★★★

下面哪项不是用白色涂料喷涂机身的原因?

A 会预防坠机事故

B 能反射各种光线

C 容易避免相撞事故

D 让人发现危险因素

다음 중 흰색 페인트로 기체를 칠해야 하는 이유가 아닌 것은 무엇인가?

A 비행기 추락 사고를 예방할 수 있다

B 다양한 광선을 반사할 수 있다

C 충돌 사고를 피하기 쉽다

D 사람들이 위험 요소를 발견하게 한다

두 번째 단락에 안전에 관한 내용이 제시됩니다. 세부 내용에 대한 OX 문제도 차분하게 풀어야 합니다. 밑줄 친 부분을 한 문장씩 보고 오답을 소거하면서 답을 좁힐 수 있습니다. '坠机事故'라는 표현이 나오지만 추락 사고를 예방하는 것이 아닌 추락해도 쉽게 발견된다는 내용이므로 A가 정답입니다.

---

98 ★★

为什么说白色飞机更省钱?

A 喷涂白漆更耗时间

B 白色颜料不会褪色

C 彩漆会增加机体重量

D 彩色飞机更容易转卖

왜 하얀 비행기가 더 경제적인가?

A 흰색 페인트를 칠하는 데 시간이 더 많이 걸려서

B 흰색 페인트는 퇴색하지 않아서

C 컬러 페인트는 기체의 무게를 증가시켜서

D 컬러 비행기는 재판매하기 쉬워서

세 번째 단락에 경제성에 관한 내용이 제시됩니다. '비행기에 컬러 페인트를 칠하는 것은 무게가 증가한다는 것을 의미한다(对飞机进行彩色喷涂，意味着要增加重量)'고 했으므로 정답은 C입니다. 컬러 페인트가 흰색보다 퇴색하기 더 쉽다는 것은 흰색 페인트도 퇴색된다는 의미이므로 B는 정답이 아닙니다.

99 ★★

根据上文，下列哪项正确？	윗글에 근거하면 다음 중 올바른 것은 무엇인가?
A 彩色飞机的辨识度更高	A 컬러 항공기의 식별도가 더 높다
B 白色会引起文化上的误会	B 흰색은 문화적 오해를 불러일으킬 수 있다
C 彩漆更容易保持良好的外观	C 컬러 페인트는 좋은 외관을 유지하기가 더 쉽다
D 文化不同，颜色的寓意也不同	D 문화가 다르면 색깔에 담긴 뜻도 다르다

寓意 yùyì 📖 우의, 담긴 의미

마지막 단락에서 '같은 색이라도 각 국가와 민족 문화에서 의미 차이가 크다(同一种颜色在不同国家和民族的文化中含义差别巨大)'고 했으며, 붉은색과 녹색을 예로 들고 있습니다. 정답은 D입니다. 흰색은 컬러 비행기에 비해 식별도도 높고, 좋은 외관을 유지하기 쉬우며 문화적 오해를 불러일으킬 가능성이 가장 적은 색이므로 A, B, C는 정답이 아닙니다.

100 ★★★

最适合做上文标题的是：	윗글의 제목으로 가장 적합한 것은?
A 航空业的烦恼是什么	A 항공업의 고민은 무엇인가
B 客机为什么是白色的	B 여객기는 왜 하얀색인가
C 飞机颜色对安全的影响	C 비행기 색상이 안전에 미치는 영향
D 颜色在不同文化中的寓意	D 다른 문화에서 색깔에 담긴 의미

설명문의 제목은 전체 내용을 포괄해야 합니다. C는 두 번째 단락, D는 마지막 단락에만 해당하기 때문에 정답이 될 수 없습니다. 첫 번째 단락의 밑줄 친 부분에서 독자의 관심을 끌기 위해 무엇에 대해 설명할 것인지를 의문형으로 제시했기 때문에 쉽게 답을 고를 수 있습니다.

101번은 한 편의 글을 읽고 요약하는 문제입니다.

101

保罗是著名石油大王，曾经的世界首富。然而，谁也不知道，他创业之初却在一家小公司里工作，也正是这个小公司对他以后的商业生涯产生了重要影响。

他工作的这家小公司刚刚注册成立，没有过多的资金招聘高管，因此，招来的员工基本上都是应届毕业生，从零开始起步。大家都是新人，来这工作以后都很拼命，都希望自己能博得领导的赏识。可半年后，因为竞争导致公司气氛越来越差，一开始员工私下里互相议论，最后变成了互相攻击，严重影响了工作。

这时，公司新换了一位经理。一个月后的一天，经理就团结一致的问题给大家上了课，强调只有保持公司的团结，这个新公司才能经受风雨才有发展。课后，他送给每名员工两面镜子，一个望远镜和一个放大镜，并让大家思考，这两面镜子蕴含的意义，并用简短的一句话概括。大家纷纷猜想经理的用意，并根据自己的理解，用一句话做了概括总结。有的说工作应该仔细，有的说眼光应放长远，有的则说公司应该放大自己加强宣传……

经理翻着员工们的回答，表情很凝重，看似都不是很满意，看到保罗的一句话时，不禁眼前一亮，不久后他便宣布：保罗任人事部主管。大家十分诧异，为什么突然间决定让保罗当主管，他可是公司来得最晚的一个新人，而且在公司里常常默默无闻，同事们甚至没有把他当作自己的竞争对手！经理看到了大家的疑惑，对大家说："我的决定，只是看了保罗的那句话。虽然很突然，但我相信我的选择没有错，他肯定进行了深邃的思考，我为他而感到惊喜。"

폴은 유명한 석유왕으로 한때 세계 최고의 부자였다. 하지만 창업 초기에 그는 작은 회사에서 일했고 바로 이 작은 회사가 그의 향후 비즈니스 인생에 중요한 영향을 미쳤다는 것은 아무도 모를 것이다.

그가 일했던 이 작은 회사가 막 정식으로 설립되었을 때, 임원급을 초빙할 자금이 넉넉치 않았기 때문에, 모집한 직원들은 거의 졸업 예정자로 경험이 전무했다. 모두가 신입이었고 이 회사에 온 다음 다들 온 힘을 다했다. 또 자신이 상사에게 인정받기를 바랐다. 그러나 반년 후 경쟁으로 회사 분위기가 갈수록 나빠졌고, 처음에는 직원들이 사적으로 서로 험담하다가 나중에는 서로 공격하게 되어 업무에 심각한 지장을 초래했다.

이때, 회사에 새로 중간 관리자가 왔다. 한 달 후 어느 날 그는 (직원이) 단결하는 문제에 대해 모두에게 설교를 했고 회사의 단결을 유지해야만 이 새로운 회사가 곡절을 버티고 발전할 수 있다고 강조하였다. 설교 후에, 그는 모든 직원들에게 두 개의 렌즈를 주었다. 망원경 하나와 돋보기 하나였다. 그리고 이 두 렌즈에 담긴 의미를 생각해 보고 짧은 한 마디로 요약하도록 하였다. 모두 앞다투어 그의 의도를 추측하고, 자신이 이해한 것에 근거하여 한 마디로 요약하여 정리했다. 누군가는 일은 꼼꼼히 해야 한다고 했고, 누군가는 안목이 길어야 한다고 했고, 누군가는 반대로 회사가 몸집을 키워 홍보를 강화해야 한다고 했고…….

그는 직원들의 답변을 넘기면서, 표정이 심각했다. 다 만족스럽지 않은 것처럼 보였는데, 폴의 한 마디를 보았을 때 그의 눈이 번쩍 띄었다. 얼마 후 그는 폴을 인사팀 팀장에 임명한다고 공표했다. 왜 갑자기 폴에게 팀장을 맡기기로 결정했는지 모두 의아해했다. 폴은 가장 늦게 입사한 신입이었고, 회사 안에서는 늘 눈에 띄지 않아서 동료들은 폴을 경쟁 상대로 생각하지 않을 정도였다. 그는 모두가 의아해하는 것을 보고 말했다. "내 결정은 폴의 그 한 마디를 봤기 때문입니다. 비록 갑작스럽지만 내 선택이 틀리지 않는다고 믿습니다. 그는 틀림없이 깊이 고민을 했고 나는 그에게 크게 감탄했습니다."

所有员工都想看保罗那句话是什么，并发出了强烈的质疑。这时，经理亮出了保罗的答案：拿望远镜看别人，拿放大镜看自己。他对员工说："我们是新成立的公司，开始大家都很努力，公司的发展也增增日上，可也正是这种心态，造成了竞争上的失衡，相互排斥，相互挤对，这将严重影响公司发展。其实每个人都有优点和缺点，看到别人的优点，看清自己的缺点，这是我们公司发展的关键，这也是我最关注的问题……"

经理没有看错保罗，上任的他迅速打开了工作局面，公司内部也变得欣欣向荣。后来，他又辗转多家公司，但每到一处，都坚持践行"拿望远镜看别人，拿放大镜看自己"这句职场生存哲理，最终取得了巨大的成功。

모든 직원들은 폴의 한 마디가 무엇인지를 보고 싶어 하며 강한 의문을 제기했다. 그러자 그는 폴의 답안을 공개했다. "망원경을 가지고 다른 사람을 보고, 돋보기를 가지고 자신을 본다." 그는 직원들에게 말했다. "우리는 새로 생긴 회사이고 처음에는 모두 열심히 노력하여 회사도 하루가 다르게 발전했습니다. 그러나 바로 이런 마음가짐이 경쟁에서의 불균형을 만들고 서로 배척하고 서로 따돌리게 했고 이는 회사의 발전에 심각한 지장을 주고 있습니다. 사실 사람마다 장점과 단점이 있는데, 다른 사람의 장점을 발견하고, 자신의 단점을 제대로 아는 것이 우리 회사가 발전하는 데 가장 중요한 것입니다. 또한 내가 가장 주목하는 문제이기도 합니다……"

그는 폴을 제대로 봤다. 새 자리에 앉은 그는 신속하게 업무 국면을 타개했고 회사 내부도 승승장구했다. 그 후 폴은 여러 회사를 거쳤지만 가는 곳마다 '망원경으로 다른 사람을 보고, 돋보기로 자신을 보는' 직장 생존의 철학을 지켜 결국 큰 성공을 거뒀다.

著名 zhùmíng 형 저명하다 | 石油* shíyóu 명 석유 | 生涯 shēngyá 명 생애 | 注册 zhùcè 동 등록하다, 등기하다 | 应聘 yìngpìn 동 지원하다 | 应届 yīngjiè 형 본기의 [졸업생에게만 사용함] | 拼命 pīnmìng 동 목숨을 내던지다, 목숨을 버리다 | 赏识 shǎngshí 동 (남의 재능이나 작품의 가치를) 알아주다 | 竞争 jìngzhēng 명 경쟁 | 攻击* gōngjī 동 공격하다 | 团结 tuánjié 동 단결하다, 결속하다 | 蕴含 yùnhán 동 담겨져 있다 | 概括 gàikuò 동 총관하다 | 眼光* yǎnguāng 명 눈길, 안목, 관점 | 放大* fàngdà 동 확대하다 | 加强 jiāqiáng 동 강화하다 | 宣传 xuānchuán 동 선전하다, 홍보하다 | 翻 fān 동 뒤집다, (배로) 증가하다 | 看似 kànsì 동 겉으로는 ~처럼 보이다 | 不禁* bújīn 동 자기도 모르게, 저절로 | 主管* zhǔguǎn 명 주요 책임자, 팀장 | 诧异* chàyì 동 의아하게 여기다 | 疑惑 yíhuò 동 의심하다, 의아하다 | 惊喜 jīngxǐ 명 놀람과 기쁨 | 强烈 qiángliè 형 강렬하다 | 质疑 zhìyí 동 질의하다 | 失衡 shīhéng 동 균형을 잃다 | 挤对 jǐduì 동 궁지로 몰다, 난처하게 하다 | 缺点 quēdiǎn 명 단점 | 上任* shàngrèn 동 부임하다, 취임하다 | 局面* júmiàn 명 국면, 상태 | 欣欣向荣* xīnxīn-xiàngróng 성 무럭무럭 자라다, 사업이 번영하다 | 践行 jiànxíng 동 실행하다 | 哲理 zhélǐ 명 철리

| 모범 답안 |

			拿	放	大	镜	看	自	己										
	保	罗	是	石	油	大	王	，	也	是	曾	经	的	世	界	首	富	。	
这	样	的	人	物	却	在	一	家	小	小	的	公	司	起	步	，	那	段	经
历	对	保	罗	产	生	了	重	要	影	响	。								
	那	家	公	司	刚	成	立	不	久	，	没	资	金	聘	请	高	管	，	
因	此	招	来	的	都	是	应	届	毕	业	生	，	他	们	都	拼	命	工	作 。
但	是	半	年	后	，	过	于	激	烈	的	内	部	竞	争	导	致	了	一	系
列	问	题	，	员	工	之	间	开	始	明	争	暗	斗	，	严	重	影	响	了
工	作	。																	
	公	司	换	了	一	名	经	理	，	一	个	月	后	的	一	天	，	他	

给大家上了一堂关于团结的课。只有所有人齐心协力，才能勇往直前，克服困难。课后，他把两面镜子发给了每位员工，即一个望远镜、一个放大镜，还让每位员工思考其含义。有人认为要仔细工作，还有人认为要加强宣传。

经理看到了保罗写的内容，便决定让保罗担任人事部主管。其他员工对此疑惑不解，愤愤不平，因为保罗是资历最浅的员工。但是经理觉得保罗的话足以让他胜任这一职位。

他公布了保罗的那句话：拿望远镜看别人，拿放大镜看自己。他说："我们是一家新公司，开始每个人都认真工作，但是竞争上的失衡，严重影响了工作。而我们应该看清别人的优点，明白自己的不足，这才是我们要考虑的关键。"

保罗不负厚望，他担任主管后扭转了局面。后来他辗转于多家公司，每次都信奉"拿望远镜看别人，拿放大镜看自己"的人生哲理，最终实现了丰功伟业。

聘请 pìnqǐng 동 초빙하다 | 激烈 jīliè 형 (다툼, 경쟁 등이) 치열하다 | 明争暗斗 míngzhēng-àndòu 성 음으로 양으로 싸움을 하다. 옥신각신하다 | 齐心协力* qíxīn-xiélì 성 한마음으로 협력하다 | 勇往直前 yǒngwǎng-zhíqián 성 용감하게 앞으로 나아가다 | 疑惑不解 yíhuòbùjiě 의혹이 풀리지 않다 | 职位* zhíwèi 명 직위 | 扭转* niǔzhuǎn 동 돌리다, 바로잡다 | 丰功伟业 fēnggōng wěiyè 성 위대한 공적

제3회
모의고사 해설

一、听力 듣기

제1부분 1~15번은 단문을 듣고 녹음과 일치하는 보기를 선택하는 문제입니다.

1 ★★★

脑补指通过想象自行补充一些没有提示的情节。而脑洞是由脑补衍生出来的网络流行语。结合在一起可理解为，脑袋破了一个大洞，需要用想象力来填满。如果一件事情需要动用我们丰富的想象力，那么就可以说"让我们脑洞大开"。

A 补脑需要合理饮食
B 启发想象力需要培训
C 大脑消耗人体大部分能量
D "脑洞大开"是网络流行语

'뇌를 보충하다(뇌내 망상)'는 상상을 통해서 제시되지 않는 요소를 스스로 보충하는 것을 가리킨다. '뇌구멍'은 '뇌를 보충하다'라는 말에서 파생한 인터넷 유행어이다. 이 두 표현을 결합해 보면 머리에 구멍이 생겨 상상력으로 가득 채워야 한다는 뜻으로 이해할 수 있다. 만약에 어떤 일이 우리의 풍부한 상상력을 사용할 필요가 있다면 이렇게 말할 수 있다. "우리의 뇌구멍을 크게 열어라."

A '뇌를 보충'하려면 과학적인 식생활이 필요하다
B 상상력을 계발하려면 교육이 필요하다
C 뇌는 인체의 대부분을 에너지를 소모한다
D '뇌구멍을 크게 열다'는 인터넷 유행어이다

想象 xiǎngxiàng 图 상상하다 | 补充 bǔchōng 图 보충하다, 보완하다 | 提示* tíshì 图 제시하다 | 情节* qíngjié 图 줄거리, 스토리 | 衍生 yǎnshēng 图 파생하다 | 网络 wǎngluò 图 인터넷, 네트워크 | 流行语 liúxíngyǔ 图 유행어 | 结合 jiéhé 图 결합하다 | 想象力 xiǎngxiànglì 图 상상력 | 填 tián 图 채우다 | 丰富 fēngfù 图 풍부하다 | 合理 hélǐ 图 합리적이다 | 饮食* yǐnshí 图 음식을 먹고 마시다 | 启发 qǐfā 图 계발하다, 계몽하다 | 培训 péixùn 图 훈련하다 | 消耗* xiāohào 图 소모하다 | 能量* néngliàng 图 에너지

'뇌구멍은 인터넷 유행어(脑洞是由脑补衍生出来的网络流行语)'라고 했으므로 정답은 D입니다. A, B, C는 모두 녹음에서 언급하지 않은 내용이므로 정답이 아닙니다.

2 ★★

世界上有数以千计的语言都无法进入正规的教育体系、新闻媒体和出版物上。这样下去，不久全世界超过一半的语言和文字将会后继无人。对此，联合国教科文组织为了维护语言和文化的多样性，将每年的2月21日设立为国际母语日。

세상에는 정규 교육 시스템, 뉴스 미디어와 출판물에 쓰일 수 없는 수천 개의 언어가 있다. 이렇게 가다 보면 얼마 지나지 않아 세상에서 절반이 넘는 언어와 문자는 계승자가 사라질 것이다. 이에 대해 유네스코(UNESCO)는 언어와 문화의 다양성을 유지하기 위해서 매년 2월 21일을 국제 모국어의 날로 지정했다.

A 要改革语言教育体制 | A 언어교육 체제를 개혁해야 한다
B 学习外语可以开拓眼界 | B 외국어를 배우면 안목을 넓힐 수 있다
C 使用不同语言有助于沟通 | C 다른 언어를 사용하면 소통에 도움이 된다
D 一部分语言有消失的风险 | D 일부 언어는 사라질 위험이 있다

语言 yǔyán 몡 언어 | 正规* zhèngguī 혱 정규의, 표준의 | 体系* tǐxì 몡 체계 | 媒体 méitǐ 몡 대중 매체, 미디어 | 出版物 chūbǎnwù 몡 출판물 | 后继无人 hòujì-wúrén 솅 뒤이을 사람이 없다 | 联合国教科文组织 Liánhéguó Jiàokēwén Zǔzhī 고유 유네스코(UNESCO) | 维护* wéihù 동 유지하고 보호하다 | 设立* shèlì 동 세우다, 설립하다 | 母语* mǔyǔ 몡 모국어 | 改革 gǎigé 동 개혁하다 | 体制 tǐzhì 몡 체제 | 开拓* kāituò 동 개척하다 | 眼界 yǎnjiè 몡 시야 | 有助于 yǒuzhùyú ~에 도움이 되다 | 沟通 gōutōng 동 소통하다 | 消失 xiāoshī 동 사라지다 | 风险 fēngxiǎn 위험, 리스크

정규 교육 시스템, 뉴스 미디어, 출판물에 쓰일 수 없는 수천 개의 언어가 있는데, 이 언어와 문자는 '계승자가 사라질 것(后继无人)'이라는 데서 D가 정답인 것을 알 수 있습니다. 언어와 문자가 사라진다고 해서 '언어교육 체제를 개혁(改革教育体制)'해야 한다고는 판단할 수 없으므로 A는 정답이 아닙니다. B와 C는 이치에는 맞는 내용이지만 녹음에서 언급되지 않은 내용이므로 정답이 될 수 없습니다.

---

3 ★★★

一天，一名学生捧着一支玻璃瓶兴奋地对化学家说："我找到了可以溶解一切物质的万能溶剂。"化学家看了一眼瓶子里的透明液体，冷静地问道："那你是怎么将它装进这个瓶子里的？"

A 学生很崇拜老师
B 老师对溶剂爱不释手
C 瓶子里溶液色彩艳丽
D 学生没发现万能溶剂

어느 날, 한 학생이 유리병을 들고 신이 나서 화학자에게 말했다. "제가 모든 물질을 다 녹일 수 있는 만능 용해액을 찾았어요." 화학자는 병에 있는 투명한 액체를 힐끗 보고 냉정하게 물었다. "그럼 어떻게 그 액체를 이 병에 넣었지?"

A 학생은 선생님을 매우 숭배한다
B 선생님은 그 용액을 아주 애지중지한다
C 병에 든 용액의 색이 화려하고 아름답다
D 학생은 만능 용해액을 발견하지 못했다

捧* pěng 동 두 손으로 받쳐 들다 | 玻璃瓶 bōlípíng 몡 유리병 | 溶解* róngjiě 용해하다 | 溶剂 róngjì 몡 용제 | 透明 tòumíng 혱 투명하다 | 液体* yètǐ 몡 액체 | 冷静 lěngjìng 냉정하다 | 崇拜* chóngbài 숭배하다 | 爱不释手* àibúshìshǒu 솅 매우 아껴서 손을 떼지 못하다, 애지중지하다 | 艳丽 yànlì 혱 화려하고 아름답다

이야기 유형의 문제는 전체 내용을 유념해서 들어야 합니다. 학생은 만능 용해액을 찾았다고 했지만 화학자가 '그럼 어떻게 그 액체를 이 병에 넣었지?(那你是怎么将它装进这个瓶子里的?)'라고 묻는 데서 그 용해액은 유리를 용해할 수 없다는 것을 알 수 있습니다. 정답은 D입니다.

---

4 ★★

在古代，街头艺人靠观众打赏来维持生计。如今"打赏"成了新型的互联网商业模式，比如在直播间里看到喜欢的主播就可以自愿付一些钱进行"打赏"。这其实是一种粉丝经济，这种关系建立在双方信任的基础上。

고대에 거리 예술가들은 관중들의 팁으로 생계를 유지했다. 지금 '다샹'은 새로운 인터넷 비즈니스 모델이 되었다. 예를 들어 라이브 방송에 들어가서 좋아하는 BJ를 위해서 자발적으로 돈을 주어 '다샹'을 한다. 이것은 사실 일종의 팬덤 경제이다. 이런 관계는 쌍방의 믿음을 기반으로 세워지는 것이다.

A "打赏"时不要盲目跟风
B 打赏是古代交易方式
C "打赏"是为了调节气氛
D 信任是粉丝经济的基础

A '다샹'을 할 때 맹목적으로 따라 하면 안 된다
B 다샹은 고대의 거래 방식이다
C '다샹'은 분위기를 환기하기 위한 것이다
D 믿음은 팬덤 경제의 기반이다

街头 jiētóu 명 길거리 | 艺人 yìrén 명 예술가 | 靠 kào 통 의지하다 | 打赏 dǎshǎng 명 팁, 다샹 [중국의 온라인 콘텐츠 팁 문화] | 维持* wéichí 통 유지하다 | 生计 shēngjì 명 생계 | 互联网 hùliánwǎng 명 인터넷 | 模式* móshì 명 방식, 모델 | 直播* zhíbō 통 생방송하다, 직접 중계하다 | 主播 zhǔbō 명 메인 아나운서, 인터넷 방송 BJ | 自愿 zìyuàn 통 자원하다 | 粉丝 fěnsī 명 팬, 지지자 | 建立 jiànlì 통 설립하다, 세우다 | 信任 xìnrèn 명 믿음 | 基础 jīchǔ 명 기초, 기반, 토대 | 盲目* mángmù 형 맹목적이다 | 跟风 gēnfēng 통 따라 하다, 시대 조류를 따르다, 바람에 휩쓸리다 | 交易* jiāoyì 통 교역하다, 거래하다 | 方式 fāngshì 명 방식, 방법 | 调节* tiáojié 통 조절하다 | 气氛 qìfēn 명 분위기

'팬덤 경제(粉丝经济)'는 '쌍방의 믿음을 기반으로 세워지는 것(建立在双方信任的基础上)'이라고 했으므로 정답은 D입니다. 다샹은 원래 고대에 길거리 예술가에게 주는 팁이지 '거래 방식(交易方式)'으로는 볼 수 없으므로 B는 정답이 아닙니다.

5 ★★

折子戏是民族戏剧中主要的演出形式，它是全本戏中的一个部分。全本戏是一个完整的故事，要演完全本戏往往费时又费力，所以后来就只表演全本戏中，可以独立演出的一段情节的戏曲即折子戏。

접자극은 민족 연극의 중요한 공연 형식이고 전편 연극 중의 일부이다. 전편 연극은 하나의 완결된 이야기인데 전편 연극을 다 공연하면 시간을 많이 소모하고 기력도 많이 소모한다. 그래서 후에 전편 연극 중에서 독립적으로 공연할 수 있는 한 부분의 극을 공연했는데 이것이 접자극이다.

A 观看全本戏很费时
B 折子戏不能单独演出
C 折子戏是完整的故事
D 全本戏是世界无形文化遗产

A 전편 연극을 보는 것은 많은 시간을 소모한다
B 접자극은 단독으로 공연할 수 없다
C 접자극은 완결된 이야기이다
D 전편 연극은 세계 무형문화유산이다

折子戏 zhézixì 명 접자극 [여러 막으로 구성된 중국 전통극에서 가장 정채롭거나 관객들이 좋아하는 한 막만을 독립적으로 연출하는 극] | 演出 yǎnchū 통 공연하다 | 形式 xíngshì 명 형식 | 完整 wánzhěng 형 완전하다 | 费时 fèishí 통 시간을 소모하다 | 费力 fèilì 통 애쓰다 | 表演 biǎoyǎn 통 공연하다 | 独立 dúlì 형 독립적이다 | 戏曲 xìqǔ 명 중국의 전통적인 희곡 | 无形文化遗产 wúxíng wénhuà yíchǎn 명 무형문화재

접자극과 전편 연극의 차이점이 이 문제의 핵심 내용입니다. '전편 연극을 모두 공연하면 시간을 많이 소모하고 기력도 많이 소모한다(要演完全本戏往往费时又费力)'고 했으므로 정답은 A입니다. 정답은 긍정적인 내용이 주로 나오지만 부정적인 답안도 간혹 나온다는 것을 주의해야 합니다.

6 ★★

中山站位于南极大陆沿海，它是中国在南极洲建立的科学考察站之一。中山站所处地带寒冷干燥，气象要素变化较大，具备非常典型的南极极地气候特点，因此中山站主要致力于开展极地气候及大气物理等科学研究。

중산 과학 기지는 남극 대륙의 바다 인근에 위치하고 있다. 이곳은 중국이 남극 대륙에 건설한 과학 관찰 기지 중의 하나이다. 중산 과학 기지가 있는 곳은 매우 춥고 건조하며 기상 요소 변화가 커서 아주 전형적인 남극 극지 기후의 특징을 가지고 있다. 그렇기 때문에 중산 과학 기지는 주로 극지 기후 및 대기 물리 등 과학 연구에 주력하고 있다.

A 中山站占地面积大	A 중산 과학 기지는 대지 면적이 크다
B 南极冰层厚度在下降	B 남극은 얼음 두께가 줄어들고 있다
C 南极的气候在不断变暖	C 남극의 기후는 끊임없이 따뜻해지고 있다
D 中山站主要进行极地科学研究	D 중산 과학 기지는 주로 극지 과학 연구를 한다

大陆 dàlù 명 대륙 | 沿海* yánhǎi 명 연해 | 考察* kǎochá 통 현지 조사하다 | 地带 dìdài 명 지대, 지역 | 寒冷 hánlěng 형 한랭하다, 몹시 춥다 | 干燥 gānzào 형 건조하다 | 气象* qìxiàng 명 기상 | 要素* yàosù 명 요소 | 具备 jùbèi 통 갖추다 | 典型* diǎnxíng 형 전형적이다 | 气候 qìhòu 명 기후 | 致力* zhìlì 애쓰다, 힘쓰다 | 开展* kāizhǎn 통 전개하다 | 物理 wùlǐ 명 물리 | 研究 yánjiū 통 연구하다 | 占地 zhàndì 땅을 차지하다 | 面积 miànjī 명 면적

'중산 과학 기지는 주로 극지 기후 및 대기 물리 등 과학 연구에 주력하고 있다(中山站主要致力于开展极地气候及大气物理等科学研究)'고 했으므로 정답은 D입니다. A, B, C는 모두 녹음에서 알 수 없는 내용이므로 정답이 아닙니다.

7 ★★

薪指柴火，薪水原指打柴与打水。《南史》中记载，陶潜为帮助儿子节省每日生活开支，便派了一个仆人来帮助他打柴汲水。后来薪水有了日常生活的开销之意。**现指工资、收入**，还引申出了月薪、年薪等词汇。	'薪'은 땔감을 말하고 '薪水'는 원래 땔감을 하고 물을 긷는다는 뜻이었다. 『남사』의 기록에 따르면 도잠은 아들이 매일 생활 지출을 절약하도록 하기 위해 하인을 보내 그를 도와 땔감을 하고 물을 긷게 했다. 후에 '薪水'는 일상생활 지출이라는 뜻이 되었고, 지금은 봉급, <u>수입이라는 뜻이 되어</u> 월급, 연봉 등의 단어들이 파생되었다.
A 薪水现指工资	A 현재 '薪水'는 봉급을 가리킨다
B 陶潜的性格孤僻	B 도잠은 성격이 괴팍하다
C 陶潜对儿子很严厉	C 도잠은 아들에게 아주 엄격했다
D 仆人教会了儿子打理家务	D 하인이 아들에게 집안일 하는 법을 가르쳤다

柴火 cháihuo 명 장작 | 薪水* xīnshui 명 급료, 봉급 | 打柴 dǎchái 통 땔나무를 하다 | 记载* jìzǎi 통 기재하다, 기록하다 | 陶潜 Táoqián 고유 도잠 [중국 육조 시대 동진의 시인] | 开支* kāizhī 명 지출, 비용 | 派 pài 통 파견하다 | 仆人 púrén 명 하인 | 汲水 jíshuǐ 통 물을 긷다 | 开销 kāixiāo 명 지출 | 工资 gōngzī 명 임금 | 收入 shōurù 명 수입, 소득 | 引申 yǐnshēn 통 전의되다, 새로운 뜻이 파생되다 | 月薪 yuèxīn 명 월급 | 年薪 niánxīn 명 연봉 | 词汇 cíhuì 명 어휘 | 性格 xìnggé 명 성격 | 孤僻 gūpì 형 괴팍하다 | 严厉* yánlì 형 엄격하다, 호되다 | 教会 jiāohuì 통 가르쳐서 할 수 있게 하다 | 打理 dǎlǐ 통 처리하다 | 家务 jiāwù 명 집안일

'薪水'는 '땔나무를 하고 물을 긷다'라는 뜻으로부터 일상생활의 '지출(开支)'이라는 뜻이 파생되었고, 지금은 '工资(봉급)'라는 뜻으로 변하였다는 내용에서 보아 정답은 A입니다. 도잠이 하인을 파견한 목적은 생활 지출 비용을 절약하기 위해 땔감을 하고 물을 긷게 아들을 도와주는 것이지 집안일 하는 법을 가르쳐 주는 것이 아니므로 D는 정답이 아닙니다. 또 도잠이 아들에게 아주 엄격한지는 녹음에서 알 수 없으므로 C도 정답이 아닙니다.

8

国家在处理国际事务时，往往倡导"求同存异"，即找出共同点，并保留不同意见。相反，在学术研究上，则需要"求异存同"，鼓励出新。因为学术研究贵在创新，一味地踩着前人的脚印走是不会有进步的。

A 创新源于日常生活
B 创新是学术进步的关键
C 学术研究要有前车之鉴
D 处理国际事物要鼓励创新

국가에서 국제적인 사안을 처리할 때 '구동존이'를 주장하고는 한다. 즉 공통점을 찾고 이견은 보류한다는 것이다. 반대로 학술 연구에 있어서는 '구이존동'해야 하며 새로운 학설을 내놓는 것을 장려해야 한다. 왜냐하면 학술 연구는 혁신이 소중하기 때문이다. 무작정 선학의 발자취만 밟고 가면 발전이 없다.

A 혁신은 일상생활에서 비롯된다
B 혁신은 학술적 진보의 관건이다
C 학술 연구는 선학의 실패를 교훈으로 삼아야 한다
D 국제적인 사안를 처리할 때는 혁신이 장려되어야 한다

事务* shìwù 명 사무, 업무, 일 | 倡导* chàngdǎo 동 제창하다 | 求同存异 qiútóng-cúnyì 성 일치하는 점은 취하고 서로 다른 점은 잠시 보류하다 | 保留 bǎoliú 동 보존하다, 남기다 | 则 zé 부 바로, 곧 | 鼓励 gǔlì 동 격려하다 | 创新* chuàngxīn 동 혁신하다, 창조하다 | 一味 yíwèi 부 그저, 줄곧 | 踩 cǎi 동 밟다 | 脚印 jiǎoyìn 명 발자국 | 源于 yuányú ~에서 기원하다, ~에서 발원하다 | 关键 guānjiàn 명 관건, 핵심 | 前车之鉴 qiánchēzhījiàn 성 앞 수레가 뒤집히는 것을 보고 뒷 수레가 교훈으로 삼다, 앞 사람의 실패를 보고 교훈으로 삼다

'학술 연구는 혁신이 소중하다(学术研究贵在创新)'고 했으므로 정답은 B입니다. 이 문제는 화자의 관점을 유념해야 합니다. 국제적인 사안을 처리할 때는 '서로의 공통점을 찾고 이견은 보류한다(求同存异)'고 했기 때문에 혁신이 핵심이 아닙니다. 따라서 D는 정답이 아닙니다. 또 학술 연구는 '무작정 선학의 발자취만 밟고 가면 발전이 없다(一味地踩着前人的脚印走是不会有进步的)'고 했기 때문에 '앞 사람의 실패를 보고 교훈으로 삼아야 한다(前车之鉴)'는 것은 화자의 관점이 아니므로 C도 정답이 아닙니다.

冲动型消费常常存在于快消领域。因为快速消费品的单价普遍偏低，即使在没有明确需求的前提下，消费者也很容易被其外观或促销活动所吸引，有时甚至只是受其他消费者影响，就会毫不犹豫地下单。

A 不要频繁进行促销活动
B 消费者辨别能力在提高
C 生活中冲动消费不可避免
D 价格低的产品容易冲动下单

충동형 소비는 보통 일용 소비재의 영역에 존재한다. 일용 소비재의 단가는 낮은 편이고 설령 명확한 수요가 없다는 전제하에서도 소비자들은 아주 쉽게 그 외관이나 판촉 활동에 끌릴 수 있다. 어떤 때는 심지어 다른 소비자의 영향을 받아서 아무런 주저 없이 구매하기도 한다.

A 판촉 활동을 빈번히 진행하지 말아라
B 소비자 판단 능력이 향상되고 있다
C 살다 보면 충동적인 소비는 불가피하다
D 가격이 낮은 제품은 쉽게 충동 구매할 수 있다

冲动* chōngdòng 명 충동 | 消费 xiāofèi 동 소비하다 | 存在 cúnzài 동 존재하다 | 快消 kuàixiāo 명 일용 소비재 | 领域 lǐngyù 명 영역, 분야 | 单价 dānjià 단가 | 普遍 pǔbiàn 형 보편적이다 | 偏 piān 부 조금 | 即使 jíshǐ 접 설령 ~하더라도 [주로 也, 都 등과 호응함] | 明确 míngquè 형 명확하다 | 需求* xūqiú 명 요구, 수요 | 前提* qiántí 명 전제 조건 | 消费者 xiāofèizhě 명 소비자 | 促销 cùxiāo 동 판매를 촉진하다 | 吸引 xīyǐn 동 끌어당기다 | 甚至 shènzhì 부 심지어 | 毫 háo 부 조금도, 전혀 | 犹豫 yóuyù 형 주저하다, 망설이다 | 下单 xiàdān 동 주문하다 | 频繁* pínfán 형 빈번하다 | 辨别 biànbié 동 분별하다, 분간하다 | 能力 nénglì 명 능력 | 避免 bìmiǎn 동 (나쁜 상황을) 피하다, 모면하다

충동형 소비가 일용 소비재의 영역에 많이 존재하는 원인 중 하나는 '단가가 낮은 편(单价普遍偏低)'이기 때문이므로 정답은 D입니다. '판촉 활동(促销活动)', '소비자(消费者)', '충동 소비(冲动消费)' 등의 표현이 녹음에서 언급됐지만 세부적인 내용이 다르므로 A, B, C 모두 정답이 아닙니다.

降雪会对行车视线造成很大干扰，因此雪天驾车时的预判比平时更加重要，并切忌紧急打方向盘或紧急踩刹车。此外，应与前车保持更长的距离，提前判断前方状况，并且尽量选择自己熟悉的路段行驶。

A 雪天尽量不要出行
B 视线不好时应开远光灯
C 熟悉的路况可加速行驶
D 雪天应避免紧急打方向盘

눈이 내리면 운전할 때 시야에 큰 방해가 된다. 그래서 눈이 내리는 날에는 운전할 때 예측이 평소보다 더 중요하다. 또 급하게 핸들을 돌리거나 급브레이크를 밟는 것을 절대 금해야 한다. 이 외에도 앞차와 더 긴 거리를 유지하고 전방의 상황을 미리 판단하고 가능한 한 익숙한 길에서 운전하는 것을 선택해야 한다.

A 눈 오는 날에는 가급적 외출하지 않아야 한다
B 시야가 나쁠 때는 상향등을 켜야 한다
C 익숙한 도로에서는 가속 주행을 해도 된다
D 눈 내리는 날에는 급하게 핸들을 돌리면 안 된다

降雪 jiàngxuě 통 눈이 내리다 | 视线* shìxiàn 명 시선 | 造成 zàochéng 통 초래하다 | 干扰* gānrǎo 방해하다, 지장을 주다 | 驾车 jiàchē 통 운전하다 | 预判 yùpàn 통 예측하다 | 切忌 qièjì 반드시 피하다, 절대 삼가다 | 方向盘 fāngxiàngpán 명 핸들 | 紧急 jǐnjí 긴급하다 | 刹车* shāchē 명 브레이크 | 保持 bǎochí 유지하다, 지키다 | 距离 jùlí 명 거리 | 判断 pànduàn 통 판단하다 | 状况 zhuàngkuàng 명 상황 | 尽量 jǐnliàng 부 가능한 한, 되도록 | 选择 xuǎnzé 통 선택하다 | 熟悉 shúxī 익숙하다 | 路段 lùduàn 명 도로의 구간 | 行驶 xíngshǐ 통 (차나 배 등이) 다니다, 통행하다 | 远光灯 yuǎnguāngdēng 명 (자동차의) 상향 전조등

눈 내리는 날에는 '급하게 핸들을 돌리거나 급브레이크를 밟는 것을 절대 금해야 한다(切忌紧急打方向盘或紧急踩刹车)'고 했으므로 정답은 D입니다. '切忌'와 '避免'은 비슷한 뜻의 어휘입니다. A, B, C 모두 녹음에서 언급하지 않은 내용이므로 정답이 아닙니다.

11

花雕酒又名女儿红。相传古时候，江浙地区的人都会在自家酿黄酒，有时还会把自家酿的酒当作礼物送给亲友。因此美观大方的装酒器皿必不可少，于是就有很多人请工匠烧制一些外面雕有各种图案的瓦罐或土罐来装酒，花雕酒由此得名。

A 花雕酒的器皿很精美
B 花雕酒是由花瓣酿制
C 花雕酒有补血的功效
D 花雕酒产自闽南地区

화조주는 여아홍이라고도 한다. 옛날에 장쑤, 저장 지역에 있는 사람들은 집에서 황주를 빚었는데 때로는 자신이 빚은 술을 친척과 친구에게 선물로 주었다고 한다. 그래서 외관이 멋있고 세련된 술을 담는 그릇이 필수적이었다. 그리하여 많은 사람들은 기술자들을 초대하여 겉에 각종 그림을 조각한 질그릇이나 토기를 구워서 술을 담았다. 화조주라는 이름은 여기서 지어졌다.

A 화조주의 그릇은 매우 정교하고 아름답다
B 화조주는 꽃잎으로 빚은 것이다
C 화조주는 보혈의 효능이 있다
D 화조주는 민난 지역에서 생산된다

花雕酒 huādiāojiǔ 명 화조주 [단지에 담은 고급 샤오싱지우] | 江浙 Jiāngzhè 고유 장쑤성과 저장성 | 地区 dìqū 명 지역 | 酿 niàng 통 빚다, 양조하다 | 美观* měiguān 형 보기 좋다, 아름답다 | 大方 dàfang 형 시원스럽다 | 器皿 qìmǐn 명 그릇 | 必不可少 bìbùkěshǎo 성 없어서는 안 된다, 필수적이다 | 工匠 gōngjiàng 명 장인, 공인 | 烧制 shāozhì 통 가마에 넣어 굽다 | 雕 diāo 통 조각하다 | 图案* tú'àn 명 도안 | 瓦罐 wǎguàn 명 질항아리 | 精美 jīngměi 형 정미하다, 정교롭고 아름답다 | 花瓣* huābàn 명 꽃잎 | 酿制 niàngzhì (술·간장·식초 따위를) 담그다, 빚다 | 补血 bǔxuè 통 보혈하다 | 功效* gōngxiào 명 효과, 효능 | 闽南 Mǐnnán 고유 민난 [푸젠성 남부·광둥성 동부를 가리킴]

'외관이 멋있고 세련된 술을 담는 그릇이 필수적이었다(美观大方的装酒器皿必不可少)' '겉에 각종 그림을 조각했다(外面雕有各种图案)'라는 내용에서 보아 화조주의 용기는 '정교하고 아름답다(精美)'는 것을 알 수 있습니다. 정답은 A입니다. '花雕酒'의 '花'는 '무

늬'라는 뜻이지 '꽃'이 아니므로 B는 함정입니다. 6급 필수 단어 '锦上添花'에서도 '花'가 '무늬'라는 뜻으로 쓰여 '비단에 무늬를 수놓았다'라는 뜻입니다. 그럼 '花狗'는 무엇일까요? '얼룩무늬가 있는 개'를 말합니다.

12 ★★

白噪音并非噪音，它的频率具有相同能量密度，听上去是非常清楚的嘶嘶声，但这是一种良好的信号频率。这种白噪音不仅不会对身体有害，反而会对情绪起安抚的作用。因此帮助婴幼儿放松或入睡也可以使用白噪音。

A 白噪音会影响入眠
B 白噪音听上去很刺耳
C 白噪音可使精神安定
D 白噪音容易引发忧郁症

백색소음은 결코 소음이 아니다. 그 주파수는 같은 에너지 밀도가 있어서 들어 보면 아주 뚜렷한 '쉿쉿' 소리가 들린다. 그러나 이것은 좋은 신호 주파수이다. 이런 백색소음은 몸에 해롭지 않을뿐더러 <u>기분을 위로하는 작용</u>을 한다. 그래서 영유아가 긴장을 풀거나 잠드는 데도 백색소음을 사용할 수 있다.

A 백색소음은 잠드는 데 방해가 된다
B 백색소음은 들어 보면 귀에 거슬린다
C 백색소음은 정신을 안정시킬 수 있다
D 백색소음은 우울증을 유발하기 쉽다

噪音* zàoyīn 圐 소음, 잡음 | 并非* bìngfēi 圄 결코 ~이 아니다 | 频率* pínlǜ 圐 빈도, 주파수 | 具有 jùyǒu 圄 구비하다, 가지다 | 密度* mìdù 圐 밀도 | 良好 liánghǎo 圐 양호하다, 좋다 | 信号 xìnhào 圐 신호 | 情绪 qíngxù 圐 정서, 기분 | 安抚 ānfǔ 圄 위로하다, 안위하다 | 婴幼儿 yīngyòu'ér 圐 영아와 유아 | 入眠 rùmián 圄 잠들다 | 刺耳 cì'ěr 圐 귀를 찌르다, 귀에 거슬리다 | 精神 jīngshén 圐 정신 | 安定 āndìng 圄 안정시키다 | 引发 yǐnfā 圄 일으키다 | 忧郁症 yōuyùzhèng 圐 우울증

'소음(噪音)'이라는 단어를 들으면 부정적인 이미지를 떠올릴 수 있습니다. 하지만 녹음에서 '백색소음은 결코 소음이 아니다(白噪声并非噪音)' '기분을 위로하는 작용을 한다(对情绪起安抚的作用)'고 한 것으로 보아 백색소음은 긍정적인 의미를 품고 있으므로 정답은 C입니다. A를 직역하면 '잠드는 데 영향을 준다'이므로 정답이라고 생각할 수 있지만 '影响'은 '지장을 주다' '방해하다'라는 뜻에 가까우므로 정답이 아닙니다.

13 ★★★

高明的园艺师不是把任何树都修剪成自己想要的样子，而是尊重每一棵树的天性，让枝叶更好地生长。同理，企业的管理者也要给下属最适合的位置和足够的发展空间，让他们充分发挥自己的才能。

A 内涵比外表重要
B 要尊重他人的隐私
C 做事不能以己度人
D 修剪树木以美观为主

뛰어난 원예가들은 아무 나무나 다 자신이 원하는 모양으로 다듬는 것이 아니고 각 나무의 타고난 성질을 존중하여 가지와 잎이 더 잘 자라게 한다. 같은 원리로 기업의 경영자들도 부하에게 가장 적합한 자리와 충분한 발전의 여지를 주어서 그들이 충분히 자신의 재능을 발휘하게 해야 한다.

A 내면이 겉모습보다 중요하다
B 타인의 사생활을 존중해야 한다
C 일에 있어 자신의 생각으로 남을 판단하면 안 된다
D 나무를 다듬는 것은 미관을 위주로 해야 한다

高明* gāomíng 圐 고명하다, 뛰어나다 | 园艺师 yuányìshī 圐 원예사 | 修剪 xiūjiǎn 圄 가위질하여 다듬다 | 尊重 zūnzhòng 圄 존중하다 | 天性 tiānxìng 圐 천성 | 企业 qǐyè 圐 기업 | 下属* xiàshǔ 圐 부하 | 适合 shìhé 圄 적합하다 | 位置 wèizhì 圐 위치 | 足够 zúgòu 圐 충분하다 | 发展 fāzhǎn 圄 발전하다 | 空间 kōngjiān 圐 공간 | 充分 chōngfèn 圎 충분히 | 发挥 fāhuī 圄 발휘하다 | 才能 cáinéng 圐 재능 | 内涵* nèihán 圐 내포, 교양 | 外表* wàibiǎo 圐 겉, 겉모양 | 隐私* yǐnsī 圐 사생활 | 考虑 kǎolǜ 圄 고려하다 | 美观 měiguān 圐 미관

135

원예가들은 '아무 나무나 다 자신이 원하는 모양으로 다듬는 것이 아니다(不是把任何树都修剪成自己想要的样子)'라는 내용과 기업 경영자들은 '부하에게 가장 적합한 자리와 충분한 발전의 여지를 주어야 한다(给下属最适合的位置和足够的发展空间)'라는 내용을 볼 때 '자신의 생각으로 남을 판단하면 안 된다'가 주제입니다. 정답은 C입니다. 녹음에서 '존중하다(尊重)'라는 키워드가 나왔지만 '사생활(隐私)'과는 관련이 없으므로 B는 함정입니다. 또 나무를 다듬을 때 '각 나무의 타고난 성질을 존중한다(尊重每一棵树的天性)'고 했으므로 D도 정답이 아닙니다.

---

14 ★★

雷暴是夏季常见的天气现象，常伴有闪电和雷鸣，有时还会出现冰雹、龙卷风等灾害性天气。不过，雷暴也能造福人类。雷击会使空气产生数亿吨氮肥，并随雨水落下，渗入土地，成为农作物的天然肥料。

A 雷暴有弊也有利
B 雷暴可净化空气
C 冬季常出现雷暴现象
D 雷暴出现时气温会升高

우레는 여름철에 흔히 볼 수 있는 기상 현상이다. 항상 번개와 천둥이 동반되고 어떤 때는 우박, 토네이도 등 재해성 기후도 발생할 수 있다. 그러나 우레는 사람들에게 복을 줄 수도 있다. 벼락은 공기 중에 수억 톤의 질소 비료를 형성하여 비가 내릴 때 토지에 스며들어 농작물의 천연 비료가 된다.

A 우레는 역기능과 순기능이 모두 있다
B 우레는 공기를 정화할 수 있다
C 겨울에 우레 현상이 자주 발생한다
D 우레가 발생할 때 기온이 높아진다

雷暴 léibào 圓 천둥, 우레 │ 常见 chángjiàn 圈 흔하다 │ 现象 xiànxiàng 圓 현상 │ 闪电 shǎndiàn 圓 번개 │ 雷鸣 léimíng
圓 우레 소리 │ 冰雹* bīngbáo 圓 우박 │ 龙卷风 lóngjuǎnfēng 圓 토네이도 │ 灾害 zāihài 圓 재해 │ 造福 zàofú 屬 행복하게 하
다, 복을 가져오다 │ 亿 yì ㊁ 억 │ 吨 dūn ㊁ 톤(t) │ 氮肥 dànféi 圓 질소 비료 │ 渗入 shènrù 屬 스며들다 │ 天然 tiānrán 圈 자연
의, 천연의 │ 弊 bì 圓 폐해 │ 利 lì 圓 이로움 │ 净化 jìnghuà 屬 정화하다, 맑게 하다 │ 气温 qìwēn 圓 기온

녹음 앞부분에서 우레가 일어날 때 '재해성 기후도 발생할 수 있다(有时还会出现冰雹、龙卷风等灾害性天气)'고 했지만 뒷부분에서 우레가 '질소 비료를 형성한다(产生氮肥)'는 내용에서 보아 우레는 나쁜 영향과 좋은 영향이 모두 있다는 것을 알 수 있습니다. 정답은 A입니다. 우레가 '공기를 정화(净化空气)'하거나 우레가 발생할 때 '기온이 높아진다(气温会升高)'는 내용은 녹음에서 찾아볼 수 없으므로 B와 D는 정답이 아닙니다. 또 우레는 여름철에 많이 볼 수 있는 현상이므로 C도 정답이 아닙니다.

---

15 ★★

在马拉松比赛中，领跑者不仅会耗费更多的体力，还会承受相当大的心理压力，而且战术意图更易暴露。而跟跑者的意图隐蔽，抓住好时机就可以突然发力，一举超越领跑者。因此开始领跑的人往往不是最后的胜利者。

A 领跑者更易获胜
B 坚持到底比战术重要
C 跟跑者更有利于夺冠
D 马拉松比赛可以激发斗志

마라톤 경기 중에서 선두 주자는 더 많은 체력을 소모할 뿐만 아니라 상당히 많은 정신적 스트레스를 감당해야 한다. 그리고 전술적 의도도 더 쉽게 드러난다. 그러나 뒤를 쫓는 선수는 의도를 숨기고 좋은 기회를 잡아 갑자기 힘을 내서 선두 주자를 단번에 추월할 수 있다. 그래서 시작할 때 선두를 달리던 사람은 최후의 승리자가 아닌 경우가 많다.

A 선두 주자가 더 쉽게 이긴다
B 끝까지 버티는 게 전술보다 중요하다
C 뒤를 쫓는 선수가 우승에 더 유리하다
D 마라톤 경기는 투지를 불러일으킬 수 있다

'선두 주자(领跑者)'는 체력 소모와 정신적 스트레스가 크고, 전술적 의도가 쉽게 드러나는 등 불리한 점이 있는 반면 '뒤를 쫓는 선수(跟跑者)'는 기회를 잡아서 단번에 추월할 수 있다는 이점이 있으므로 정답은 C입니다.

제2부분 16~30번은 인터뷰를 듣고 질문에 알맞은 보기를 선택하는 문제입니다.

16-20

女：16 您作为故宫博物院的院长，能给大家介绍一下故宫在古建筑保护与传承方面的具体情况吗？

男：故宫拥有专业的修缮队伍，并且坚持使用传统材料和传统的工艺技术，传承和发展几百年来的官式古建筑营造技艺，17 最大限度地保持古建筑本来面貌，保留它所携带的历史信息，这是我们的责任。这种古建筑营造技艺是我们经过多年的研究与实践过程中形成的一套完整且具体可行的宫殿建筑施工技艺。2018年，这项技艺已被列入国家级非物质文化遗产。

女：在技术传承方面是否遇到过困难，又是如何解决的呢？

男：故宫现有的专业技师大都具有30年以上的从业经历，对木、瓦、油、画、石等各项作业的专业技能高超，实操经验丰富。18 但是他们绝大多数已经接近或达到退休年龄，仅在去年一年，退休的古建技师就有七人。不过，在多方协调下，七位师傅目前已经全部返聘，而且近年故宫还面向社会公开招聘了十多名年轻人，制定了较为详细的培养计划，师傅手把手地带徒弟，19 用口传、心授、手教的形式来培养学术，在实践中边干边学。通过这样传统的师徒式培养方式，使工匠们能够将所掌握的绝技传承下去。

女：故宫不仅承担了文物的保护、修复工作，还要承担学术研究的职能，您是如何平衡这两项工作的呢？

여: 16 고궁박물원 원장으로서 고궁이 고건축물 보호와 전승에 있어서 처한 구체적인 상황을 소개해 주실 수 있습니까?

남: 고궁은 전문적인 보수팀이 있습니다. 그리고 전통적인 재료와 전통적인 공법을 사용하는 것을 견지해 왔습니다. 몇백 년의 관식 고건축물의 건축 기술을 전승하고 발전시켜 17 최대한 고건축물의 원래 모습을 보존하고 고건축물이 지니고 있는 역사 정보를 보존하고 있습니다. 이것이 우리의 책임입니다. 이런 고건축물 건축 기술은 여러 해의 연구와 적용 과정에서 정리한 통합적이고 구체적이며 적용가능한 궁전 건축물 시공 기술입니다. 2018년 이 기술은 국가 무형문화재로 선정됐습니다.

여: 기술의 전승에 있어 어려운 점이 있었습니까? 어떻게 해결했습니까?

남: 고궁에 있는 전문 기술자들은 대부분 30년 이상의 경력이 있고 목공, 기와, 채색, 회화, 석공 등 각 작업의 전문 기술력이 뛰어나며 실제 경험이 풍부합니다. 18 그러나 그분들은 대부분 은퇴할 나이가 가깝거나 이미 되어서 작년 한 해만 해도 은퇴한 고건축 기술자가 일곱 분입니다. 그러나 많은 부문의 협조하에 일곱 분의 기술자가 모두 복귀했고 최근 고궁은 사회 각계에서 십여 명의 젊은이를 공개적으로 모집하였고 세세한 교육 계획을 세웠고, 스승이 몸소 지도하여 전수해서 제자를 양성하며, 19 말과 마음으로 전수하고 손으로 가르치는 방식으로 실제 작업을 통해 실습과 학습을 병행하고 있습니다. 이런 전통적인 도제식 양성으로 공예가들은 자신이 장악하고 있는 기술을 전승시키고 있습니다.

여: 고궁은 문화재의 보호, 복구 작업을 할 뿐 아니라 학술 연구의 기능을 담당하고 있는데 당신은 어떻게 이 두 업무의 균형을 잡습니까?

男：我们在跨学科研究、多学科融合方面做了很大努力。如今我们成立了15个研究所，招纳了一批专业人才，大家共同研究急待解决的难题。过去我们的员工只忙于眼前的工作，凭经验来修，但现在我们将高科技的检测分析仪器和方式方法，运用到文物藏品的修复工作中，借助高科技来分析。例如一件破损的陶瓷器到了故宫，以前是先上报，再送到文保科技部门，由相关专家会凭经验去修。而现在我们会先检测它的年代、出土地点以及其它信息，然后分析它的内部成分，最后得出最合适的修复方案，再交给我们的专家，让他们根据分析结果来修复。[20] 在这个过程中，每一步都有详细的备案，可使未来的人们知道这件陶瓷器经历了什么样的修缮过程。

남: 우리는 전공을 넘어서는 연구, 다전공 융합에 있어 많은 노력을 했습니다. 지금 우리는 15개 연구소를 설립했고 많은 전문 인재를 모집하여 급히 해결해야 하는 문제를 함께 연구합니다. 예전에 우리 직원들은 눈앞에 있는 일에만 몰두하고 경험에 의존해 복구했지만 지금은 첨단 기술을 이용한 분석 장비와 방법을 문화재와 유물의 복원 작업에 응용하여, 첨단 기술로 분석합니다. 예를 들어 파손된 도자기가 고궁에 오면 예전에는 먼저 상부에 보고하고 문화재 보호 과학기술부로 운송한 다음, 관련 전문가가 경험에 의존해 복구했습니다. 그러나 지금은 우리가 먼저 그것의 연대, 출토 지역 및 기타 정보를 검사 측정한 다음 내부 성분을 분석하고 최종적으로 제일 적합한 복구 방안을 찾은 다음 전문가들에게 맡겨 분석 결과에 따라 복구하게 합니다. [20] 이 과정에서 모든 단계에는 상세한 기록이 남아 있어 후대인이 이 도자기가 어떤 복구 과정을 겪었는지 알 수 있도록 합니다.

故宫博物院 Gùgōng Bówùyuàn 고유 고궁박물원 | 建筑 jiànzhù 명 건축 | 传承 chuánchéng 동 전승하다, 전수하고 계승하다 | 具体 jùtǐ 형 구체적이다 | 情况 qíngkuàng 명 상황 | 拥有* yōngyǒu 동 보유하다, 소유하다 | 专业 zhuānyè 형 전문적이다 | 修缮 xiūshàn 동 수리하다, 보수하다 | 队伍* duìwu 명 대열, 팀 | 传统 chuántǒng 형 전통적인 | 材料 cáiliào 명 재료 | 工艺 gōngyì 명 수공예 | 技术 jìshù 명 기술 | 营造 yíngzào 동 만들다, 짓다 | 限度 xiàndù 명 한계 | 面貌* miànmào 명 상태 | 携带* xiédài 동 휴대하다, 지니다 | 实践 shíjiàn 동 실천하다 | 过程 guòchéng 명 과정 | 形成 xíngchéng 동 형성하다 | 可行* kěxíng 형 실행할 만하다 | 宫殿* gōngdiàn 명 궁전 | 施工 shīgōng 동 시공하다, 공사하다 | 非物质文化遗产 fēiwùzhì wénhuà yíchǎn 명 무형문화재 | 瓦 wǎ 명 기와 | 高超* gāochāo 형 우수하다, 출중하다 | 经验 jīngyàn 명 경험 | 退休 tuìxiū 동 은퇴하다 | 年龄 niánlíng 명 연령, 나이 | 协调* xiétiáo 동 협조하다 | 师傅 shīfu 명 기술자, 사부 | 返聘 fǎnpìn 동 복귀시키다 | 招聘 zhāopìn 동 모집하다 | 培养 péiyǎng 동 양성하다, 배양하다, 키우다 | 徒弟* túdì 명 제자 | 掌握 zhǎngwò 동 장악하다, 지배하다 | 绝技 juéjì 명 절기, 아주 뛰어난 기예 | 承担 chéngdān 동 담당하다, 맡다 | 文物* wénwù 명 문물, 문화재 | 修复* xiūfù 수리하여 복원하다, 원상 복구하다 | 职能* zhínéng 명 직능 | 平衡 pínghéng 동 균형을 맞추다 | 跨* kuà 동 뛰어넘다, 가로지르다 | 融合 rónghé 동 융합하다 | 招纳 zhāonà 동 모집하다, 불러들이다 | 凭 píng 개 ~에 근거하여 | 科技 kējì 명 과학기술 | 检测 jiǎncè 동 검사하다, 측정하다 | 分析 fēnxī 동 분석하다 | 仪器* yíqì 명 측정 기구 | 运用 yùnyòng 동 운용하다, 활용하다, 응용하다 | 借助 jièzhù 동 도움을 받다 | 例如 lìrú 예를 들면, 예컨대 | 破损 pòsǔn 파손하다 | 陶瓷* táocí 명 도자기 | 部门 bùmén 명 부서 | 合适 héshì 형 적합하다 | 方案 fāng'àn 명 방안 | 备案 bèi'àn 동 (담당 부서에 문건 등을) 기록해 두다, 등록하다

16 ★★

问：男的是做什么的?	질문: 남자는 무엇을 하는 사람인가?
A 修缮技师	A 복원 기술자
B 培训讲师	B 교육 강사
C 故宫院长	C 고궁 원장
D 瓷器鉴定师	D 도자기 감정사

讲师 jiǎngshī 명 강사 | 院长 yuànzhǎng 명 원장 | 瓷器 cíqì 명 도자기 | 鉴定* jiàndìng 동 (사물의 우열·진위 따위를) 감정하다

여자가 남자에게 질문할 때, '당신은 고궁박물원의 원장으로서(您作为故宫博物院的院长)'라고 했으므로 남자는 '고궁 원장(故宫院长)'이라는 것을 알 수 있습니다. 정답은 C입니다.

17 ★★

问: 古建筑修缮追求的是什么效果?	질문: 고건축물 보수는 어떤 효과를 추구하는가?
A 尽量反映宫廷文化	A 궁정 문화를 최대한 반영한다
B 尽量减少使用经费	B 사용 경비를 최대한 줄인다
C 符合现代审美标准	C 현대의 미적 기준에 부합하게 한다
D 保留古建筑的历史信息	D 고건축의 역사 정보를 보존한다

追求 zhuīqiú 图 추구하다 | 效果 xiàoguǒ 圆 효과 | 反映 fǎnyìng 图 반영하다 | 宫廷 gōngtíng 圆 궁정, 궁전 | 经费* jīngfèi 圆 경비 | 符合 fúhé 图 부합하다 | 审美* shěnměi 圆 심미, 미적 기준 | 信息 xìnxī 圆 정보

남자가 고건축물을 보수할 때 '최대한 고건축물의 원래 모습을 보존하고 고건축물이 지니고 있는 역사 정보를 보존하고 있다(最大限度地保持古建筑本来面貌，保留它所携带的历史信息)'고 했으므로 정답은 D입니다. A, B, C는 모두 언급하지 않은 내용이므로 정답이 아닙니다.

18 ★★

问: 在技艺传承方面, 故宫正面临什么问题?	질문: 기술 전승 방면에 있어서 고궁은 어떤 문제에 직면해 있는가?
A 返聘技师少	A 복귀한 기술자가 적다
B 技师年龄较大	B 기술자가 나이가 많다
C 传授体系不全面	C 전수 시스템이 완벽하지 못하다
D 年轻人急于求成	D 젊은이들이 당장의 성공을 추구한다

面临 miànlín 图 직면하다 | 传授* chuánshòu 图 (학문·기예 등을 다른 사람에게) 전수하다 | 全面 quánmiàn 圈 전면적이다 | 急于求成* jíyú-qiúchéng 圈 목적을 달성하기에 급급하다

남자가 기술자들을 가리켜 '그분들은 대부분 은퇴할 나이가 가깝거나 이미 되었다(他们绝大多数已经接近或达到退休年龄)'고 했으므로 기술자들의 나이가 많다는 것을 알 수 있습니다. 정답은 B입니다. 작년 한 해 은퇴한 일곱 명의 기술자는 모두 복귀했으므로 A는 정답이 아닙니다.

19 ★★

问: 故宫是如何培养修复技师的?	질문: 고궁은 어떻게 복원 기술자를 양성하는가?
A 口传与手教相结合	A 말로 전수하고 손으로 가르치는 것을 결합했다
B 参考古代书籍为主	B 고대 서적을 참고하는 것을 위주로 한다
C 有专门的培训团队	C 전문적인 교육팀이 있다
D 利用虚拟现实技术	D 가상현실 기술을 활용한다

参考 cānkǎo 图 참고하다, 참조하다 | 书籍* shūjí 圆 서적, 책 | 专门 zhuānmén 圈 전문적이다 | 团队 tuánduì 圆 단체, 팀 | 虚拟现实 xūnǐ xiànshí 가상 현실, VR

스승이 '말과 마음으로 전수하고 손으로 가르치는 방식(用口传、心授、手教的形式)'으로 제자를 지도한다고 했으므로 정답은 A입니다.

问:	相比过去，故宫如今在修复文物时有什么改变？	질문:	옛날과 비교해서 고궁은 지금 문화재를 복원할 때 어떤 변화가 있는가?
	A 完善步骤备案		A 단계별 기록을 완벽하게 했다
	B 需层层上报审批		B 상부에 보고하여 심사한다
	C 以前人经验为主		C 예전 사람들의 경험을 위주로 한다
	D 利用人工智能修复		D 인공지능을 이용하여 복구한다

完善 wánshàn ⑧ 완비하다, 완벽하게 하다 | 步骤 bùzhòu ⑲ 순서, 절차 | 审批 shěnpī ⑧ 심사하여 허가하다 | 人工智能 réngōng zhìnéng 인공지능

마지막 부분에서 남자가 예전과 지금의 보수 과정을 대조하여 말하면서 지금은 '모든 단계에는 상세한 기록이 남아 있다(每一步都有详细的备案)'고 했으므로 정답은 A입니다. '먼저 상부에 보고(先上报)'하거나 '경험으로 보수(凭经验去修)'하는 것은 예전의 방식이 므로 B와 C는 정답이 아닙니다. 또한 지금은 '첨단 기술로 분석한다(借助高科学来分析)'고 했지만 인공지능을 이용하는지는 알 수 없으므로 D도 정답이 아닙니다.

21-25

女: 现在中国的水墨动画减少了许多，您认为是什么原因导致的呢？

男: 首先是因为水墨动画跟其他的表达形式不太一样，21 它的题材是比较特殊的，需要有一定的水墨画知识，甚至是绘画技巧。另外比较重要的一个原因是中国动画的题材和拍摄方式逐渐受到国外动画的影响，形式越来越多样，22 针对的人群也越来越广，不再仅限于少年儿童，而是包括成年人，甚至是老年人在内的广大观众群体。动画制作者为了作出观众感兴趣的作品，也只好顺行了这样的趋势。

女: 您觉得现在的动画导演首先应该具备什么样的素质？

男: 23 主要就是打开创作思路，开拓想象力。现有的作品存在一个很大局限，那就是故事内容主要还是由古代的神话传说衍生出来的，而现代人的想法早就发生了改变。所以符合现代人思想的作品还太少，不够贴近生活，作品涵盖的面也不够宽。所以要想拿出好的作品，需要鼓励有想法的人参与进来，还要重视对现实生活的学习和体会。

여: 지금 중국의 수묵화 애니메이션이 많이 줄었는데 어떤 원인 때문이라고 생각합니까?

남: 먼저 수묵화 애니메이션은 다른 표현 형식과 좀 다릅니다. 21 그 소재가 특수한 편으로 일정 수준의 수묵화 지식이 필요하며 심지어 회화 기술이 있어야 합니다. 또 다른 비교적 중요한 원인은 중국 애니메이션의 소재와 촬영 기법이 점차 해외 애니메이션의 영향을 받아 형식이 갈수록 다양해지고 22 타깃 관객층이 갈수록 넓어져서 어린이에만 국한되지 않고, 성인 심지어 노년층 등의 관객층을 포함합니다. 애니메이터들이 관객들이 흥미를 느낄 작품을 만들기 위해서는 이런 추세를 따를 수밖에 없습니다.

여: 지금 애니메이션 감독은 먼저 어떤 자질을 갖춰야 한다고 생각합니까?

남: 23 가장 중요한 것은 창작하는 사고 방식을 개방하고 상상력을 개척해야 합니다. 지금 작품들에 있는 큰 한계는 스토리가 여전히 고대 신화 전설에서 파생된 것이라는 점입니다. 그런데 현대인의 생각은 이미 변했습니다. 그래서 현대인의 생각에 부합하는 작품은 너무 적고 삶과의 접점이 부족하고 작품의 다양성도 부족합니다. 그래서 좋은 작품이 나오려면 좋은 아이디어를 가진 사람들이 뛰어들도록 격려하고 또 현실의 삶을 공부하고 체험하는 것을 중시해야 합니다.

女: 您对中国动画的现状满意吗? 有没有什么建议?

男: 近年来虽然有很多好的动画出现, 但还是不够满意。现在中国的各个地方都成立了动画公司, 他们都对中国动画产业的发展提供了不少动力, 但更重要的一点是, **24 质永远比量重要, 把动画作品的品质再进一步提上去是重中之重。** 动画创作不是一蹴而就的, 优质的动画不单单是画画就可以, 需要每一位动画制作人具备比较全面的素质。比如构图、剧情安排、背景音乐等各项审美能力, 要学习的知识很多, 并且要不间断地学习。**25 另外我们需要更多原创的内容, 这也是一个非常值得关注的方面。**

여: 당신은 중국 애니메이션의 현재 상황에 만족합니까? 어떤 건의 사항이 있습니까?

남: 최근에 좋은 애니메이션들이 많이 나왔지만 아직 만족스럽지는 않습니다. 지금 중국의 여러 지방에 애니메이션 회사가 설립됐고 그들은 중국 애니메이션 산업의 발전에 많은 동력을 주었습니다. 그러나 더 중요한 한 가지는 **24 언제나 품질이 수량보다 중요하다는 것입니다. 애니메이션 작품의 품질을 더 높이는 것이 제일 중요한 일입니다.** 애니메이션의 창작은 단번에 이루어지는 것이 아닙니다. 우수한 애니메이션은 그림만 그린다고 되는 것이 아니므로 애니메이터마다 전반적인 자질을 갖춰야 합니다. 예를 들어 화면 구상, 줄거리 배치, 배경 음악 등 여러 항목의 심미 능력이 필요하고 공부해야 할 지식이 아주 많고 끊임없이 공부해야 합니다. **25 이 밖에 우리는 많은 오리지널 콘텐츠가 필요합니다. 이것도 눈여겨봐야 할 부분입니다.**

水墨 shuǐmò 뎽 수묵화 | 动画 dònghuà 뎽 애니메이션 | 导致 dǎozhì 됭 (어떤 사태를) 야기하다, 초래하다 | 表达 biǎodá 됭 표현하다 | 题材* tícái 뎽 소재, 주제 | 特殊 tèshū 꽹 특수하다 | 绘画 huìhuà 됭 그림을 그리다 | 技巧* jìqiǎo 뎽 기교 | 拍摄 pāishè 됭 촬영하다 | 逐渐 zhújiàn 뷍 점차, 점점 | 针对 zhēnduì 됭 겨누다, 초점을 맞추다 | 儿童 értóng 뎽 어린이 | 群体 qúntǐ 뎽 단체, 집단 | 制作 zhìzuò 됭 제작하다 | 趋势 qūshì 뎽 추세, 경향 | 导演 dǎoyǎn 뎽 감독 | 素质* sùzhì 뎽 소양, 자질 | 创作* chuàngzuò 됭 창작하다 | 思路 sīlù 뎽 사고의 방향 | 局限* júxiàn 됭 제한하다, 한정하다 | 涵盖 hángài 됭 포괄하다 | 参与 cānyù 됭 참여하다 | 体会 tǐhuì 됭 체득하다, 체험하여 터득하다 | 现状* xiànzhuàng 뎽 현황, 현상 | 产业* chǎnyè 뎽 산업 | 提供 tígōng 됭 제공하다 | 动力* dònglì 뎽 동력 | 品质* pǐnzhì 뎽 품질 | 一蹴而就 yícù'érjiù 꽹 단번에 성공하다, 일이 쉬워 단번에 이루다 | 优质 yōuzhì 꽹 양질의 | 制作人 zhìzuòrén 뎽 제작자, 프로듀서 | 构图 gòutú 뎽 구도 | 剧情 jùqíng 뎽 줄거리 | 安排 ānpái 됭 안배하다, 배치하다 | 间断 jiànduàn 됭 중단되다 | 原创 yuánchuàng 됭 처음으로 만들다, 오리지널이다 | 关注 guānzhù 됭 관심을 가지다

---

21 ★★

问: 关于水墨动画, 可以知道什么?

　A 形式单一
　B 发展迅速
　C 题材很特别
　D 影响力变大

질문: 수묵화 애니메이션에 관하여 무엇을 알 수 있는가?

　A 형식이 단일하다
　B 빠르게 발전하고 있다
　C 소재가 특수하다
　D 영향력이 커졌다

单一 dānyī 꽹 단일하다 | 迅速 xùnsù 꽹 신속하다 | 影响力 yǐngxiǎnglì 뎽 영향력

남자가 수묵화 애니메이션은 '그 소재가 특수한 편(题材是比较特殊的)'이라고 했으므로 정답은 C입니다.

22 ★★★

问: 中国动画有什么变化趋势?

　A 针对人群变窄
　B 进军海外市场

질문: 중국 애니메이션은 어떤 변화 추세가 있는가?

　A 타깃 관객층이 좁아졌다
　B 해외 시장에 진출했다

C 观众年龄升高 　　　　　　　　　C 관객 연령이 높아졌다
D 竞争变得激烈 　　　　　　　　　D 경쟁이 치열해졌다

进军 jìnjūn 〔동〕 진군하다. (해외로) 진출하다 ┃ 竞争 jìngzhēng 〔명〕 경쟁 ┃ 激烈 jīliè 〔형〕 (다툼, 경쟁 등이) 치열하다

남자는 중국 애니메이션의 타깃 관객층이 '어린이에만 국한되지 않고, 성인 심지어 노년층 등의 관객층을 포함한다(不再仅限于少年儿童，而是包括成年人，甚至是老年人在内的广大观众群体)'고 했으므로 정답은 C입니다. '타깃 관객층(针对的人群)'이라는 키워드도 나왔지만 녹음에서는 '갈수록 넓어진다(越来越广)'고 했으므로 A는 정답이 아닙니다.

23 ★★

问: 动画导演应该具备什么素质? 　　　　질문: 애니메이션의 감독은 어떤 자질이 있어야 하는가?

A 想象力丰富 　　　　　　　　　A 상상력이 풍부해야 한다
B 充分展现细节 　　　　　　　　B 디테일을 충분히 표현해야 한다
C 了解古代神话 　　　　　　　　C 고대 신화를 이해해야 한다
D 按剧情设置音乐 　　　　　　　D 줄거리에 따라 음악을 배치해야 한다

展现* zhǎnxiàn 〔동〕 전개하다, 펼치다 ┃ 细节 xìjié 〔명〕 세부 사항, 디테일 ┃ 了解 liǎojiě 〔동〕 알다, 이해하다 ┃ 设置* shèzhì 〔동〕 설치하다

남자가 '가장 중요한 것은 창작하는 사고 방식을 개방하고 상상력을 개척해야 한다(主要就是打开创作思路，开拓想象力)'고 했으므로 정답은 A입니다. 고대 신화 전설에서 파생된 애니메이션은 이미 현대인의 생각과 부합하지 않는다고 했기 때문에 고대 신화를 이해할 필요가 없으므로 C는 정답이 아닙니다.

24 ★★

问: 现有的动画作品有什么不足之处? 　　질문: 지금의 애니메이션 작품은 어떤 부족한 점이 있는가?

A 质量需提高 　　　　　　　　　A 품질이 향상되어야 한다
B 题材受到限制 　　　　　　　　B 장르가 제한되어 있다
C 产业链没有形成 　　　　　　　C 산업 체인이 형성되지 않았다
D 制作人不能充分发挥 　　　　　D 제작자는 능력을 충분히 발휘할 수 없다

限制 xiànzhì 〔동〕 제한하다 ┃ 产业链 chǎnyèliàn 〔명〕 산업 사슬

남자가 '언제나 품질이 수량보다 중요하다(质永远比量重要)' '애니메이션 작품의 품질을 더 높이는 것이 제일 중요한 일이다(把动画作品的品质再进一步提上去是重中之重)'라고 한 데서 A가 정답임을 알 수 있습니다.

25 ★★

问: 男的对中国的动画产业有什么建议? 　　질문: 남자는 중국 애니메이션 산업에 대해 어떤 건의 사항이 있는가?

A 注重差异化 　　　　　　　　　A 차별화에 중점을 두어야 한다
B 向国外作品学习 　　　　　　　B 외국 작품을 보고 배워야 한다
C 加深自主品牌形象 　　　　　　C 독자적인 브랜드 이미지를 강화해야 한다
D 需要更多原创作品 　　　　　　D 더 많은 오리지널 작품이 필요하다

注重* zhùzhòng 〔동〕 중시하다 ┃ 差异化 chāyìhuà 〔명〕 차별화 ┃ 自主* zìzhǔ 〔동〕 자주적으로 하다 ┃ 品牌 pǐnpái 〔명〕 브랜드 ┃
形象 xíngxiàng 〔명〕 형상, 이미지

남자가 '우리는 많은 오리지널 콘텐츠가 필요하다(我们需要更多原创的内容)'고 했으므로 정답은 D입니다.

女：您已是很多部畅销小说的作者，您觉得判断一部好小说的标准有哪些？

男：好的小说三观要正确，你有什么样的价值观，你要表达什么？之后小说的整体和局部的关系要处理好，26 像一个好的建筑，要有厅、有走廊、有堂还要有房间。作品中的人和人，时间和时间，空间和空间的先后次序，作品的寓意等等都非常重要。27 其次看细节，细节决定成败。厅和堂大小都合适，布局合理，但是细节打磨不好也出不了好作品。这几点缺一不可，有的作家有细节，没有世界观，对世界没有看法，这样的作品不算是好的作品。相反，有的作家有好的世界观，但是细节处理得不好，写的内容最终也会让人觉得粗糙，再好的房子也浪费了。

女：您的作品情节非常紧凑，环环相扣，此起彼伏，扣人心弦。您在设置悬念时，有什么技巧吗？

男：28 悬念是推动小说情节发展的基本动力，以前我对悬念设置理解就是铺垫，这其实是不透彻的想法。其实优秀的小说，每一章节中都有一个基本的悬念安排，一种是反复使用同一词语，多次交代某一事物，形成一条若隐若现的线索贯穿于情节之中。另外一种称之为"乱中设伏"或"忙中设伏"，一般来说，乱和忙都是剧情激烈碰撞的时刻，29 是对前文所设悬念的照应和解除，如果在这个时候继续埋伏笔，一波未平一波又起，层层叠叠，文章就会显得变幻莫测，分外精彩。

女：是什么驱使您以自己的故乡为原型进行创作的？

여: 당신은 이미 많은 베스트셀러 소설의 작가입니다. 당신은 좋은 소설을 판단하는 기준은 무엇이라고 생각합니까?

남: 좋은 소설은 삼관(가치관, 세계관, 인생관)이 올발라야 합니다. '당신에게 어떤 가치관이 있고 무엇을 말하고 싶은가'이죠. 그리고 소설의 전체와 부분의 관계를 잘 처리해야 합니다. 26 좋은 건물에는 거실도 있어야 하고 복도도 있어야 하고 식당도 있어야 하고 방도 있어야 하는 것과 같습니다. 작품에서 사람과 사람, 시간과 시간, 공간과 공간의 선후 순서, 작품에 함축된 의미 등도 모두 아주 중요합니다. 27 그다음은 디테일을 봐야 합니다. 디테일이 성패를 결정합니다. 거실과 식당의 크기가 적당하고 공간 배치가 합리적이라도 디테일을 잘 다듬지 못하면 좋은 작품이 나올 수 없습니다. 이 몇 가지는 하나라도 빠지면 안 됩니다. 어떤 작가는 디테일은 있지만 세계관이 없는데 세상에 대한 관점이 없는 이런 작품은 좋은 작품이라고 할 수 없습니다. 반대로 어떤 작가는 좋은 세계관이 있는데 디테일을 잘 처리하지 못하는데, 사람들은 쓴 내용이 조악하다고 생각할 것이고 아무리 좋은 집이라도 낭비될 겁니다.

여: 당신의 작품은 줄거리가 아주 치밀하여 모든 내용이 서로 이어져 있고 끊임없이 나타나 손에 땀을 쥐게 합니다. 당신은 이런 긴장감을 만들 때 어떤 요령이 있습니까?

남: 28 긴장감은 소설 줄거리를 이끄는 기본적인 힘입니다. 예전에 저는 긴장감을 만드는 것을 복선을 까는 것이라고 이해했는데 사실 딱 맞는 생각은 아닙니다. 사실 훌륭한 소설은 매 챕터마다 기본적인 긴장감이 배치되어 있어야 합니다. 한 가지는 같은 단어를 반복해서 사용하고 어떤 사물을 반복적으로 소개하여 알 듯 말 듯한 단서가 줄거리를 관통해야 합니다. 다른 하나는 '복잡한 상황에 복선 깔기' 혹은 '급박한 상황에 복선 깔기'입니다. 일반적으로 말하면 복잡하고 급박한 것은 줄거리가 격하게 부딪치는 순간입니다. 29 이 부분은 앞에서 설정한 긴장감과 상호작용하며 풀리는 과정입니다. 만약 이때 복선을 이어서 깔면 앞의 사건이 해결되기 전에 새로운 사건이 일어나 여러 겹으로 겹치면서 글이 예상할 수 없게 변하여 아주 멋진 글이 됩니다.

여: 무엇이 당신으로 하여금 고향을 모델로 해서 창작하게 했나요?

男: ³⁰我觉得我对自己生长的地方有一种莫名的想念和责任感，有时突然有一种冲动，想要把正在消失的景和人记录下来，他们的存在对于解释我的生活和生命非常重要。我从事写作工作，而且是从这里走出来的人，这块土地养育了我，我来写这个地方再合适不过了。我不会以一个文化人来记录这个地方，也不会追溯一个村庄的历史、写一个乡村生活画卷。我要写的故事都是我经历过的事，故事中的人物都是有血有肉的，是和我一起生活过的那些真实存在的人，在这个过程中我也感受到了莫大的快乐。

남: ³⁰저는 제가 태어나고 자란 곳에 대해서 말로 표현할 수 없는 그리움과 책임감을 느낍니다. 어떤 때는 사라지고 있는 풍경과 사람을 기록하고자 하는 충동이 생깁니다. 그들의 존재는 저의 생활과 인생을 설명하는 데 아주 중요합니다. 저는 글 쓰는 일을 하고 있고 그곳에서 자란 사람이며 그 땅이 저를 길렀기에 제가 그곳을 쓰는 것은 아주 당연합니다. 저는 하나의 지식인으로서 그곳을 기록하지 않을 겁니다. 한 마을의 역사를 거슬러 올라가거나 농촌 생활 스케치를 쓰지도 않을 것입니다. 제가 쓰려고 하는 이야기는 제가 겪은 일이고, 이야기 속의 인물들은 모두 감정이 있고 저와 함께 생활했던 실제로 존재하는 사람들입니다. 그 과정에서 저도 아주 큰 기쁨을 느꼈습니다.

畅销* chàngxiāo 통 판로가 넓다, 잘 팔리다, 베스트셀러이다 | 标准 biāozhǔn 명 표준, 기준 | 整体 zhěngtǐ 명 전체, 총체 | 局部* júbù 명 일부분 | 走廊 zǒuláng 명 회랑, 복도 | 次序* cìxù 명 차례, 순서 | 寓意 yùyì 명 우의, 담긴 의미 | 成败 chéngbài 명 성패 | 大小 dàxiǎo 명 크기, 사이즈 | 布局* bùjú 명 구도, 짜임새 | 打磨 dǎmó 통 갈아서 윤을 내다 | 缺一不可 quēyībùkě 성 하나라도 부족해서는 안 된다 | 最终 zuìzhōng 명 최종, 최후 | 粗糙 cūcāo 형 거칠다 | 浪费 làngfèi 통 낭비하다 | 紧凑 jǐncòu 형 빈틈없다 | 环环相扣 huánhuán-xiāngkòu 밀접하게 연결되어 있다 | 此起彼伏 cǐqǐ-bǐfú 성 여기저기서 일어나다 | 扣人心弦 kòurénxīnxián 성 심금을 울리다 | 悬念* xuánniàn 명 긴장감, 서스펜스 | 推动 tuīdòng 통 추진하다 | 铺垫 pūdiàn 명 밑바탕, 복선 | 透彻 tòuchè 통 투철하다 | 优秀 yōuxiù 형 우수하다 | 章节 zhāngjié 명 장절, 챕터 | 反复 fǎnfù 통 반복하다 | 交代* jiāodài 통 설명하다, 알려 주다 | 若隐若现 ruòyǐn-ruòxiàn 성 보일락말락하다 | 线索* xiànsuǒ 명 실마리, 단서 | 贯穿 guànchuān 통 관통하다, 꿰뚫다 | 照应 zhàoyìng 통 호응하다 | 解除* jiěchú 통 없애다, 제거하다 | 继续 jìxù 통 이어서 계속하다 | 伏笔 fúbǐ 명 복선 | 层叠 céngdié 통 여러 겹으로 겹쳐 있다 | 显得 xiǎnde 통 ~하게 보이다 | 变幻莫测 biànhuàn mòcè 성 변화가 무상하여 예측할 수 없다 | 精彩 jīngcǎi 형 훌륭하다 | 驱使 qūshǐ 통 부추기다 | 故乡* gùxiāng 명 고향 | 莫名 mòmíng 말로 표현할 수 없다 | 解释 jiěshì 통 해설하다, 설명하다 | 从事 cóngshì 통 종사하다 | 追溯 zhuīsù 통 거슬러 올라가다 | 乡村 xiāngcūn 명 농촌, 시골 | 画卷 huàjuàn 명 두루마리 그림 | 有血有肉 yǒuxuè-yǒuròu 성 감정이 있다

26 ★★

问: 男的将好小说比喻成了什么？	질문: 남자는 좋은 소설을 무엇에 비유했는가?
A 人生	A 인생
B 建筑	B 건축물
C 企业	C 기업
D 电视剧	D 드라마

比喻* bǐyù 통 비유하다 | 电视剧 diànshìjù 명 드라마

남자는 좋은 소설은 '좋은 건물과 같다(像一个好的建筑)'고 했으므로 정답은 B입니다.

27 ★★

问: 除了整体布局，好的作品还体现在哪方面？	질문: 전체 구성 외에 좋은 작품은 또 어떤 면에서 구현되는가?
A 简明的序言	A 간단명료한 서문
B 缜密的结构	B 세밀한 구조
C 细节的处理	C 디테일의 처리
D 精彩的结尾	D 멋진 결말

简明 jiǎnmíng 휑 간명하다 | 序言* xùyán 몡 서문, 서언 | 缜密 zhěnmì 휑 세밀하다, 치밀하다 | 结构 jiégòu 몡 구조, 구성
结尾 jiéwěi 몡 결말, 엔딩

남자의 첫 번째 말에서 '디테일(细节)'과 관련된 내용이 계속 언급됐습니다. 작품에서 사람과 사람, 시간과 시간, 공간과 공간의 선후 순서, 작품에 함축된 의미 등도 중요하지만 '그다음은 디테일을 봐야 한다(其次看细节)'고 했으며, '디테일이 성패를 결정한다(细节决定成败)' '디테일을 잘 다듬지 못하면 좋은 작품이 나올 수 없다(细节打磨不好也出不了好作品)' '디테일을 잘 처리하지 못하면 사람들은 쓴 내용이 조악하다고 생각할 것이다(细节处理得不好，写的内容最终也会让人觉得粗糙)' 등의 내용에서 보아 정답은 C입니다.

28 ★★

问: 男的认为推动小说情节发展的基本动力是什么？	질문: 남자는 소설 줄거리의 흐름을 이끄는 기본적인 힘이 무엇이라고 생각하는가?
A 语言华丽	A 언어가 화려한 것
B 情感真实	B 감정이 진실한 것
C 内容新颖	C 내용이 참신한 것
D 设置悬念	D 긴장감을 만드는 것

华丽* huálì 휑 화려하다 | 情感 qínggǎn 몡 감정 | 新颖* xīnyǐng 휑 참신하다

남자가 '긴장감은 소설 줄거리를 이끄는 기본적인 힘(悬念是推动小说情节发展的基本动力)'이라고 했으므로 정답은 D입니다.

29 ★★★

问: 关于"忙中设伏"的创作手法，下列哪项正确？	질문: '급박한 상황에 복선 깔기'라는 창작 기법에 관하여 다음 중 올바른 것은 무엇인가?
A 每一段都蕴藏寓意	A 단락마다 함축된 의미가 담겨 있다
B 线索贯穿情节之中	B 단서가 줄거리를 관통한다
C 反复使用同样的词语	C 같은 단어를 반복해서 사용한다
D 悬念解除时继续设伏笔	D 긴장감이 풀릴 때 이어서 복선을 깐다

手法* shǒufǎ 몡 기법, 수법 | 蕴藏* yùncáng 통 잠재되다, 묻히다

'이 부분은 앞에서 설정한 긴장감과 상호작용하며 풀리는 과정입니다. 만약 이때 복선을 이어서 깐다면(是对前文所设悬念的照应和解除，如果在这个时候继续埋伏笔)'이라고 했으므로 정답은 D입니다. '같은 단어를 반복해서 사용하는 것(反复使用同一词语)'과 '알 듯 말 듯한 단서가 줄거리를 관통하는 것(形成一条若隐若现的线索贯穿于情节之中)'도 긴장감을 만드는 방법이지만 매 챕터마다 기본적인 긴장감을 주는 방법에 속하기 때문에 C와 B는 함정입니다.

问: 关于男的，可以知道什么？	질문: 남자에 관하여 무엇을 알 수 있는가？
A 是一个演员	A 배우이다
B 懂得建筑工艺	B 건축 공법을 안다
C 眷恋自己的故乡	C 자신의 고향을 그리워한다
D 想摆脱现在的生活	D 지금의 생활에서 벗어나고 싶어 한다

演员 yǎnyuán 圐 배우, 연기자 │ 眷恋 juànliàn 圐 그리워하다 │ 摆脱* bǎituō 圐 벗어나다

남자는 '태어나고 자란 곳에 대해서 말로 표현할 수 없는 그리움과 책임감을 느낀다(我觉得我对自己生长的地方有一种莫名的想念和责任感)'고 했고 이어진 말이 모두 고향과 관련된 내용이므로 정답은 C입니다.

제3부분 31~50번은 단문을 듣고 질문에 알맞은 보기를 선택하는 문제입니다.

31-33

舒绣文是中国杰出的表演艺术家，在她的熏陶下，她的儿子兆元也考上了戏曲学校学习表演。第一次参加学校组织的排练时，兆元被安排演一个没有台词的小角色，他知道后很不高兴，认为跑龙套是大材小用。为了表达心中的不满，他把剧本扔到一边，彩排时故意迟到早退。31 演出当天，他也演得无精打采，敷衍塞责。那天，舒绣文正好来看儿子的表演，演出结束了，她打给儿子了一通电话，电话里没说什么，32 只是邀请儿子来看自己参演的话剧。兆元按照妈妈的话来到了剧场，但让他吃惊的是，母亲竟然演一个只出现两分钟的小配角。表演结束后，他疑惑地问母亲："您已经是家喻户晓的演员了，为什么还要接这种不起眼的小角色？"舒绣文摇摇头说：33 "我觉得角色没有重要与不重要，因为有这样的角色存在才让主角的行为顺理成章。一部剧是一个整体，少了谁也不行。我想告诉你，在舞台上没有小角色，只有小演员。"听了母亲的话，兆元感到非常惭愧。

수슈원은 중국의 걸출한 연기자이다. 그녀의 영향으로 아들 자오위안도 연극 학교에 합격해 연기를 공부했다. 처음 학교에서 마련한 연극 연습에서 자오위안은 대사도 없는 단역을 맡았다. 그는 알고 나서 기분이 아주 나빴다. 단역을 맡는 걸 인재를 몰라본다고 생각했다. 자신의 불만을 표현하기 위해 그는 대본을 구석에 던져 놓고 리허설할 때도 일부러 지각하고 조퇴했고 31 공연 당일에도 의기소침하게 대충 연기했다. 그날 수슈원이 마침 아들의 공연을 보러 왔다가 공연이 끝나고 아들에게 전화를 한 통 했다. 전화에서 별말은 하지 않았고 32 그저 아들에게 자신이 참가한 연극을 보러 오라고 초청했다. 자오위안은 엄마의 말대로 극장에 갔다. 그런데 놀랍게도 엄마는 겨우 2분 등장하는 단역을 연기했다. 공연이 끝나고 그는 이상해서 엄마에게 물었다. "엄마는 이미 모르는 사람이 없는 유명한 배우인데 왜 이런 눈에 띄지 않는 단역을 해요?" 수슈원은 고개를 가로젓고 말했다. 33 "내 생각에 배역은 중요한 것과 중요하지 않은 것이 없어. 이런 배역이 있기 때문에 주연의 행위가 자연스러워지는 거지. 연극은 하나의 전체야. 누구 하나도 없으면 안 돼. 내가 말해 주고 싶은 것은 무대 위에는 작은 배역이 없고 작은 배우만 있다는 것이란다." 엄마의 말을 듣고 자오위안은 아주 부끄러웠다.

杰出* jiéchū 圐 걸출하다 │ 熏陶 xūntáo 圐 장기적으로 영향을 끼치다 │ 组织 zǔzhī 圐 조직하다, 구성하다 │ 排练* páiliàn 圐 무대 연습을 하다, 리허설하다 │ 台词 táicí 圐 대사 │ 角色 juésè 圐 배역, 역할 │ 跑龙套 pǎo lóngtào 엑스트라를 맡다 │ 大材小用 dàcái-xiǎoyòng 圐 큰 인재가 작은 일에 쓰이다 │ 剧本* jùběn 圐 극본 │ 彩排 cǎipái 圐 리허설하다 │ 故意 gùyì 圐 고의로, 일부러 │ 无精打采* wújīng-dǎcǎi 圐 의기소침하다 │ 敷衍* fūyǎn 대충 하다, 무성의하게 하다 │ 塞责 sèzé 圐 대강대강 해 넘기다 │ 邀请 yāoqǐng 圐 초청하다 │ 话剧 huàjù 圐 연극 │ 吃惊 chījīng 圐 놀라다 │ 竟然 jìngrán 圐 뜻밖에도 │ 配角 pèijué 圐 조연 │ 疑惑* yíhuò 圐 의심하다, 의아하다 │ 家喻户晓* jiāyù-hùxiǎo 圐 집집마다 다 알다, 사람마다 모두 알다 │ 不起眼 bùqǐyǎn

남의 주의를 끌지 못하다 | 摇头 yáotóu 동 고개를 젓다 | 顺理成章 shùnlǐ-chéngzhāng 성 조리 정연하다 | 惭愧 cánkuì 형 부끄럽다

---

31 ★★

问: 演出当天，兆元的表现如何？

　　A 缺乏新意
　　B 精心准备
　　C 敷衍了事
　　D 表现出色

질문: 공연 당일 자오위안의 모습은 어땠는가?

　　A 새로움이 부족했다
　　B 정성껏 준비했다
　　C 대충 하고 넘어갔다
　　D 큰 활약을 했다

缺乏 quēfá 동 모자라다, 결핍하다 | 新意 xīnyì 명 창의성 | 精心* jīngxīn 형 공들이다, 정성을 들이다 | 敷衍了事 fūyǎn-liǎoshì 성 적당히 일을 얼버무리다 | 出色 chūsè 형 특별히 훌륭하다

자오위안은 대사가 없는 단역을 맡은 것이 불만스러웠고, 공연날에도 '의기소침하게 대충 연기했다(他也演得无精打采，敷衍塞责)'는 내용을 보아 정답은 C입니다. 이 문제에서는 부정적인 내용을 선택해야 하므로 B와 D는 우선적으로 정답에서 제외해야 합니다.

---

32 ★★

问: 舒绣文看完儿子的演出后怎么做的？

　　A 严厉地批评和教育
　　B 给儿子辩解的机会
　　C 立即纠正儿子的缺点
　　D 让儿子来看自己的表演

질문: 수슈원은 아들의 공연을 보고 어떻게 했는가?

　　A 엄하게 야단치고 가르쳤다
　　B 아들에게 해명할 기회를 주었다
　　C 아들의 결점을 즉시 바로잡았다
　　D 아들에게 자신의 공연을 보러 오라고 했다

批评 pīpíng 동 비평하다, 나무라다 | 辩解* biànjiě 동 변명하다 | 立即 lìjí 부 즉시, 곧 | 纠正* jiūzhèng 동 교정하다, 바로잡다 | 缺点 quēdiǎn 명 단점

수슈원은 아들의 공연을 보고 아들에게 전화를 한 통 해서 '그저 아들에게 자신이 참가한 연극을 보러 오라고 초청했다(只是邀请儿子来看自己参演的话剧)'고 했으므로 정답은 D입니다.

---

33 ★★★

问: 下列哪项是舒绣文的观点？

　　A 要学会让步
　　B 细节决定成败
　　C 做事要取长补短
　　D 角色没有轻重之分

질문: 다음 중 수슈원의 관점은 무엇인가?

　　A 양보하는 법을 배워야 한다
　　B 디테일이 성패를 결정한다
　　C 장점은 취하고 단점은 채워야 한다
　　D 배역은 중요한 것과 중요하지 않은 것이 없다

观点 guāndiǎn 명 관점, 입장 | 让步* ràngbù 동 양보하다 | 取长补短 qǔcháng-bǔduǎn 성 장점을 취하여 단점을 보충하다

수슈원은 '내 생각에 배역은 중요한 것과 중요하지 않은 것이 없어(我觉得角色没有重要与不重要)'라고 자신의 관점을 밝히고 있습니다. '연극은 하나의 전체야. 누구 하나도 없으면 안 돼(一部剧是一个整体，少了谁也不行)' '무대 위에는 작은 배역이 없고 작은 배우만 있다(在舞台上没有小角色，只有小演员)'라는 수슈원의 말에서도 정답이 D임을 알 수 있습니다.

147

结构化拖延法，也可以称为积极的拖延，是由³⁶哲学教授佩里提出的。³⁴他主张人们先攻克简单的、优先性低的任务，建立起成就感以后，再打起精神，完成更有难度、更重要的工作。³⁵佩里在网站上放置了一张描写一个人工作没做，但是仍然在跳绳的照片，就是用来比喻这些拖延症患者的。有些人总是将注意力放在他们认为最主要的任务上，却往往会因为事情的难度太大而放弃。在这期间，他们反而会把时间浪费在毫无意义活动上，比如玩手机、看电视之类的。他建议这些人先做比较容易完成且有意义的工作，把时间充分地利用起来，当进入全身心投入的状态后，再着手处理更重要的工作。

구조화된 지연법은 긍정적인 지연이라고도 하는데, 이것은 ³⁶철학 교수 페리가 제시한 것이다. ³⁴그는 사람이 먼저 간단하고 우선 순위가 낮은 업무를 하고 성취감을 얻은 후 다시 힘을 내서 더 어렵고 더 중요한 일을 완성할 수 있다고 주장한다. ³⁵페리는 한 웹 사이트에 어떤 사람이 일은 끝내지 않고 계속 줄넘기를 하는 사진을 올렸다. 이것은 바로 지연증 환자들을 비유한 것이었다. 어떤 사람은 항상 주의력을 그들이 제일 중요하다고 여기는 임무에 두면서, 이 일의 난이도가 너무 높아서 포기하는 경우가 많다. 이때 그들은 사실 아주 의미 없는 일에 시간을 낭비한다. 예를 들어 휴대폰을 가지고 논다든지 티비를 본다든지 한다. 그는 이들에게 먼저 쉽게 완수할 수 있고 의미 있는 일을 해서 시간을 충분히 이용하고 몸과 마음이 몰두할 수 있는 상태에 진입하면 더 중요한 일을 시작하라고 건의한다.

拖延* tuōyán 통 끌다, 지연하다 | 积极 jījí 형 적극적이다, 긍정적이다 | 哲学 zhéxué 명 철학 | 教授 jiàoshòu 명 교수 | 提出 tíchū 통 제출하다, 제기하다 | 主张 zhǔzhāng 통 주장하다 | 攻克* gōngkè 통 정복하다 | 优先* yōuxiān 명 우선 | 任务 rènwu 명 임무, 책무 | 成就感 chéngjiùgǎn 명 성취감 | 网站 wǎngzhàn 명 웹 사이트 | 放置 fàngzhì 통 놓아두다, 방치하다 | 描写 miáoxiě 통 묘사하다 | 跳绳 tiàoshéng 통 줄넘기 하다 | 患者* huànzhě 명 환자 | 注意力 zhùyìlì 명 주의력 | 放弃 fàngqì 통 버리다, 포기하다 | 毫无* háowú 조금도 ~이 없다 | 意义 yìyì 명 의의, 의미, 뜻 | 投入 tóurù 통 투입하다, 돌입하다 | 状态 zhuàngtài 명 상태 | 着手* zhuóshǒu 통 손을 대다, 시작하다

34 ★★

问: 关于结构化拖延法，可以知道什么?

A 是消极的拖延
B 可以治疗疾病
C 不适用于所有人
D 先做简单易做的事情

질문: 구조화된 지연법에 관하여 무엇을 알 수 있는가?

A 부정적인 지연이다
B 질병을 치료할 수 있다
C 모든 사람에게 적용되지는 않는다
D 간단하고 쉬운 일부터 먼저 한다

消极 xiāojí 형 소극적이다, 부정적이다 | 治疗 zhìliáo 통 치료하다 | 疾病* jíbìng 명 질병 | 适用 shìyòng 통 적용하다

페리가 제시한 구조화된 지연법은 '먼저 간단하고 우선 순위가 낮은 업무를 하고 성취감을 얻은 후 다시 힘을 내서 더 어렵고 더 중요한 일을 완성할 수 있다(先攻克简单的、优先性低的任务，建立起成就感以后，再打起精神，完成更有难度、更重要的工作)'고 주장하고 녹음 마지막 부분에서 같은 주장을 다시 한번 언급합니다. 정답은 D입니다. 녹음 앞부분에서 구조화된 지연법은 '긍정적인 지연(积极的拖延)'이라고 했으므로 A는 정답이 아닙니다.

35 ★★

问: 佩里在网上放了一张什么照片?

A 焦急的人
B 跳绳的人
C 彻夜未眠的人
D 看着电视玩手机的人

질문: 페리는 인터넷에 어떤 사진을 올렸는가?

A 초조한 사람
B 줄넘기 하는 사람
C 밤새 잠 못 이루는 사람
D TV를 보며 휴대폰을 가지고 노는 사람

焦急* jiāojí 형 초조하다, 애타다 ｜ 彻夜 chèyè 부 밤새도록

페리는 인터넷에 '어떤 사람이 일은 끝내지 않고 계속 줄넘기를 하는 사진(一张描写一个人工作没做，但是仍然在跳绳的照片)'을 올렸다고 했으므로 정답은 B입니다. 녹음에서 언급한 '휴대폰을 가지고 논다든지 티비를 본다든지(玩手机、看电视之类的)' 하는 것은 사람들이 해야 할 일을 하지 않고 시간을 낭비하는 예시로, 페리가 인터넷에 올린 사진과는 관련이 없습니다.

36 ★★★

问: 根据这段话，下列哪项正确?	질문: 지문에 근거하면 다음 중 올바른 것은 무엇인가?
A 佩里擅长哲学研究	A 페리는 철학 연구에 유능하다
B 锻炼意志极其重要	B 의지를 단련하는 것이 극히 중요하다
C 不能因难度大而放弃	C 난이도가 높다고 해서 포기해서는 안 된다
D 做事不应超出个人负荷	D 개인적인 부하(한계)를 초과해서는 안 된다

擅长* shàncháng 동 뛰어나다 ｜ 意志* yìzhì 명 의지 ｜ 极其 jíqí 부 지극히 ｜ 负荷 fùhè 명 부하, 하중

페리는 철학 교수이므로 철학 연구에 능하다는 것을 알 수 있습니다. 정답은 A입니다. B, C, D는 모두 화자의 관점과 일치하지 않으므로 정답이 아닙니다. 일반적으로 녹음의 흐름대로 문제가 출제되지만 OX 문제의 답은 녹음 곳곳에 숨어 있는 경향이 있습니다.

37-39

中国考古学教授刘莉和她的研究团队在陕西省米家崖遗址考古时，发现了两个窖穴。这个窖坑的历史可以追溯到公元前3400年至公元前2900年，里面还留存着过去使用过的陶器残片，包括漏斗和罐子等。考古队员在这些残存的器具上还发现了淡黄色的残渣，经检测残渣中有大麦、小米、薯类和百合等成分，从而得出了这些都是[37] 古人用来酿造啤酒的器具的结论。刘教授将此发现的研究成果公开发表，[38] 称古代人就已经会用小米、大麦、薏仁等谷物酿造啤酒了。课堂上她和学生们利用这个5000年前的配方，酿造出了啤酒。它的外观与粥相似，因为古代人并不会过滤掉用于发酵的原料残渣。刘教授称，[39] 这种啤酒的味道比现在的啤酒更甘甜，更浓郁。

중국 고고학 교수 류리와 그녀의 연구팀은 산시성 미자야 유적을 발굴할 때 두 개의 토굴을 발견했다. 이 토굴의 역사는 기원전 3400~2900년까지 거슬러 올라갈 수 있다. 안에는 갈때기와 항아리 등을 포함하여 과거에 사용했던 도자기 파편이 남아 있었다. 고고학자들은 이 남은 기구에서 연황색 찌꺼기도 발견했는데 검사 측정을 해 보니 찌꺼기에 보리, 좁쌀, 감자류와 백합 등의 성분이 있었다. 그리하여 이것들이 [37] 고대인이 맥주를 양조했던 용기라는 결론을 얻었다. 류 교수는 이 발견의 연구 성과를 공개 발표하며 [38] 고대인들은 이미 좁쌀, 보리, 율무 등의 곡물로 맥주를 담갔다고 말했다. 수업 시간에 그녀는 학생들과 이 5000년 전의 레시피를 이용해서 맥주를 담갔다. 그 외관은 죽 같았는데 고대인은 아직 발효하는 데 사용한 원재료 찌꺼기를 걸러 내는 방법을 몰랐기 때문이다. [39] 이런 맥주는 맛이 지금의 맥주보다 더 달콤하고 더 진하다고 류 교수는 말했다.

考古* kǎogǔ 명 고고학 ｜ 遗址 yízhǐ 명 유적지 ｜ 窖穴 jiàoxué 명 땅굴 ｜ 坑* kēng 명 구멍 ｜ 公元 gōngyuán 명 서기 ｜ 陶器 táoqì 명 도자기 ｜ 残片 cánpiàn 명 파편 ｜ 漏斗 lòudǒu 명 갈때기 ｜ 罐子 guànzi 명 항아리 ｜ 器具 qìjù 명 기구 ｜ 残渣 cánzhā 명 찌꺼기 ｜ 大麦 dàmài 명 보리 ｜ 薯类 shǔlèi 명 감자류, 고구마류 ｜ 酿造 niàngzào 동 양조하다 ｜ 啤酒 píjiǔ 명 맥주 ｜ 成果 chéngguǒ 명 성과 ｜ 薏仁 yìrén 명 율무쌀 ｜ 谷物 gǔwù 명 곡물 ｜ 配方 pèifāng 명 레시피 ｜ 粥* zhōu 명 죽 ｜ 相似 xiāngsì 형 닮다, 비슷하다 ｜ 过滤* guòlǜ 동 여과하다 ｜ 发酵 fājiào 동 발효하다 ｜ 味道 wèidao 명 맛 ｜ 甘甜 gāntián 형 달다 ｜ 浓郁 nóngyù 형 (향기 등이) 짙다, 그윽하다

问: 刘教授的团队在考古遗址中发现了什么?	질문: 류 교수 팀은 유적지에서 무엇을 발견했는가?
A 古代的农耕器具	A 고대의 농경 기구
B 失踪的原始部落	B 실종된 원시 부족
C 酿制啤酒的用具	C 맥주를 담그는 도구
D 古人的遗骨残骸	D 고대인의 유골 잔해

农耕 nónggēng 몡 농경, 논밭을 갈아 농사를 지음 | 失踪* shīzōng 동 실종되다 | 原始* yuánshǐ 몡 원시 | 部落 bùluò 몡 부락, 촌락 | 遗骨 yígǔ 유골 | 残骸 cánhái 몡 잔해

두 토굴에서 '과거에 사용했던 도자기 파편(过去使用过的陶器残片)'을 발견했는데 검사를 통하여 이것들이 '고대인이 맥주를 양조했던 용기(古人用来酿造啤酒的器具)'임을 밝혀 냈으므로 정답은 C입니다.

问: 下列哪项是刘教授发表的研究成果?	질문: 다음 중 류 교수가 발표한 연구 결과는 무엇인가?
A 古代啤酒更苦涩	A 고대 맥주의 맛은 더 쓰고 떫다
B 啤酒对人体有益	B 맥주는 인체에 유익하다
C 古人会酿制啤酒	C 고대인은 맥주를 만들 수 있다
D 5000年前已有过滤技术	D 5000년 전에 이미 여과 기술이 있었다

苦涩* kǔsè 혱 (맛이) 씁쓸하고 떫다 | 有益 yǒuyì 혱 유익하다

'고대인들은 이미 좁쌀, 보리, 율무 등의 곡물로 맥주를 담갔다(古代人就已经会用小米、大麦、薏仁等谷物酿造啤酒)'고 했으므로 정답은 C입니다. 5000년 전에 맥주를 양조할 수는 있었지만 '발효하는 데 사용한 원재료 찌꺼기를 걸러 내는 방법을 몰랐다(不会过滤掉用于发酵的原料残渣)'고 했으므로 D는 정답이 아닙니다.

问: 用古代配方酿出的啤酒有什么特点?	질문: 고대 레시피로 양조한 맥주는 어떤 특징이 있는가?
A 香甜浓郁	A 달콤하고 진하다
B 酒精含量高	B 알코올 함량이 높다
C 发酵时间短	C 발효 시간이 짧다
D 富含丰富矿物质	D 미네랄이 풍부하다

香甜 xiāngtián 혱 향기롭고 달다 | 酒精* jiǔjīng 몡 알코올 | 含量 hánliàng 몡 함량 | 富含 fùhán 동 풍부하게 들어 있다 | 矿物质 kuàngwùzhì 몡 미네랄, 광물질

류 교수와 학생들은 5000년 전의 레시피로 맥주를 담갔는데, '이런 맥주는 지금의 맥주보다 더 달콤하고 맛이 더 진하다(这种啤酒味道比现在的啤酒更甘甜，味道更浓郁)'고 했으므로 정답은 A입니다.

蜜蜂的蜂窝构造非常精巧实用，而且还节省材料。蜂窝由无数个正六角形的房孔组成，房孔之间互相连接，之间只隔着一层蜡制物质。并且房孔的底部既不是平的，也不是圆的，⁴⁰而是由三个完全相同的菱形组成的，坚固耐用。⁴¹更令人不可思议的是，世界上所有蜜蜂的蜂窝，都是按照这个统一的角度和模式建造的。蜂窝的结构还给了航天器设计师很大的启示。他们在研制航天器时，就借鉴了这种结构，先用金属制造成类似蜂窝的框架，然后再用菱形金属板拼接起来，这种结构重量又轻，强度又高，⁴²还有益于隔音和隔热。⁴³现在各国卫星的外壳几乎全部是蜂窝结构，不仅如此航天飞机、火箭的内部也都大量采用此结构。因此这些航天器统称为蜂窝式航天器。

꿀벌의 벌집 구조는 아주 정교하고 실용적이며 재료도 덜 든다. 벌집은 무수히 많은 정육각형 구멍으로 구성됐고 구멍들은 서로 연결되어 있는데 중간은 한 층의 밀랍 물질로 나누어져 있다. 그리고 구멍의 밑바닥은 평평하지도 둥글지도 않고 ⁴⁰세 개의 완전히 똑같은 마름모로 구성되어 견고하고 내구성이 좋다. ⁴¹더 불가사의한 것은 세상의 모든 꿀벌의 벌집은 이 동일한 각도와 형식으로 지어졌다는 것이다. 벌집의 구조는 우주선 설계자에게 많은 깨달음을 주었다. 그들은 우주선을 개발할 때 이런 구조를 참고했다. 먼저 금속으로 벌집과 비슷한 골격을 만들고 나서 마름모꼴 금속판으로 연결한다. 이런 구조는 무게가 가볍고 강도는 높으며 ⁴²방음과 단열에 도움이 된다. ⁴³지금 각국의 인공 위성의 외피도 거의 다 벌집 구조이다. 뿐만 아니라 우주 비행선, 로켓의 내부도 이런 구조를 많이 취했다. 그러므로 이런 우주선을 벌집형 우주 장비라고 통칭한다.

蜜蜂 mìfēng 명 꿀벌 | 蜂窝 fēngwō 명 벌집 | 构造 gòuzào 명 구조 | 精巧 jīngqiǎo 형 정교하다 | 实用 shíyòng 형 실용적이다 | 节省 jiéshěng 동 아끼다, 절약하다 | 孔* kǒng 명 구멍 | 隔 gé 막다, 막히다 | 蜡 là 명 밀랍, 왁스 | 菱形 língxíng 명 마름모 | 坚固* jiāngù 형 견고하다 | 耐用* nàiyòng 형 오래 쓸 수 있다, 내구성이 좋다 | 不可思议* bùkě-sīyì 형 불가사의하다 | 统一 tǒngyī 형 통일된, 단일한 | 角度 jiǎodù 명 각도 | 建造 jiànzào 동 건축하다, 세우다 | 航天器 hángtiānqì 명 우주 비행체, 우주선 | 启示* qǐshì 명 계시 | 研制 yánzhì 동 연구 제작하다 | 借鉴* jièjiàn 동 참고하다, 본보기로 삼다 | 金属 jīnshǔ 명 금속 | 制造 zhìzào 동 제조하다 | 类似* lèisì 형 유사하다, 비슷하다 | 框架* kuàngjià 명 골격 | 拼接 pīnjiē 동 한데 모아 잇다 | 隔音 géyīn 동 방음하다 | 隔热 gérè 동 단열하다 | 卫星* wèixīng 명 위성, 인공 위성 | 外壳 wàiké 명 외각, 케이스 | 几乎 jīhū 부 거의, 거의 모두 | 航天* hángtiān 동 우주 비행하다 | 火箭* huǒjiàn 명 로켓 | 采用 cǎiyòng 동 사용하다, 채용하다

40 ★★

问： 关于蜂窝房孔的底部，可以知道什么？

A 是圆形构造
B 由菱形组成
C 平坦有弹力
D 是正六角形的

질문: 벌집 구멍의 밑바닥에 관하여 무엇을 알 수 있는가?

A 원형 구조이다
B 마름모로 구성되어 있다
C 평평하고 탄력이 있다
D 정육각형이다

圆形 yuánxíng 명 원형 | 平坦* píngtǎn 형 평탄하다 | 弹力 tánlì 명 탄력

벌집 구멍의 밑바닥은 '세 개의 완전히 똑같은 마름모로 구성되었다(而是由三个完全相同的菱形组成的)'고 했으므로 정답은 B입니다. 정육각형은 밑바닥이 아닌 방 구멍의 모양이므로 D는 정답이 아닙니다. 또 녹음에서 '방 구멍의 밑바닥은 평평하지도 둥글지도 않다(房孔的底部既不是平的，也不是圆的)'고 했으므로 A와 C도 정답이 아닙니다.

问：说话人觉得什么令人不可思议？	질문: 화자는 무엇이 불가사의하다고 생각하는가?
A 蜡制物质无法制造	A 밀랍 물질은 제조할 수 없다
B 蜂房大小各不相同	B 벌집의 크기는 서로 다르다
C 蜂窝与航天器的结构相似	C 벌집과 우주선의 구조가 비슷하다
D 所有蜂窝的建造模式相同	D 모든 벌집의 건축 형식이 같다

'세상의 모든 꿀벌의 벌집은 이 동일한 각도와 형식으로 지어졌다(世界上所有蜜蜂的蜂窝，都是按照这个统一的角度和模式建造的)'는 것이 불가사의하다고 했기 때문에 정답은 D입니다. 우주선을 개발할 때 벌집 구조를 참고하였으므로 벌집과 우주선의 구조가 비슷하긴 하지만 이것이 불가사의한 일은 아닙니다. 따라서 C는 정답이 아닙니다.

问：人造蜂窝结构有什么特点？	질문: 인공 벌집 구조의 특징은 무엇인가?
A 可自由收缩	A 자유롭게 늘었다 줄었다 할 수 있다
B 具有便携性	B 휴대성이 있다
C 隔热效果好	C 단열 효과가 좋다
D 节省空间和资源	D 공간과 자원을 절감했다

人造 rénzào 혱 인조의, 인공적인 │ 自由 zìyóu 혱 자유롭다 │ 收缩* shōusuō 동 수축하다, 축소하다 │ 便携 biànxié 혱 휴대용의, 간편한 │ 资源 zīyuán 명 자원

인공 벌집 구조의 장점 중 하나로 '방음과 단열에 도움이 된다(有益于隔音和隔热)'는 것이 제시되었으므로 정답은 C입니다.

问：根据这段话，下列哪项没有采用蜂窝结构？	질문: 지문에 근거하면 다음 중 벌집 구조를 취하지 않은 것은 무엇인가?
A 卫星外壳	A 인공 위성 외피
B 航天飞机	B 우주 비행선
C 家用汽车	C 자가용
D 火箭内部	D 로켓 내부

'벌집 구조는 우주선 설계자에게 많은 깨달음을 주었다(蜂窝的结构还给了航天器设计师很大的启示)'고 했습니다. '인공 위성의 외피(卫星的外壳)' '우주 비행선(航天飞机)' '로켓의 내부(火箭的内部)'가 벌집 구조를 취한 것으로 언급되었고, 자가용은 우주 장비에 속하지 않습니다. 정답은 C입니다.

一家咖啡连锁店，每天都要消耗掉大量的一次性塑料杯，这些塑料杯最后变成白色垃圾，很难分解掉，造成环境污染。

处理这一情况，最好的方法就是将塑料杯子换成容易分解的材质，44 但这势必会增加制作成本，但要是置之不理，45 舆论的压力会让咖啡店名誉受损，造成更大的损失。这让公司的管理层感到十分苦恼。

一天，公司的产品负责人小叶打算去花店买些鲜花，这时他被花店里摆放的绿植吸引了，种植绿植的花盆只有咖啡杯那么大，听店员说，这些花盆里放了一种特制土，因此把绿植带回家后，也很好养活。小叶想："为什么不将一次性咖啡杯做成小花盆模样呢？"他马上回到公司开展了一系列筹划。没过多久咖啡店正式推出这项新活动，顾客只要买一杯咖啡就能获得46 一包种子和一包混合了咖啡渣的营养土。回家后，只需用手机扫一下杯子上的二维码就可以轻松获取种植指南。47 很快这个有趣的活动吸引了许多顾客慕名而来。这样既解决了塑料杯的环保问题，又有效地利用了咖啡渣。不仅如此，47 多家媒体还特地报道了此事，让咖啡厅名声大振，可谓是一举多得。

한 커피 프랜차이즈에서는 매일 대량의 일회용 플라스틱 컵을 소모한다. 이런 플라스틱 컵은 결국 플라스틱류 쓰레기가 되는데, 쉽게 분해되지 않아 환경 오염을 초래한다. 이런 상황을 해결하는 데 제일 좋은 방법은 이런 플라스틱 컵을 분해가 잘 되는 재료로 바꾸는 것인데 44 제작 원가가 증가할 수밖에 없다. 그러나 그냥 내버려 두자니 45 여론의 압박으로 카페의 평판이 타격을 입게 되어 더 큰 손실을 입게 될 것이었다. 이 문제는 회사의 경영진에게 큰 고민거리가 되었다.

어느 날 회사의 제품 책임자 샤오예는 꽃집에 가서 꽃을 사려고 했는데 이때 꽃집에 놓여 있는 식물에 매료되었다. 식물을 재배하는 화분은 커피 컵과 크기가 비슷했다. 점원의 말을 들어 보니 이런 화분에는 특수 제작한 흙이 들어 있어 식물을 집에 가져가도 잘 키울 수 있다고 했다. 샤오예는 '왜 일회용 컵을 작은 화분 모양으로 만들지 않았지?'라는 생각이 들었다. 그는 회사에 돌아오자마자 일련의 계획을 세웠다. 오래지 않아 카페는 공식적으로 새 이벤트를 진행했다. 손님이 커피를 한 잔 사면 46 씨앗 한 봉지와 커피 찌꺼기를 섞은 영양토 한 봉지를 받을 수 있었다. 집에 돌아가 휴대폰으로 컵에 있는 QR코드를 스캔하면 쉽게 재배 가이드를 얻을 수 있었다. 47 금세 이 재미있는 이벤트는 소문을 들은 손님들을 많이 끌어모았다. 이렇게 플라스틱 컵의 환경 보호 문제를 해결했고 또 커피 찌꺼기도 효과적으로 이용했다. 뿐만 아니라 47 많은 언론에서 이 일을 보도하여 이 카페는 유명세를 크게 탔으니 그야말로 '일거다득'이라고 할 수 있다.

连锁店 liánsuǒdiàn 명 프랜차이즈 | 塑料 sùliào 명 플라스틱, 합성수지 | 垃圾 lājī 명 쓰레기 | 分解* fēnjiě 통 분해하다 | 环境 huánjìng 명 환경 | 污染 wūrǎn 통 오염되다 | 材质 cáizhì 명 재질 | 势必* shìbì 부 꼭, 반드시 | 增加 zēngjiā 통 증가하다 | 成本* chéngběn 명 원가, 비용 | 置之不理 zhìzhī-bùlǐ 성 내버려 두고 상관하지 않다 | 舆论* yúlùn 명 여론 | 名誉 míngyù 명 명예 | 受损 shòusǔn 통 손해를 보다 | 苦恼 kǔnǎo 형 몹시 괴롭다, 고민스럽다 | 摆放 bǎifàng 통 진열하다, 배열하다 | 种植* zhòngzhí 통 재배하다 | 花盆 huāpén 명 화분 | 特制 tèzhì 통 특수 제조하다 | 模样* múyàng 명 모양 | 系列* xìliè 명 시리즈 | 筹划 chóuhuà 통 기획하다 | 正式 zhèngshì 형 정식의, 공식의 | 推出 tuīchū 통 내놓다, 출시하다 | 顾客 gùkè 명 고객 | 种子* zhǒngzi 명 씨앗 | 混合* hùnhé 통 혼합하다 | 渣* zhā 명 찌꺼기 | 营养 yíngyǎng 명 영양 | 扫 sǎo 통 ① 쓸다 ② 스캔하다 | 二维码 èrwéimǎ QR코드 | 获取 huòqǔ 통 획득하다 | 指南 zhǐnán 명 지침서 | 有趣 yǒuqù 형 재미있다 | 慕名 mùmíng 통 명성을 사모하다 | 环保 huánbǎo 명 환경 보호 [=环境保护] | 有效 yǒuxiào 형 유효하다, 효과가 있다 | 报道 bàodào 통 보도하다 | 名声大振 míngshēng-dàzhèn 성 명성이 자자하다 | 可谓 kěwèi 통 ~라고 말할 수 있다

---

44 ★★

问：为什么那家咖啡店不选用可分解的杯子？

　　A 成本提高

　　B 技术不达标

질문: 왜 그 카페는 분해할 수 있는 컵을 사용하지 않았는가?

　　A 원가가 올라서

　　B 기술력 미달이라서

C 顾客不易接受	C 고객이 쉽게 받아들이지 않아서
D 影响咖啡口感	D 커피 맛에 영향을 줘서

达标 dábiāo ⑧ 기준에 도달하다 ┃ 接受 jiēshòu ⑧ 받아들이다 ┃ 口感 kǒugǎn ⑲ 입맛

플라스틱 컵을 분해하기 쉬운 재료로 바꾸면 '제작 원가가 증가할 수밖에 없다(这势必会增加制作成本)'고 했으므로 정답은 A입니다.

45 ★★

问: 公司的管理层为什么感到苦恼?	질문: 회사의 경영진은 왜 고민에 빠졌는가?
A 环境污染严重	A 환경 오염이 심해서
B 员工流失率高	B 직원 이직률이 높아서
C 同业竞争激烈	C 업종 내 경쟁이 치열해서
D 社会舆论压力大	D 사회 여론의 압박이 심해서

流失 liúshī ⑧ 되다, 떠내려가 없어지다

일회용 플라스틱 컵 문제를 해결하지 않으면 '여론의 압박으로 카페의 평판이 타격을 입게 된다(舆论的压力会让咖啡店名誉受损)'고 했으므로 정답은 D입니다. 일회용 컵이 환경 오염을 초래하긴 하지만, 환경 오염 자체가 회사의 경영진이 고민에 빠지게 하는 이유는 아니므로 A는 함정입니다.

46 ★★

问: 顾客在活动期间购买咖啡, 会收到什么?	질문: 손님은 이벤트 기간에 커피를 사면 무엇을 얻을 수 있는가?
A 精美礼品	A 예쁜 사은품
B 打折优惠	B 할인 혜택
C 种子与土	C 씨앗과 흙
D 特制花盆	D 특제 화분

购买 gòumǎi ⑧ 구매하다 ┃ 礼品 lǐpǐn ⑲ 선물, 사은품 ┃ 打折 dǎzhé ⑧ 할인하다 ┃ 优惠 yōuhuì ⑲ 특혜의, 우대의

이벤트 기간에 손님이 커피를 사면 '씨앗 한 봉지와 커피 찌꺼기를 섞은 영양토 한 봉지를 받을 수 있다(一包种子和一包混合了咖啡渣的营养土)'고 했으므로 정답은 C입니다. 샤오예는 꽃집에서 커피 컵과 크기가 비슷한 화분을 봤지만 이것이 이벤트 기간에 준 선물은 아니므로 D는 정답이 아닙니다.

47 ★★★

问: 根据这段话, 可以知道什么?	질문: 지문에 근거하면 무엇을 알 수 있는가?
A 扫二维码很流行	A QR코드 스캔이 유행이다
B 活动的成效显著	B 이벤트의 효과가 뚜렷했다
C 给予比得到更重要	C 주는 것이 받는 것보다 더 중요하다
D 咖啡厅不再使用塑料杯	D 카페에서 더 이상 플라스틱 컵을 사용하지 않는다

成效* chéngxiào ⑲ 성과, 효과 ┃ 显著* xiǎnzhù ⑲ 현저하다, 뚜렷하다 ┃ 给予* jǐyǔ ⑧ 주다 [문어체]

'이벤트는 소문을 들은 손님들을 많이 끌어모았다(活动吸引了许多顾客慕名而来)' '많은 언론에서 이 일을 보도하여 이 카페는 유명세를 크게 탔다(多家媒体还特地报道了此事, 让咖啡厅名声大振)'는 내용으로 보아 정답은 B입니다. QR코드를 스캔하면 식물 재배 가이드를 얻을 수 있으나 이것으로 QR코드 스캔이 유행하고 있다고 판단할 수는 없으므로 A는 정답이 아닙니다.

企鹅是生活在寒冷地区的鸟类，双脚常年接触冰冷的地面，可它们为什么不怕冻脚呢？这主要归功于它们采取了独特的抗寒办法。企鹅双脚的上层还有一种类似于逆流热交换的系统，它们的动脉血液会向脚部提供温暖的血液，血液变冷后，又会通过静脉血管流回。由于动脉血管与静脉血管紧紧贴在一起，⁴⁸ 所以动脉血管中血液的热量会传递给静脉血管中的血液，这样就使得真正带到企鹅脚部的热量很少，企鹅脚部的温度始终保持在1至2摄氏度，从而让企鹅很好地适应寒冷的环境。不仅如此⁴⁹ 它们还可以通过改变动脉血管的直径，从而调节脚内的血液流量。当处在寒冷天气中时，企鹅脚内的血液流量就会减少，当天气比较暖和时，企鹅脚内的血液流量就会增加。⁵⁰ 其实人类也有和企鹅类似的调节功能，当人类感到寒冷时，手脚就会变凉，当人感到温暖时，手脚则会变得红润起来。

펭귄은 추운 지역에 사는 조류이다. 두 발은 일 년 내내 몹시 차가운 땅에 닿아 있지만 펭귄은 왜 발이 얼지 않을까? 이것은 주로 그들이 독특한 방한 방법을 취한 덕분이다. 펭귄의 두 발의 바깥층에는 역류열교환과 유사한 시스템이 있다. 그들의 동맥혈은 발 부위로 따뜻한 혈액을 제공하고 혈액이 차가워지면 또 정맥 혈관을 통해 흘러간다. 동맥 혈관과 정맥 혈관은 가까이 붙어 있기 때문에 ⁴⁸ 동맥 혈관에 있는 혈액의 열에너지가 정맥 혈관의 혈액으로 전달되어 실제로 펭귄 발 부위에 도달하는 열에너지는 아주 적어 펭귄의 발 부위의 온도는 섭씨 1~2도로 계속 유지된다. 그래서 펭귄들은 몹시 추운 환경에 잘 적응한다. 뿐만 아니라 ⁴⁹ 펭귄들은 동맥 혈관의 직경을 바꿔서 발 내부를 흐르는 혈액량을 조절한다. 몹시 추운 날씨에는 펭귄의 발에 혈액 흐름이 줄어들고 날씨가 비교적 따뜻하면 펭귄 발의 혈액 흐름이 증가하게 된다. ⁵⁰ 사실 인류도 펭귄과 유사한 조절 기능이 있다. 인간은 추위를 느낄 때 손발이 차가워지고, 따뜻함을 느낄 때 손발이 빨갛게 반들거린다.

企鹅 qǐ'é 명 펭귄 | 接触 jiēchù 동 접촉하다 | 冰冷 bīnglěng 형 얼음같이 차다 | 冻 dòng 동 얼다, 굳다 | 归功 guīgōng 동 공로를 ~에게 돌리다 | 采取 cǎiqǔ 동 채택하다, 취하다 | 独特 dútè 형 독특하다 | 抗寒 kànghán 동 방한하다 | 办法 bànfǎ 명 (해결) 방법 | 逆 nì 형 역, 반대 | 系统 xìtǒng 명 계통, 시스템 | 动脉 dòngmài 명 동맥 | 温暖 wēnnuǎn 형 따뜻하다 | 血液 xuèyè 명 혈액 | 静脉 jìngmài 명 정맥 | 由于 yóuyú 접 ~때문에 | 贴 tiē 동 붙이다 | 热量 rèliàng 명 열량, 칼로리 | 传递 chuándì 동 전달하다 | 真正 zhēnzhèng 형 진정하다 | 始终 shǐzhōng 부 시종일관, 줄곧 | 摄氏度* shèshìdù 양 섭씨온도 | 直径* zhíjìng 명 직경, 지름 | 流量 liúliàng 명 통과 수량 | 暖和 nuǎnhuo 형 따뜻하다 | 功能 gōngnéng 명 기능 | 凉 liáng 형 차갑다 | 红润 hóngrùn 형 불그스름하다

48 ★★★

问: 为什么真正带到企鹅脚部的热量少？

　A 遗传因素决定
　B 动脉血液热量转移
　C 脚部血管分布稀疏
　D 体内血压不够稳定

질문: 왜 실제로 펭귄 발 부위에 도달한 열에너지는 적은가?

　A 유전적 요인에 의해서
　B 동맥 혈액의 열에너지가 이동해서
　C 발 부위의 혈관 분포가 드문드문해서
　D 체내 혈압이 안정되지 않아서

遗传* yíchuán 동 (생물학적으로) 유전하다 | 因素 yīnsù 명 요소, 요인 | 转移* zhuǎnyí 동 옮기다, 이동하다 | 分布 fēnbù 동 분포하다 | 稀疏 xīshū 형 성기다, 희소하다 | 血压* xuèyā 명 혈압 | 稳定 wěndìng 형 안정적이다

'동맥 혈관에 있는 혈액의 열에너지가 정맥 혈관의 혈액으로 전달되어 실제로 펭귄 발 부위에 도달하는 열에너지는 아주 적다(动脉血管中血液的热量会传递给静脉血管中的血液，这样就使得真正带到企鹅脚部的热量很少)'고 했으므로 정답은 B입니다. A, C, D는 모두 녹음에서 언급하지 않은 내용이므로 정답이 아닙니다.

49 ★★★

问：企鹅如何调节脚内的血液流量？	질문: 펭귄은 어떻게 발 내부를 흐르는 혈액량을 조절하는가?
A 增加活动量	A 활동량을 증가시켜서
B 提高血脂浓度	B 혈중지방 농도를 높여서
C 改变血管宽度	C 혈관 너비를 바꿔서
D 摄入高热量食物	D 고칼로리 음식을 섭취해서

血脂 xuèzhī 명 혈액 지질 | 浓度 nóngdù 명 농도 | 宽度 kuāndù 명 너비 | 摄入 shèrù 통 습취하다 | 高热量 gāorèliàng 고열량, 고칼로리

펭귄들은 '동맥 혈관의 직경을 바꿔서(通过改变动脉血管的直径)' 발 내부를 흐르는 혈액양을 조절할 수 있으므로 정답은 C입니다. '직경(直径)'은 '너비(宽度)'와 의미가 통합니다.

50 ★★

问：根据这段话，可以知道什么？	질문: 지문에 근거하면 무엇을 알 수 있는가?
A 企鹅有也会冻脚	A 펭귄도 발이 얼 수 있다
B 暖和时血液温度会降低	B 따뜻할 때 혈액의 온도가 내려간다
C 人类也可调节血液流量	C 인간도 혈액 흐름량을 조절할 수 있다
D 动物的动脉与静脉血管相邻	D 동물의 동맥과 정맥 혈관은 서로 인접해 있다

相邻 xiānglín 통 서로 인접하다

'인류도 펭귄과 유사한 조절 기능이 있다(人类也有和企鹅类似的调节功能)'는 것에서 '조절 기능'은 바로 혈액의 흐름량을 조절하는 능력을 가리키므로 정답은 C입니다. 펭귄은 동맥과 정맥 혈관이 서로 인접하지만 다른 동물들은 언급하지 않았으므로 D는 정답이 아닙니다.

二、阅读 독해

제1부분 51~60번은 문법적인 오류가 있는 문장을 선택하는 문제입니다.

51 ★★

A 蓝鲸是地球上现存体积最大的动物。	A 대왕고래는 지구에 현존하는 몸집이 가장 큰 동물입니다.
B 牛奶加热时间越长，钙成分流失得越快。	B 우유는 가열 시간이 길수록 칼슘 성분 손실도 빨라집니다.
C 他从事地质勘探行业将近30年了，经验很丰富。	C 그는 거의 30년 동안 지질 탐사 업계에 종사했고 경험이 풍부하다.
D 经过这几年的努力，让我明白了十个道理，我想分享给大家！	D 수년간의 노력으로 10가지 진리를 깨달았는데 여러분과 나누고 싶습니다!

蓝鲸 lánjīng 몡 대왕고래 │ 体积* tǐjī 몡 체적, 부피 │ 钙* gài 몡 칼슘 │ 地质* dìzhì 몡 지질 │ 勘探* kāntàn 됭 (지하 자원 등을) 탐사하다, 조사하다 │ 将近* jiāngjìn 円 거의 ~에 근접하여 │ 分享 fēnxiǎng 됭 함께 나누다, 공유하다

|**주어 누락**| 经过这几年的努力，让我明白了十个道理，我想分享给大家！

➡ 这几年的努力，让我明白了十个道理，我想分享给大家！

중국어 문장에는 원칙적으로 주어가 반드시 있어야 하는데 사역동사 '让'의 주어가 없어서 틀린 문장입니다. 따라서 개사구를 명사구로 바꾸어 주어로 만들어야 합니다.

✦고득점 Tip

주어 누락 유형의 문제는 틀린 문장이 '개사구 + 술어'의 형태로 제시되는 경우가 대부분입니다. 이때 개사를 생략해서 명사구로 만들면 주어가 됩니다.

从这一件平凡的小事，却说明了一个大问题。(×)

➡ 这一件平凡的小事，却说明了一个大问题。 이 평범한 작은 일이 오히려 큰 문제를 설명해 주었다.
　　　주어　　　　　　술어

由于剪纸材料和所用的工具决定了剪纸的艺术风格。(×)

➡ 剪纸材料和所用的工具 决定了剪纸的艺术风格。
　　　주어　　　　술어
젠즈의 재료와 사용하는 도구는 젠즈의 예술적 스타일을 결정했다.

52 ★★

A 她说这是她入行以来拍得最辛苦的一部电影。	A 그녀는 이것이 그녀가 이 분야에 뛰어든 이후로 가장 힘들게 찍은 영화라고 말했다.
B 我们常常会对不了解的国家，感到和觉得遥远而神秘。	B 우리는 종종 우리가 잘 모르는 나라를 아득하고 신비하다고 느낍니다.
C 今年春节期间国内机票价格有所下降，同比降幅达6.1%。	C 올해 설 기간 국내 항공 요금은 조금 하락해서 전년 대비 하락폭이 6.1%에 달한다.
D 做事要善始善终，有个好开头并不难，关键还要坚持到最后。	D 일을 할 때는 시작과 끝이 좋아야 한다. 좋은 시작은 쉽지만, 중요한 건 끝까지 버티는 것이다.

入行 rùháng ⑧ 입문하다, 시작하다 | 遥远* yáoyuǎn ⑲ 요원하다, 멀다 | 神秘 shénmì ⑲ 신비하다 | 有所 yǒusuǒ 다소 ~하다 | 同比 tóngbǐ ⑧ 전년도 동기와 대비하다 | 降幅 jiàngfú ⑱ 하락폭, 낙폭 | 善始善终 shànshǐ-shànzhōng ⑳ (어떤 일을) 처음부터 끝까지 잘하다 | 开头 kāitóu ⑲ 시작, 처음, 시초, 첫머리

| 의미 중복 | 我们常常会对不了解的国家，感到和觉得遥远而神秘。

➜ 我们常常会对不了解的国家，会感到遥远而神秘。

➜ 我们常常会对不了解的国家，会觉得遥远而神秘。

중국어에서는 원칙적으로 같은 의미의 표현이 중복될 수 없습니다. '感觉'와 '觉得'는 모두 '느끼다'라는 뜻이므로 둘 중 하나만 써야 합니다.

고득점 Tip

의미 중복 유형의 문제는 주어, 술어, 목적어뿐만 아니라 수식어, 접속사 등에서도 출제됩니다.

花生含脂肪较多，人体对其消化吸收缓慢，大量生吃会引起产生消化不良。(✗)[引起＝产生]
➜ 花生含脂肪较多，人体对其消化吸收缓慢，大量生吃会引起消化不良。
　　땅콩은 지방 함유량이 많은 편이라, 우리 몸은 그것을 소화 흡수하는 것이 느리다. 많은 양을 생으로 먹으면 소화불량을 일으킨다.

在北方，每个家家户户过年基本上都吃饺子。(✗)[每个家＝家家户户]
➜ 在北方，每个家过年基本上都吃饺子。 북쪽 지방에서 모든 집은 설을 쇨 때 기본적으로 모두 만두를 먹는다.

如果若朋友让你生气，那正说明你仍然很在意他的友情。(✗)[如果＝若＝倘若]
➜ 如果朋友让你生气，那正说明你仍然很在意他的友情。
　　만약 친구가 당신을 화나게 했다면, 당신이 여전히 그의 우정을 신경 쓴다는 것을 의미합니다.

---

53 ★★

A 害怕危险的心理比危险本身还要可怕一万倍。	A 위험을 두려워하는 마음이 위험 자체보다 만 배는 더 무섭다.
B 凡在本店购物满500元者，均可获赠一份精美礼品。	B 저희 매장에서 500위안 이상 구매한 분은 모두 예쁜 사은품을 증정받을 수 있습니다.
C 最近经营体验类节目火爆起来，导致观众们对创业的关注。	C 최근에 경영을 체험하는 프로그램이 큰 인기를 끌면서 시청자들에게 창업에 대한 관심을 불러일으켰다.
D 湖中的鱼儿不时来个"跳龙门"，跃出水面画个弧线又落回水中。	D 호수의 물고기는 때때로 상류로 거슬러 오르기 위해 물 밖으로 뛰어올라 포물선을 그리며 다시 물속으로 떨어지곤 했다.

本身* běnshēn ㉙ 그 자신, 그 자체 | 凡 fán ⑨ 대강, 대체로, 무릇, 모든, 다 | 均 jūn ⑨ 모두, 다 | 获赠 huòzèng ⑧ 증정받다 | 体验 tǐyàn ⑧ 체험하다 | 节目 jiémù ⑱ 프로그램 | 火爆 huǒbào ⑲ 뜨겁다, 인기 있다 | 创业* chuàngyè ⑧ 창업하다 | 不时* bùshí ⑨ 자주, 늘, 종종 | 来 lái ⑧ ~하다 | 跳龙门 tiào lóngmén (물고기가) 물 위로 솟아오르다, 출세하다 | 跃 yuè ⑧ 뛰어오르다, 도약하다 | 弧线 húxiàn ⑲ 곡선, 커브, 호선

| 술+목 불호응 | 最近经营体验类节目火爆起来，导致观众们对创业的关注。

➜ 最近经营体验类节目火爆起来，引起观众们对创业的关注。

'关注'는 '导致'가 아닌 '引起(불러일으키다)'와 함께 써야 합니다. 술어와 목적어의 호응 문제는 독해 제2부분에도 많은 도움이 되기 때문에 동사는 목적어로 쓰는 명사와 묶어서 암기하는 것이 좋습니다.

54 ★★★

A 与人交往时感到的孤独，可能会一个人独处时的10倍。 B 北京自然博物馆的古生物大厅里，陈列着一具大象的骨架。 C 如不定时吃饭，不仅会营养不良，还可能引起多种胃肠道疾病。 D 臭氧层像一道屏障，保护着地球上的生物免受太阳紫外线的袭击。	A 사람들과 만날 때 느끼는 외로움은 혼자 있을 때 느끼는 것보다 아마도 10배가 넘을 것이다. B 베이징 자연 박물관의 고생물 홀에는 코끼리의 골격이 하나 전시되어 있다. C 만약 제때 밥을 먹지 않으면 영양실조에 걸릴 수 있을 뿐만 아니라 다양한 위장 질환을 일으킬 수 있다. D 오존층은 지구의 생물들이 태양의 자외선의 습격을 받지 않도록 보호하는 장벽과 같습니다.

交往 jiāowǎng 통 왕래하다, 교제하다 | 孤独* gūdú 형 고독하다 | 独处 dúchǔ 통 혼자 살다, 혼자 있다 | 陈列* chénliè 통 진열하다 | 具 jù 양 구 [시체를 세는 단위] | 骨架 gǔjià 명 골격, 뼈대 | 如 rú 접 만약에 [주로 那么, 就 등과 호응함] | 引起 yǐnqǐ 통 불러일으키다 | 臭氧层 chòuyǎngcéng 명 오존층 | 道 dào 양 [성벽, 장벽 등을 세는 양사] | 屏障* píngzhàng 명 장벽, 보호벽 | 生物* shēngwù 명 생물 | 免 miǎn 통 모면하다, 벗어나다 | 紫外线 zǐwàixiàn 명 자외선 | 袭击* xíjī 통 습격하다

| 술어 누락 | 与人交往时感到的孤独，可能会一个人独处时的10倍。

➡ 与人交往时感到的孤独，可能会超过一个人独处时的10倍。

능원동사 '숲'는 동사 없이 단독으로 목적어를 취할 수 없습니다. 따라서 '超过'를 추가해야 합니다.

고득점 Tip

문장의 중심 성분인 주어, 술어, 목적어를 찾는 연습을 통해 문장 성분 누락 유형의 문제를 쉽게 파악할 수 있습니다.

他们之间有时也会小矛盾。(✕)
➡ 他们之间有时也会发生小矛盾。 그들 사이에 때로는 작은 갈등이 생기기도 한다.

有些网站可以免费申请个人主页的功能。(✕)
➡ 有些网站有可以免费申请个人主页的功能。
일부 웹 사이트에는 개인 홈페이지를 무료로 신청할 수 있는 기능이 있다.

哈尔滨贸易洽谈会的成功举办，哈尔滨的知名度越来越高。(✕)
➡ 哈尔滨贸易洽谈会的成功举办，让哈尔滨的知名度越来越高。
하얼빈 무역 상담회의 성공적인 개최는 하얼빈의 지명도가 갈수록 높아지게 만들었다.

55 ★★★

A 这种设计，既能减弱流水对桥身的冲击力，又能减轻桥自身的重量。 B 紫甘蓝生产基地的产量约1万吨，除供应本地外，还销往河北等地。 C 月亮反射的太阳光只有7%能到达地球，但已足够照亮地球上的黑夜。 D 他迷恋昆虫研究，曾用自己的积蓄买了一块儿荒地，专门用来放养昆虫。	A 이 디자인은 물의 흐름이 교량 몸체에 주는 충격을 줄일 뿐만 아니라 교량 자체의 무게를 줄일 수도 있습니다. B 적채 생산 기지에서 생산된 약 1만 톤의 적채는 현지에 공급되기도 하고 허베이 등 지역에 판매되기도 한다. C 달이 반사한 햇빛 중 7%만이 지구에 도달할 수 있지만 지구의 컴컴한 밤을 비추기에 충분합니다. D 그는 곤충 연구에 빠져서 그동안 모은 돈으로 오직 곤충을 풀어 키우기 위한 황무지를 구입했다.

设计 shèjì 통 설계하다, 디자인하다 | 减弱 jiǎnruò 통 (힘 등을) 줄이다 | 冲击* chōngjī 통 세차게 부딪치다 | 减轻 jiǎnqīng 통 (중량 등을) 줄이다 | 紫甘蓝 zǐgānlán 명 적채 | 基地 jīdì 명 기지, 본거지 | 产量 chǎnliàng 명 생산량 | 约 yuē 부 약, 대략 | 供应 gōngyìng 통 (물자를) 공급하다 | 反射* fǎnshè 통 반사하다 | 照亮 zhàoliàng 통 밝게 비추다, 밝히다 | 迷恋 míliàn 통 미련을 두다, 푹 빠지다 | 昆虫 kūnchóng 명 곤충 | 积蓄 jīxù 통 저축하다 | 荒地 huāngdì 명 황무지 | 放养 fàngyǎng 통 (물고기 등 생물을) 놓아기르다

| 주+술 불호응 | 紫甘蓝生产基地的产量约1万吨，除供应本地外，还销往河北等地。

→ 紫甘蓝生产基地生产的约1万吨紫甘蓝，除供应本地外，还销往河北等地。

주어와 술어가 서로 어울리지 않아 틀린 문장입니다. 주어진 문장의 주어는 '产量'인데 현지에 공급되고 허베이에 판매되는 것은 '紫甘蓝'입니다. 따라서 문장의 주어를 '紫甘蓝'으로 바꿔야 합니다.

56 ★★

A 梨羹是老北京常见的冬日小食，具有润肺化痰、生津止咳之功效。
B 影响一个人快乐的，有时并不是困境或磨难，而是一个人的心态。
C 碱性电池与普通干电池相比，具有耐用、储存寿命长、不易腐蚀等优点。
D 人的步行速度是每小时四公里到七公里左右，一直保持快走的话也可能走八公里。

A 배를 끓여 만든 스프는 베이징 토박이들의 흔한 겨울 간식으로 가래를 가라앉히고, 기침을 멎게 하는 효과가 있다.
B 사람의 행복을 방해하는 것은 곤경과 고난이 아니라 그 사람의 마음가짐인 경우도 있다.
C 알칼리 전지는 일반 건전지에 비해 오래 쓸 수 있고, 저장 수명이 길고 쉽게 부식하지 않는 등의 장점이 있다.
D 사람들의 보행 속도는 시속 4km에서 7km로, 계속 빠르게 걷는다면 8km를 걸을 수 있다.

羹 gēng 명 (걸쭉한) 국, 수프 | 老北京 lǎoběijīng 명 옛 베이징, 베이징 토박이 | 小食 xiǎoshí 명 간단한 먹을거리, 스낵 | 磨难 mónàn 명 고난, 고생, 어려움 | 心态* xīntài 명 심리 상태, 마음 가짐 | 碱性电池 jiǎnxìng diànchí 알칼리 전지 | 储存* chǔcún 통 모으다, 저장하다 | 腐蚀* fǔshí 통 부식하다

| 의미 모순 | 人的步行速度是每小时四公里到七公里左右，一直保持快走的话也可能走八公里。

→ 人的步行速度是每小时四公里到七公里，一直保持快走的话也可能走八公里。

→ 人的步行速度是每小时七公里左右，一直保持快走的话也可能走八公里。

'숫자1＋到＋숫자2'와 '숫자＋左右'는 의미가 모순됩니다. 전자는 '숫자1에서 숫자2 사이'라는 뜻이지만, 후자는 '그 숫자보다 조금 많거나 적다'라는 뜻이기 때문입니다. 따라서 '四公里到七公里左右'에서 '到'나 '左右' 둘 중 하나만 써야 합니다.

57 ★★

A 过去再精彩，我们也无法走回去；未来再艰险，我们也要向前走。
B 水是生物体最重要的组成部分，在生命演化过程中起到了重要的作用。
C 天空中的霞光渐渐淡了下去，深红的颜色变成了绯红，绯红又变为浅红。
D 她笑着笑着就有了泪花，从来我没有见过这么悲伤的眼神，至今还记得她的眼神。

A 과거가 아무리 훌륭해도 우리는 돌아갈 수 없습니다. 미래가 아무리 힘들어도 우리는 앞으로 나아가야 합니다.
B 물은 유기체의 가장 중요한 구성 요소이며 생명체의 진화 과정에서 중요한 역할을 합니다.
C 하늘의 새벽 노을이 점점 연해지며, 진홍색이 담홍색으로 변하고 다시 연홍색으로 변한다.
D 그녀는 웃다가 눈물을 터뜨렸다. 나는 한 번도 그런 슬픈 눈빛을 본 적이 없었다. 아직도 그녀의 눈빛을 기억한다.

艰险 jiānxiǎn 廊 어렵고 위험하다, 험난하다 | 演化 yǎnhuà 통 발전 변화하다, 진화하다 | 霞光 xiáguāng 몡 노을빛 | 渐渐 jiànjiàn 편 점점, 점차 | 深红 shēnhóng 몡 암홍색, 진홍색 | 绯红 fēihóng 몡 담홍색 | 浅红 qiǎnhóng 몡 연홍색 | 泪花 lèihuā 몡 눈물 | 眼神* yǎnshén 몡 눈에 드러난 감정, 눈빛 | 至今 zhìjīn 편 지금까지, 여태껏, 오늘까지

| 어순 오류 | 她笑着笑着就有了泪花，从来我没有见过这么悲伤的眼神，至今还记得她的眼神。

➡ 她笑着笑着就有了泪花，我从来没有见过这么悲伤的眼神，至今还记得她的眼神。

대부분의 부사는 문장에서 술어를 꾸미는 부사어로 쓰이며, 술어 앞에 놓여야 합니다. 따라서 부사 '从来'는 주어 앞이 아닌 술어 앞에 써야 합니다. '从来没有/不(지금까지 ~한 적이 없다)'와 같은 형식으로 부정 부사와 함께 쓴다는 것을 알면 틀린 부분을 더 쉽게 찾아낼 수 있습니다.

58 ★★★

A 在各门功课中，语文是对我最感兴趣的。数学、历史等学得就差劲了。

B 成语"东山再起"常用来形容一个人退隐后再度出任要职，也比喻失势后重新得势。

C 黄鹤楼始建于公元223年，最初是用做军事瞭望楼，后来才成为人们登高揽胜的地方。

D 制作一把精美的小提琴，木料的选择很关键。匠人们在选择木料时，非常在意树木的年轮。

A 모든 과목들 중에서 언어는 나에게 있어 가장 관심이 있는 것이다. 수학, 역사 등은 잘하지 못한다.

B 성어 '东山再起'는 은퇴했다가 다시 중요한 자리를 차지하는 것을 묘사하거나 세력을 잃은 후 다시 회복하는 것을 비유하는 데 쓰인다.

C 황학루는 서기 223년에 지어지기 시작했다. 처음에는 군사 망루로 사용되었고 나중에 사람들이 올라가 경치를 감상하는 장소가 되었다.

D 아름다운 바이올린을 만드는 데는 나무의 선택이 중요하다. 장인은 나무를 선택할 때, 나무의 나이테를 중요하게 여긴다.

门 mén 양 [분야를 세는 양사] | 功课 gōngkè 몡 과목 | 差劲 chàjìn 廊 (능력·품질·성품 등이) 나쁘다, 형편없다 | 东山再起 dōngshān-zàiqǐ 쎙 세력을 잃었다가 다시 재기하다, 권토중래 | 形容 xíngróng 통 묘사하다 | 退隐 tuìyǐn 통 (관리가) 은거하다, 은퇴하다 | 再度 zàidù 편 재차, 거듭 | 出任 chūrèn 통 임무나 관직을 맡다 | 失势 shīshì 통 권세를 잃다, 세력을 잃다 | 得势 déshì 통 득세하다, 권력을 얻다 | 瞭望楼 liàowànglóu 몡 높은 곳에서 감시하는 건물, 망루, 감시탑 | 登高揽胜 dēnggāo-lǎnshèng 쎙 높은 곳에 올라 명승지를 감상하다 | 小提琴 xiǎotíqín 몡 바이올린 | 木料 mùliào 몡 목재 | 匠人 jiàngrén 몡 장인, 공예가 | 在意* zàiyì 통 마음에 두다, 신경 쓰다 | 年轮 niánlún 몡 나이테

| 어휘 용법 오류 | 在各门功课中，语文是对我最感兴趣的。数学、历史等学得就差劲了。

➡ 在各门功课中，语文是对我来说最感兴趣的。数学、历史等学得就差劲了。

개사 '对'는 '~에게' 혹은 '~에 대하여'라는 뜻으로 행위의 대상을 가리킵니다. 반면에 '对……来说' 혹은 '对……而言'은 '~에게 있어서'라는 뜻으로 견해나 판단을 나타냅니다. 즉 '他对我很好。(그는 나에게 잘한다)'와 '他对我来说像亲哥哥。(그는 나에게 있어 친형 같다)'라는 두 문장을 구분할 줄 알아야 합니다. 따라서 A에서 '对'를 '对……来说'로 바꾸어 써야 합니다.

59 ★★★

A 含羞草的叶子在受到外物触碰后会立即闭合，这个动作被人们形象地理解为"害羞"，故得名。

B 有的人在饮酒的初期感到心情愉快，能够缓解紧张、疲劳等不良症状，这样渐渐养成每天不断饮酒。

A 함수초(미모사)의 잎은 외부의 물리적인 접촉을 받으면 곧바로 오므라든다. 이런 움직임은 '수줍어하는' 모습으로 이해되었고 그래서 이런 이름을 얻었다.

B 어떤 사람들은 술을 마시는 초반에 기분이 좋아지고, 긴장과 피로 등 나쁜 증상이 완화되는 것을 체험하고, 그렇게 매일 꾸준히 술을 마시는 습관을 점차 가지게 된다.

C 受冷空气影响，7日夜间到8日白天，我省大部分地区会出现降雪天气，其中张家口、保定有中到大雪。 D 我在故乡只生活了14个年头，对于故乡的记忆好像只有那条平直的沙黄色土路和在那土路上蹒跚着的母亲的身影。	C 찬 공기의 영향으로 7일 밤에서 8일 낮까지 우리 성의 대부분 지역에는 눈이 내리겠으며 그중 장자커우, 바오딩에는 중설(3~5㎜)에서 대설(5㎜ 이상)이 내릴 것으로 예상됩니다. D 나는 고향에서 겨우 14년 살았는데, 고향에 대한 기억은 곧게 뻗은 황토색 흙길과 그 길을 비틀거리며 걷던 어머니의 모습뿐인 것 같습니다.

含羞草 hánxiūcǎo 몡 미모사 | 触碰 chùpèng 통 건드리다 | 闭合 bìhé 통 처음과 끝을 연결하다, 닫다 | 形象 xíngxiàng 혱 생동감 있다, 생생하다 | 故 gù 접 그래서, 그러므로 | 饮酒 yǐnjiǔ 통 술을 마시다, 음주하다 | 愉快 yúkuài 혱 기분이 좋다 | 缓解 huǎnjiě 통 완화하다 | 症状* zhèngzhuàng 몡 증상 | 年头 niántóu 몡 해, 년 | 记忆 jìyì 몡 기억 | 平直 píngzhí 혱 평평하고 똑바르다 | 蹒跚 pánshān 통 비틀비틀 걷다 | 身影 shēnyǐng 몡 사람의 그림자, 모습

| 목적어 누락 | 有的人在饮酒的初期感到心情愉快，能够缓解紧张、疲劳等不良症状，这样渐渐养成每天不断饮酒。

→ 有的人在饮酒的初期感到心情愉快，能够缓解紧张、疲劳等不良症状，这样渐渐养成每天不断饮酒的习惯。

B에는 '养成'과 호응을 이루는 목적어가 누락되었습니다. '养成'은 '(습관 등을) 키우다, 기르다'라는 뜻으로 '习惯(습관)' '酒疯(술버릇)' '依赖性(의존성)' 등과 호응하는 경우가 많습니다.

60 ★★★

A 腊梅并非梅类，因其形似梅花，且与梅花花期相近，所以很多人将腊梅当做梅花。 B 现场工作人员介绍说，此次焰火晚会的每一个章节都有各自的特色，充分展现了长春独特的冰雪文化。 C 很多会议没结果，之所以问题的聚焦没做好，只有参与者把他们要解决什么问题搞明白，才能取得有效的成果。 D 有社会心理学家认为，说谎的动机大致可归为三类：第一类，讨人欢心；第二类，夸耀自己；第三类，自我保护。	A 새양나무는 매화류가 아닌데 겉모습이 매화와 비슷하고 개화 시기가 매화와 비슷하기 때문에 많은 사람들이 새양나무를 매화로 여깁니다. B 현장 스태프는 이번 불꽃 축제의 각 챕터가 각각 특색이 있으며, 창춘의 독특한 얼음 문화를 보여 준다고 소개했다. C 많은 회의가 결과가 없는 것은 문제의 포인트를 잘 처리하지 못했기 때문이다. 참석자들이 해결해야 할 문제가 무엇인지 제대로 알아야만 효과적인 성과를 거둘 수 있다. D 일부 사회심리학자들은 거짓말을 하는 동기는 크게 세 가지로 귀납된다고 생각한다. 첫째는 환심을 사기 위해서이고, 둘째는 자기를 자랑하기 위해서이고, 셋째는 자기를 보호하기 위해서이다.

腊梅 làméi 몡 새양나무 | 并非* bìngfēi 통 결코 ~이 아니다 | 形似 xíngsì 통 겉모습이 닮다 | 花期 huāqī 몡 개화기, 꽃 피는 시기 | 现场* xiànchǎng 몡 현장 | 焰火 yànhuǒ 몡 불꽃 | 晚会 wǎnhuì 몡 축제 | 展现* zhǎnxiàn 통 전개하다, 펼치다 | 聚焦 jùjiāo 통 초점을 모으다 | 动机* dòngjī 몡 동기 | 大致* dàzhì 통 대개, 대략, 아마 | 归为 guīwéi 통 ~로 귀납되다, ~로 정리되다 | 讨人欢心 tǎo rén huānxīn 사람의 환심을 사다 | 夸耀 kuāyào 통 (자기의 장점을) 뽐내다, 과시하다

| 어휘 용법 오류 | 很多会议没结果，之所以问题的聚焦没做好，只有参与者把他们要解决什么问题搞明白，才能取得有效的成果。

→ 很多会议之所以没结果，是因为问题的聚焦没做好，只有参与者把他们要解决什么问题搞明白，才能取得有效的成果。

'之所以'는 '주어 + 之所以 + 술어, 是因为 + 주어 + 술어'의 복문 구조로 씁니다. 이때 '之所以'가 쓰인 앞 문장은 결과를 나타내고 '是因为'가 쓰인 뒤 문장은 원인을 나타냅니다. C에서 '많은 회의가 결과가 없는 것'이 결과이고 '문제의 포인트를 잘 처리하지 못하는 것'이 원인입니다. 따라서 '之所以'는 원인절이 아닌 결과절에 써야 합니다.

✦고득점 Tip

다음 예문을 보고 '因为……，所以……(~ 때문에 ~하다)', '之所以……，是因为……(~한 것은 ~ 때문이다)' '……的原因，是因为……(~한 이유는 ~ 때문이다)' 복문 구조에 익숙해집시다.

之所以时间的限制，我们只能是走马观花地转了一圈。(✕)

➡ 因为时间的限制，所以我们只能是走马观花地转了一圈。
　　시간 제약 때문에, 우리는 수박 겉핥기 식으로 한 바퀴 둘러볼 수밖에 없었다.

电影的开头部分已经做了铺垫，之所以出现这个情节是符合情理的。(✕)

➡ (因为)电影的开头部分已经做了铺垫，所以出现这个情节是符合情理的。
　　영화의 앞부분에 이미 복선이 깔려 있었기 때문에, 이런 줄거리가 나오는 건 일리가 있다.

众人面前说话紧张的原因，往往之所以过于在乎别人的评价。(✕)

➡ 众人面前说话紧张的原因，往往是因为过于在乎别人的评价。
　　많은 사람들 앞에서 말할 때 긴장되는 원인은 보통 남의 평가를 너무 신경 쓰기 때문이다.

제2부분　61~70번은 문장 속 빈칸에 들어갈 표현을 선택하는 문제입니다.

61 ★★★

自行车尾灯<u>即</u>安装在自行车尾部的发光的灯具，传统的尾灯是用反射器充当，它是由互成直角的<u>一些</u>小平面镜<u>组成</u>的，最近的LED尾灯由LED作为光源，发出更为<u>醒目</u>的光线，以达到骑行的安全的目的。

자전거 미등은 <u>바로</u> 자전거 뒷부분에 장착되어 빛을 내는 조명 기구로, 기존의 미등은 반사기를 활용했는데 서로 직각인 작은 평면 거울로 <u>구성되어</u> 있으며, 최근의 LED 미등은 LED를 광원으로 하여 더욱 <u>눈에 띄는</u> 빛을 방출하여 자전거 타기의 안전이라는 목적을 달성한다.

A	便	构成(✓)	明显	A 바로	구성하다	뚜렷하다
B	非	组织	清醒	B ~않다	조직하다	정신이 맑다
C	必	组合	显著	C 필히	조합하다	뚜렷하다
D	即(✓)	组成(✓)	醒目(✓)	D 바로	구성하다	눈에 띄다

便 biàn 🄫 바로, 즉 ｜ 非 fēi 🄫 ~않다 ｜ 必 bì 🄫 반드시, 필히 ｜ 即 jí 🄫 즉, 바로 ｜ 构成 gòuchéng 🄓 구성하다, 짜다 ｜ 组织 zǔzhī 🄓 조직하다, 구성하다 ｜ 组合 zǔhé 🄓 조합하다, 한데 묶다 ｜ 组成 zǔchéng 🄓 구성하다, 짜다 ｜ 明显 míngxiǎn 🄱 뚜렷하다 ｜ 清醒* qīngxǐng 🄱 (정신이) 맑다, 분명하다 ｜ 显著* xiǎnzhù 🄱 현저하다, 뚜렷하다 ｜ 醒目 xǐngmù 🄓 눈길을 끌다, 주의를 끌다

｜**빈칸 1**｜ '非'와 '即'는 예외적으로 술어처럼 쓸 수 있는 부사입니다. '非'는 '不是', '即'는 '就是'에 해당하여 '这并非事实。(이것은 사실이 아니다.)' '知识即力量。(지식이 곧 힘이다.)'과 같이 쓸 수 있습니다. 빈칸 뒤의 '灯具(조명 기구)'라는 목적어와 호응해야 하기 때문에 일반적인 부사는 빈칸에 들어갈 수 없고, 맥락상 '바로 ~이다'라는 의미가 들어가야 하므로 '即'가 빈칸에 적합합니다.

｜**빈칸 2**｜ '~으로 구성되다'라는 표현은 '由……构成' '由……组成' '组合而成' 등이 있습니다. 따라서 '构成'과 '组成'이 빈칸에 들어갈 수 있습니다.

｜**빈칸 3**｜ '明显'과 '显著'는 (차이, 변화, 효과 등이) 뚜렷하다'라는 뜻으로 맥락상 빈칸에 어울리지 않고, '清醒'은 '(머리가) 맑다'라는 뜻으로 역시 빈칸에 들어갈 수 없습니다. '醒目'만 '눈에 띄다'라는 뜻으로 빈칸에 적합합니다.

62

教养是文明规范，有教养的人们才可以获得社会<u>认可</u>和幸福的生活。得体的教养有助于人们建立积极<u>和谐</u>的社会关系。而教养是离不开习惯的。自觉的行动积累起来，自然会养成良好的习惯，<u>久而久之</u>，这些习惯就会内化为教养。

교양은 문명의 규범이며, 교양이 있는 사람들이 사회적 <u>인정</u>과 행복한 생활을 얻을 수 있다. 적절한 교양은 사람들이 긍정적이고 <u>조화로운</u> 사회 관계를 수립하는 데 도움이 된다. 교양은 습관과 떼어 놓을 수 없다. 자각적인 행동이 쌓이면 자연히 좋은 습관을 기르게 되고, <u>시간이 지나면</u> 이러한 습관은 교양으로 내면화될 것이다.

A 承认	和平	总而言之
B 认可(✓)	和谐(✓)	久而久之(✓)
C 认识	和睦	恰到好处
D 同意	和气	全力以赴

A 인정	평화롭다	한 마디로 말하자면
B 인정	조화롭다	시간이 지나면
C 인식	화목하다	딱 적당하다
D 동의	화목하다	전력투구하다

承认 chéngrèn 동 (자신의 잘못, 패배 등을) 인정하다 | 认可* rènkě 동 인정하다 | 认识 rènshi 동 알다, 인식하다 | 同意 tóngyì 동 동의하다 | 和平 hépíng 형 평화롭다, 온화하다, 평온하다 | 和谐* héxié 형 잘 어울리다, 조화롭다 | 和睦* hémù 형 화목하다, 사이가 좋다 | 和气* héqi 형 화목하다, 온화하다 | 总而言之* zǒng'éryánzhī 성 요컨대, 한 마디로 말하자면 | 久而久之 jiǔ'érjiùzhī 성 세월이 지나다, 오랜 시일이 지나다 | 恰到好处* qiàdào-hǎochù 성 (정도 등이) 아주 적절하다, 딱 적당하다 | 全力以赴* quánlìyǐfù 성 (어떤 일에) 전력투구하다, 최선을 다하다

빈칸 1 '认可'는 '인가하다'라는 뜻도 있지만 '(실력, 권리 등을) 인정하다'라는 뜻으로 더 많이 쓰이고 맥락상 빈칸에 적합합니다. '承认'도 '인정하다'라는 뜻이지만 '(잘못이나 문제 등을) 인정하다'라는 뜻입니다. 예를 들어 '承认错误(잘못을 인정하다)' '承认失败(실패를 인정하다)'처럼 쓰기 때문에 빈칸에 어울리지 않습니다.

빈칸 2 맥락상 '조화롭다'라는 뜻의 '和谐'가 가장 잘 어울립니다.

빈칸 3 자각적인 행동이 쌓여 좋은 습관이 자리 잡는다는 맥락을 고려하면 '久而久之(세월이 지나다)'가 빈칸에 가장 적합합니다.

乌鸦口渴得要命，飞到一只大水罐旁，水罐里没有很多水，它想尽了办法，仍喝不到。<u>于是</u>，它就使出全身力气去推，想把罐推倒，倒出水来，而大水罐却推也推不动。这时，乌鸦想起了它曾经使用的办法，用口<u>叼</u>着石子投到水罐里，随着石子的增多，罐里的水也就<u>逐渐</u>地升高了。最后，乌鸦高兴地喝到了水，解了口渴。

까마귀가 목이 무척 말라서 큰 물동이 옆으로 날아갔는데, 물동이에는 물이 많지 않았다. 까마귀는 온갖 수단을 다 써 보았지만 여전히 마실 수 없었다. <u>그래서</u> 그는 온 힘을 다해 밀어서 물동이를 넘어뜨려 물을 쏟아지게 하려고 했지만, 큰 물동이는 밀어도 꼼짝하지 않았다. 이때 까마귀는 전에 썼던 방법을 떠올리고 입으로 돌을 <u>물고</u> 물동이 안에 떨어뜨렸다. 돌이 많아지면서 물동이의 물도 <u>점점</u> 높아졌다. 결국 까마귀는 즐겁게 물을 마시고 갈증을 풀었다.

A 因此(✓)	吞	日益
B 于是(✓)	叼(✓)	逐渐(✓)
C 总之	喂	逐年
D 反之	吐	日渐

A 이 때문에	삼키다	날이 갈수록
B 그래서	물다	점점
C 한 마디로 말해	먹이다	해가 갈수록
D 이와 반대로	토하다	날이 갈수록

因此 yīncǐ 접 이로 인하여, 이 때문에 | 于是 yúshì 접 그래서, 그리하여 | 总之 zǒngzhī 접 요컨대, 한 마디로 말하자면 | 反之* fǎnzhī 접 이와 반대로, 바꿔 말하면 | 吞 tūn 동 (통째로) 삼키다 | 叼* diāo 동 (입에) 물다 | 喂* wèi 동 (음식이나 약 등을) 먹이다 | 吐 tù 동 토하다, 게우다 | 日益* rìyì 부 날로, 점차 | 逐渐 zhújiàn 부 점차, 점점 | 逐年* zhúnián 부 한 해 한 해, 해가 갈수록 | 日渐 rìjiàn 부 날로, 날이 갈수록

| 빈칸 1 | '因此'와 '于是'는 '그래서'라는 뜻의 접속사로 인과 관계를 나타냅니다. 다만 '因此'는 논리적인 인과 관계에 주로 쓰고 '于是'는 연이어 발생한 사건에 주로 씁니다. 예를 들어 '地球不会是人类永远的家园，因此人类不可能与地球共存亡。(지구는 인류의 영원한 집일 수 없다. 그러므로 인류는 지구와 운명을 같이할 수 없다.)'과 같이 아직 발생하지 않은 논리적 판단의 문장에는 '于是'를 쓸 수 없습니다. 빈칸 1의 경우는 '因此'와 '于是' 모두 가능합니다.

| 빈칸 2 | 까마귀가 돌을 물동이에 떨어뜨렸다는 내용이 나오므로, 맥락상 B만 빈칸에 들어갈 수 있습니다.

| 빈칸 3 | 주어진 단어는 모두 부사인데, 대부분의 부사 뒤에는 구조조사 '地'를 쓸 수 없는 반면 '逐渐'과 '逐年' 뒤에는 '地'를 쓸 수 있습니다. 다만 물이 차오르는 시간이 길지 않기 때문에 맥락상 '逐渐'만 빈칸에 들어갈 수 있습니다.

✦고득점 Tip | '地'와 함께 쓰일 수 있는 부사

부사 뒤에는 원칙적으로 구조조사 '地'를 쓰지 않는데, 다음 부사들은 예외적으로 '地'와 함께 쓸 수 있습니다. 다만 '非常'과 '格外'는 예외적으로 '的'를 쓸 수도 있습니다.

非常 fēicháng 아주, 매우   不断 búduàn 끊임없이

格外 géwài 각별히, 유달리   尽快 jǐnkuài 최대한 빨리

极端 jíduān 극도로   更加 gèngjiā 더욱이

忽然 hūrán 갑자기   多么 duōme 얼마나

渐渐 jiànjiàn 점점, 점차   稍微 shāowēi 조금, 약간

偷偷 tōutōu 남몰래, 살짝

这个决定非常地(＝非常的)英明。 이 결정은 매우 현명하다.

这里的风景格外地(＝格外的)美。 이곳의 풍경은 특히 아름답다.

李老师对工作极端地负责任。 리선생님은 일에 있어 극히 책임감이 있다.

他忽然地出现在街角的咖啡店了。 그는 거리 모퉁이의 카페에 홀연히 나타났다.

---

64 ★★

현재 항공사는 自行决定是否在航班上提供餐食服务了。但专家建议，将国内航空机票分为含餐和不含餐两种，并明码标价，让乘客根据消费需求，自主选择与决定是否消费飞机餐，此举能更好地迎合乘客的真实需求，降低不必要的成本负担。

现在航空公司可以自行决定是否在航班上提供餐食服务了。但专家建议，将国内航空机票分为含餐和不含餐两种，并明码标价，让乘客根据消费需求，自主选择与决定是否消费飞机餐，此举能更好地迎合乘客的真实需求，降低不必要的成本负担。

이제 항공사는 항공편에서 식사 서비스를 제공할지 여부를 스스로 결정할 수 있다. 그러나 전문가들은 국내 항공편의 운임을 식사 포함과 미포함 두 가지로 나누고 가격을 명시하여 고객이 소비 수요에 따라 기내식을 소비할지 여부를 스스로 선택하고 결정할 수 있도록 해야 하며, 이렇게 하는 것이 승객의 실제 수요에 더 잘 부응하며 불필요한 비용 부담을 줄일 수 있다고 조언했다.

A 航班(✓)	根据(✓)	是否(✓)	负担(✓)
B 航行	按照	要否(✓)	抱负
C 值班	依据	未必	包袱(✓)
D 飞机(✓)	参照	是非	承包

A 항공편	따라서	~인지 아닌지	부담
B 항행	따라서	~할지 말지	포부
C 당직	따라서	반드시 ~한 것은 아니다	부담
D 비행기	참조하다	시시비비	하청

航班 hángbān 몡(배나 비행기의) 운항편, 항공편 | 航行* hángxíng 몡항행, 운항 | 值班* zhíbān 몡당직, 당번 | 飞机 fēijī 몡비행기 | 根据 gēnjù 깨(변하는 상황, 반응 등에) 따라서 툉의거하다 | 按照 ànzhào 깨(쉽게 변하지 않는 원칙 등에) 따라서 | 依据* yījù 깨(쉽게 변하지 않는 원칙 등에) 따라서 툉의거하다 | 参照* cānzhào 툉(방법·경험 등을) 참조하다, 참고하다 | 是否 shìfǒu 뷔~인지 아닌지 | 要否 yàofǒu 뷔~할지 말지 | 未必 wèibì 뷔반드시 ~한 것은 아니다 | 是非 shìfēi 몡시비, 시시비비, 옳고 그름, 잘잘못 | 负担* fùdān 몡부담, 책임 | 抱负* bàofù 몡포부, 큰 뜻 | 包袱* bāofu 몡보따리, 짐, 부담 | 承包 chéngbāo 툉하청을 받다, 도맡다, 책임지고 떠맡다

| 빈칸 1 | 항공사와 관련된 내용이므로 맥락상 A와 D가 빈칸에 적합합니다.
| 빈칸 2 | '根据'는 '(변할 수 있는 상황, 판단 등에) 따라서'라는 뜻으로 '消费需求(소비 수요)'와 잘 어울립니다. '按照'와 '依据'는 '(변하지 않는 원칙, 법률, 규정 등에) 따라서'라는 뜻으로 빈칸에 들어갈 수 없습니다.
| 빈칸 3 | '是否'는 '是不是', '要否'는 '要不要'의 문어체 표현으로 빈칸에 적합합니다.
| 빈칸 4 | '负担'과 '包袱'는 '부담'이라는 뜻으로 모두 빈칸에 적합합니다. 다만 '包袱'는 '짐보따리'라는 뜻으로도 쓰일 수 있습니다.

65 ★★

六安瓜片是国家级历史名茶，中国十大<u>经典</u>名茶之一。它是在所有绿茶当中营养价值最高的茶叶，这是因为叶片生长<u>周期</u>长，茶叶的光合作用时间长，茶叶积蓄的<u>养分</u>多。六安瓜片还有消暑解渴，消食解毒<u>等功效</u>。

육안과편은 국가급 역사 명차로 중국 10대 <u>권위 있는</u> 명차 중 하나이다. 이 차는 모든 녹차 중에서 영양가가 가장 높은 찻잎인데 이는 잎의 성장 <u>주기</u>가 길고, 찻잎의 광합성 시간이 길어 찻잎에 축적된 <u>영양분</u>이 많기 때문이다. 육안과편에는 더위를 식히고 갈증을 해소하고, 소화를 돕고 해독하는 등의 <u>효능</u>도 있다.

A 古典	日程	能量(✓)	功能(✓)	A 클래식한	일정	에너지	기능
B 经典(✓)	周期(✓)	养分(✓)	功效(✓)	B 권위 있는	주기	영양분	효능
C 正经	阶级	元素	效益	C 공식적인	계급	요소	이익
D 传统(✓)	期限	成分	效果(✓)	D 전통적인	기한	성분	효과

古典 gǔdiǎn 형 고전적인, 클래식한 명 고전, 클래식 | 经典 jīngdiǎn 형 권위가 있는, 역대급의 명 경전 | 正经* zhèngjing 형 정직하다, 정식적이다, 엄숙하고 진지하다 | 传统 chuántǒng 형 전통적인 | 日程 rìchéng 명 일정, 스케줄 | 周期* zhōuqī 명 주기 | 阶级 jiējí 명 계급 | 期限* qīxiàn 명 기한, 시한 | 能量* néngliàng 명 에너지 | 养分 yǎngfèn 명 영양분, 자양분 | 元素* yuánsù 명 요소, 원소 | 成分 chéngfèn 명 성분, 요소 | 功能 gōngnéng 명 기능 | 功效* gōngxiào 명 효과, 효능 | 效益* xiàoyì 명 (경제적) 효과, 이익 | 效果 xiàoguǒ 명 효과

| 빈칸 1 | '经典'은 명사 '경전'이라는 뜻도 있지만 형용사로 더 자주 쓰여 '유명한' '권위 있는' '역대급의'라는 뜻을 나타내기 때문에 빈칸에 적합합니다. 육안과편이 역사적인 명차라는 이야기를 하고 있으므로 '传统'도 맥락상 적합합니다. 반면 '古典'은 주로 문화 예술 분야에서 '고전적이다' '클래식하다'라는 뜻으로 쓰이기 때문에 빈칸에 어울리지 않습니다. '正经'은 맥락상 어울리지 않습니다.
| 빈칸 2 | '周期'만 '成长(성장)'과 어울리고 A, C, D는 빈칸에 적합하지 않습니다.
| 빈칸 3 | 육안과편의 영양가가 높다는 맥락상 '能量'과 '养分'이 빈칸에 적합합니다.
| 빈칸 4 | 식품인 '茶(차)'에 대해 설명하고 있으므로 '功能' '功效' '效果' 모두 빈칸에 들어갈 수 있습니다. 하지만 용법과 의미가 조금씩 차이가 있으니 고득점 Tip을 참고하세요.

고득점 Tip | 功能 / 功效 / 效益 / 效果 비교

	방법, 방식	도구, 신체기관	약품, 식품	경제
功能 기능	×	这种手机功能齐全。 이 휴대폰은 기능을 다 갖췄다.	有美白的功能 미백 기능이 있다	×
功效 (약품, 식품의) 효능	×	×	有美白的功效 미백 효능이 있다	×
效益 (수익, 경제적) 효과	×	×	×	达到了经济效益 경제적 수익을 달성하다
效果 효과	这种方式很有效果。 이런 방법은 효과적이다.	×	有美白的效果 미백 효과가 있다	达到了经济效果 경제적 효과를 달성하다

自媒体是指，普通大众通过网络等<u>途径</u>传播消息。在自媒体时代，各种不同的声音来自<u>四面八方</u>，"主流媒体"的声音逐渐变弱，人们不再接受被一个"统一的声音"<u>告知</u>对或错，每一个人都在从<u>独立</u>获得的资讯中，对事物或事件做出判断。

A	渠道(✓)	大街小巷	发表	单独
B	旅途	众说纷纭	通知	唯独
C	途径(✓)	四面八方(✓)	告知(✓)	独立(✓)
D	频道	齐心协力	标志	孤独

1인 미디어란 일반 대중이 인터넷 등의 <u>경로</u>를 통해 소식을 전파하는 것을 말합니다. 1인 미디어 시대에는 다양한 목소리가 <u>사방팔방</u>에서 나오는 한편 '주류 미디어'의 목소리가 점점 약해지고, 사람들은 더 이상 하나로 '통일된 목소리'가 옳고 그름을 <u>알려 주는</u> 것을 받아들이지 않고, 누구나 <u>독립적으로</u> 얻은 정보로부터 사물이나 사건을 판단하고 있다.

A	경로	온 거리	발표하다	단독으로
B	여정	의견이 분분하다	통지하다	오직
C	경로	사방팔방	고지하다	독립적으로
D	채널	한마음으로 협력하다	상징하다	고독하다

渠道* qúdào 명 (물건, 정보 등을 입수하는) 경로, 채널, 루트 | 旅途 lǚtú 명 여정 | 途径* tújìng 명 경로, 절차 | 频道 píndào 명 채널 | 大街小巷 dàjiē-xiǎoxiàng 성 거리와 골목, 온 거리 | 众说纷纭 zhòngshuō-fēnyún 성 여러 사람들의 의견이 분분하다 | 四面八方 sìmiàn-bāfāng 성 사방팔방 | 齐心协力* qíxīn-xiélì 성 한마음으로 협력하다 | 发表 fābiǎo 동 발표하다 | 通知 tōngzhī 동 통지하다, 알리다 | 告知 gàozhī 동 고지하다, 알리다 | 标志 biāozhì 동 상징하다 | 单独 dāndú 부 단독으로, 혼자서 | 唯独* wéidú 부 오직, 유독 | 独立 dúlì 형 독립적이다 | 孤独* gūdú 형 고독하다

| 빈칸 1 | '渠道'와 '途径'이 '경로'라는 뜻으로 빈칸에 적합합니다. '频道'는 '(텔레비전·라디오·무선 통신 등의) 채널'이라는 뜻이기 때문에 빈칸에 적합하지 않습니다.
| 빈칸 2 | 빈칸 앞의 '来自(~에서 오다)'는 4급 필수 단어로 뒤에 장소와 관련된 표현이 목적어로 나와야 합니다. 보기 중 장소를 나타내는 것은 A와 C입니다. '大街小巷'은 '온 거리'라는 뜻이고 '四面八方'은 '사방팔방'이라는 뜻으로, 일반 대중이 다양한 목소리를 내는 것이 1인 미디어이므로 맥락상 C가 적합합니다.
| 빈칸 3 | 맥락상 '告知'가 적합하고 A, B, D는 빈칸에 어울리지 않습니다.
| 빈칸 4 | '独立'는 '독립적으로' '다른 사람이나 물건에 의존하지 않고'라는 뜻으로 빈칸에 적합합니다. '单独'나 '唯独'는 맥락상 어울리지 않습니다.

67

写小说如<u>酝酿</u>美酒，从一个小小的闪念开始，经历一段<u>漫长</u>且复杂的发酵过程。写长篇首先要有提笔的<u>勇气</u>，其次要具备进入孤独旅程和自我<u>封闭</u>的决心，最后才能写出一部真正表达内心想法的作品。

A	制造(✓)	悠久	决心(✓)	唾弃
B	酝酿(✓)	漫长(✓)	勇气(✓)	封闭(✓)
C	烂熟	长久(✓)	意图	力争
D	蕴藏	深沉	计划	探索(✓)

소설을 쓰는 것은 좋은 술을 <u>빚는</u> 것과 같아서, 작은 발상에서 시작해서 <u>길고</u> 복잡한 발효 과정을 거칩니다. 장편 소설을 쓰려면 먼저 펜을 들 <u>용기</u>가 있어야 하고, 그 다음에는 외로운 여정에 들어서서 스스로를 <u>가둘</u> 각오를 해야 하며, 마지막에 내면의 생각을 진정으로 표현하는 작품을 쓸 수 있습니다.

A	제조하다	유구하다	결심	혐오하다
B	술을 빚다	길다	용기	가두다
C	푹 삶기다	장구하다	의도	노력하다
D	잠재되다	침착하다	계획	탐색하다

制造 zhìzào 图 제조하다 | 酝酿* yùnniàng 图 술을 빚다 | 烂熟 lànshú 휑 ① (음식 등이) 푹 삶기다 ② 능숙하다 | 蕴藏* yùncáng 图 잠재되다, 묻히다 | 悠久 yōujiǔ 휑 유구하다 | 漫长* màncháng 휑 (시간·길 따위가) 길다 | 长久 chángjiǔ 휑 장구하다 | 深沉* shēnchén 휑 ① (심리적으로) 침착하고 신중하다 ② (목소리가) 낮고 묵직하다 | 决心 juéxīn 图 결심하다 | 勇气 yǒngqì 图 용기 | 意图* yìtú 图 의도 | 计划 jìhuà 图 계획 | 唾弃* tuòqì 图 혐오하다, 깔보다 | 封闭* fēngbì 图 봉쇄하다, 폐쇄하다 | 力争* lìzhēng 图 매우 노력하다, 애쓰다 | 探索* tànsuǒ 图 탐색하다, 탐구하다

| 빈칸 1 | '制造'는 '(물건을 대량으로) 제조하다'라는 뜻이고, '酝酿'은 '(술 등을) 빚다' '(오랜 시간 천천히) 만들다'라는 뜻으로 빈칸에 적합합니다. '烂熟'는 '푹 삶다' '능숙하다'라는 뜻의 형용사로 목적어 '美酒(술)'와 함께 쓸 수 없습니다. '蕴藏'은 '(지하 자원 등이) 매장되다' '(감정, 의미 등을) 담다'라는 뜻으로 빈칸에 들어갈 수 없습니다.

| 빈칸 2 | '漫长'과 '长久'는 긴 시간을 나타내는 말로 빈칸에 들어갈 수 있습니다. '悠久'는 '(역사 등이) 유구하다'라는 뜻으로 빈칸에 들어갈 수 없습니다.

| 빈칸 3 | 맥락상 '意图'와 '计划'는 빈칸에 어울리지 않습니다.

| 빈칸 4 | 맥락상 '唾弃'와 '力争'는 빈칸에 어울리지 않습니다.

68 ★★★

一般的紫砂壶并不名贵，但明清时期，宜兴地区出现了<u>众多</u>的制壶高手，他们以其高超的技巧、独特的风格将紫砂壶制作得<u>巧妙</u>至极，这些精巧的紫砂壶是<u>颇</u>为名贵的作品。通常，紫砂壶的命名方法很多，但不管以何种方法题名，都应以<u>雅俗共赏</u>为原则，能为各种人所接受。

보통 자사호는 전혀 비싸지 않지만, 명청 시기 이싱 지역에 <u>수많은</u> 자사호 명장들이 등장하였다. 그들은 뛰어난 기교와 독특한 스타일로 자사호를 극히 <u>절묘하게</u> 제작하였고, 정교하게 만들어진 이 자사호들은 <u>상당히</u> 귀한 작품이다. 일반적으로 자사호에 이름을 붙이는 방법은 많지만, 어떤 방법으로 이름을 붙이든, <u>우아함과 대중성이 공존하는</u> 것을 원칙으로 해야 뭇사람에게 쉽게 받아들여질 수 있다.

A	众多(✓)	巧妙(✓)
	颇(✓)	雅俗共赏(✓)
B	广大(✓)	妙趣
	愈	喜闻乐见
C	广阔	奇妙
	亦	实事求是
D	高明	美妙(✓)
	非	精益求精

A	아주 많다	절묘하다
	상당히	우아함과 대중성이 공존하다
B	아주 많다	묘미
	~할수록 ~하다	즐기고 좋아하다
C	광활하다	신기하다
	또한	사실을 토대로 진리를 탐구하다
D	뛰어나다	아름답다
	~않다	훌륭하지만 더욱 더 완벽을 추구하다

众多 zhòngduō 휑 (사람 등이) 아주 많다 | 广大 guǎngdà 휑 광대하다, (사람 등이) 아주 많다 | 广阔* guǎngkuò 휑 넓다, 광활하다 | 高明* gāomíng 휑 고명하다, 뛰어나다 | 巧妙 qiǎomiào 휑 절묘하다 | 妙趣 miàoqù 图 재미, 묘미 | 奇妙* qímiào 휑 기묘하다, 신기하다 | 美妙* měimiào 휑 아름답다, 훌륭하다 | 颇* pō 图 꽤, 상당히, 자못 | 愈* yù 图 ~할수록 ~하다 | 亦* yì 图 ~도 역시, 또한 | 非 fēi 图 ~않다 | 雅俗共赏 yǎsú-gòngshǎng 졩 (작품 등이) 훌륭하면서도 대중적이다, 우아함과 대중성이 공존하다 | 喜闻乐见* xǐwén-lèjiàn 졩 (작품 등을) 즐겨 듣고 즐겨 보다 | 实事求是* shíshì-qiúshì 졩 실사구시, 사실을 토대로 진리를 탐구하다 | 精益求精* jīngyìqiújīng 졩 훌륭하지만 더욱 더 완벽을 추구하다

| 빈칸 1 | '众多'와 '广大'는 '(사람이) 아주 많다'라는 뜻으로 빈칸에 어울립니다. 다만 '广大'는 '크다' '광대하다'라는 뜻으로 쓰이기도 합니다. 예를 들어 '范围很广大。(범위가 넓다)' '广大的土地(광대한 토지)'와 같은 경우 '众多'로 바꿔 쓸 수 없습니다. '广阔'는 '넓다'라는 뜻만 있기 때문에 빈칸에 들어갈 수 없습니다.

| 빈칸 2 | 맥락상 '巧妙'와 '美妙'가 빈칸에 적합합니다.

| 빈칸 3 | 제시된 1음절 부사들은 모두 6급 필수 단어로 빈출 단어 그룹입니다. '颇'는 '상당히' '꽤'라는 뜻의 정도부사로 맥락상 가장 적절하며, 빈칸 뒤의 '为'는 일부 단음절 정도부사와 함께 쓰여 2음절의 부사를 이루는데, 보기 중 '颇'와만 결합할 수 있습니다.
| 빈칸 4 | '뭇사람에게 쉽게 받아들여질 수 있다'라는 내용을 고려하면 '雅俗共赏'이 맥락상 가장 적합합니다.

✦고득점 Tip

문어체 정도부사 'A为'는 반드시 2음절 형용사 앞에 씁니다.

颇为复杂 제법 복잡하다	更为紧张 더욱 긴장하다
最为丰富 가장 풍부하다	较为敏感 비교적 민감하다
尤为发达 특히 발달하다	极为严苛 지극히 가혹하다

---

69 ★★

明初，明成祖朱棣在南京<u>登</u>上皇位后，十分欣赏江南的许多民间工艺品。他发现折扇舒展自如，灵巧美观，携带方便，于是下诏令宫内工匠<u>汲取</u>外来工艺进行制作。从此，<u>无论</u>宫廷还是民间，使用折扇形成习俗，一直影响到清代，前后达三个世纪之久。现今南京秦淮河的南岸仍<u>保留</u>着"扇骨营"这一古老地名。

명나라 초기, 명 성조 주체는 난징에서 황위에 <u>오른</u> 다음 강남의 많은 민간 공예품을 매우 좋아했다. 그는 접선이 펴고 접기가 자유롭고, 정교하고 아름다우며, 휴대하기도 편하다는 것을 알고, 궁궐 내의 장인들에게 궐 밖의 기법을 <u>받아들여</u> 제작하도록 명을 내렸다. 이때부터 궁중과 민간을 <u>불문하고</u> 접선을 쓰는 것이 유행이 되어 청대까지 3세기 동안 영향을 미쳤다. 현재 난징 친화이강 남쪽 연안에는 여전히 '선골영'이라는 옛 지명이 <u>남아</u> 있다.

A	顶	借鉴(✓)	不管(✓)	保存	A 떠받치다	참고하다	~하든 간에	보존하다
B	爬	借助	非但	保养	B 오르다	도움을 받다	~뿐만 아니라	정비하다
C	登(✓)	汲取(✓)	无论(✓)	保留(✓)	C 오르다	받아들이다	~하든 간에	남다
D	攀	索取	不但	保护	D 오르다	받아 내다	~뿐만 아니라	보호하다

顶 dǐng 图 머리에 받치다, 떠받치다 | 爬 pá 图 기어 오르다, 기어가다 | 登 dēng 图 ① 걸어 오르다, 올라가다 ② (신문 등에) 기재하다, 게재하다 ③ (높은 자리에) 오르다 | 攀 pān 图 ① 기어 오르다 ② (대단한 사람과) 친분을 맺다 | 借鉴* jièjiàn 图 참고하다, 본보기로 삼다 | 借助* jièzhù 图 도움을 받다 | 汲取 jíqǔ 图 (지식, 노하우, 교훈 등을) 흡수하다, 받아들이다 | 索取* suǒqǔ 图 (돈, 물건 등을) 독촉하다, 받아 내다 | 不管 bùguǎn 젭 ~하든 간에 [주로 也, 都 등과 호응함] | 非但 fēidàn 젭 ~뿐만 아니라 [주로 而且, 并且, 也, 又, 还 등과 호응함] | 无论 wúlùn 젭 ~하든 간에 [주로 也, 都 등과 호응함] | 不但 búdàn 젭 ~뿐만 아니라 [주로 而且, 并且, 也, 还 등과 호응함] | 保存 bǎocún 图 보존하다, 간직하다 | 保养* bǎoyǎng 图 보양하다, (기계, 전자장치 등을) 정비하다 | 保留 bǎoliú 图 보존하다, 남기다 | 保护 bǎohù 图 보호하다

| 빈칸 1 | '爬' '登' '攀'은 모두 '(높은 장소에) 오르다'라는 뜻이 있습니다. 그러나 '(높은 자리, 신문 등에) 오르다'라는 뜻일 때는 '登'만 사용할 수 있습니다.
| 빈칸 2 | '借鉴'와 '汲取'가 맥락상 빈칸에 들어갈 수 있습니다.
| 빈칸 3 | '~하든 간에'라는 뜻의 '不管'과 '无论'이 동의어이고, '~뿐만 아니라'라는 뜻의 '非但'과 '不但'이 동의어입니다. 궁중과 민간에서 접선이 유행했다는 내용과 빈칸 뒤에 'A还是B'의 선택의문문이 나오므로 A와 C가 빈칸에 적합합니다.
| 빈칸 4 | '保存'은 '(원형 그대로) 보존되다'라는 뜻이고, '保留'는 '(일부가) 남다'는 뜻인데 맥락을 보면 현재도 이름만은 남아 있으므로 '保留'가 적합합니다. '保养'과 '保护'는 맥락상 빈칸에 적합하지 않습니다.

五味一般是指酸、甜、苦、辣、咸。可是，"辣"本身并不属于味觉的<u>范畴</u>，只是一种<u>强烈</u>的刺激，或者说是一种痛觉。"辣味"刺激舌头，大脑感受到痛苦，这种痛苦引起全身反应：心跳会加速、唾液分泌增加，同时也<u>释放</u>出一种化学物质，使人感到轻松<u>兴奋</u>，产生吃到"辣"味后的一种<u>特殊</u>"快感"。

다섯 가지 맛은 보통 신맛, 단맛, 쓴맛, 매운맛, 짠맛을 가리킨다. 그러나 '매운맛' 자체는 미각의 <u>범주</u>에 속하지 않고 그저 <u>강렬한</u> 자극 혹은 일종의 통각일 뿐이다. '매운맛'이 혀를 자극하면 뇌가 고통을 느끼는데, 이런 고통은 온몸에 반응을 일으킨다. 즉 심장박동이 빨라지고 타액 분비가 증가하며 일종의 화학물질도 <u>방출돼</u> 사람은 긴장이 풀리고 <u>신나며</u> '매운맛'을 먹은 후의 <u>특수한</u> '쾌감'이 생긴다.

A 元素	激烈	解放
激动	特意	
B 范畴(✓)	强烈(✓)	释放(✓)
兴奋(✓)	特殊(✓)	
C 含义	剧烈	排放
刺激	特别	
D 范围(✓)	壮烈	分泌(✓)
振奋	独特(✓)	

A 원소	치열하다	해방하다
흥분하다	특별히	
B 범주	강렬하다	방출하다
신나다	특수하다	
C 함의	격렬하다	배출하다
자극하다	특별하다	
D 범위	장렬하다	분비하다
고무하다	독특하다	

元素* yuánsù 명 요소, 원소 | 范畴* fànchóu 명 범주, 범위, 유형 | 含义* hányì 명 함의, 내포된 뜻, 담겨진 의미 | 范围 fànwéi 명 범위 | 激烈 jīliè 형 (다툼, 경쟁 등이) 치열하다 | 强烈 qiángliè 형 강렬하다 | 剧烈* jùliè 형 (움직임, 변화 등이) 격렬하다 | 壮烈* zhuàngliè 형 장렬하다 | 解放* jiěfàng 동 해방하다, 자유롭게 하다 | 释放* shìfàng 동 방출하다, 내보내다 | 排放* páifàng 동 (폐기·폐수·고형 폐기물 등을) 배출하다, 방류하다 | 分泌* fēnmì 동 분비하다 | 激动 jīdòng 동 (감정 등이) 격하게 움직이다, 감격하다, 흥분하다 | 兴奋 xīngfèn 동 신나다, 즐겁다 | 刺激 cìjī 동 자극하다 | 振奋* zhènfèn 동 용기를 북돋우다, 고무하다, 흥분시키다 | 特意* tèyì 부 특별히, 일부러 | 特殊 tèshū 형 특수하다 | 特别 tèbié 형 특별하다 부 ① 특히, 매우 ② 특별히, 일부러 | 独特 dútè 형 독특하다

| 빈칸 1 | '属于(~에 속하다)'와 함께 쓰여야 하므로 맥락상 '范畴'와 范围'가 가능합니다.

| 빈칸 2 | '强烈'는 '(정도가) 강하다, 심하다'라는 뜻으로 빈칸에 적합합니다. '激烈'는 '(투쟁, 경쟁 등이) 치열하다', '剧烈'는 '(움직임, 변화가) 격렬하다' '壮烈'는 '(남을 위해 희생한 행위 등이) 장렬하다'라는 뜻으로 빈칸에 어울리지 않습니다.

| 빈칸 3 | '释放'은 '(사람을) 석방하다'라는 뜻 외에 '(물질을) 배출하다, 방출하다'라는 뜻도 있어서 빈칸에 적합합니다. 물론 '分泌'도 가능합니다.

| 빈칸 4 | '兴奋'은 '흥분하다'가 아니라 '신나다' '즐겁다'라는 뜻이기 때문에 빈칸에 적합합니다. '激动'은 '(감정적으로) 흥분하다'라는 뜻이기 때문에 빈칸 앞의 '轻松(마음이 편하다)'과 함께 쓸 수 없습니다.

| 빈칸 5 | 보통 형용사가 명사를 수식할 때는 구조조사 '的'가 필요한데 '特殊'는 예외적으로 '的'를 생략하는 경우가 많습니다. 예를 들어 '特殊情况(특수한 상황)', '特殊效果(특수 효과)', '特殊照顾(특별한 배려)' 등과 같이 씁니다. 해석만으로는 '特别(특별하다)'와 '独特(독특하다)'도 가능할 것 같지만 빈칸 뒤에 '的'가 없기 때문에 어법상 적합하지 않습니다.

71-75

3회
독해

　　许多乌龟能把头缩进自己坚硬的壳里进行防御，也正因如此，**71 C** 人们用"缩头乌龟"来讽刺胆小怕事的人。但很多生物的远古祖先和它们现在模样很不一样，就像圆滚滚、胖乎乎、热爱竹子的熊猫曾经是一个人见人怕的远古凶兽一样，那个年代的乌龟，也绝不是胆怯的代名词。

　　一项研究却发现，在1.5亿年前的远古时期，乌龟的老祖先可并没有靠这个手段来进行自卫。他们发现，远古乌龟的头部结构与现在一样灵活——它们也能被快速地收回来，但无法被完全缩进壳内。研究人员认为，当时头部演化成可伸缩的样子，**72 D** 并不是为了自卫，只是为了更好地抓住猎物罢了。

　　换句话说，现在看起来温吞吞的乌龟，**73 A** 曾经是大自然中最危险的掠食者之一。而肌肉发达能够快速弹射的头部，是它们能够进行伏击的重要资本。而随着时间的推移，**74 E** 乌龟中演化出了那些能够将头完全缩回壳内的个体。很快它们又发现这样的方式对自卫有着额外的好处，久而久之，乌龟就成了今天这个样子。

　　这又一次告诉我们，**75 B** 如果不幸穿越回远古时期，人们恐怕要处处小心。在很久很久以前，你可能连一只乌龟都惹不起。

　　많은 거북이들이 머리를 움츠려 단단한 껍데기에 넣어 방어할 수 있는데, 바로 이 때문에 **71 C** 사람들은 '움츠린 거북이'라는 말로 겁이 많은 사람을 풍자했다. 그러나 많은 생물의 먼 옛날의 조상은 그들의 지금 모습과 매우 달랐다. 마치 둥글둥글하고 토실토실하며 대나무를 사랑하는 판다가 한때 누구나 두려워하는 고대의 맹수였던 것처럼, 그 시대의 거북이도 결코 겁쟁이의 대명사가 아니었다.

　　한 연구는 1억 5000만 년 전 먼 옛날 거북이의 조상들은 이런 방법으로 스스로를 방어하지 않았다는 사실을 밝혀 냈다. 그들은 고대 거북이의 머리 구조가 지금처럼 유연하여 빠르게 움츠릴 수 있지만 껍데기 안으로 완전히 집어넣을 수는 없었다는 것을 발견했다. 연구원들은 당시 머리가 늘었다 줄었다 할 수 있는 모습으로 진화한 것은 **72 D** 스스로를 지키기 위해서가 아니라 사냥감을 더 잘 잡기 위해서였을 뿐이라고 생각한다.

　　다시 말해서, 오늘날 온순해 보이는 거북이는 **73 A** 한때 자연에서 가장 위험한 포식자 가운데 하나였다. 근육이 발달하여 빠르게 발사할 수 있는 머리는 그들이 매복 공격을 할 수 있는 중요한 밑천이었다. 시간이 지남에 따라 **74 E** 거북이 중에서 머리를 껍데기 안으로 완전히 움츠릴 수 있는 개체들이 진화하여 생겨났다. 곧 그들은 이런 방식이 자기 방어에 추가적인 이점이 있다는 것을 알게 되었고, 시간이 지나면서 거북이는 오늘날의 모습이 되었다.

　　이런 사실은 **75 B** 불행히 먼 옛날로 돌아간다면 사람들은 아마 여러모로 조심해야 한다는 것을 사람들에게 다시 한번 상기시킨다. 아주 오래전, 당신은 거북이 한 마리도 건드리지 못했을 것이다.

A　曾经是大自然中最危险的掠食者之一
B　如果不幸穿越回远古时期
C　人们用"缩头乌龟"来讽刺胆小怕事的人
D　并不是为了自卫
E　乌龟中演化出了那些能够将头完全缩回壳内的个体

A　한때 자연에서 가장 위험한 포식자 가운데 하나였다
B　불행히 먼 옛날로 돌아간다면
C　사람들은 '움츠린 거북이'라는 말로 겁이 많은 사람을 풍자했다
D　스스로를 지키기 위해서가 아니라
E　거북이 중에서 머리를 껍데기 안으로 완전히 움츠릴 수 있는 개체들이 진화하여 생겨났다

乌龟 wūguī 몡 거북 | 缩 suō 동 움츠리다, 쪼그리다 | 坚硬* jiānyìng 혱 단단하다, 견고하다 | 壳 ké 몡 껍질 | 防御* fángyù 동 방어하다 | 缩头乌龟 suōtóuwūguī 겁쟁이, 비겁한 사람 | 讽刺 fěngcì 동 풍자하다, 비꼬다 | 祖先* zǔxiān 몡 선조, 조상 | 圆滚滚 yuángǔngǔn 혱 둥글둥글하다 | 胖乎乎 pànghūhū 혱 토실토실하다 | 人见人 rénjiànrén 누구나 ~하다 | 凶兽 xiōngshòu 흉포한 짐승 | 胆怯* dǎnqiè 혱 겁내다, 겁이 많다 | 手段 shǒuduàn 몡 수단 | 自卫 zìwèi 동 스스로 지키다 | 灵活 línghuó 혱 민첩하다, 재빠르다 | 伸缩* shēnsuō 동 늘었다 줄었다 하다, 신축하다 | 猎物 lièwù 몡 사냥감 | 罢了 bàle 조 단지 ~할 따름이다 | 换句话说 huànjùhuàshuō 바꾸어 말하면, 다시 말하자면 | 温吞吞 wēntūntūn 혱 (온도가) 미지근하다, (성격 등이) 온순하다 |

171

掠食者 lüèshízhě 몡 포식자 | 肌肉 jīròu 몡 근육 | 弹射 tánshè 통 (탄력을 이용하여) 발사하다, 사출하다 | 伏击 fújī 통 매복하여 기습하다 | 资本* zīběn 몡 자본, 밑천 | 推移 tuīyí 통 (시간·형세 등이) 변화하다, 지나가다 | 个体* gètǐ 몡 개체 | 额外* éwài 휑 별도의, 그 밖의 | 穿越* chuānyuè 통 (시간, 공간 등을) 넘다, 통과하다 | 恐怕 kǒngpà 뷔 아마, 어쩌면 | 处处 chùchù 몡 도처, 곳곳 | 惹 rě 통 (언행이) 상대방의 기분을 건드리다

71 ★★

빈칸 앞에 '也正因如此(바로 이 때문에)'가 있으므로 거북이가 머리를 껍데기에 넣어 방어하는 것 때문에 일어날 수 있는 일이 답이 되어야 합니다. 맥락상 C가 적합합니다.

72 ★★★

D의 '不是为了'가 빈칸 뒤의 '只是为了'와 함께 '不是为了……，(而)是为了……(~을 위해서가 아니라 ~을 위해서이다)'의 구조를 이룹니다.

73 ★★★

빈칸 앞의 '现在看起来温吞吞的乌龟(오늘날은 온순해 보이는 거북이)'라는 문장의 주어에 어울리는 술어부가 빈칸에 들어가야 하기 때문에 A가 적합합니다. 빈칸 뒤에도 머리를 발사하여 거북이가 매복 공격을 했다는 내용이 나오므로 맥락상 A가 어울립니다.

74 ★★★

빈칸 앞의 '随着'는 '개사구 + 주절'의 형식으로서 '~함에 따라서 ~하다'라는 변화를 나타냅니다. 보기 중에서 변화를 말하는 것은 E뿐입니다.

75 ★★★

B에 '如果'가 있지만 호응하는 '那么'나 '就' 등이 생략되어 연결어 호응으로는 답을 고를 수 없습니다. 하지만 '如果……，那么……就……'의 가정문에는 '恐怕' '可能' '也许' '或许' 등 가정을 나타내는 부사가 함께 쓰이는 경우가 많고, 맥락상으로도 B가 빈칸에 가장 적합합니다.

76-80

镇远古镇位于贵州东部的苗族侗族自治区，是一座有着2000多年文化底蕴的历史名城，也是一个远离喧嚣的美丽城市。在古镇之中，**76 C 一条蜿蜒的舞阳河从中把镇远古镇一分为二**，组成一幅天然的太极图。站在古城墙上，俯视整个古镇，可看见依山而建的青龙洞、横跨舞阳河的祝圣桥、古街道、古纤道和勤劳可爱的人们。

自古以来，独特的地理位置造就了镇远在西南历史上的重要地位。**77 B 古代的镇远是战云密布的地方**，而渐渐进入商业经济的鼎盛时期，成为一个商业贸易中心。从云南到镇远的货物大多依靠人挑马驮的方式，到了镇远后顺

전위안 고을은 구이저우 동부의 먀오족·둥족자치구에 위치해 있으며, 2,000여 년의 문화가 축적된 역사 도시이자 번잡함에서 멀리 떨어진 아름다운 도시이다. 고을 가운데에서 **76 C 구불구불한 우양강이 전위안을 둘로 나누어 자연적인 태극 문양을 구성한다**. 옛 성벽 위에 서서 고을 전체를 내려다보면, 산을 따라 지어진 칭룽 동굴, 우양강을 가로지르는 주성교, 옛 거리, 옛 뱃길, 그리고 근면하고 사랑스러운 사람들을 볼 수 있다.

예로부터 독특한 지리적 위치로 전위안은 서남 지역의 역사에서 중요한 위치를 차지하게 되었다. **77 B 옛날 전위안은 전운이 감도는 곳이었다**. 그러나 점점 상업 경제의 전성기에 접어들면서 상업 무역의 중심지가 되었다. 윈난에서 전위안까지의 화물은 대부분 사람들이 어깨에 지고 말에 싣는 방식에 의존했고 전위안에 도착한 후 수

着水路到达湖南常德。便利的水陆交通为镇远带来商业的繁荣，**78 D** <u>由于各地的客商从沿海长江流域闻风而至</u>，这个古镇手工业、餐饮业等各行各业相继发展起来。

另外，外地客商聚集，随之而来的就是会馆。会馆是商品经济的产物，也是一个城镇兴起、物资交流及商帮形成的见证。同样，会馆文化也是一种商业文化和一种移民文化，或者说是两者的有机结合。**79 E** <u>以一个外地人的心理考虑</u>，在外乡做生意自然有一种不安全感，需要和自己同乡的人联合起来，拉结成帮派，建立属于本帮人的"根据地"。为了把客居在镇远的同乡团结起来，形成一条"乡土之链"，镇远自清代以来涌现了许多会馆，他们以商帮为基础，以同乡共同崇拜的偶像为精神核心，形成了当时的"八大会馆"。不仅按照地域，**80 A** <u>人们还按照行业成立行会</u>，可以说三教九流，五花八门，包罗万象。

A 人们还按照行业成立行会
B 古代的镇远是战云密布的地方
C 一条蜿蜒的舞阳河从中把镇远古镇一分为二
D 由于各地的客商从沿海长江流域闻风而至
E 以一个外地人的心理考虑

로를 따라 후난 창더에 도착했다. 편리한 수륙교통은 전위안에 상업의 번영을 가져왔고, **78 D** <u>각지의 상인들이 연해와 창장강 유역에서 소문을 듣고 모여들었기 때문에</u>, 이 고을의 수공업, 외식업 등 여러 업종이 잇따라 발전하였다.

또 외지 상인들이 모이면서 따라온 것이 회관이다. 회관은 상품 경제의 산물이면서 도시가 번성하고 물자가 교류하고 상단이 형성된 증거이기도 하다. 마찬가지로 회관 문화는 일종의 상업 문화와 이민 문화이고, 또는 두 가지의 유기적 결합이다. **79 E** <u>외지인의 심리를 고려해 볼 때</u> 타지에서 장사를 하는 것은 당연히 불안감이 있었고, 동향 사람들과 연합하여 상단을 결성하고 상단 사람들의 '근거지'를 세워야 했다. 전위안에서 타향살이하는 동향들을 단결시켜 '지연'을 형성하기 위해, 전위안에는 청대 이래 많은 회관이 생겨났다. 그들은 상단을 기반으로 동향들이 함께 숭배하던 우상을 정신적 핵심으로 삼아 당시의 '8대 회관'을 이루었다. 지역에 따라서뿐만 아니라 **80 A** <u>업종에 따라서도 조합을 설립하였다</u>. 그야말로 각계각층, 가지각색, 삼라만상이라고 할 수 있다.

A 업종에 따라서도 조합을 설립하였다
B 옛날 전위안은 전운이 감도는 곳이었다
C 구불구불한 우양강이 전위안을 둘로 나누어
D 각지의 상인들이 연해와 창장강 유역에서 소문을 듣고 모여들었기 때문에
E 외지인의 심리를 고려해 볼 때

古镇 gǔzhèn 명 오래된 마을 | 底蕴 dǐyùn 명 (문화, 부의) 축적, 속사정 | 喧嚣 xuānxiāo 형 시끄럽다, 소란스럽다 | 蜿蜒 wānyán 형 (뱀이 기어가듯 산맥·하천·도로 등이) 구불구불하다 | 墙 qiáng 명 벽 | 俯视* fǔshì 동 굽어보다, 내려다보다 | 横* héng 동 가로지르다 | 勤劳* qínláo 동 열심히 일하다, 부지런히 일하다 | 自古 zìgǔ 부 자고로, 예로부터 | 造就 zàojiù 동 만들어 내다 | 战云 zhànyún 명 전운, 전쟁의 기미 | 鼎盛 dǐngshèng 형 한창이다, 융성하다 | 依靠* yīkào 동 의존하다, 의지하다 | 人挑马驮 réntiāomǎtuó 사람이 메고 말에 싣다 | 顺 shùn 동 (길, 강 등을) 따라가다 | 闻风而至 wénfēng'érzhì 동 소문을 듣고 오다 | 餐饮业 cānyǐnyè 명 외식업 | 各行各业 gè háng gè yè 각종 업종 | 相继 xiāngjì 부 잇따라, 연이어, 속속 | 聚集 jùjí 동 합류하다, 한데 모이다 | 随之而来 suízhī'érlái 이에 따라오다, 뒤따라 생기다 | 物资 wùzī 명 물자 | 交流 jiāoliú 동 교류하다, 소통하다 | 商帮 shāngbāng 명 상단, 길드 | 见证 jiànzhèng 명 증거물, 산 증인 | 团结* tuánjié 동 단결하다, 결속하다 | 链 liàn 명 쇠사슬, 체인 | 涌现* yǒngxiàn 동 한꺼번에 나타나다 | 偶像* ǒuxiàng 명 우상, 아이돌 | 三教九流 sānjiào-jiǔliú 명 다양한 유파, 온갖 직업, 다양한 사람들 | 五花八门 wǔhuā-bāmén 성 각양각색이다, 다양하다 | 包罗万象 bāoluó-wànxiàng 성 삼라만상을 포함하다, 포함하지 않는 것이 없다

76 ★★

빈칸 뒤의 '组成一幅天然的太极图'가 술어와 목적어이므로 빈칸에는 주어가 필요합니다. C의 주어 '舞阳江(우양강)'이 빈칸 뒤의 주어를 겸할 수 있습니다.

77

빈칸 뒤의 접속사 '而'은 앞뒤 문장의 내용이 대비될 때 씁니다. 예를 들어 '她顺利通过了考试，而他奋力挣扎。(그녀는 순조롭게 시험에 합격했는데, 그는 고생한다.)'와 같이 씁니다. 빈칸 뒤에는 '점점 상업 무역의 중심지가 되었다'는 내용이 나오므로, 빈칸에는 이전의 상황을 묘사하는 B가 적합합니다.

D의 접속사 '由于'는 '由于……，所以/因此……'의 구조로 많이 쓰이는데 호응하는 접속사가 생략되는 경우도 많습니다. 이 문제에서 '所以'나 '因此' 등은 보이지 않습니다. 그러나 해석을 살펴보면 각지 상인이 모여들어서 일어날 수 있는 결과로 이 고을의 여러 업종이 잇따라 발전했다는 것이 어울리므로 정답은 D가 적합합니다.

빈칸 뒤의 '在外乡做生意自然有一种不安全感(타지에서 장사를 하는 것은 당연히 불안감이 있었다)'과 맥락상 관련된 E가 적합합니다.

빈칸 앞의 '不仅'과 A의 '还'가 '不仅……，(而且)……还……'의 복문 구조를 이루어 '~뿐만 아니라 (게다가) ~하다'라는 뜻을 나타냅니다. 해석으로도 A가 가장 적합합니다.

제4부분 81~100번은 장문을 읽고 질문에 알맞은 보기를 선택하는 문제입니다.

81-84

我们今天普遍使用的键盘，在业内被称为QWERTY键盘，最初由美国"打字机之父"肖尔斯于19世纪发明。

早在17世纪，欧洲人就发明了打字机，最早的键盘就是应用在打字机上的。当时配备的键盘上面的字母，就是按照人们熟知的26个英文字母顺序排列的。但在实际应用中，肖尔斯发现，由于人们过于熟悉各个字母的顺序和位置，而且常用的字母挨得很近，所以打起字来手指活动非常迅速。[81] 而当时的键盘和打字机都是机械结构的机器，极快速度地敲打，不但会使键盘按键的连杆卡在一起，而且会造成打字机经常死机。

肖尔斯苦苦地思索着如何解决这个问题。既然键盘和打字机的故障是由于人的手指敲击过快造成的，那么能不能设计出一种键盘，让人手指敲击键盘的速度慢下来呢？

오늘날 우리가 보편적으로 사용하는 자판은 업계에서 쿼티(QWERTY) 자판이라고 불리는데 처음에는 미국의 '타자기의 아버지' 숄스가 19세기에 발명한 것이다.

일찍이 17세기에 유럽인들은 이미 타자기를 발명했는데 최초의 자판은 바로 타자기에 적용되었다. 당시 설치된 자판에 있는 알파벳은 잘 알려진 26자의 알파벳 순서에 따라 배열되어 있었다. 하지만 실제로 사용하면서 숄스는 사람들이 각 알파벳의 순서와 위치를 너무 잘 알고 있고 자주 사용하는 알파벳들이 서로 매우 가까이 붙어 있기 때문에 타자를 칠 때 손가락 움직임이 너무 빠르다는 것을 발견했다. [81] 당시 자판과 타자기는 기계 구조의 물건으로 빠른 속도로 타자를 치면 자판의 키를 연결하는 부품이 걸리기도 하고, 타자기가 작동을 멈추고는 했다.

숄스는 이 문제를 어떻게 해결할지 고민했다. 자판과 타자기의 고장은 사람의 손가락이 너무 빨리 두드려서 생긴 것인데, 그렇다면 손가락이 자판을 두드리는 속도를 늦추도록 자판을 설계할 수 있을까?

考虑到绝大多数人都是右撇子，用右手更熟练，而左手则相对笨拙，肖尔斯首先把字母区设计在键盘的左区，让左手来完成敲击工作；[82] 其次，肖尔斯对26个字母进行了重新分组、排列。[83] 多年的编辑工作让肖尔斯知道哪些英文字母出现的频率最高，所以在字母编排上，他有意识地把英文中常用字母的间距拉开，并且放在离手指最远的区域，交给较弱的小拇指和无名指。而中间的黄金区域都是一些不常用的字母，迫使人们在敲击键盘时要频繁上下移动手指，以延长敲击间隔。基于以上原则，肖尔斯设计出了新的QWERTY键盘。

这完全是一个反人类思维的设计，却也是一个非常成功的发明。[84] QWERTY键盘一经面世，便有效解决了当时打字机死机的问题，很快便流行起来。1868年，美国专利局为肖尔斯注册了发明专利。

대다수의 사람들이 오른손잡이라 오른손을 쓰는 게 더 능숙하고 왼손은 비교적 서툴다는 점을 감안하여 숄스는 먼저 알파벳을 자판의 좌측 부분에 설계하여 왼손으로 타자를 쳐야 하게 만들었다. [82] 그다음으로, 숄스는 26개의 알파벳을 재조합하고 배열했다. [83] 수년간의 편집 업무를 통해 숄스는 어떤 알파벳이 가장 자주 나오는지 알고 있었다. 그래서 알파벳을 배열하는 데 있어 그는 일부러 영어에서 자주 사용하는 알파벳의 간격을 떨어뜨려 손가락에서 가장 먼 곳에 두어 힘이 약한 새끼손가락과 약손가락에 맡겼다. (자판) 가운데 '황금 구역'은 자주 사용하지 않는 글자들이라 사람들이 타자를 칠 때 손가락을 자주 위아래로 움직이게 강제하여 타자 간격을 연장시켰다. 이러한 원칙에 근거하여 숄스는 새로운 쿼티 자판을 설계해 냈다.

이것은 완전히 상식에 반하는 디자인이지만, 매우 성공적인 발명이기도 하다. [84] 쿼티 자판이 출시되자 타자기가 멈추는 문제를 효과적으로 해결했고 이 자판은 곧 유행하기 시작했다. 1868년 미국 특허국은 숄스를 위해 발명 특허를 등록했다.

键盘 jiànpán 명 건반, 키보드 | 世纪 shìjì 명 세기 | 应用 yìngyòng 동 응용하다 | 配备* pèibèi 동 (인력, 장비 등을) 배치하다, 갖추다 | 字母 zìmǔ 명 자모, 알파벳 | 过于* guòyú 부 지나치게, 너무, 과도하게 | 挨* āi 동 인접하다, 붙어 있다 | 活动 huódòng 동 움직임 | 机械* jīxiè 명 기계 | 敲打 qiāodǎ 동 두드리다, 치다 | 按键 ànjiàn 명 (악기, 자판 등의) 키, 단추 | 连杆 liángǎn 명 연결봉, 연결 부품 | 卡 qiǎ 동 (사이에) 걸려서 멈추다 | 死机 sǐjī 동 (전자 제품, 기계 등이) 동작을 멈추다, 다운되다 | 思索* sīsuǒ 동 사색하다, 생각하다 | 既然 jìrán 접 기왕 ~한 바에, ~한 만큼 [주로 那么……就 등과 호응함] | 故障* gùzhàng 명 (기계 따위의) 고장 | 右撇子 yòupiězi 오른손잡이 | 熟练 shúliàn 형 능숙하다, 숙련되다 | 则 zé 반면에, 오히려 | 笨拙* bènzhuō 형 둔하다, 굼뜨다, 서툴다 | 分组 fēnzǔ 동 조를 나누다, 팀을 나누다 | 编辑 biānjí 동 편집하다 | 编排 biānpái 동 배열하다, 편성하다 | 意识* yìshí 명 의식 | 间距 jiānjù 명 거리, 간격 | 区域* qūyù 명 구역 | 小拇指 xiǎomǔzhǐ 명 새끼손가락 | 无名指 wúmíngzhǐ 명 약손가락 | 黄金 huángjīn 형 가장 가치 있는, 가장 값진 | 迫使 pòshǐ 동 강제로 ~하게 하다 | 间隔* jiàngé 동 간격을 두다, 사이를 띄우다 | 基于 jīyú ~에 근거하여, ~을 기반으로 | 原则 yuánzé 명 원칙 | 思维* sīwéi 동 사유하다, 숙고하다 | 面世 miànshì 동 (작품이나 제품) 세상에 나오다, 세상에 선을 보이다 | 注册 zhùcè 동 등록하다, 등기하다 | 专利* zhuānlì 명 특허

---

81 ★★

过去的打字机为什么会经常死机？	과거의 타자기는 왜 자주 작동이 중단됐는가？
A 打字速度过快	A 타자 속도가 너무 빨라서
B 常用字母的按键太多	B 자주 쓰는 알파벳의 키가 너무 많아서
C 人们不熟悉字母的顺序	C 사람들이 알파벳 순서에 익숙하지 않아서
D 键盘按键的连杆不够结实	D 자판의 키를 연결하는 부품이 튼튼하지 않아서

结实 jiēshi 형 견고하다, 튼튼하다

두 번째 단락에서 '빠른 속도로 타자를 치면(极快速度地敲打)' 타자기가 작동을 멈추기도 한다고 했습니다. 정답은 A입니다. '자판의 키를 연결하는 부품(键盘按键的连杆)'이 튼튼하지 않아서 작동이 멈추는 것이 아니라 타자 속도가 빠를 때 서로 걸려서 멈추는 것이므로 D는 정답이 아닙니다.

关于肖尔斯改造键盘的方法，可以知道：	숄스가 자판을 개조한 방법에 관하여 알 수 있는 것은?
A 专为左撇子设计键盘	A 왼손잡이만을 위한 자판을 설계했다
B 故意打乱了字母的顺序	B 일부러 알파벳의 순서를 뒤섞었다
C 将使用频率高的字母排在一起	C 사용 빈도가 높은 알파벳을 같이 배열했다
D 让无名指和小拇指敲打不常用的字母	D 약손가락과 새끼손가락으로 자주 사용하지 않는 글자를 치게 했다

改造 gǎizào 통 개조하다 | 左撇子 zuǒpiězi 명 왼손잡이

네 번째 단락에서 '숄스는 26개의 알파벳을 재조합하고 배열했다(肖尔斯对26个字母进行了重新分组、排列)'고 나오는데, 두 번째 단락에서는 기존의 타자기가 알파벳 순서대로 배열되어 있었다고 했으므로 알파벳을 불규칙하게 섞었다는 것을 알 수 있습니다. 따라서 정답은 B입니다. 숄스는 타자 치는 속도를 느리게 하기 위해 자주 사용하는 알파벳은 간격을 떨어뜨려 약손가락과 새끼손가락으로 치게 했으므로 D는 정답이 아닙니다.

肖尔斯为何知道字母的使用频率?	숄스는 어떻게 알파벳의 사용 빈도를 알았는가?
A 对医学很精通	A 의학에 매우 정통해서
B 当了多年编辑	B 여러 해 동안 편집자로 일해서
C 研究了英文语音	C 영어 음운을 연구해서
D 收集分析了相关统计	D 관련 통계를 수집 및 분석해서

精通* jīngtōng 통 정통하다, 통달하다 | 收集 shōují 통 수집하다 | 统计* tǒngjì 명 통계

네 번째 단락에서 '수년간의 편집 업무를 통해 숄스는 어떤 알파벳이 가장 자주 나오는지 알고 있었다(多年的编辑工作让肖尔斯知道哪些英文字母出现的频率最高)'고 했으므로 정답은 B입니다.

根据上文，下列哪项正确?	윗글에 근거하면 다음 중 올바른 것은 무엇인가?
A 肖尔斯是17世纪的发明家	A 숄스는 17세기의 발명가이다
B 肖尔斯思索了提高打字速度的方法	B 숄스는 타자 속도를 높이는 방법을 생각했다
C 肖尔斯成功解决了打字机死机问题	C 숄스는 타자기가 멈추는 문제를 성공적으로 해결했다
D 肖尔斯的发明1868年才被大众认可	D 숄스의 발명은 1868년에야 대중에게 인정받았다

지문 전체에 대한 OX를 판단하는 문제는 앞의 문제를 풀면서 파악한 정보로 푸는 것이 가장 이상적입니다. 81~83번을 풀면서 C가 정답이라는 것을 알 수 있습니다. 17세기는 숄스가 살던 시대가 아니라 타자기가 처음 발명된 시대입니다. 숄스는 19세기 사람이므로 A는 정답이 아닙니다. D의 '1868年'도 다섯 번째 단락에서 쉽게 찾을 수 있는데, 미국 특허국이 숄츠의 쿼티 자판에 대한 특허를 내준 해이지 대중에게 인정받은 해는 아닙니다.

紫檀是一种名贵的木料。假如你去故宫参观，会发现宫殿里的紫檀家具比比皆是。[85] 在雍正、乾隆年间，皇家对紫檀的使用十分频繁，清宫用了100年的时间把家具都替换成了紫檀木的。那么紫檀有哪些特性呢？

紫檀颜色沉静，有光泽，闪着一种如同金属、绸缎一样的光泽。这种光泽可不是一种单纯的木头的光泽，这种光泽只有当你见到最优良的紫檀时才能感受到。

紫檀无大料。我们没有证据证明过去有非常大的紫檀料，绝大部分的料都比较小，偶尔才有大一些的。[86] 紫檀长大了以后，90%以上内心都是空的，所以常常不出材料。紫檀因出料少，而显得更加名贵。据说，乾隆时期，工匠们造了一个两层楼高的紫檀大钟，乾隆知道后大发雷霆。可见，皇上在用紫檀的时候也是非常心疼的。

[88] 紫檀应力小，不怎么变形。普通的木材有一个致命的弱点，就是遇冷收、遇潮胀，非常容易变形。比如我们家里的木门木窗，有时候打不开，关不上，这都是变形造成的，但紫檀的变形率却非常低。一般来说，紫檀不会因为外界环境的变化而改变外形。

[87] 紫檀纤维细，易雕刻。紫植材质的优点在雕刻它的时候最容易体现。紫檀有一个好处就是在它的横断面雕刻时运刀特别流畅，与竖着运刀的感觉差不多。横向、竖向，任何一个角度去雕刻，感觉都是一样的。另外，当紫檀被雕刻、打磨以后，它有一种模压感，花纹就像是冲压出来的。有些上乘的紫檀雕刻，甚至给人的感觉不像是雕刻出来的，像机器在高压下压出来的。正是由于它的这些材质好处，所以紫檀倍受众多雕刻家的青睐。

几百年来，紫檀在家具行业中长盛不衰，牢牢地坐稳了中国古典家具材质的第一把交椅。

자단은 귀한 목재 중 하나이다. 만약 고궁에 참관하러 간다면, 궁전에 자단 가구가 즐비하다는 것을 발견할 수 있을 것이다. [85] 옹정제와 건륭제 시기에 황실은 빈번하게 자단을 사용했고 청나라 궁전은 100년의 시간을 들여 가구를 모두 자단목으로 교체했다. 그렇다면 자단은 어떤 특성이 있을까?

자단은 색이 차분하고 윤기가 나며 금속, 비단 같은 광택이 반짝이는데 단순한 나무의 광택이 아니다. 이런 광택은 가장 우수한 자단을 볼 때만 느낄 수 있다.

자단은 큰 목재가 없다. 과거에 큰 자단 목재가 있었다는 증거는 없고 대부분의 목재는 비교적 작았고 어쩌다 조금 큰 목재가 있었다. [86] 자단은 자라고 나면 90% 이상 안이 텅 비어 있다. 그래서 목재가 잘 나오지 않는다. 자단은 생산되는 목재가 적기 때문에 더욱 귀해 보인다. 건륭제 때 장인들이 자단목으로 2층 높이의 종을 만들었는데, 건륭은 알고 노발대발했다고 한다. 이로 보아 황제조차도 자단을 쓸 때 매우 아꼈다는 것을 알 수 있다.

[88] 자단은 응력이 작아 변형이 잘 되지 않는다. 일반 목재에는 치명적인 약점이 있는데, 바로 추우면 수축하고 습하면 팽창하여 매우 쉽게 변형된다는 것이다. 예를 들어, 우리가 사는 집들의 나무문과 나무창은 때때로 열리지 않거나 닫히지 않는 경우가 있는데, 이것은 모두 변형으로 인한 것이다. 그러나 자단은 변형률이 매우 낮다. 일반적으로 자단은 외부 환경의 변화로 외형이 바뀌지 않는다.

[87] 자단은 섬유가 가늘어서 조각하기 쉽다. 자단 목재의 장점은 조각할 때 가장 잘 드러난다. 자단의 한 가지 장점은 횡단면을 조각할 때 조각칼이 매우 매끄럽게 미끄러지는데 종으로 조각할 때와 느낌이 비슷하다는 점이다. 가로세로 어떤 각도에서 조각하든 느낌이 똑같다. 또한, 자단은 조각하고 광을 내면 무늬가 마치 압축 성형한 것처럼 매끈함을 느낄 수 있다. 어떤 고급 자단 조각은 심지어 조각한 것이 아니라 기계가 고압으로 내리눌러 만든 것처럼 보인다. 바로 이런 소재상의 장점 때문에 자단은 많은 조각가들의 사랑을 받았다.

몇백 년 동안 자단은 가구 업계에서 인기를 끌었고 중국 앤틱 가구 소재 중 1위 자리를 단단히 했다.

紫檀 zǐtán 圆 자단 | 名贵 míngguì 圈 유명하고 진귀하다 | 假如 jiǎrú 쥅 만약 ~하면 [주로 那么, 就 등과 호응함] | 家具 jiājù 圆 가구 | 比比皆是 bǐbǐ-jiēshì 쉥 즐비하다, 무척 많다 | 雍正 Yōngzhèng 고유 옹정 [청나라 세종(世宗)의 연호] | 乾隆 Qiánlóng 고유 건륭 [청나라 고종(高宗)의 연호] | 特性 tèxìng 圆 특성 | 沉静 chénjìng 圈 다소곳하다, 차분하다 | 光泽 guāngzé 圆 광택, 윤기 | 闪 shǎn 圄 반짝이다, 번쩍이다 | 如同 rútóng 圄 마치 ~같다, 흡사하다 | 绸缎 chóuduàn 圆 주단, 비단 | 大料 dàliào 圆 큰 목재 | 偶尔 ǒu'ěr 囝 때때로, 간혹, 이따금 | 据说 jùshuō 圄 듣건대 | 大发雷霆 dàfā-léitíng 쉥 노발대발하다, 격노하다 | 可见

85 ★★★

第一段中画线词语"比比皆是"是什么意思?	첫 번째 단락에서 밑줄 친 단어 '比比皆是'는 무슨 뜻인가?
A 极其常见	A 매우 흔하다
B 比较罕见	B 비교적 드물다
C 妇孺皆知	C 모든 사람이 알고 있다
D 珍贵无比	D 비할 데 없이 진귀하다

밑줄 친 단어나 문장의 뜻을 물어볼 때는 앞뒤 맥락으로 유추해야 하는 경우가 많습니다. 첫 번째 단락에서 청나라의 궁전에 있는 모든 가구는 자단목이라고 했으므로 정답은 A입니다.

86 ★★

为什么紫檀很少有大料?	왜 자단은 큰 목재가 거의 없는가?
A 遇冷收、遇潮胀	A 추우면 수축하고 습하면 팽창하기 때문에
B 紫檀大多为空心	B 자단은 대부분 속이 비어 있기 때문에
C 清朝宫廷滥用紫檀	C 청나라 궁정에서 자단을 남용했기 때문에
D 光泽如同金属、绸缎一样	D 광택이 금속과 비단 같기 때문에

세 번째 단락에서 '자단은 자라고 나면 90% 이상 안이 텅 비어 있다. 그래서 목재가 잘 나오지 않는다(紫檀长大了以后，90%以上内心都是空的，所以常常不出材料)'고 했으므로 정답은 B입니다. 추우면 수축하고 습하면 팽창하는 것은 일반 목재의 특징이므로 A는 정답이 아닙니다.

87 ★★

第五段主要介绍什么?	다섯 번째 단락은 주로 무엇을 소개하는가?
A 紫檀的生长环境	A 자단의 성장 환경
B 紫檀为何多用于建筑	B 자단은 왜 건축에 많이 쓰이는가
C 紫檀在雕刻方面的优势	C 자단의 조각에서의 장점
D 紫檀横向不能走刀的原因	D 자단에 횡으로 칼질을 할 수 없는 이유

다섯 번째 단락에서 '자단은 섬유가 가늘어서 조각하기 쉽다. 자단 목재의 장점은 조각할 때 가장 잘 드러난다(紫檀纤维细，易雕刻。紫植材质的优点在雕刻它的时候最容易体现)'고 했으므로 정답은 C입니다.

---

88 ★★★

根据上文，下列哪项正确？	윗글에 근거하면 다음 중 올바른 것은 무엇인가?
A 紫檀质地坚硬	A 자단은 재질이 단단하다
B 紫檀不易变形	B 자단은 쉽게 변형되지 않는다
C 乾隆珍爱紫檀大钟	C 건륭제는 자단 대종을 소중히 여겼다
D 紫檀竖着运刀更加流畅	D 자단목은 수직으로 칼질할 때 더 부드럽다

质地 zhìdì 몡 재질 | 珍爱 zhēn'ài 통 귀중하게 여기다

네 번째 단락에서 '자단은 응력이 작아 변형이 잘 되지 않는다(紫檀应力小，不怎么变形)'고 했으므로 정답은 B입니다. 자단의 재질을 설명하는 글이지만 자단이 단단하다는 내용은 찾을 수 없습니다. 건륭제는 자단 대종을 보고 자단목 목재를 낭비했다고 화를 냈고, 자단은 가로세로 어느 쪽으로도 조각칼을 매끄럽게 쓸 수 있다는 것이 장점이므로 A, C, D는 모두 정답이 아닙니다.

독해

89-92

92 各种艺术之间是相通的，而中国山水画与中国园林则更为接近。

89 中国山水画与中国园林创作都基于人们要亲近自然的愿望与需求。人类的祖先本是生活在自然的怀抱之中的，但由于社会经济、政治、文化等活动的需要，人类群居的场所，逐渐离开了森林原野，形成了"城市"。长期拥挤、喧嚣、繁忙的都市生活，使厌倦的人们产生了亲近自然的愿望。然而郊游活动不可能过于频繁，一些远离城市的名山大川，更难常往。而山水画又毕竟只是一张平面观赏的图画，只可"神游"。古代的达官贵人挖湖堆山，栽树植竹，养花种草，使经过提炼加工的自然山水景观再现于立体的三维空间中，这就形成了中国古典园林。

中国山水画与中国园林的艺术特征也具有许多共同点。90 中国山水画讲求神韵，不仅要写实，更要入情写意，而中国园林讲求"寓诗情画意于自然景物之中"；中国园林造园，使用各种艺术手法，使空间分隔，景物遮掩，似露又藏，似隔又通。这和中国山水画的艺术性也是一致的。这里所表现的正是"含蓄美"；中国园林以自然为美，植物配置不按直线排列，也不修剪，但却安排得疏密有致，高低有情，

92 여러 예술은 서로 통하지만 중국 산수화와 중국의 원림은 더욱 비슷하다.

89 중국 산수화와 중국 원림의 창작은 모두 사람들이 자연과 친해지고자 하는 바람과 필요에 기반을 두고 있다. 인류의 조상은 본래 자연의 품에서 살았지만 사회경제, 정치, 문화 등 활동의 필요성으로 인류가 사는 장소는 점차 삼림과 벌판을 떠났고 '도시'를 형성했다. 오랜 시간 붐비고, 떠들썩하고, 바쁜 도시에서 생활하기 때문에 이에 지친 사람들은 자연과 친해지려는 열망이 생겼다. 그러나 교외로의 나들이는 자주 할 수 없고, 도시에서 멀리 떨어진 아름다운 산과 강은 자주 가기 더 어렵다. 그런데 산수화는 한 장의 평면적인 감상용 그림일 뿐이라 '상상의 여행'만 할 수 있다. 고대의 고관 귀족들은 호수를 파고 산을 쌓고, 나무와 대나무를 심고, 꽃과 풀을 심어서 정제 가공된 자연산수 경관이 입체적인 3차원 공간에 재현되게 했다. 이렇게 해서 중국 전통의 원림이 만들어졌다.

중국 산수화와 중국 원림의 예술적 특징도 많은 공통점이 있다. 90 중국 산수화는 운치를 중시하여 (자연을) 있는 그대로 담아야 할 뿐만 아니라, 그 안에 감정도 담아야 했다. 중국 원림도 '시와 그림에 담는 뜻이 자연 풍경 속에 있는 것'을 중시했다. 중국 원림을 조성할 때 다양한 예술 수법을 이용하여 공간을 분리하고, 풍경을 가리기도 하면서 드러낸 듯 숨겼고 분리한 듯 통하게 했다. 이것 또한 중국 산수화의 예술성과 일치한다. 여기서 보여 주는 것은 '함축미'이다. 중국 원림은 자연스러움을 아름다움으로 삼고, 식물의 배치는 직선을 따라 배열하지 않고 다듬지도 않지만, 배치에 있어 매우 치밀하여 높고 낮은

而中国山水画也讲究气韵生动，布局洒脱自然而忌讳刻板、规则。

91 另外，中国山水画和中国园林都十分注重借助文学形式来增强自己的艺术感染力。中国山水画中题写诗歌赋于其上者，屡见不鲜。这些题词很有讲究，不仅能使画的"诗情"更加浓郁，而且会让画的意境更加深远。在中国园林中，各景区的题名、赋额、楹联，更是绝不可少的。如《红楼梦》中所论"若大景致若干亭榭，无字标题，也觉寥落无趣"。

가운데 정취가 있다. 중국 산수화도 생동감 있는 운치를 중시하고 자연스러운 배치를 중시하며 판에 박힌 규칙을 꺼린다.

91 또한 중국 산수화와 중국 원림은 모두 문학의 형식을 이용하여 자신의 예술적 감화력을 강화하는 것을 중시한다. 중국 산수화는 시를 써서 그 위에 더한 경우를 흔히 볼 수 있다. 이런 글을 쓸 때는 신경 쓸 점이 많다. 그림의 '시적 정취'를 더욱 짙게 해야 할 뿐만 아니라 그림의 주제 의식을 더욱 심오하게 해야 한다. 중국 원림에서는 풍경마다 이름을 짓는 것, 시를 적은 액자, 기둥에 새긴 대련이 더욱 필수적이다. 『홍루몽』에서 '꽤 넓은 경치에 약간의 정자가 있을 뿐 글자나 글귀가 없어 정취가 없다'고 언급한 바와 같다.

艺术 yìshù 명 예술 | 园林* yuánlín 명 원림, 정원 | 愿望 yuànwàng 명 희망, 소망, 바람 | 怀抱 huáibào 명 품, 가슴 | 政治 zhèngzhì 정치 | 群居 qúnjū 군거하다, 모여 살다 | 场所* chǎngsuǒ 명 장소 | 森林 sēnlín 명 삼림 | 拥挤 yōngjǐ 형 붐비다, 혼잡하다 | 繁忙* fánmáng 형 일이 많고 바쁘다 | 厌倦 yànjuàn 동 권태를 느끼다, 싫증나다 | 郊游 jiāoyóu 동 교외로 놀러 가다 | 名山大川 míngshān-dàchuān 성 명산대천, 유명한 자연 경관 | 毕竟 bìjìng 부 결국 | 平面* píngmiàn 명 평면 | 观赏 guānshǎng 동 감상하다 | 达官贵人 dáguānguìrén 성 고관과 귀족 | 挖* wā 동 땅을 파다, 땅에서 파내다 | 栽 zāi 동 심다, 재배하다 | 提炼* tíliàn 동 ① 추출하다, 정련하다 ② 가다듬다, 정수를 골라내다 | 加工* jiāgōng 동 가공하다 | 立体* lìtǐ 형 입체적인 | 三维 sānwéi 명 3D, 삼차원 | 特征 tèzhēng 명 특징 | 讲求 jiǎngqiú 중시하다 | 神韵 shényùn 명 (문학·예술 작품의) 운치, 기품 | 诗情画意 shīqíng-huàyì 성 시의 정취와 그림의 분위기, 예술적 감성 | 分隔 fēngé 동 갈라놓다, 사이를 두다 | 遮掩 zhēyǎn 동 가리다, 막다 | 似……又…… sì……yòu…… (앞뒤에 각각 반의어가 들어가서) ~한 듯 ~한 듯하다, ~같지만 ~이다 | 含蓄 hánxù 동 함축하다 | 植物 zhíwù 명 식물 | 配置 pèizhì 동 배치하다, 장착하다 | 修剪 xiūjiǎn 동 가위질하여 다듬다 | 疏密 shūmì 명 밀도, 밀집도 | 讲究 jiǎngjiu 동 중시하다 | 气韵 qìyùn 명 (문학·예술 작품의) 운치, 기품 | 生动 shēngdòng 형 생동감 있다 | 洒脱 sǎtuo 형 대범하다, 시원스럽다 | 忌讳* jìhuì 동 금기시하다, 꺼리다 | 刻板 kèbǎn 형 판에 박힌 듯하다, 융통성이 없다 | 规则 guīzé 형 규칙이다, 일정하다 | 增强 zēngqiáng 동 강화하다 | 感染* gǎnrǎn 명 감화시키다, 감동시키다 | 赋 fù 동 주다, 부여하다 명 부 [한나라와 남조에서 유행한 운문과 산문이 혼합된 문학 형식] | 屡见不鲜 lǚjiàn-bùxiān 성 늘 보아서 신기하지 않다, 흔히 있는 일이다 | 意境 yìjìng 명 예술적 경지 | 深远 shēnyuǎn 형 (의의나 영향 등이) 깊고 크다 | 景区 jǐngqū 명 관광 지구 | 若干* ruògān 대 약간, 소량 | 亭 tíng 명 정자 | 寥落无趣 liáoluò-wúqù 성 썰렁하고 재미없다

89 ★★

根据第二段，下面哪项正确？

A 园林能让人亲近自然
B 人们向往繁忙的都市生活
C "纸上观景"让人真切地感受到自然
D 山水画是在三维空间再现的山水景观

두 번째 단락에 근거하면 다음 중 올바른 것은 무엇인가?

A 원림은 사람을 자연과 가깝게 만들 수 있다
B 사람들은 바쁜 도시 생활을 동경한다
C '종이 위에서 풍경 보기(산수화 감상)'는 자연을 실감하게 한다
D 산수화는 3차원 공간에서 재현된 자연 풍경이다

向往* xiàngwǎng 동 갈망하다, 동경하다

두 번째 단락을 보면 도시에 사는 사람들이 자연을 가까이하기 위해서 산수화와 원림을 발달시켰음을 알 수 있습니다. 따라서 정답은 A입니다. 그러나 산수화는 '상상의 여행(神游)'만 할 수 있었기 때문에 C는 오답입니다. 3차원 공간에 재현한 자연 풍경은 원림이지 산수화가 아니므로 D도 오답입니다.

90 ★★★

下面哪项不是山水画和园林在艺术上的共同点?	다음 중 산수화와 원림의 예술적 공통점이 아닌 것은 무엇인가?
A 以自然为美	A 자연스러움을 아름다움으로 삼는다
B 表现出含蓄美	B 함축미를 드러낸다
C 融入创作者的情意	C 창작자의 감정이 녹아든다
D 融于生活，充满想象	D 삶과 어우러지고 상상력으로 가득하다

充满 chōngmǎn 동 충만하다

세 번째 단락을 보면 산수화와 원림의 예술적 공통점으로 '감정을 담아(入情写意)' 운치를 가졌고, '함축미를 보여 주었고(这里所表现的正是"含蓄美")', '자연스러움을 아름다움으로 삼는다(以自然为美)'고 나타나 있습니다. 정답은 D입니다.

91 ★★★

最后一段中画线词语 "屡见不鲜" 是什么意思?	마지막 단락에서 밑줄 친 '屡见不鲜'은 무슨 뜻인가?
A 缺乏想象力	A 상상력이 부족하다
B 不觉得新奇	B 신기하지 않다
C 屡次打仗都被打败	C 여러 차례 전쟁에서 모두 패배했다
D 讲究个性、标新立异	D 개성을 중시하고 차별화했다

屡次* lǚcì 부 여러 번, 누차 | 打仗* dǎzhàng 동 전쟁하다, 싸우다 | 个性 gèxìng 명 개성 | 标新立异 biāoxīn-lìyì 성 새롭고 기발한 주장을 내놓다

'屡见不鲜'은 '늘 보아서 새롭지 않다' '흔히 볼 수 있다'라는 뜻입니다. 6급 필수 단어 '屡次(여러 번, 누차)'와 3급 단어 '新鲜(신선하다, 신기하다)'를 알면 의미를 유추할 수 있습니다. 또 밑줄 친 부분의 앞의 내용으로도 유추가 가능합니다. 밑줄 앞에는 산수화와 원림이 모두 문학의 형식으로 예술적 감화력을 강화하는 것을 중시했다는 내용이 있고, 원림은 풍경마다 이름을 짓는 것, 시를 적은 액자, 기둥에 새긴 대련이 더욱 필수적이라는 내용이 있는 것으로 보아 산수화에 시를 써서 더한 경우가 많을 것이라고 유추할 수 있습니다. 따라서 정답은 B입니다.

92 ★★

最适合做上文标题的是：	윗글의 제목으로 가장 적합한 것은?
A 山水画的艺术特点	A 산수화의 예술적 특징
B 中国园林的历史价值	B 중국 정원의 역사적 가치
C 充满诗情画意的"姐妹艺术"	C 예술적 감정이 충만한 '자매 예술'
D 中国传统文化中蕴含的智慧	D 중국 전통 문화에 담긴 지혜

标题 biāotí 명 표제, 제목 | 姐妹 jiěmèi 명 자매 | 蕴含 yùnhán 동 담겨 있다

지문 전체의 맥락을 묻는 문제입니다. 공통점이 많은 산수화와 원림을 '자매 예술'로 비유한 C가 정답으로 가장 적합합니다.

一位艺术家，用他的雕塑技能造福了世界各地的鸟儿。他利用废弃的木料，为每一个他曾去过的地方的鸟儿建了鸟巢。在过去的7年里，他环游世界搭建了超过3500多个鸟巢。他说："鸟儿是为数不多的依旧'驻扎'在我们的城市中的生灵，93 起初我之所以开展这样的活动，正是因为我意识到能让它们继续住在我们的城市里是一件非常重要的事。"

他也说："我曾有一段时间画过涂鸦，但我慢慢发现，如果能让街边艺术承载一定的意义，让每个人都可以参与其中，都可以予以理解，是一件更加有意义的事。"

他的鸟巢独特而富于创意，将复杂的设计理念融于他平时收集的废弃木料和其他边角碎料。他想让其他人知道，他们真的可以变废为宝，他想激励其他人也可以减少资源浪费。他用废品做鸟巢的灵感来自鸟儿们，鸟儿们可以利用细枝、纤维以及其他材料搭建自己的窝。他觉得，实际上，鸟儿非常善于回收利用，而我们应该向它们学习。

94 他认为自己的创作"充满色彩，积极阳光，并且富于童趣"。实际上，他建造的很多鸟巢形状像猫头鹰或者鹦鹉，但是他也为鸟巢添加了很多伪装物使其能巧妙地融于周围环境，这样能够给居住在这些小窝里的小家伙们带来安全感。

他最近在与一家大型企业合作做一个利用废木大规模生产鸟巢的大型项目。他想通过这个渠道大批量生产鸟巢，让更多的人参与，教会更多的人如何回收，让更多的人明白爱护环境就是爱护自己。他梦想着终有一日他可以拥有一个巨大的回收工厂，就建在他的工作间旁边，这样人们就可以带着他们的废品来他的工厂加工。95 若是有朝一日梦想成真，他还要办学，让更多的人拥有一个契机从事废品回收利用，并且更加懂得这件事的重要性。

한 예술가가 그의 조각 기술로 세계 여러 곳의 새들에게 축복을 주었다. 그는 폐목재를 이용하여 그가 가 본 모든 곳의 새들에게 새집을 지어 줬다. 지난 7년 동안 전 세계를 돌아다니며 3,500개가 넘는 새집을 지었다. 그는 "새는 여전히 우리 도시에 '주둔하고 있는' 몇 안 되는 생명체이다. 93 처음에 내가 이런 활동을 시작한 것은 새들이 우리 도시에서 계속 살게 하는 것이 매우 중요하다는 것을 깨달았기 때문이다."고 말했다.

그는 또한 "나는 한동안 그래피티를 했지만, 거리 예술이 어느 정도 의미를 지닐 수 있다면 모든 사람이 그 일에 참여할 수 있고 이해해 줄 수 있게 하는 것이 더 의미 있는 일이라는 것을 천천히 깨달았다"고 말했다.

그의 새집은 독특하고 창의성이 넘친다. 복잡한 디자인 철학을 그가 평소에 수집한 폐목재와 기타 자투리 조각에 녹여 냈다. 그는 다른 사람들이 정말로 폐기물을 보물로 만들 수 있다는 것을 그들에게 알리고, 다른 사람들이 자원 낭비를 줄이도록 독려하고 싶어 한다. 폐품을 이용해 새집을 만든 그의 영감은 새들로부터 나왔다. 새들은 가는 나뭇가지, 섬유 및 기타 재료를 이용하여 자신의 둥지를 지을 수 있다. 그는 사실 새들이 재활용에 매우 능숙하며, 우리가 새들로부터 배워야 한다고 생각한다.

94 그는 자신의 창작이 "색채로 가득하고, 긍정적이고, 천진난만함이 넘친다"고 생각한다. 사실 그가 만든 많은 새집은 부엉이나 앵무새와 같은 모양이지만 새집을 위한 위장물을 더해 주변 환경에 교묘하게 녹아들게 했다. 이렇게 하여 이 작은 보금자리에 사는 작은 녀석들에게 안정감을 주었다.

그는 최근 한 대기업과 협력하여 폐목재를 이용해 새집을 대규모로 생산하는 대형 프로젝트를 하고 있다. 그는 이러한 경로로 새집을 대량 생산하고, 더 많은 사람들을 참여시키고, 더 많은 사람들에게 재활용하는 법을 가르치고, 더 많은 사람들이 환경을 사랑하는 것이 자신을 사랑하는 것임을 이해하도록 하고 싶어 한다. 그는 언젠가 그가 자신의 작업장 옆에 거대한 재활용 공장을 가질 수 있기를 꿈꾼다. 그렇게 되면 사람들이 폐품을 가지고 그의 공장에 와서 가공할 수 있을 것이다. 95 언젠가 꿈이 실현된다면, 그는 또 학교를 운영하여 더 많은 사람들이 폐품 재활용에 종사할 수 있는 기회를 갖게 하고, 이 일의 중요성을 더 잘 이해하게 만들고 싶어 한다.

雕塑* diāosù 图 조소하다, 조각하고 빚다 | 废弃 fèiqì 图 폐기하다, 버리다 | 鸟巢 niǎocháo 圀 새집, 새둥지 | 环游世界 huányóu shìjiè 세계 일주하다 | 搭建 dājiàn 图 짓다, 세우다 | 依旧* yījiù 囝 여전히 | 驻扎* zhùzhā 图 (군이) 주둔하다 | 生灵 shēnglíng 圀 생명체 | 起初* qǐchū 圀 처음, 최초 | 涂鸦 túyā 图 낙서, 그래피티 | 街边艺术 jiēbiān yìshù 거리 예술 | 承载 chéngzài 图 (무게를) 지탱하다, (안에) 담다 | 予以 yǔyǐ 图 ~을 주다 | 富于 fùyú 图 ~이 풍부하다 | 创意 chuàngyì 圀 창의, 구상 | 复杂 fùzá 图 복잡하다 | 理念 lǐniàn 圀 이념, 철학 | 边角碎料 biānjiǎosuìliào 자투리 조각 | 变废为宝 biànfèiwéibǎo 囵 쓰레기를 유용한 물건으로 만들다 | 激励 jīlì 图 격려하다 | 废品 fèipǐn 圀 폐품 | 灵感 línggǎn 圀 영감 | 枝* zhī 圀 (나무의) 가지 | 窝* wō 圀 둥지, 은신처, 좁은 집 | 善于 shànyú 图 ~에 능숙하다, ~을 잘하다 | 回收* huíshōu 图 회수하다 | 阳光 yángguāng 图 밝고 긍정적이다 | 童趣 tóngqù 圀 아동의 정취, 천진난만함 | 形状 xíngzhuàng 圀 형상 | 猫头鹰 māotóuyīng 圀 부엉이 | 鹦鹉 yīngwǔ 圀 앵무새 | 添加 tiānjiā 图 첨가하다 | 伪装 wěizhuāng 图 위장하다 | 周围 zhōuwéi 圀 주위 | 居住* jūzhù 图 거주하다 | 家伙* jiāhuo 圀 녀석, 놈 | 大型 dàxíng 图 대형의 | 合作 hézuò 图 합작하다, 협력하다 | 规模 guīmó 圀 규모 | 项目 xiàngmù 圀 항목, 프로젝트, 사업 | 渠道* qúdào 圀 경로, 채널, 루트 | 批量 pīliàng 囝 대량으로, 대규모로 | 教会 jiāohuì 图 가르쳐서 할 수 있게 하다 | 终有一日 zhōngyǒu-yírì 언젠가는 ~할 날이 있다 | 巨大 jùdà 图 거대하다 | 工作间 gōngzuòjiān 작업실 | 若是 ruòshì 젭 만약 ~하면 [주로 那么……就 등과 호응함] | 有朝一日 yǒuzhāo-yírì 囵 언젠가는 ~할 날이 있다 | 梦想成真 mèngxiǎngchéngzhēn 囵 꿈은 이루어진다 | 办学 bànxué 图 학교를 설립하다, 운영하다 | 契机 qìjī 圀 계기, 동기

93 ★★

他为什么开始搭建鸟巢?	그는 왜 새집을 짓기 시작했는가?
A 很多鸟类濒临灭绝	A 많은 새들이 멸종 위기에 처해 있어서
B 他从小就喜欢观察鸟类	B 그는 어릴 때부터 새를 관찰하는 것을 좋아했기 때문에
C 他想当环游世界的旅行家	C 그는 전 세계를 여행하는 여행가가 되고 싶기 때문에
D 他认为城里应有鸟的容身之处	D 그는 도시에 새를 위한 장소가 있어야 한다고 생각했기 때문에

濒临* bīnlín 图 (상황에) 몰리다, 임박하다 | 灭绝 mièjué 图 멸종하다 | 容身 róngshēn 图 몸을 의탁하다, 몸을 두다

첫 번째 단락에서 '새들이 우리 도시에서 계속 살게 하는 것이 매우 중요하다는 것을 깨달았기 때문(我意识到能让它们继续住在我们的城市里是一件非常重要的事)'이라고 새집을 짓기 시작한 이유를 설명했으므로 정답은 D입니다. D의 '容身'은 '容纳(수용하다) + 身体(몸)'의 구조로 '容身之处'는 '몸을 의탁할 수 있는 곳'이라는 뜻입니다.

94 ★★★

他怎么评价自己的作品?	그는 자신의 작품을 어떻게 평가하는가?
A 作品里充满童趣	A 작품에 천진난만함이 가득하다
B 比涂鸦更有艺术性	B 그래피티보다 더 예술적이다
C 最重视鸟儿的安全	C 새의 안전을 가장 중시한다
D 借鉴鸟巢的形状设计	D 새둥지 모양을 참고해서 디자인했다

네 번째 단락에서 남자는 자신의 작품이 '색채로 가득하고, 긍정적이고, 천진난만함이 넘친다(充满色彩，积极阳光，并且富于童趣)'고 했으므로 정답은 A입니다.

95 ★★

根据上文，下列哪项正确?	윗글에 근거하면 다음 중 올바른 것은 무엇인가?
A 他原来是一名企业家	A 그는 원래 기업가였다
B 他做的鸟巢非常显眼	B 그가 만든 새집은 매우 눈에 띈다

C 人们已经善于回收利用

D 他想建立学校推广这些事

C 사람들은 이미 재활용에 능숙하다

D 그는 이런 일들을 대중화하기 위해 학교를 설립하고 싶어 한다

推广 tuīguǎng 圈 널리 보급하다

남자는 앞으로 '거대한 재활용 공장을 만들고(他梦想着终有一日他可以拥有一个巨大的回收工厂)', '학교를 운영하고 싶은(他还要办学)' 꿈이 있습니다. 정답은 D입니다. '一家大型企业'가 나오지만 그가 기업을 운영하는 것이 아니라 대기업과 협력 프로젝트를 한다는 내용이므로 A는 오답입니다.

96 ★★★

最适合做上文标题的是：

A 求人不如求己

B 变废为宝，从我做起

C 我们应该如何保护鸟类

D 一个小创意令人刮目相看

윗글의 제목으로 가장 적합한 것은?

A 남에게 부탁하는 것보다 스스로 하는 것이 낫다

B 쓰레기를 보물로 변화시키는 일은 나부터 해야 한다

C 우리는 어떻게 새를 보호해야 하는가

D 작은 아이디어가 사람들의 시선을 끌다

刮目相看 guāmù-xiāngkàn 쳉 괄목상대하다, 상대를 다시 평가하다

이 글의 예술가는 전 세계를 돌아다니며 폐품으로 새집을 만들고, 기업과 협력하여 재활용 프로젝트도 진행하면서, 사람들의 관심을 불러일으키고 있으므로 D가 가장 적합합니다.

97-100

自然界有许多植物的叶子会运动，[97] 比如含羞草、合欢等植物白天张开叶子，晚上会合上叶子"睡眠"；捕蝇草的叶子能闭合起来，捕食苍蝇等昆虫。

18世纪，一位生物学家把含羞草放到光线照不到的洞穴里，发现它的叶子依然以24小时为周期开合。这说明含羞草体内存在一种不受外界光线等环境因素影响的"生物钟"。[98] 19世纪，另一位生物学家发表，植物在晚上闭合叶子睡眠是"为了保护自己免受夜晚低温之害"。20世纪80年代，一项研究报告指出，叶子的开合是由一种称为"膨压素"的植物激素控制的。此后，科学家们从植物中抽出包含数千种化合物的萃取物，最后成功分离出两种活性物质，一种是可使植物叶子闭合的"安眠物质"，另一种是可使植物叶子张开的"兴奋物质"。

植物睡眠之谜之所以长期不得其解，就是因为此前没有人想到使叶子开合的竟是两种不同的生理活性物质。人们进一步了解到，豆科

자연계에는 잎을 움직이는 식물이 많다. [97] 예를 들면 미모사, 자귀나무 등 식물은 낮에는 잎을 펼치고 밤에는 잎을 오므리고 '잠을 잔다'. 파리지옥은 잎을 닫아 파리 등 곤충을 잡아먹을 수 있다.

18세기에 한 생물학자가 미모사를 빛이 비치지 않는 동굴에 넣었는데, 그 잎이 여전히 24시간 주기로 개폐하는 것을 발견했다. 이는 미모사 체내에 외부의 빛 등 환경적 요인의 영향을 받지 않는 '생체 시계'가 있다는 것을 보여 준다. [98] 19세기의 또 다른 생물학자는 식물이 밤에 잎을 오므리고 잠을 자는 것은 "밤의 저온으로부터 자신을 보호하기 위한 것"이라고 밝혔다. 1980년대의 한 연구에 따르면 잎의 개폐는 '팽압소'라고 부르는 식물 호르몬에 의해 통제된다고 한다. 이후 과학자들은 식물에서 수천 종의 화학합성물질을 함유한 추출물을 뽑아서 마침내 두 가지 활성물질을 분리하는 데 성공했다. 하나는 식물의 잎을 오므리게 하는 '수면물질'이고, 다른 하나는 식물의 잎을 펼치게 하는 '흥분물질'이다.

식물 수면의 수수께끼가 오랫동안 풀리지 않은 이유는 이전까지 나뭇잎을 개폐시키는 것이 사실은 두 가지의 다른 생리활성물질이라고 생각했던 사람이 없었기 때문이다. 또 사람들은 콩과 식물의 수면물질은 포도당을

植物的安眠物质是一种含葡萄糖的配糖体，白天配糖体水解，安眠物质浓度降低，夜晚配糖体重新合成，兴奋物质浓度相对降低，而配糖体的合成分解是由体内的生物钟控制的。[97] 相反，铁扫帚的兴奋物质是配糖体，在夜晚配糖体水解，兴奋物质浓度降低，叶子随之闭合。[99] 如果用人工合成的半乳糖代替葡萄糖，由于半乳糖在铁扫帚体内不会水解，反而成为一种睡眠阻断剂，使铁扫帚始终不能睡眠，以致两个星期之后因缺水枯萎而死。

解开植物睡眠之谜，将为某种"绿色"农药的诞生铺平道路。目前的除草剂还无法只让田菁等豆科杂草枯萎而不损害豆科作物。[100] 研究人员已经人工合成了使田菁失眠的睡眠阻断剂，实验结果是田菁第三天就整株枯死。由于这种阻断剂只对田菁起作用，因此不会影响大豆的生长。

함유한 배당체인데, 낮에는 배당체가 가수분해되어 수면물질의 농도가 감소하고, 밤에는 배당체가 다시 합성되어 흥분물질의 농도가 상대적으로 낮아지며, 이때 배당체의 합성과 분해는 체내의 생체 시계에 의해 제어된다는 사실을 알게 되었다. [97] 반면 야관문은 흥분물질이 배당체로, 야간에는 배당체가 가수분해되어 흥분물질 농도가 낮아져서 잎이 오므라든다. [99] 만약 인공 합성한 갈락토스로 포도당을 대체하면 갈락토스는 야관문 체내에서 가수분해되지 않아 오히려 수면차단제가 되어 야관문이 계속 잠을 잘 수 없게 되며 2주 후 물이 부족해 시들어 죽는다.

식물 수면의 수수께끼를 푸는 것은 일종의 '친환경' 농약의 탄생을 위한 길을 닦을 것이다. 현재의 제초제는 아직 세스바니아 등 콩과 잡초만 말라 죽게 하면서 콩과 작물은 손상시키지 않는 것이 불가능하다. [100] 연구진은 이미 세스바니아가 잠을 자지 못하게 하는 수면 차단제를 인공적으로 합성했고, 실험 결과 3일째 되는 날 세스바니아는 통째로 말라 죽었다. 이런 차단제는 세스바니아에만 작용하기 때문에 콩이 자라는 데는 영향을 주지 않는다.

合欢 héhuān 명 자귀나무 ｜ 睡眠 shuìmián 명 수면, 잠 ｜ 捕蝇草 bǔyíngcǎo 명 파리지옥 ｜ 捕食 bǔshí 동 (먹이를) 잡아먹다, 포식하다 ｜ 苍蝇 cāngying 명 파리 ｜ 洞穴 dòngxué 명 동굴 ｜ 依然 yīrán 부 여전히 ｜ 生物钟 shēngwùzhōng 명 생물 시계, 생체 시계 ｜ 膨压素 péngyāsù 명 팽압소 ｜ 激素 jīsù 명 호르몬 ｜ 控制 kòngzhì 동 제어하다 ｜ 萃取物 cuìqǔwù 명 추출물 ｜ 安眠 ānmián 동 숙면을 취하다, 잘 자다 ｜ 不得其解 bùdéqíjiě 답을 알 수 없다 ｜ 竟 jìng 부 뜻밖에, 의외로 ｜ 生理* shēnglǐ 명 생리 ｜ 配糖体 pèitángtǐ 명 배당체 ｜ 水解 shuǐjiě 동 가수분해하다 ｜ 合成* héchéng 동 합성하다 ｜ 铁扫帚 tiěsàozhou 명 야관문, 비수리 ｜ 人工* réngōng 명 인공의, 인위적인 ｜ 半乳糖 bànrǔtáng 명 갈락토오스 ｜ 阻断 zǔduàn 동 막다, 차단하다 ｜ 以致* yǐzhì 접 ~을 초래하다 [주로 나쁜 결과를 나타냄] ｜ 缺水 quēshuǐ 동 물이 부족하다 ｜ 枯萎 kūwěi 동 시들다, 마르다 ｜ 农药 nóngyào 명 농약 ｜ 诞生* dànshēng 동 탄생하다 ｜ 铺平 pūpíng 동 고르게 펼치다, (도로 등을) 닦다 ｜ 除草剂 chúcǎojì 명 제초제 ｜ 田菁 tiánjīng 명 세스바니아 ｜ 杂草 zácǎo 명 잡초 ｜ 株* zhū 명 그루, 포기

---

97 ★★★

下面哪项不属于"睡眠"的植物?	다음 중 '잠을 자는' 식물에 속하지 않는 것은 무엇인가?
A 含羞草	A 미모사
B 合欢	B 자귀나무
C 捕蝇草	C 파리지옥
D 铁扫帚	D 야관문

식물이 잠을 잔다는 것은 낮에는 잎을 펼치고 밤에는 잎을 오므리는 것을 말합니다. 첫 번째 단락과 세 번째 단락을 보면 미모사, 자귀나무, 야관문은 낮에는 잎을 펼치고 밤에는 잎을 오므리면서 '잠'을 자는데 파리지옥은 파리 등 곤충을 잡아먹기 위해 잎을 닫습니다. 따라서 정답은 C입니다.

关于"植物睡眠"，下面哪项正确？	다음 중 '식물 수면'에 관하여 다음 중 올바른 것은 무엇인가?
A "植物睡眠"是指花瓣的开合	A '식물 수면'은 꽃잎의 개폐를 가리킨다
B "植物睡眠"是为了保护自己	B '식물 수면'은 자신을 보호하기 위한 것이다
C "植物睡眠"跟一种生理活性物质有关	C '식물 수면'은 한 가지 생리활성물질과 관련 있다
D 含羞草的"睡眠"受到外界光线的影响	D 미모사의 '수면'은 외부 광선의 영향을 받는다

두 번째 단락에서 식물이 밤에 잎을 오므리고 잠을 자는 것은 '밤의 저온으로부터 자신을 보호하기 위한 것(为了保护自己免受夜晚低温之害)'이라고 제시되었습니다. 따라서 정답은 B입니다. 식물 수면은 잎의 주기적인 개폐를 가리키므로 A는 오답입니다. 세 번째 단락 첫 문장을 보면 잎의 개폐는 두 가지 생리활성물질과 관련이 있으므로 C는 정답이 아닙니다.

用人工合成的半乳糖代替葡萄糖，铁扫帚会怎么样？	인공 합성한 갈락토스로 포도당을 대체하면 야관문은 어떻게 되는가?
A 不会开花结实	A 꽃이 피지 못하고 열매를 맺지 못한다
B 立刻就枯萎而死	B 즉시 시들어 죽는다
C "辗转反侧，不能入睡"	C "몸을 뒤척이며 잠을 잘 수 없다"
D 半乳糖起"安眠药"的作用	D 갈락토스가 '수면제' 역할을 한다

结实 jiēshí ⑧ 열매를 맺다, 결실을 맺다 | 辗转反侧 zhǎnzhuǎnfǎncè ⑱ 전전반측하다, (잠을 못 자고) 엎치락뒤치락하다

세 번째 단락에서 포도당을 인공 합성한 갈락토스로 대체하면 '야관문이 계속 잠을 잘 수 없게 된다(使铁扫帚始终不能睡眠)'고 했으므로 정답은 C입니다. 야관문이 '물이 부족해 시들어 죽는다(因缺水枯萎而死)'는 내용이 있지만 즉시가 아니라 2주 후이기 때문에 B는 함정입니다.

关于上文中的"绿色"农药，下面哪项正确？	윗글의 '친환경' 농약에 관하여 다음 중 올바른 것은 무엇인가?
A 使田菁"失眠"而死	A 세스바니아를 '불면증'으로 죽게 한다
B 可以清除绿色植物	B 녹색 식물을 제거할 수 있다
C 可以减少虫害的发生	C 충해의 발생을 줄일 수 있다
D 是豆科作物的睡眠阻断剂	D 콩과 작물의 수면 차단제이다

清除* qīngchú ⑧ 완전히 없애다

네 번째 단락 전체를 보면 '친환경' 농약은 세스바니아가 잠을 못 자게 해서 말라 죽이는 수면차단제의 역할을 합니다. 따라서 정답은 A입니다. 이는 콩과 작물에는 영향을 주지 않으므로 D는 정답이 아닙니다.

三、书写 쓰기

101번은 한 편의 글을 읽고 요약하는 문제입니다.

101

导演沃尔特计划拍一部电影，在选角的时候，挑选了很多艺校里的学生，但都不够满意。

一天，沃尔特到城市西郊办事，在火车站的站前广场上遇到了一个十多岁的擦鞋小男孩。小男孩问道："先生，您需要擦鞋吗？"沃尔特低头看看自己脚上刚刚擦过不久的皮鞋，摇摇头拒绝了。就在沃尔特转身走出十几步的时候，忽然见到那个小男孩红着脸追上来，眼睛里现出祈求的光："先生，我整整一天没吃东西了，您能借给我几块钱吗？我从明天开始多多努力擦鞋，保证一周后把钱还给您！"沃尔特看着面前这个衣衫褴褛的小男孩，不由地动了怜悯之心，就掏出几枚硬币递给小男孩手里。小男孩感激地道了一声"谢谢"后，一溜儿小跑着离开了。沃尔特摇了摇头，因为这样的街头小骗子他已经见过太多了。

半个月后，沃尔特已经将借钱的事忘得一干二净。不料，在他又一次经过西郊火车站时，突然看到一个瘦小的身影在远处向他招手喊道："先生，请等一等！"等到对方满头大汗地跑过来把几枚硬币还给他时，沃尔特才认出这是上次向他借钱的那个擦鞋小男孩。小男孩气喘吁吁地说："先生，我在这里等您很久了，今天总算把钱还给您了！"沃尔特看着自己手里被汗水濡湿的硬币非常感动。

沃尔特再次看了看面前的小男孩，忽然发现他很符合自己脑海中构想的小男孩主人公的角色形象。沃尔特把几枚硬币塞给小男孩："这点零钱是我诚心诚意给你的，就不用还了。"沃尔特笑着说，"明天你到市中心的影业公司导演办公室来找我，我会给你一个很大的惊喜。"

월터 감독은 영화를 한 편 찍을 계획이었다. 캐스팅할 때 예술학교에 재학 중인 학생들을 많이 골랐는데 모두 별로 마음에 들지 않았다.

어느 날, 월터는 도시 서쪽 교외로 일을 하러 갔다가 기차역의 역 앞 광장에서 열 살 남짓한 구두닦이 소년을 만났다. 소년은 "아저씨, 구두 닦아 드릴까요?"라고 물었다. 월터는 자신이 신고 있는 닦은 지 얼마 안 된 구두를 내려다보며 고개를 저어 거절했다. 월터가 몸을 돌려 십여 걸음을 걸었는데 갑자기 그 소년이 얼굴을 붉힌 채 쫓아왔다. 소년은 부탁하는 눈빛으로 말했다. "아저씨, 제가 하루 종일 아무것도 못 먹었는데 몇 달러만 좀 빌릴 수 있을까요? 일주일 후에 돈을 갚을 수 있도록 내일부터 신발을 열심히 닦을게요!" 월터는 앞에 있는 이 행색이 남루한 소년을 보고 자신도 모르게 연민의 마음이 들어서 동전 몇 개를 꺼내 소년의 손에 건네주었다. 소년은 감격해서 "고맙습니다."라고 말하고는 쏜살같이 달려서 떠났다. 월터는 이런 길거리 꼬마 사기꾼을 이미 너무 많이 봤기 때문에 고개를 저었다.

보름 뒤, 월터는 돈을 빌려준 일을 까맣게 잊어버렸다. 그런데 뜻밖에도 그가 다시 서쪽 교외 기차역을 지날 때 갑자기 작은 몸집이 멀리서 그에게 손짓을 하며 "아저씨, 기다리세요!"라고 소리쳤다. 상대방이 땀범벅이 되어 달려와 동전 몇 개를 돌려줄 때, 월터는 그제서야 지난번에 그에게 돈을 빌린 구두닦이 소년이라는 것을 알아챘다. 소년은 숨을 헐떡이며 말했다. "아저씨, 여기서 오래 기다렸는데 오늘 드디어 돈을 갚네요!" 월터는 자신의 손에 있는 땀에 젖은 동전을 보며 매우 감동했다.

월터는 앞에 있는 소년을 다시 보고 문득 자기가 머릿속에 구상한 소년 주인공 역할의 이미지에 딱 들어맞는다는 것을 발견했다. 월터는 소년에게 동전 몇 개를 돌려주면서 말했다. "이 잔돈은 내가 진심으로 주는 것이니 갚을 필요가 없다." 월터는 웃으며 말했다. "내일 시내의 영화사 감독 사무실로 나를 찾아오면, 너에게 커다란 깜짝 선물을 줄게."

第二天一大早，门卫就告诉沃尔特，说外面来了一大群孩子。他诧异地出去一看，就见那个小男孩兴奋地跑过来，一脸天真地说："先生，这些孩子都是同我一样没有父母的流浪孩子，他们也渴望有惊喜！"

沃尔特真没想到一个穷困流浪的孩子竟会有一颗如此善良的心！通过反复观察和筛选，沃尔特发现在这些孩子中，确实有几个比小男孩更机灵、更适合出演剧本中的小主人公，但他最后还是只把小男孩留了下来，并且在录用合同的免试原因一栏中只写了这样几个字：善良无须考核！因为沃尔特觉得，在自己面临困境的时候，却把本属于自己一个人的希望，无私地分享给别人，这是怎样的一种善良啊！而电影中的孩子，正是这样一个善良、博大、无私的人。

这个小男孩叫文尼西斯。在沃尔特的执导下，文尼西斯在剧中成功扮演了小男孩主人公的角色，《中央车站》也获得柏林国际电影节金熊奖等诸多成就。

若干年后，已成为一家影视文化公司董事长的文尼西斯写了一部自传《我的演艺生涯》。在书的扉页上面，是沃尔特的亲笔题字：善良无须考核。下面则是他给予文尼西斯的评价："是善良，曾经让他把机遇分享给别的孩子；同样也是善良，让人生的机遇不曾错过他！"

이튿날 이른 아침, 경비원이 월터에게 밖에 한 무리의 아이들이 왔다고 말했다. 그가 놀라 나가 보니, 그 소년이 신이 나서 달려온 것이었다. 그리고 순진한 표정으로 "아저씨, 이 아이들은 다 저처럼 부모가 없는 떠돌이 아이들인데 얘들도 깜짝 선물을 원해요！"라고 말했다.

월터는 이 가난한 떠돌이 아이가 이렇게 선량한 마음이 있을 줄 몰랐다. 반복해서 관찰하고 선별해서 월터는 이 아이들 중에 소년보다 더 똑똑하고 시나리오의 어린 주인공에 더 적합한 몇 명이 있다는 것을 알게 되었지만, 결국 소년만을 남겨 놓았다. 채용 계약의 시험 면제 사유란에는 "선량함은 시험할 필요가 없다！"라고 썼다. 왜냐하면 월터는 '자기도 어려울 때에 본래 자신의 것인 희망을 사심 없이 남에게 나눠 주다니 얼마나 선량한 것인가！'라고 생각했기 때문이다. 영화 속 아이는 바로 이렇게 선량하고 마음이 넓고 이기심이 없는 사람이다.

이 소년의 이름은 비니시우스이다. 월터의 연출로 비니시우스는 영화에서 소년 주인공 역을 성공적으로 소화했고, 「중앙역」은 베를린국제영화제 황금곰상을 수상하는 등 많은 성과를 거뒀다.

몇 년 후 영화사 대표 이사가 된 비니시우스는 자서전 『나의 연기 인생』을 썼다. 책의 속표지에는 월터가 친필로 쓴 글이 실려 있다. "선량함은 시험할 필요가 없다." 이어지는 것은 "선량함이 그가 다른 아이에게 기회를 나눠 주게 했고, 또 선량함이 인생의 기회가 그를 놓치지 않게 했다."라는 비니시우스에 대한 월터의 평가였다.

选角 xuǎnjué 图 캐스팅하다 ｜ 挑选 tiāoxuǎn 图 고르다 ｜ 祈求 qíqiú 图 기구하다, 간청하다 ｜ 褴褛 lánlǚ 图 (의복이) 남루하다 ｜ 怜悯 liánmǐn 图 불쌍히 여기다 ｜ 掏* tāo 图 꺼내다, 끄집어내다 ｜ 枚* méi 양 [작은 물건을 세는 양사] ｜ 硬币 yìngbì 图 동전 ｜ 感激 gǎnjī 图 감격하다 ｜ 骗子 piànzi 图 사기꾼 ｜ 一干二净 yìgān èrjìng 깨끗이, 모조리 ｜ 不料* bùliào 图 뜻밖에, 의외로 ｜ 气喘吁吁 qìchuǎn-xūxu 图 [숨이 가빠서 식식거리는 모양] ｜ 濡湿 rúshī 图 축축하게 젖다 ｜ 塞 sāi 图 집어넣다, 쑤셔 넣다 ｜ 诚心诚意 chéngxīn-chéngyì 图 성심성의 ｜ 惊喜 jīngxǐ 图 놀람과 기쁨 ｜ 诧异* chàyì 图 의아하게 여기다 ｜ 天真 tiānzhēn 图 천진하다, 순진하다 ｜ 流浪* liúlàng 图 유랑하다,방탕하다 ｜ 渴望* kěwàng 图 갈망하다 ｜ 筛选* shāixuǎn 图 선별하다 ｜ 善良 shànliáng 图 선량하다 ｜ 机灵* jīling 图 영리하다, 약삭빠르다 ｜ 须 xū 图 반드시 ~해야 한다 ｜ 考核* kǎohé 图 심사하다 ｜ 无私 wúsī 图 사심이 없다 ｜ 博大 bódà 图 넓고 크다 ｜ 执导 zhídǎo 图 연극·영화 연출을 맡다 ｜ 扮演 bànyǎn 图 출연하다, ~역을 맡다 ｜ 柏林 Bólín 고유 베를린 ｜ 生涯 shēngyá 图 생애 ｜ 扉页 fēiyè 图 속표지 ｜ 机遇* jīyù 图 기회, 시기

모범 답안														
					善	良	无	需	考	察				
		著	名	导	演	沃	尔	特	打	算	拍	一	部	电	影	，	但	选	角
时	不	尽	人	意	。									

188

　　一天，沃尔特要去郊区办事，刚经过火车站前广场时，有个衣衫褴褛的小男孩要给他擦鞋。他看着刚擦过的鞋后拒绝了。但是孩子诉说自己的情况，并想借一些钱。他心中萌生了怜悯之心，就把钱借给了他。

　　半个月后，沃尔特已经把这件事抛在脑后了。又一次经过火车站时，有个人向他挥挥手，原来是那个小男孩气喘吁吁地跑过来，把钱还给了他。沃尔特很感动，他仔细看孩子的形象，他觉得小男孩非常适合自己电影的主角。于是让孩子第二天到影视公司的导演办公室来，这样可以得到一份惊喜。

　　第二天早上，门卫告诉导演外面有一大帮孩子。原来那个孩子为了把惊喜分享给小伙伴们，所以把他们都带来了。沃尔特发现有几个孩子比小男孩更机灵，但是最终还是选定了他。他在合同的免试原因上写到"善良无需考核"这几个字。他在穷困潦倒的情况下，依然把机会分享给其他伙伴，实属不易。

　　那个小男孩叫文尼西斯，在导演的带领下，电影《中央车站》创造了多个成就。过几年后，已是影视公司董事长的文尼西斯出版了自传。在扉页上，沃尔特这样评价他，"他的善良，让他把机会分享给他人，同样是善良让机遇不容错过他。"

不尽人意 bú jìn rényì 뜻대로 되지 않다 | 诉说 sùshuō 통 하소연하다 | 萌生 méngshēng 통 움트다, 생기다 |
抛在脑后 pāozàinǎohòu 까맣게 잊어버리다 | 仔细 zǐxì 형 꼼꼼하다, 자세하다 | 穷困潦倒 qióngkùn-liáodǎo
형 가난하고 궁핍하다 | 实属不易 shíshǔbúyì 정말 쉽지 않다 | 带领* dàilǐng 통 이끌다, 인솔하다

MEMO

MEMO

왜 정답인지 모두 풀이해 주는
HSK6급 모의고사

지은이 이준복, 성룡
펴낸이 정규도
펴낸곳 (주)다락원

초판 1쇄 발행 2021년 1월 8일

기획·편집 정아영, 이상윤
디자인 구수정, 최영란
사진 Shutterstock
녹음 曹红梅, 朴龙君, 허강원

다락원 경기도 파주시 문발로 211
전화 (02)736-2031 (내선 250~252 / 내선 430, 442)
팩스 (02)732-2037
출판등록 1977년 9월 16일 제406-2008-000007호

정가 16,000원 (문제집+해설서+MP3 무료 다운로드)

ISBN 978-89-277-2283-0 14720
       978-89-277-2275-5 (set)

www.darakwon.co.kr
다락원 홈페이지를 방문하시면 상세한 출판 정보와 함께 동영상 강좌, MP3 자료 등 다양한 어학 정보를 얻으실 수 있습니다.